新世纪普通高等教育经济与贸易类课程规划教材

国际贸易理论与实务

International Trade Theory and Practice

主　编　姜　鸿　管志杰
副主编　刘德光　代智慧　张涵嵋

大连理工大学出版社

图书在版编目(CIP)数据

国际贸易理论与实务 / 姜鸿,管志杰主编. -- 大连：大连理工大学出版社,2022.8
新世纪普通高等教育经济与贸易类课程规划教材
ISBN 978-7-5685-3818-3

Ⅰ.①国… Ⅱ.①姜… Ⅲ.①国际贸易理论－高等学校－教材②国际贸易－贸易实务－高等学校－教材 Ⅳ.①F740

中国版本图书馆 CIP 数据核字(2022)第 081476 号

大连理工大学出版社出版

地址：大连市软件园路80号　邮政编码：116023
发行：0411-84708842　邮购：0411-84708943　传真：0411-84701466
E-mail：dutp@dutp.cn　URL：https://www.dutp.cn
辽宁虎驰科技传媒有限公司印刷　　大连理工大学出版社发行

幅面尺寸：185mm×260mm　印张：18　字数：459千字
2022年8月第1版　　　　　　　　2022年8月第1次印刷

责任编辑：齐　欣　　　　　　　　　　责任校对：孙兴乐
　　　　　　　封面设计：张　莹

ISBN 978-7-5685-3818-3　　　　　　　定　价：56.80元

本书如有印装质量问题,请与我社发行部联系更换。

PREFACE 前言

《国际贸易理论与实务》是新世纪普通高等教育教材编审委员会组编的经济与贸易类课程规划教材之一。

当今世界正经历百年未有之大变局,国际贸易的内、外部环境都发生了许多重大变化,国际贸易活动中的贸易方式也有了许多新的发展,出现许多新业态和新模式。国际经济格局的变化使得中国企业在国际贸易活动中遇到许多新问题,面临许多新挑战。在这种形势下,对既有专业理论知识又有较强实践能力的高素质应用型外向经济人才的需求越来越迫切。

本教材根据国际贸易和世界经济形势发展的新变化与国内高校相关专业的新教学需要,系统阐述了国际贸易理论、国际贸易政策与商品进出口业务知识。本教材内容充实、结构严谨、定位准确,文字简明扼要,使用了与时俱进的文献资料、法规惯例及数据图表。

本教材与传统教材相比,最大的特点是把思政教育融入章节设计,每章除知识目标和能力目标外,增加了思政目标,充分贯彻落实了高等教育立德树人的根本任务。本教材可以作为高等院校经济类、贸易类、管理类专业的教学用书,也可以作为在职人员学习国际贸易理论与实务知识的培训用书和自学用书。

本教材随文提供视频微课供学生即时扫描二维码进行观看,实现了教材的数字化、信息化、立体化,增强了学生学习的自主性与自由性,将课堂教学与课下学习紧密结合,力图为广大读者提供更为全面且多样化的教材配套服务。

本教材由常州大学姜鸿、管志杰任主编,常州大学刘德光、代智慧、张涵媚任副主编。具体编写分工为:姜鸿编写第一章、第十四章、第十七章,管志杰编写第二章、第三章、第十五章、第十六章,刘德光编写第九章、第十章、第十一章、第十二章,代智慧编写第四章、第五章、第十三章,张涵媚编写第六章、第七章、第八章。

在编写本教材的过程中,编者参考、引用和改编了国内外出版物中的相关资料以及网络资源,在此表示深深的谢意!相关著作权人看到本教材后,请与出版社联系,出版社将按照相关法律的规定支付稿酬。

限于水平,书中仍有疏漏和不妥之处,敬请专家和读者批评指正,以使教材日臻完善。

编 者

2022 年 8 月

所有意见和建议请发往:dutpbk@163.com
欢迎访问高教数字化服务平台:https://www.dutp.cn/hep/
联系电话:0411-84707019　84708462

CONTENTS 目录

第一章	导　论 …………………… 1
第一节	国际贸易的研究对象与研究方法 …………………………………… 2
第二节	国际贸易的产生与发展 …… 2
第三节	国际贸易的基本分类与统计指标 …………………………………… 6

第二章	古典国际贸易理论 ……… 13
第一节	绝对优势理论………………… 13
第二节	比较优势理论………………… 16

第三章	新古典国际贸易理论 …… 22
第一节	生产要素禀赋理论…………… 23
第二节	里昂惕夫之谜………………… 27

第四章	当代国际贸易理论 ……… 32
第一节	新国际贸易理论……………… 32
第二节	新新国际贸易理论…………… 41

第五章	关税壁垒 …………………… 45
第一节	关税概述……………………… 45
第二节	关税的种类…………………… 48
第三节	海关税则……………………… 54
第四节	关税的经济效应……………… 55
第五节	关税保护程度………………… 58

第六章	非关税措施 ………………… 61
第一节	非关税措施概述……………… 61

第二节	非关税措施的形式…………… 63
第三节	非关税措施的特征…………… 70
第四节	非关税措施的影响…………… 71

第七章	出口鼓励与出口管制措施 …………………………………… 73
第一节	出口鼓励措施………………… 74
第二节	出口管制措施………………… 86

第八章	国际经贸关系的协调与合作 …………………………………… 91
第一节	区域经济一体化……………… 92
第二节	GATT 与 WTO ………… 116

第九章	货物的标的 ……………… 129
第一节	商品的品名 ………………… 129
第二节	商品的品质 ………………… 131
第三节	商品的数量 ………………… 135
第四节	商品的包装 ………………… 139

第十章	货物的价格 ……………… 144
第一节	国际贸易术语 ……………… 144
第二节	商品的作价 ………………… 155
第三节	合同中的价格条款 ………… 163

第十一章	货物的运输 …………… 165
第一节	运输方式 …………………… 165
第二节	国际货物买卖合同中的装运条款 ……………………………… 173

第三节　运输单据 …………… 176

第十二章　国际货物运输保险 …… 183
　　第一节　货物运输保险概述 ……… 183
　　第二节　货物运输保险承保范围 … 184
　　第三节　海上货物运输保险条款 … 187
　　第四节　合同中的保险条款 ……… 193

第十三章　国际货款的收付 ……… 198
　　第一节　国际货款的支付工具 …… 198
　　第二节　国际货款的支付方式——汇付
　　　　　　………………………… 203
　　第三节　国际货款的支付方式——托收
　　　　　　………………………… 205
　　第四节　国际货款的支付方式——信用证
　　　　　　………………………… 209
　　第五节　其他支付方式 …………… 218
　　第六节　各种支付方式的结合使用……
　　　　　　………………………… 219

第十四章　商品的检验、索赔、不可抗力
　　　　　　和仲裁 …………… 222
　　第一节　商品检验 ………………… 222
　　第二节　争议与索赔 ……………… 227
　　第三节　不可抗力 ………………… 230
　　第四节　仲裁 ……………………… 232

第十五章　交易磋商与合同的订立 …
　　　　　　………………………… 236
　　第一节　交易磋商的形式与内容 … 236
　　第二节　交易磋商的程序 ………… 237
　　第三节　合同的订立 ……………… 245

第十六章　国际货物买卖合同的履行
　　　　　　………………………… 249
　　第一节　出口合同的履行 ………… 249
　　第二节　进口合同的履行 ………… 256

第十七章　国际贸易方式 ………… 259
　　第一节　经销与代理 ……………… 259
　　第二节　寄售与展卖 ……………… 263
　　第三节　招投标与拍卖 …………… 266
　　第四节　商品期货交易 …………… 269
　　第五节　对销贸易与加工贸易 …… 272
　　第六节　跨境电子商务 …………… 277

参考文献 ……………………………… 281

第一章 导 论

知识目标

1. 了解国际贸易的研究方法。
2. 理解国际贸易的基本分类与统计指标。

能力目标

运用国际贸易统计指标,分析国际贸易发展规律与特点。

思政目标

熟悉中国对外贸易发展情况,理解对外贸易对中国经济发展的重要作用。

本章导读

国际贸易理论与实务课程包括国际贸易理论、国际贸易政策和国际贸易实务三部分内容。国际贸易的研究主要采用规范分析和实证分析相结合的方法、静态分析和动态分析相结合的方法、定性分析和定量分析相结合的方法。国际贸易的产生必须具备三个基本条件:一是社会生产力的发展产生了可供交换的剩余产品;二是伴随着商品生产规模扩大带来的商品交换规模与空间范围的扩展;三是国家的形成。国际贸易活动在现实中的表现形式多种多样,依照不同的划分标准,国际贸易可以分为不同的类型。为了进行时间维度的纵向比较以及国家(地区)维度的横向比较,也为了进行国际贸易或对外贸易发展规律与主要特征的分析,国际贸易需要采用多种统计指标。

通过本章的学习,读者可以了解到:国际贸易的研究对象与研究方法、国际贸易的产生与发展、国际贸易的基本分类与统计指标等内容。

国际贸易(International Trade)也称世界贸易(World Trade)、全球贸易(Global Trade),是指世界各国或地区之间的商品交换活动,既包含有形商品交换(货物贸易),也包含无形商品交换(服务贸易)。对外贸易(Foreign Trade)特指一国(地区)的对外商品交换活动。对外贸易包括出口贸易和进口贸易,所以也可称为进出口贸易。某些海岛国家(地区),如英国、日本等,常把对外贸易称为海外贸易(Oversea Trade)。

第一节　国际贸易的研究对象与研究方法

一、国际贸易的研究对象

国际贸易作为经济学的一门核心课程，其研究对象主要包括国际贸易理论、国际贸易政策和国际贸易实务三部分。国际贸易理论主要研究国际贸易形成与发展的原因，分析国际贸易的利益所在，揭示国际贸易的特点及运动规律。国际贸易政策则研究各国政府对外贸易政策的内容与趋势，以及国际贸易政策的协调机制。国际贸易实务专门研究国际商品交换的具体过程与基本做法，分析国际货物买卖合同的各项交易条件、交易磋商和合同履行的具体问题以及各种贸易方式等。

二、国际贸易的研究方法

国际贸易的研究方法主要有以下三种：

（一）规范分析和实证分析相结合的方法

作为经济学的一个重要分支，经济学中采用的规范分析和实证分析方法同样适用于国际贸易的研究。规范分析是以一定的价值判断为基础，以某种看法或标准作为理论前提和政策制定依据的经济学方法。实证分析是撇开价值判断，揭示实际经济变量、经济事物内在联系的经济学方法。在对国际贸易的任何一项具体的研究中，它们都是将这两种方法结合起来加以研究的。

（二）静态分析和动态分析相结合的方法

静态分析方法通常是对经济变量在同一时期内发生的相互关系进行分析，这种分析方法把同一时期的假设条件，如资本、人口、技术等视为既定的，不考虑其变化，在此基础上研究经济运行规律。动态分析方法通常将不同时期内的经济变量都标上了不同的日期，从时间序列中分析经济变量的变化及经济变量之间的互相关系，如在资本的增减、价格的升降、收入的变化等基础上研究有关变量相互影响的规律。在国际贸易研究中，既要采用静态分析法，也要采用动态分析法。

（三）定性分析和定量分析相结合的方法

定性分析主要是依赖文字来说明经济运行规律，而定量分析则是把数学的方法用于经济分析中。国际贸易研究应该把定性分析方法和定量分析方法相结合，这样建立的理论才更严密、更有说服力。

第二节　国际贸易的产生与发展

一、国际贸易的产生

国际贸易属于历史范畴，它的产生必须具备三个基本条件：一是社会生产力的发展产生了可供交换的剩余产品;二是伴随着商品生产规模扩大带来的商品交换规模与空间范围的扩展;三是国家的形成。

在原始社会初期,由于社会生产力水平极为低下,人类劳动所得的产品仅能维持当时氏族公社成员最基本的生存需要,没有什么剩余产品可以用作交换。随着社会的发展,出现了第一次社会大分工——原始畜牧业和原始农业之间的分工。第一次社会大分工后,原始社会的生产力得到了发展,产品除了能维持自身需要外,还有了剩余。人们为了得到自己不生产的产品,便在氏族或部落之间进行交换,但那时的交换还只是偶然发生的、原始的物物交换。随着生产力的继续发展,出现了第二次社会大分工——手工业从农业中分离出来,于是也就出现了以交换为目的的生产活动。伴随着这种交换的发展和客观需要,货币因此产生。这样,产品交换就逐渐变成了以货币为媒介的商品生产和商品流通。随着商品生产的发展和商品流通规模的扩大,商品生产者便力图减少甚至摆脱这种亲自把商品拿到市场出售的活动,将其交由他人来完成,以便将更多的时间用于生产,于是专门从事商品交换的商人和商业因此产生,这就是人类社会的第三次社会大分工。生产力的发展、交换关系的扩大加速了私有制的产生,原始社会过渡到奴隶社会,整个社会分裂为奴隶主和奴隶两大对立阶级,作为阶级统治工具的国家代替了氏族制度。国家出现后,商品交换超出了国家界限,产生了国际贸易。

二、国际贸易的发展

(一)奴隶社会的国际贸易

奴隶社会是奴隶主占有生产资料和奴隶的社会,自然经济占主导地位,生产的目的主要是消费,而不是交换。手工业和商品生产在一国整个社会生产中微不足道,进入流通的商品数量很少。同时,由于社会生产力水平低下,生产技术落后,交通工具简陋,国际贸易的规模和内容都受到很大的限制。

奴隶社会时期,国际贸易中的商品主要是奴隶及奢侈品,如珠宝饰品、珍贵的织物、香料、奇珍异物等。在欧洲,贸易集中在地中海沿岸的腓尼基、希腊、罗马等。我国在夏商时代进入奴隶社会,贸易集中在黄河流域。

(二)封建社会的国际贸易

随着生产力的发展,人类社会由奴隶社会进入封建社会,商品经济得到了进一步发展,极大地推动了国际贸易的发展,国际贸易也由最初的以物易物形式,转化为以货币交易的形式。同时,由于交通工具的改进和马车的出现,国际贸易更趋活跃,国际贸易的规模、范围也在不断地扩大。

中世纪,欧洲国家普遍实行封建制度,国际贸易有了较大发展。在欧洲,封建社会的早期,国际贸易活动很少,其中心位于地中海东部;到封建社会的中期,商品生产取得了一定进展,加之基督教在西欧已十分盛行,教会通过促进国际贸易的发展来获取和维护自身的利益;公元11世纪以后,国际贸易的范围扩大到了地中海、北海、波罗的海和黑海沿岸;封建社会后期,随着城市的兴起和城市手工业的发展,国际贸易进一步发展,交易商品已从香料和奢侈品扩展到呢绒、葡萄酒、羊毛和金属制品等。

亚洲各国的贸易由近海逐渐扩展到远洋。公元前2世纪的西汉时期,中国就开辟了从长安经中亚通往西亚和欧洲的陆路商路——丝绸之路,把中国的丝绸、茶叶等商品输往欧洲西南部和地中海沿岸,换回良马、种子、药材和饰品等。到了唐朝,除了陆路贸易外,还开辟了通往波斯湾以及朝鲜和日本等地的海上贸易。在宋、元时期,由于造船技术的进步,海上贸易进一步发展。明朝郑和曾率领商船队七次下"西洋",经东南亚、印度洋到达非洲东岸,先后访问了30多个国家和地区,用中国的丝绸、瓷器、茶叶、铜铁器等同所到国家的物品进行交易,换回各国的香料、珠宝和药材等。

然而,封建社会自给自足的自然经济仍然占统治地位,社会分工和商品经济仍然很不发达,能够进入商品流通的只有少量剩余农产品、土特产品和手工业品。对外贸易在各国国民经济中还不占重要地位,对各国经济的发展没有显著影响,通过贸易往来,主要是实现了各国之间的经济文化交流。

(三)资本主义社会的国际贸易

国际贸易虽然源远流长,但真正具有世界性质是在资本主义生产方式确立起来以后。16世纪至18世纪中叶是西欧各国资本主义生产方式的准备时期,这一时期工场手工业的发展使劳动生产率得到提高,商品生产和商品交换进一步发展,为国际贸易的扩大提供了物质基础。地理大发现更是加速了资本的原始积累,促使世界市场初步形成,从而扩大了世界贸易的规模。

18世纪60年代至19世纪70年代是资本主义的自由竞争时期。资本主义生产方式产生后,特别是产业革命以后,由于蒸汽机、电报的发明推动生产力水平迅速提高,商品生产规模不断扩大,国际贸易迅速发展,并开始具有世界规模。这一时期欧洲国家先后发生了产业革命和资产阶级革命,资本主义机器大工业得以建立并广泛发展。而机器大工业的建立和发展,一方面使社会生产力水平有了巨大的提高,商品产量大大增加,可供交换的产品空前增多,真正的国际分工开始形成;另一方面,大工业使交通运输和通信联络发生了巨大的变革,极大地便利和推动了国际贸易的发展。

19世纪70年代至第二次世界大战,各主要资本主义国家从自由竞争阶段过渡到垄断阶段。19世纪70年代发生了以电力的发明与应用为标志的第二次科技革命。科技革命推动了经济增长,也促进了国际贸易的发展。在这一时期,美国和德国迅速崛起,工业生产取得了跳跃式的发展,而英国则相形见绌,其作为"世界工厂"的地位已逐步丧失,在国际贸易中的地位也显著下降。为了确保原料的供应和对市场的控制,少数资本主义国家开始向殖民地输出资本。垄断组织把资本输出和商品输出直接结合起来,加重了对殖民地、附属国的掠夺。同时,殖民地、附属国不仅在对外贸易上,而且全部经济都卷入到错综复杂的国际经济联系中,形成了资本主义的世界经济体系。

(四)第二次世界大战后的国际贸易

第二次世界大战后,世界经济形势发生了深刻变化。第一,世界经济格局发生巨大变化,美国的经济地位逐渐削弱,欧洲、日本和中国迅速崛起,亚、非、拉地区大批殖民地、半殖民地国家相继独立。第二,第三次科技革命后出现了一系列新兴工业部门,世界工农业生产有了较大的增长。交通运输业的发展更为迅速,现代化交通运输和通信工具的广泛采用,使世界各地的距离在时间上大大缩短。第三,资本输出迅速扩大,跨国公司迅猛发展。第四,以布雷顿森林协定为基础的国际货币体系相对稳定,在关税与贸易总协定(简称关贸总协定)框架下关税削减的谈判以及1995年世界贸易组织的建立不仅大大降低了各国的贸易壁垒,还建立了解决多边贸易争端的机制,为国际贸易提供了一个相对稳定、公正和自由的环境。这一切都推动了国际贸易的迅速增长。世界贸易组织网站数据显示,国际贸易额从1948年的585亿美元增长到2019年的19万亿美元,增长了近325倍,远远超过了历史上任何一个时期的国际贸易增长速度。这一时期国际贸易的增长速度也超过了同期世界GDP的增长速度,这意味着国际贸易在各国GDP中的比重在不断上升,国际分工和国际贸易作为经济"引擎"的作用日益明显。

第二次世界大战后,国际贸易的特点主要有以下四个方面:

1. 国际贸易商品结构日趋优化

第二次世界大战以后,工业制成品贸易的增长速度快于初级产品贸易的增长速度,工业制成品贸易比重上升,初级产品贸易比重下降。第二次世界大战前,工业制成品出口占全球出口的比重只有40%左右,1980年该比重提升到53.6%,2019年进一步提高为67%。[①] 在工业制成品贸易中,劳动密集型轻纺产品的比重下降,资本货物、高技术产品以及化工产品、机器和运输设备所占比重上升。知识经济时代的到来,导致世界范围内产业结构的智能化、高级化,智能的物化产品成为世界商品市场的主体。在未来的国际商品贸易中,技术密集型产品尤其是高附加值的成套设备和高科技产品将成为出口增长最快、贸易规模最大和发展后劲最足的支柱商品。

2. 国际服务贸易迅速发展

第二次世界大战后,消费者收入不断提高,对金融、旅游、教育等消费性服务需求迅速扩大,企业对生产性服务的需求持续增加,政府对各类服务的需求也与日俱增,服务业在各国经济中的比重越来越大,国际服务贸易迅速发展。1970年世界服务出口总值为800多亿美元,2000年扩大为1.5万亿美元,2019年进一步升至6.2万亿美元。[②]

3. "北北贸易"取代"南北贸易"格局的形成

从地理大发现开始到工业革命以后很长一段时间里,世界贸易格局都是发达国家出口工业制成品,发展中国家出口矿产和原料等初级产品,即所谓的"南北贸易"。第二次世界大战以后,越来越多的国家参与国际贸易,各种类型国家的对外贸易都有了不同程度的增长。发达国家之间的贸易增长最快,发达国家与发展中国家之间的贸易则相对缩减,"北北贸易"取代"南北贸易"。

4. 区域性自由贸易迅速发展

第二次世界大战以后,国际竞争日趋激烈,世界主要贸易国为保持其在全球市场上的竞争优势,不断寻求与其他国家联合,通过优惠贸易安排、自由贸易区、关税同盟、共同市场等不同方式,组建区域贸易集团,实现区域内贸易自由化。日益增多、日趋活跃的区域自由贸易集团与全球性多边贸易机制相辅相成,相互补充,对推动世界各国经贸关系发展发挥了重要作用。据世界贸易组织统计,截至2021年8月,国际上达成的自由贸易协定已经有350多个。2002年,中国与东盟签订了自由贸易协定,这是中国的第一个自由贸易协定,开启了中国自由贸易协定事业的新征程。截至2021年8月,中国已经达成了19个自由贸易协定,和26个国家(地区)签署了这些协定。[③]

---

① 资料来源:作者根据世界贸易组织网站相关数据计算得出。
② 资料来源:世界贸易组织网站。
③ 资料来源:光明网. 商务部:中国正积极考虑加入CPTPP,2021-08-23.

第三节　国际贸易的基本分类与统计指标

一、国际贸易的基本分类

国际贸易活动在现实中的表现形式多种多样,依照不同的划分标准,国际贸易可以分为不同类型。

(一)按商品移动方向划分

1. 出口贸易

出口贸易(Export Trade)是指将本国(地区)生产或加工的商品输往境外市场进行销售的贸易活动。运出境外供驻外使馆使用的物品、旅客个人带出的自用物品不列入出口贸易。

2. 进口贸易

进口贸易(Import Trade)是指将境外商品输入本国(地区)市场进行销售的贸易活动。外国使馆运进供自用的物品、旅客个人带入的自用物品不列入进口贸易。

3. 复出口

复出口(Re-export Trade)是指输入本国(地区)的商品未经加工又再出口。这是和转口贸易密切相关的一种贸易活动。

4. 复进口

复进口(Re-import Trade)是指输出境外的本国(地区)产品未经加工又再进口,如出口后的退货、未售掉的寄售商品的退回等。

5. 过境贸易

过境贸易(Transit Trade)是指他国(地区)出口货物通过本国(地区)国境,未经加工改制,在保持原来形态下,运往另一国(地区)的贸易活动。例如,蒙古国是内陆国,拟向新加坡出口一批羊毛,这批羊毛需要通过陆路运输到中国大连港装船,最终以海运方式运抵新加坡,对中国而言,该贸易属于过境贸易。但是如果这类贸易是通过航空运输飞越第三国领空的话,第三国海关不会把它列入过境贸易。

(二)按商品形态划分

1. 有形贸易

有形贸易(Visible Trade)是指具有物质形态的商品的贸易,如飞机、计算机、服装等。因为这些商品看得见,摸得着,所以有形贸易也称为货物贸易。有形贸易需要办理海关报关手续,并在海关的进出口统计中反映出来,从而构成一国(地区)一定时期的对外贸易总额。

2. 无形贸易

无形贸易(Invisible Trade)是指非物质形态的商品的贸易,如运输、保险、金融、国际旅游、技术转让等。因为这些商品看不见,摸不着,又属于服务业,所以无形贸易也称为服务贸易。无形贸易通常不办理海关报关手续,在海关的进出口统计中也无法体现,但反映在一国(地区)的国际收支平衡表中,是一国(地区)国际收支的重要组成部分。

(三)按贸易关系划分

1.直接贸易

直接贸易(Direct Trade)是指商品生产国(地区)与商品消费国(地区)直接买卖商品的贸易活动,贸易双方直接谈判,直接签约,直接结算,货物直接运到消费国(地区),没有第三国(地区)作为中介。

2.间接贸易

间接贸易(Indirect Trade)是指商品生产国(地区)与商品消费国(地区)通过第三国(地区)所进行的贸易活动。间接贸易可能是因为政治原因,也可能是因为交易双方信息不通畅而造成的。

3.转口贸易

商品生产国(地区)与商品消费国(地区)通过第三国(地区)进行的贸易,对第三国(地区)而言即为转口贸易(Entrepot Trade)。转口贸易属于复出口,是国际贸易的一部分。从事转口贸易的大多是地理位置优越、交通便捷、结算方便、贸易限制较少的国家(地区),如荷兰、新加坡、中国香港等。转口贸易的货物可以直接运输,即从生产国(地区)直接运往消费国(地区),也可以经过转口国(地区)再运往消费国(地区),即间接运输。

(四)按商品出入国境或关境划分

1.总贸易

总贸易(General Trade)是以国境为标准划分的进出口贸易。凡进入本国国境的商品一律计入进口,即总进口;离开本国国境的商品则一律计入出口,即总出口。总进口额加总出口额就是一国的总贸易额。目前采用总贸易划分标准的有中国、美国、英国、日本、加拿大、澳大利亚等90多个国家(地区)。

2.专门贸易

专门贸易(Special Trade)是以关境为标准划分的进出口贸易。专门进口额加上专门出口额就是一国(地区)的专门贸易额。关境是指海关征收关税的领域。一般来说,关境和国境是一致的,但有些国家在国境内设置自由港、自由贸易区和出口加工区等经济特区,这些地区不属于关境的范围,这时关境小于国境;有些国家之间缔结关税同盟,而参加关税同盟国家的领土即成为统一的关境,这时关境大于国境。目前采用专门贸易划分标准的有德国、意大利、瑞士、法国等80多个国家(地区)。

(五)按清偿方式划分

1.现汇贸易

现汇贸易(Cash Trade)是指以现汇方式进行结算的贸易,是国际贸易中最普遍的贸易形式。其结算款项采用国际金融市场上的可自由兑换货币,通过银行逐笔支付。

2.易货贸易

易货贸易(Barter Trade)是指贸易双方缺少可自由兑换货币,采用以货易货的方式来结算,即双方交换的商品经过计价以后,用等值的不同商品互相交换。易货贸易的特点是双方有进有出,互换货物不是用现汇逐笔结算,而是通过指定的银行账户来相互冲销。

二、国际贸易的统计指标

为了进行时间维度的纵向比较以及国家(地区)维度的横向比较,也为了进行国际贸易或对外贸易发展规律与主要特征的分析,国际贸易需要采用多种统计指标。常见的指标包括以下七类:

(一)对外贸易额与国际贸易额

1. 对外贸易额

对外贸易额(Value of Foreign Trade)又称对外贸易值、进出口总值,是以货币表示的一国(地区)在一定时期内的出口额和进口额之和,是衡量一国(地区)对外贸易规模的重要指标。对外贸易额包括出口额和进口额,出口额常以离岸价格(FOB)计算,进口额常以到岸价格(CIF)计算。为了便于各国(地区)进行比较,通常最后都折算成美元值。1978年,中国货物对外贸易额为206.4亿美元,其中出口97.5亿美元,进口108.9亿美元。2020年,中国货物对外贸易额为46 462.6亿美元,其中出口25 906.5亿美元,进口20 556.1亿美元。[①]

2. 国际贸易额

国际贸易额(Value of International Trade)又称国际贸易值,是以货币表示的在一定时期内各国(地区)的出口额或进口额之和。由于一国(地区)的出口就是另一国(地区)的进口,因而从世界范围来看,所有国家(地区)进口的合计理应等于所有国家(地区)出口的合计。但由于各国(地区)一般按FOB价格计算出口额,按CIF价格计算进口额,进口额中包含保险费和运费,所以世界货物出口总额总是小于世界货物进口总额。例如,2019年,世界货物出口总额、进口总额分别为19万亿美元、19.3万亿美元。[②] 为了避免重复计算,通常所说的国际贸易额是指世界各国(地区)货物出口额的总和。

(二)对外贸易量与国际贸易量

1. 对外贸易量

对外贸易量(Quantum of Foreign Trade)是以基期的不变价格为标准计算的一国(地区)在一定时期内对外贸易的实际规模。计算公式为

对外贸易量=(对外贸易额÷当期对外贸易价格指数)×基期对外贸易价格指数

2. 国际贸易量

国际贸易量(Quantum of International Trade)是以基期的不变价格为标准计算的在一定时期内国际贸易的实际规模。计算公式为

国际贸易量=(国际贸易额÷当期世界出口价格指数)×基期世界出口价格指数

例如,根据世界贸易组织公布的数据,2015年为基期,该年世界出口价格指数为100,2019年世界出口价格指数为115.3,则2019年国际贸易量=(2019年国际贸易额÷2019年世界出口价格指数)×2015年世界出口价格指数=(19÷115.3)×100=16.5万亿美元。

(三)对外贸易差额

对外贸易差额(Balance of Trade)是一国(地区)在一定时期内商品出口总额与进口总额之间的差额,当商品出口总额超过商品进口总额时,差额部分称为贸易顺差(Trade Surplus,

---

[①] 资料来源:中华人民共和国海关总署网站。
[②] 资料来源:世界贸易组织网站。

Favorable Balance of Trade)或贸易出超;当商品进口总额超过商品出口总额时,差额部分称为贸易逆差(Trade Deficit,Unfavorable Balance of Trade)或贸易入超;当商品出口总额等于商品进口总额时,则称为贸易平衡。1978年中国货物对外贸易为逆差11.4亿美元,2020年中国货物对外贸易为顺差5 350.3亿美元。①

(四)对外贸易商品结构与国际贸易商品结构

1.对外贸易商品结构

对外贸易商品结构(Composition of Foreign Trade)是指在一定时期内各大类商品或各种商品贸易额在一国(地区)对外贸易额中所占的比重,反映一国(地区)的经济发展水平、产业结构及资源状况等。国际贸易的商品种类繁多,为了统计及分析的方便,联合国于1950年编制了《国际贸易标准分类》(Standard International Trade Classification,SITC),现已被世界绝大多数国家所采用。截至2006年,该标准经历了4次修改。根据第4次修改(SITC Rev.4),该分类法将商品分为10大类、67章、262组、1 023个分组和2 970个基本项目,几乎包括了国际贸易所交易的所有商品。2020年,中国初级产品、工业制成品出口额占出口总额的比重分别为4.5%、95.5%,中国初级产品、工业制成品进口额占进口总额的比重分别为32.9%、67.1%。②

2.国际贸易商品结构

国际贸易商品结构(Composition of International Trade)是指在一定时期内各大类商品或各种商品在国际贸易中所占的比重,反映整个世界的经济发展水平和产业结构状况。2019年,全球初级产品、工业制成品出口占比分别为33%、67%。③

(五)对外贸易地理方向与国际贸易地理方向

1.对外贸易地理方向

对外贸易地理方向(Direction of Foreign Trade)是指在一定时期内世界各国(地区)、国家集团与一国(地区)的贸易额在该国(地区)的贸易总额中所占的比重,反映一个国家(地区)的市场分布状况及其与世界其他国家(地区)及国家集团的经济贸易联系程度。2020年,中国与前五大贸易伙伴东盟、欧盟、美国、日本、韩国的货物贸易额占中国货物贸易总额的比重分别为14.7%、14%、12.6%、6.8%、6.1%,中国对东盟、欧盟、美国、日本、韩国的货物出口额占中国货物出口总额的比重分别为14.8%、15.1%、17.4%、5.5%、4.3%,中国自东盟、欧盟、美国、日本、韩国的货物进口额占中国货物进口总额的比重分别为14.6%、12.6%、6.6%、8.5%、8.4%。④

2.国际贸易地理方向

国际贸易地理方向(Direction of International Trade)是指在一定时期内一个国家(地区)的贸易额在世界贸易总额中所占的比重,反映一个国家(地区)在国际分工及国际贸易中所处的地位。中国对外贸易额在全球的位次1980年为第32位,2000年升至第7位,2013年超过美国位居世界第1位。2009年中国超过德国成为世界第一出口大国。这些数据表明中国在国际贸易中的地位越来越高。

---

① 资料来源:中华人民共和国海关总署网站。
② 资料来源:作者根据国家统计局网站相关数据计算得出。
③ 资料来源:作者根据世界贸易组织网站相关数据计算得出。
④ 资料来源:作者根据中华人民共和国海关总署网站相关数据计算得出。

(六)对外贸易依存度

对外贸易依存度(Degree of Dependence on Foreign Trade)又称对外贸易系数,是指一国(地区)的进出口总额占该国(地区)国内生产总值(GDP)的比重,反映一国(地区)对国际市场的依赖程度,是衡量一国(地区)对外开放程度的重要指标。其中,出口额占GDP的比重称为出口依存度,进口额占GDP的比重称为进口依存度。2020年,中国GDP为100.9万亿元人民币,进出口总额、出口额、进口额分别为32.2万亿元、17.9万亿元、14.2万亿元。2020年中国对外贸易依存度、出口依存度、进口依存度分别为31.9%、17.7%、14.2%。

(七)贸易条件

贸易条件(Terms of Trade)是指用一国(地区)出口商品数量表示的进口商品的相对价格。在以货币表示商品价格的情况下,贸易条件就转化为一国(地区)的出口商品价格与进口商品价格之比。因为在贸易商品多样化的情况下,某一进出口商品的价格之比不足以反映一国(地区)的贸易条件,所以贸易条件一般表示为出口商品价格指数与进口商品价格指数之比。计算公式为

$$贸易条件 = (出口商品价格指数 \div 进口商品价格指数) \times 100\%$$

例如,以2015年为基期,A国出口商品价格指数、进口商品价格指数都是100,则2015年A国的贸易条件也为100。2020年A国出口商品价格指数下降5%,降至95,进口商品价格指数上升10%,升至110,则A国2020年的贸易条件=(95÷110)×100%=86.4%。与2015年相比,2020年A国贸易条件恶化。

案例分析1-1

2020年中国对外贸易发展情况

2020年全球经济遭受新冠肺炎疫情的严重影响,中国对外贸易呈现以下六大特点:

1.贸易规模和国际市场份额均创历史新高

2020年,中国货物进出口总额32.2万亿元人民币,增长1.9%,是全球唯一实现贸易正增长的主要经济体。其中,出口17.9万亿元,增长4%;进口14.2万亿元,下降0.7%;贸易顺差3.7万亿元,增长27.4%。以美元计,2020年货物进出口总额4.7万亿美元,增长1.5%。其中,出口2.6万亿美元,增长3.6%;进口2.1万亿美元,下降1.1%;贸易顺差5 350.3亿美元,增长27.1%。进出口、出口、进口国际市场份额分别为13.1%、14.7%、11.5%,均创历史新高,货物贸易第一大国地位进一步巩固。

2.市场多元化成效明显,区域布局更趋均衡

2020年,中国对前五大贸易伙伴东盟、欧盟、美国、日本和韩国的进出口额分别为4.7万亿元、4.5万亿元、4.1万亿元、2.2万亿元和2.0万亿元,合计占进出口总额的54.3%。其中,东盟首次成为中国第一大贸易伙伴。对"一带一路"沿线国家进出口9.4万亿元,占进出口总额的29.1%。

随着中西部地区基础设施和营商环境不断完善,对外开放水平持续提升,承接加工贸易梯度转移取得积极成效。2020年,中西部地区进出口总额5.6万亿元,增长11%,占全国比重17.5%。其中,出口3.4万亿元,增长10.7%,占全国出口总额的19%;进口2.2万亿元,增长11.5%,占全国进口总额的15.6%。

3. 民营企业进出口快速增长，主力军地位更加巩固

2020年，中国民营企业进出口15.1万亿元，占整体进出口总额的47%，比上年提升3.7个百分点。民营企业连续第六年成为外贸出口第一大主体，主力军地位进一步巩固。外商投资企业进出口12.4万亿元，占比38.7%，较上年下降1.1个百分点。国有企业进出口4.6万亿元，占比14.3%，较上年下降2.4个百分点。

4. 商品结构持续升级，防疫物资出口带动效应凸显

从出口看，产品结构进一步优化。2020年，中国机电产品出口10.7万亿元，增长6%，占出口总值的59.4%，较上年提升1.1个百分点。高新技术产品出口5.4万亿元，增长6.5%，占整体出口的29.9%。同期，纺织品、服装、鞋类、箱包、玩具、家具、塑料制品等七大类劳动密集型产品合计出口3.6万亿元，增长9.8%。防疫物资和"宅经济"产品出口有效带动了出口增长，也为全球抗疫斗争做出了重要贡献。2020年3—12月，海关共验放出口主要疫情防控物资价值4 385亿元，包括口罩在内的纺织品、医疗器械、药品全年合计出口增长31%，笔记本电脑、平板电脑、家用电器合计出口增长22.1%。

从进口看，疫情下中国超大规模市场优势凸显，为扩大进口提供了有力支撑。2020年，中国煤、原油、天然气、铁矿砂等资源型产品进口量分别增长1.5%、7.3%、5.3%和9.5%。粮食、肉类、大豆等农产品进口量分别增加28%、60.4%、13.3%。消费品进口增长迅速，其中，化妆品、医药品进口额分别增长29.7%和4.2%。

5. 贸易方式进一步优化，新业态新模式蓬勃发展

一般贸易贡献持续增强。2020年，一般贸易进出口19.3万亿元，增长3.4%，占进出口总额的59.9%，比上年提升0.9个百分点。加工贸易进出口7.6万亿元，下降3.9%，占进出口总额的23.8%，较上年下降1.4个百分点。

外贸创新发展步伐加快。2020年，跨境电商进出口1.69万亿元，增长31.1%；市场采购贸易出口7 045.4亿元，增长25.2%。高水平开放平台带动作用明显，综合保税区进出口增长17.4%，自由贸易试验区进出口增长10.7%，海南自由贸易港免税品进口增长80.5%。

6. 服务贸易逆差大幅收窄，服务贸易结构持续优化

2020年，中国服务进出口总额45 642.7亿元，下降15.7%，降幅逐季收窄。其中，服务出口19 356.7亿元，下降1.1%；服务进口26 286亿元，下降24%。服务贸易逆差减少8 095.6亿元，下降至6 929.3亿元。2020年，旅行服务进出口10 192.9亿元，下降48.3%，是影响整体服务贸易下降的主要因素。

服务贸易结构持续优化，知识密集型服务进出口占比明显提升。2020年，知识密集型服务进出口20 331.2亿元，增长8.3%，占服务进出口总额的比重达到44.5%，较上年提升9.9个百分点。分领域看，出口增长较快的是知识产权使用费、电信计算机和信息服务、保险服务，分别增长30.5%、12.8%和12.5%；进口增长较快的是金融服务、电信计算机和信息服务，分别增长28.5%、22.5%。

思考：为什么2020年中国是全球唯一实现贸易正增长的主要经济体？为什么中国能够成为全球货物贸易第一大国？

（资料来源：中华人民共和国商务部网站.中国对外贸易形势报告（2021年春季），2021-06-09.）

本章小结

第二次世界大战以后,国际贸易增长迅速,工业制成品贸易的增长速度快于初级产品贸易的增长速度,工业制成品贸易比重上升,初级产品贸易比重下降。国际贸易按商品移动方向可分为出口贸易、进口贸易、复出口、复进口、过境贸易,按商品形态可分为有形贸易、无形贸易,按贸易关系可分为直接贸易、间接贸易、转口贸易,按商品出入国境或关境可分为总贸易、专门贸易,按清偿方式可分为现汇贸易、易货贸易。常见的国际贸易统计指标有对外贸易额与国际贸易额、对外贸易量与国际贸易量、对外贸易差额、对外贸易商品结构与国际贸易商品结构、对外贸易地理方向与国际贸易地理方向、对外贸易依存度、贸易条件。

思考题

1. 国际贸易的产生需要具备哪些基本条件?
2. 第二次世界大战后国际贸易有哪些特点?
3. 有形贸易与无形贸易有哪些区别?
4. 什么是总贸易、专门贸易?二者有何区别?
5. 为什么世界货物出口总额总是小于世界货物进口总额?
6. 国际贸易的统计指标主要有哪些?

第二章 古典国际贸易理论

知识目标

1. 掌握绝对优势理论的基本内容及其局限性。
2. 掌握比较优势理论的基本内容及其局限性。

能力目标

能够结合理论,分析当代国际贸易发展过程中的经济现象。

思政目标

具有团队合作意识,能取长补短,相互协作完成团队任务。

本章导读

古典的国际贸易理论产生于18世纪中叶,是在批判重商主义的基础上发展起来的,从劳动生产率的角度说明了国际贸易产生的原因、结构和利益分配,主要包括亚当·斯密的绝对优势理论和大卫·李嘉图的比较优势理论。亚当·斯密是古典经济学的奠基者,也是古典贸易理论的创始者,主张各国应该基于劳动生产率的"绝对生产率"原则开展国际分工。大卫·李嘉图继承和发展了亚当·斯密的学说,提出了比较优势理论。迄今,比较优势思想一直是主流贸易理论的核心思想。

通过本章的学习,读者可以了解到:绝对优势(成本)、比较优势(成本)的相关内容。

第一节 绝对优势理论

一、绝对优势理论产生的背景

进入17世纪后,资本主义在西欧迅速发展,特别是英国,经济增长尤为显著,资本的原始积累正在逐渐完成其历史使命而让位于资本主义的积累。18世纪中期,英国的产业革命逐渐展开,工厂手工业已经成为工业生产的主要形式,且有一些早期的机器发明。18世纪70年代,包括英国在内的欧洲主要国家工业制造业的发展都快于农业,虽然产业资本在经济社会中不断扩大,但旧的封建生产关系和重商主义的贸易理论与政策仍然束缚着产业资本的发展,故壮大起来的工业资产阶级需要打破封建主义的一切束缚与限制,迫切要求扩大海外市场,实现自由竞争与自由贸易。

亚当·斯密站在工业资产阶级的立场上,认识到贸易对国民财富增长的作用,从理论上阐述了进行贸易才能有效地积累财富和发展经济,说明了自由贸易对国民经济发展的好处。

二、绝对优势理论的主要内容

(一)亚当·斯密的自由贸易思想

亚当·斯密代表新兴的工业资产阶级在对重商主义的批判中提出了自由贸易思想。分工与交换是绝对优势理论的逻辑起点,亚当·斯密认为,这种互通有无、物物交换的倾向是人类所共有的,即交换出自人类天性,是出于利己而进行的活动。这种交换的倾向形成了分工,分工能够提高劳动效率进而增加社会财富。在《国富论》中,亚当·斯密将国家比作家庭,解释自由贸易带来的好处。亚当·斯密以家庭之间的分工为例指出,如果一件物品购买所花费的代价比家庭生产的代价小,就应该去购买而不应该在家庭生产。每个家庭都应该发挥各自的优势,集中生产自己的优势产品,然后相互交换。其结果,每个家庭都会从这种分工和交换中获得更多的利益,对国家来讲亦是如此。"……如果一个国家能以比我们低的成本提供商品,那么我们最好用自己有优势的商品同它交换。"

绝对优势理论认为,国际贸易产生于劳动生产率的绝对差别。每个国家由于先天或后天的条件不同,都会在某一种商品的生产上具有绝对优势,如果每个国家都把自己拥有的全部生产要素集中到自己拥有绝对优势的产品的生产上,然后通过国际贸易,用自己产品的一部分去交换自己所需要的其他商品,则各国资源都能被最有效地利用,每一个国家都能从中获利。因此,亚当·斯密主张实行自由贸易政策,反对国家对外贸的一切干预,认为自由贸易能有效地促进生产的发展和产量的提高,提高国民福利。

(二)绝对优势理论贸易模型

1.基本假设条件

绝对优势理论贸易模型的基本假设条件如下:

(1)世界上只有两个国家,生产两种商品;

(2)两种产品的生产都只投入一种要素——劳动,该要素是同质的,没有熟练与非熟练之分,劳动力要素实现充分就业;

(3)两国在不同商品上的生产技术不同,并且两国的技术水平都保持不变;

(4)劳动力要素仅能在一国不同部门间流动,不能跨国流动;

(5)规模报酬不变;

(6)完全竞争的市场结构;

(7)实行自由贸易,不存在政府对贸易的干预或管制;

(8)运输费用和其他交易费用为零;

(9)两国之间的贸易是平衡的,不用考虑货币在国家间的流动。

2.实例分析

假定国际贸易中只有甲国和乙国这两个国家,这两个国家都能生产鞋子和酒,两国生产1单位产品所需的成本见表2-1。

表 2-1　　　　　　　　分工前两国生产 1 单位产品所需的成本

国家	产品			
	鞋子		酒	
	劳动天数	产量	劳动天数	产量
甲国	100	1	200	1
乙国	200	1	100	1
总计	300	2	300	2

由表 2-1 可见,甲国和乙国在生产鞋子和酒这两种产品上生产成本不同。生产 1 单位鞋子,甲国只需要 100 天,而乙国则需要 200 天,因此在鞋子的生产上,甲国的劳动生产率高于乙国,占绝对优势;相反,生产 1 单位酒,甲国需要 200 天,而乙国只需要 100 天,因此在酒的生产上,乙国占有绝对优势。按照亚当·斯密的绝对优势理论的观点,甲国应当专门生产鞋子,而乙国则应专门生产酒。进行国际分工后,出现的情况见表 2-2。

表 2-2　　　　　　　　分工后两国生产 1 单位产品所需的成本

国家	产品			
	鞋子		酒	
	劳动天数	产量	劳动天数	产量
甲国	300	3	0	0
乙国	0	0	300	3
总计	300	3	300	3

从表 2-2 分析可知,甲、乙两国在总投入没有增加的情况下,由于两国都放弃了不具有优势的产品,将有限的生产要素投入到具有更高劳动生产率的产品的生产上,从而使得鞋子和酒的产量比分工前各增加了 1 单位。这就是国际分工带来的利益。之后两国进行自由贸易,甲国以 1 单位鞋子(100 天)与乙国的 1 单位酒(100 天)相交换,两国都比分工前多得 1 单位的产品,见表 2-3。

表 2-3　　　　　　　　　　交换后两国的产品量

国家	产品	
	鞋子	酒
甲国	3－1＝2 单位	1 单位
乙国	1 单位	3－1＝2 单位

三、绝对优势理论的意义

亚当·斯密的绝对优势理论具有历史进步作用,对国际贸易理论体系的建立做出了重要贡献。该理论解释了国际分工能够使有限的资源得到充分有效的利用,并深刻指出了分工对提高劳动生产率具有巨大意义;各国之间根据各自优势进行分工,通过国际贸易使各国都能获利的观点,为各国间开展自由贸易扫清了障碍。绝对优势理论是第一个从经济学原理的角度探讨国际贸易产生的原因、贸易模式及贸易利益的理论,为以后国际贸易理论的研究奠定了非常重要的基础。

案例分析 2-1

越南生姜出口澳大利亚迎来巨大机遇

越南《人民报》2021年7月13日报道,越南驻澳大利亚经商处今年1月的市场调查发现,澳大利亚的鲜姜有时高达50澳元/千克以上(约85万越盾)。澳大利亚正在加大生姜进口力度,预计进口额将超1 000亿越盾,这为越南生姜出口带来了巨大机遇。此前,越南冷冻生姜出口到澳大利亚的数量极少,很多消费者并不知道越南生姜。澳大利亚尚未开放越南鲜姜市场。然而,越南驻澳大利亚经商处发现越南的冷冻老姜保留了它的味道,完全有能力征服市场。

思考: 越南生姜有能力征服澳大利亚的主要原因是什么?

(资料来源:中国商务新闻网)

四、绝对优势理论的局限性

亚当·斯密的错误主要表现在认为交换引起分工,而交换又是人类本性所决定的。事实上,交换以分工为前提,在历史上分工早于交换。同时,交换也不是人类本性的产物,而是社会生产方式和分工发展的结果。

绝对优势理论的局限性表现在,该理论强调只有在某种产品上拥有绝对优势的国家参与国际分工和国际贸易才能获利,然而现实中不具有绝对优势的国家仍然可以通过分工和贸易获得利益。绝对优势理论只能说明国际贸易实践中的一种特殊情况,因而并不具有普遍意义。此外,绝对优势理论建立在一系列的假设条件之上,但现实情况却复杂得多,因此该理论在很多情况下并不能完整地解释当代贸易实践。

第二节 比较优势理论

一、比较优势理论的主要内容

(一)大卫·李嘉图的自由贸易思想

大卫·李嘉图的自由贸易思想是在英国资产阶级争取自由贸易的斗争中产生的。大卫·李嘉图所处的19世纪,机器大工业的蓬勃发展极大促进了劳动生产率的提高,英国资产阶级对扩大对外贸易的需求日益迫切。但是当时地主贵族阶级仍占有重要的社会地位,为维护该阶级的利益,1815年英国政府颁布《谷物法》,规定国内谷物价格上涨到限额以上才准进口。这一方面推高了国内粮价和地租,使工业制成品的生产成本上升;另一方面限制进口的措施也会招致其他国家的报复,不利于英国扩大工业品的出口。因而英国工业资产阶级与地主贵族阶级的斗争,在经济方面表现为关于《谷物法》的存废。大卫·李嘉图作为工业资产阶级的代言人,提出的比较优势理论为争取自由贸易提供了理论武器。

为了论证自由贸易的优越性,大卫·李嘉图进一步发展了亚当·斯密的理论,提出了按比较成本进行国际分工的学说。根据比较优势原理,一国在两种商品生产上较之另一国均处于绝对劣势,但只要处于劣势的国家在两种商品生产上劣势的程度不同,处于优势的国家在这两种商品生产上优势的程度不同,则处于劣势的国家在劣势较轻的商品生产方面具有比较优势,处于优势的国家则在优势较大的商品生产方面具有比较优势。两个国家分工专业化生产和出口其具有比较优势的商品,进口其处于比较劣势的商品,那么两国都能从贸易中获益,这就是比较优势原理。两国按比较优势参与国际贸易,通过"两利相权取其重,两害相权取其轻"的原则,两国都可以提升福利水平。

(二)比较优势理论的进一步分析

1.比较优势的度量及分工和贸易模式

除了强调两国之间生产技术存在相对差别而不是绝对差别之外,比较优势模型的假设与绝对优势模型相同。即大卫·李嘉图的贸易理论也建立在劳动价值论的基础上,也认为劳动是唯一的生产要素,且各国劳动力同质,劳动生产率越高,单位产品生产耗费的劳动越少,生产成本就越低。在此基础上,相对劳动生产率就成为判断比较优势的重要方法之一。相对劳动生产率是指不同产品劳动生产率的比率。一国某产品的相对劳动生产率高于另一国,意味着该国该产品的比较成本低于另一国,从而在该产品的生产上具有比较优势。

表 2-4 计算了甲国和乙国生产棉布和酒这两种产品的相对劳动生产率。由于甲国在两种产品上的劳动生产率都高于乙国,故基于绝对优势理论,两国没有分工的基础,因此也不可能产生贸易。但是依据大卫·李嘉图的比较优势理论,甲国尽管在两种产品上都有绝对优势,而乙国都是绝对劣势,但是依据计算出的相对劳动生产率,可知甲国在生产棉布方面优势更明显,具有比较优势;而乙国在酒的生产上劣势更轻,也具有比较优势。所以基于比较优势理论,甲国应专门生产棉布,并从乙国进口酒。

表 2-4　　　　　　　　　　甲、乙两国的相对劳动生产率

国家	产品			
	棉布 (单位/人·天)	酒 (单位/人·天)	棉布 相对劳动生产率	酒 相对劳动生产率
甲国	1	2	0.5	2
乙国	0.5	1.5	1/3	3

比较优势除了可以用相对劳动生产率来衡量,还可以用机会成本来度量。机会成本是指在资源一定且被充分利用的情况下,多生产 1 单位 A 产品所必须放弃的 B 产品的产量。若一国某产品的机会成本低于另一国,则该国在该产品的生产上就具有比较优势。仍以表 2-4 中的甲、乙两国为分析对象,用同样的数据来分析甲、乙两国生产棉布和酒的机会成本,分析结果见表 2-5。甲国生产 1 单位的棉布需要 1 人·天,生产 1 单位的酒需要 0.5 人·天,因此多生产 1 单位的棉布,需要放弃 2 单位的酒的生产,因此甲国生产棉布的机会成本是 2。同样,乙国生产 1 单位的棉布就需要放弃 3 单位的酒,故甲国具有生产棉布的比较优势。同理,甲国生产酒的机会成本是 0.5,乙国是 1/3,乙国具有生产酒的比较优势。

表 2-5　　　　　　　　　　　甲乙两国的机会成本

国家	产品			
	棉布（人·天/单位）	酒（人·天/单位）	棉布机会成本	酒机会成本
甲国	1	2	2	0.5
乙国	0.5	1.5	3	1/3

2. 基于比较优势进行分工和贸易所引致的利益

基于比较优势理论进行的分工不仅能够带来产出水平与产出结构的变化，也会引起消费水平与消费结构的变化。假定甲、乙两国的劳动总供给分别为 $L_1=140$、$L_2=200$，在封闭条件下，两国各用一半的劳动生产棉布和酒。在开放条件下，假定 1 单位的棉布可以交换 2.8 单位酒，且两国之间是完全分工，即甲国将其所有劳动都用于生产具有比较优势的棉布，而乙国则将全部劳动用来生产酒。封闭条件下和开放条件下两国两种产品的产量和消费量见表 2-6。

表 2-6　　　　　　　　　基于比较优势的贸易所致的利益分配

国家	产品							
	封闭条件下				开放条件下			
	棉布		酒		棉布		酒	
	产量	消费量	产量	消费量	产量	消费量	产量	消费量
甲国	70	70	140	140	140	80	0	168
乙国	50	50	150	150	0	60	300	132
合计	120	120	290	290	140	140	300	300

由表 2-6 的计算结果可知，在甲乙两国进行完全分工之后，尽管两国的劳动投入没有任何变化，但是棉布和酒的产量都有了提高。另一方面，开放条件下，按照 1∶2.8 的比例进行的自由贸易，也使得两国在两种产品上的消费量都有增加。在消费达到饱和之前，消费量的提升意味着总效用以及总体福利水平的上升，这是自由贸易所带来的利益的重要体现。

二、比较优势理论的意义

在实践上，比较优势理论为英国资产阶级的自由贸易、废除《谷物法》的斗争提供了有力的理论武器，为世界各国参与国际分工、发展对外贸易提供了理论依据。

在解释国际贸易产生的原因上，比较优势理论比绝对优势理论更全面、更深刻，比较优势理论的结论将促使各国努力提高劳动生产率，降低劳动耗费，以求扩大比较优势，获得更大的贸易利益。从整体来看，这对世界市场的扩大、资源的优化配置、社会生产力的发展以及在更广泛的领域展开国际贸易都有积极的促进作用。

另外，比较优势理论的问世标志着国际贸易理论体系的建立。作为反映国际贸易领域客观存在的经济运行的一般规则和规律的学说，比较优势理论具有很高的科学价值和现实意义，美国著名经济学家萨缪尔森（Paul A. Samuelson）就将其称为"国际贸易不可动摇的基础"。

案例分析 2-2

"一带一路"建设释放中国西部对外开放新活力

2021年7月8日至12日,第二十七届中国兰州投资贸易洽谈会(兰洽会)在甘肃省兰州市举行。兰洽会上,乌拉圭葡萄酒商爱德华·里韦罗用自家酒庄产的葡萄酒招待前来参展的客商。"甘肃同样盛产葡萄酒,期待能通过这次会展,和当地葡萄酒企业有更多交流与合作。"他说。近年来,他多次在昆明、成都等中国西部城市参展,正是看中了中国巨大的市场潜力。"甘肃省和乌拉圭在经济上具有很强的互补性,希望双方能进一步加深乳制品、橄榄油和牛羊肉等产业的合作。"费尔南多·卢格里斯说,乌拉圭向来重视中国西部市场,很多乌拉圭企业致力于在中国的西部大开发战略和"一带一路"倡议中寻找商机。

思考:为什么在甘肃同样盛产葡萄酒的情况下,乌拉圭葡萄酒商还寻求合作?

(资料来源:经济参考报."一带一路"建设释放中国西部对外开放新活力,2021-07-13.)

三、比较优势理论的局限性

比较优势理论最大的局限性是其观念的静态化与复杂多变的国际经济情况相去甚远,这在一定程度上影响了比较优势理论的适用性。随着经济社会发展及科技进步,一国在某种产品上的比较优势也会逐渐发生变化,若一国长期固守某几种产品的比较优势,尤其是初级产品或劳动密集型产品,这样的国际贸易对该国而言将是十分危险的,因为在这些产品的比较优势极其容易被其他国家取代。因此,一国在参与国际分工时,不仅要着眼于当前的静态优势,还要关注长远的发展利益,注重动态优势的培育。

此外,虽然比较优势理论是以劳动价值论为基础的,但是大卫·李嘉图并未能解释比较优势的根源问题,即一国在某产品上为何具有比较优势。事实表明,比较优势在很多情况下不是先天具备的,而是可以自主选择和培育的,后期的许多贸易理论从不同的方面探究了比较优势的成因。

本章小结

1.亚当·斯密的绝对优势理论认为,国际贸易产生的原因和基础是各国间劳动生产率和生产成本的绝对差异。各国应集中生产并出口其在劳动生产率上和生产成本上具有绝对优势的产品,进口其具有绝对劣势的产品。亚当·斯密强调的一国拥有"绝对成本优势"在国际贸易活动中是非常特殊的情况,但绝对优势理论为后来国际贸易理论的研究奠定了基础。

2.大卫·李嘉图的比较优势理论的核心内容是一国应专业化生产和出口与其具有更大优势或更小劣势的商品。"两利相权取其重,两害相权取其轻"是国际贸易中确定比较优势的基本原则。与绝对优势理论相比,比较优势理论能更多地解释现实中普遍存在的国际贸易现象。

思考题

1. 亚当·斯密绝对优势理论的主要内容是什么?
2. 大卫·李嘉图比较优势理论的主要内容是什么?
3. 绝对优势理论和比较优势理论的主要观点有何差别?为什么说后者比前者更具有指导意义?
4. 有甲、乙两国,分工前生产情况为:甲国生产1单位A产品用1天,1单位B产品用2天;乙国正好相反,生产1单位A产品用2天,1单位B产品用1天。如何进行专业化分工?试按绝对优势分析其中的贸易福利情况。

专栏2-1

亚当·斯密简介

亚当·斯密(Adam Smith,1723—1790年),英国著名的经济学家,资产阶级古典经济学派的主要奠基人之一,国际分工及国际贸易理论的创始者。他先后受聘于爱丁堡大学和格拉斯哥大学,讲授修辞学、文学、逻辑学,后任道德哲学教授。1764年,亚当·斯密结识了重农学派主要代表魁奈和度尔哥等人,且深受影响;1776年发表代表作《国民财富的性质和原因的研究》(简称《国富论》),猛烈抨击了重商主义,创立了以增进国民财富为中心思想的古典政治经济学理论体系,对如何进行贸易才能有效地积累财富和发展经济提出了系统完整的命题。他认为自由竞争是一只"看不见的手",自发地调节生产,国家干预私人经济活动往往会起到妨碍作用。他详细考察了影响国民财富增长的因素,第一个系统阐述了劳动决定价值的原理;区分了使用价值和交换价值,指出了劳动是衡量商品交换价值的真实尺度,考察了自然价格和市场价格的关系。明确划分了社会的三个阶级:工人阶级、资产阶级和地主阶级,研究了三个阶级的三种收入:工资、利润和地租等。其政策代表了英国新兴的工业资产阶级的利益和要求,主张国内和国际间实现贸易的自由。1778年被任命为苏格兰海关税务司司长。他一生中的最后三年又被任命为格拉斯哥大学校长。

(资料来源:作者根据资料整理获得)

专栏2-2

大卫·李嘉图简介

大卫·李嘉图(David Ricardo,1772—1823年),英国资产阶级古典政治经济学的杰出代表和完成者,生于英国犹太族大资产阶级家庭。1793年,他独立经营证券交易所业务,到1797年成为大富翁。1799年,他偶然间读到亚当·斯密的《国富论》之后,引起了对政治经济学的兴趣。最终,他在分析、批判前人经济理论的基础上,结合时代问题,于1817年出版了《政治经济学及赋税原理》,被誉为继《国富论》之后的经济学巨著。大卫·李嘉图继承和发展了亚当·斯密的学说,提出了比较优势理论,即依据生产成本的相对差异实行国家分工和国家贸易。

1819年他被选为下院议员。大卫·李嘉图所处的时代正是英国工业革命迅速发展,资本主义不断上升的时代。当时英国社会的主要矛盾是工业资产阶级同地主贵族阶级的矛盾,大卫·李嘉图代表新兴工业资产阶级的利益和要求,提倡自由贸易,反对《谷物法》,主张修改选举法。

(资料来源:作者根据资料整理获得)

第三章 新古典国际贸易理论

知识目标

1. 掌握生产要素禀赋理论的主要内容。
2. 理解要素价格均等化定理。
3. 理解并掌握对里昂惕夫之谜的各种解释。

要素禀赋理论、里昂惕夫之谜

能力目标

能够结合理论,分析当前国与国之间的经济贸易。

思政目标

1. 具有取长补短、互相合作的团队意识。
2. 具有勤奋、积极进取、创新合作的意识。

本章导读

古典贸易理论在西方经济学界占支配地位达一个世纪之久,到20世纪30年代,以俄林为代表的新古典贸易理论则假定各国在生产商品时所使用的生产技术是一样的,因而排除了各国劳动生产率的差异。新古典自由贸易理论以要素禀赋理论(H-O理论)及里昂惕夫之谜(The Leontief Paradox)为基础。要素禀赋理论是由瑞典经济学家赫克歇尔和俄林提出的,其核心思想在于用各国生产要素丰裕程度的差异来解释比较优势的形成和国家贸易的原因。此后,萨缪尔森等人提出了生产要素价格均等化的观点,进一步发展并完善了要素禀赋理论。20世纪50年代初,美国经济学家里昂惕夫用美国的贸易实践数据对要素禀赋理论进行了检验,发现结果与理论不符,被后人称为"里昂惕夫之谜"。对"里昂惕夫之谜"的解释在经济学界掀起了研究国际贸易理论的热潮。

通过本章的学习,读者可以了解到:要素禀赋理论、里昂惕夫之谜及其解释。

第一节 生产要素禀赋理论

一、生产要素禀赋理论的产生

绝对优势理论和比较优势理论都提出,劳动生产率差异是导致国际贸易发生的最重要原因。因此这两种理论都采用了两个国家、两种产品、一种生产要素(劳动)的2×2×1贸易模型。然而在现实世界中,各国在劳动生产率上的差异只能部分地揭示国际贸易产生的原因。

1919年,瑞典经济学家赫克歇尔(E. F. Heckscher)在《外贸对收入分配的影响》一文中首先提出各国劳动要素的差异导致了生产成本的差异,而后他的学生俄林(B. G. Ohlin)发展了这一理论,并在1933年出版的《区域间贸易和国际贸易》这一著作中系统阐述了要素禀赋理论,更加深入而广泛地阐述了赫克歇尔的思想,使要素禀赋理论得以成型。生产要素禀赋理论因此也被称为赫-俄理论或H-O理论。俄林把模型拓展为2×2×2贸易模型,即两个国家、两种产品、两种生产要素。该理论模型对于古典模型,尤其是大卫·李嘉图的单一要素模型做出了修正和完善,从各国要素禀赋的差异来解释国际贸易发生的原因以及产品的流向。H-O理论认为,即使两国生产技术完全相同,即要素生产率没有差异,只要两国间生产要素禀赋不同,就仍然有开展贸易且从中获利的基础。

二、生产要素禀赋理论的主要内容

(一) 生产要素禀赋理论的基本假设

生产要素禀赋理论是建立在以下几个基本假设基础上的:

(1) 只有两个国家、两种产品和两种生产要素(劳动和资本)(2×2×2模型);

(2) 生产要素在一国内部可以自由流动,在国家间不能流动;

(3) 两国的技术水平相同,即同种产品的生产函数相同;

(4) 两国消费者的偏好相同;

(5) 所有商品市场、要素市场都是完全竞争的;

(6) 两国在两种产品的生产上都不能获取规模经济效益,也就是单位生产成本不会随着生产的增减而变化;

(7) 没有运输费用,没有关税或者其他贸易限制。

(二) 生产要素禀赋理论的基本概念

为了更好地理解生产要素禀赋理论,首先要理解以下几个基本概念:

1. 生产要素和要素价格

生产要素(Factor of Production)是指生产活动必须具备的主要因素或在生产中必须投入或使用的主要手段。通常指土地、劳动和资本这三个要素。另外,也有人把技术知识、经济信息和企业家才能也当作生产要素。

要素价格(Factor Price)是指生产要素的使用费用或者要素的报酬。例如,土地的租金、劳动的工资、资本的利息、企业家管理才能的利润等。

2. 要素禀赋

要素禀赋(Factor Endowment)是指一国所拥有的可以用于生产的要素总量,这既包括自然存在的资源(如土地和矿产),也包括"获得性"资源(如技术和资本),这是一个绝对量的概念。依据要素禀赋的多寡(如劳动与土地资源的总供给量多少),可将国家区分为资源丰富的国家和资源贫乏的国家。

3. 要素密集度

要素密集度(Factor Intensity)是指生产一个单位某种产品所使用的生产要素的组合比例。在资本与劳动两种生产要素的情形下,要素的密集度就是生产1单位该产品所使用的资本与劳动的比率。

产品的生产离不开多种生产要素的投入。因为产品属性不同,所以不同产品需要不同的要素投入比例。H-O理论假定仅使用劳动和资本两种生产要素,若一种产品相对于另一种产品投入更多的劳动和较少的资本,则该产品是劳动密集型产品,而另一产品则是资本密集型产品。根据投入要素的不同,产品还可以分为资源密集型、技术密集型、土地密集型等。需要注意的是,要素密集度是一个相对的概念,需要在不同的产品对比中才有意义,离开与其他产品的对比,要素密集度就无从谈起。例如,生产A产品需要5单位的资本、1单位的劳动,据此并不能断定A是资本密集型;当生产B需要10单位的资本、1单位的劳动时,相对于B而言,A是劳动密集型。

4. 要素丰裕度

要素丰裕度(Factor Abundance)是指一个国家或地区相对于其他国家或地区而言,某种生产要素的丰裕与稀缺程度。如果一国的劳动要素相对于其他要素的比率高于另一国,则该国就是劳动要素丰裕的国家。要素丰裕度取决于一国的要素禀赋,各国要素禀赋因历史因素、自然条件、地理位置、经济发展水平等方面的不同而不同,因此在要素丰裕度上也存在差异。要素丰裕度同样是一个相对的概念,离开与其他国家的对比,就无法判断一国的要素丰裕度。

(三)生产要素禀赋理论的分析

1. 生产要素禀赋理论的主要结论

(1)生产成本的差异是国际贸易的基础,且生产成本的高低取决于生产要素的价格和要素投入的比例。

(2)在两个国家有不同的要素丰裕度,而同时两种产品有不同的要素密集度的情况下,分工和贸易才会产生,且分工和贸易的基本格局是劳动丰裕的国家生产并出口劳动密集型产品,进口资本密集型产品;资本丰裕的国家生产并出口资本密集型产品,进口劳动密集型产品。

(3)充分的国际贸易将使两个国家原本存在的要素价格(利率和工资)差异逐步消失,各国要素价格将趋于一致。

2. 生产要素禀赋理论的分析

生产要素禀赋理论有狭义和广义之分。狭义的生产要素禀赋理论被称为要素比例理论,其主要观点是用生产要素禀赋来解释国际贸易发生的原因和进出口商品的特点。广义的生产要素禀赋还包括生产要素均等化定理,其主要内容是说明国际贸易不仅会使贸易各国的商品价格趋于均等,而且会使贸易各国生产要素价格趋于一致。

下面将分别介绍狭义和广义的生产要素禀赋理论。

(1)H-O定理(狭义)

H-O理论的基本结论之一是如果不存在要素密集度的逆转,一国会出口相对密集使用其相对丰裕的生产要素生产的产品,进口其相对稀缺的生产要素生产的产品。这一结论称为H-O定理,也就是狭义的生产要素禀赋理论,又称要素比例学说。

简单来讲,H-O定理认为要素禀赋决定了国际分工和进出口商品的结构。要素禀赋决定了一国要素的相对价格,而要素相对价格又会影响到产品的生产成本。每种要素的价格是由要素的供给和需求决定的,在需求偏好相同的条件下,供给充裕的生产要素比供给不足的生产要素价格低。因此,劳动丰裕的国家劳动价格相对便宜,生产劳动密集型产品的生产成本相对较低,产品就具有比较优势;相反,若该国生产资本密集型产品,则会因为资本相对稀缺而导致生产成本相对较高,产品就不具有比较优势。由此可知,比较优势的形成与劳动生产率无关,只与各国的要素禀赋直接相关,要素禀赋是各国在某产品上是否具有比较优势的基本原因和决定因素。

(2)H-O-S定理(广义)

①H-O-S定理又称赫-俄-萨学说。经济学家萨缪尔森在H-O模型的基础上,分析贸易对要素价格的反作用。这一定理可以视为广义的要素禀赋理论。其主要结论是,在符合一定条件的前提下,国际贸易不但会使各国产品价格相等,还会导致不同国家要素价格相等。基于此,H-O-S定理又称为要素价格均等化定理。

该定理的基本逻辑:依据H-O理论的假设,虽然两国间的生产要素不能自由流动,但是两个要素禀赋不同的国家,通过产品的自由贸易间接实现了生产要素的流动,从而使得两国间要素禀赋的差异得以缓和,生产要素价格呈现均等化趋势。进一步来讲,一个劳动丰裕的国家在劳动密集型产品上具有比较优势,分工的结果是更多地生产劳动密集型产品,这会增加对劳动的需求,提高劳动的工资水平。相反,另一个国家更多地生产资本密集型产品,对劳动的需求下降,工资趋于下降。只要贸易按这一格局一直进行下去,各国的要素价格将会趋于一致。

②要素价格均等化定理的重要意义。H-O-S定理一方面证明了在各国要素禀赋存在差异,以及生产要素不能通过在国家间自由流动来直接实现最佳配置的情况下,国际贸易可以代替生产要素在国际间流动,间接实现世界范围内资源的最佳配置;另一方面,说明了贸易利益在一国内部的分配问题,即说明了国际贸易如何影响贸易国的收入分配格局。不过,由于运输成本和贸易壁垒等其他原因的存在,各国的产品价格难以达到一致,要素价格均等化在现实中一般难以完全实现。

③国际贸易对收入分配的影响。依据要素价格均等化定理,国际贸易会使贸易各国丰裕要素的价格上升,稀缺要素的价格下降。如果贸易前后各国的生产要素都得到了充分利用,那么要素所有者的真实收入与要素价格呈同方向变动。也就是,国际贸易将会使贸易各国的丰裕要素收入上升,稀缺要素收入下降。例如,出口劳动密集型产品的国家劳动的报酬会相对上升,而资本的报酬则相对下降。由此可见,国际贸易会对收入分配产生影响,结果使得贸易各国的收入差距缩小。由于不同要素所有者的收入受自由贸易的影响不同,出口部门密集使用的生产要素获益,而进口替代部门密集使用的生产要素受损,并非所有人都是自由贸易的赢家,因此会有人反对自由贸易。然而事实上,以要素禀赋差异为基础而进行的自由贸易可以使贸易国的整体利益达到最大,即使收入在不同部门间的分配有差异,也可以通过政府的适当调节,将贸易收益在丰裕要素所有者和稀缺要素所有者之间进行再分配,使各要素所有者都能从贸易中获利。

三、生产要素禀赋理论简评

与大卫·李嘉图的理论一样,H-O理论也以比较优势作为两国分工和贸易的基础,但它从三个方面深化和发展了比较优势理论：

(1)在两个理论下，比较优势的产生原因不同。比较优势理论认为产生原因是劳动生产率的相对差异，而要素禀赋理论认为是各国生产要素禀赋的差异，从而重新解释了国际贸易的基础。

(2)相对于比较优势理论的单要素分析，要素禀赋理论认识到除劳动之外的其他生产要素在经济活动中发挥着越来越大的作用，使贸易理论更具有普遍性和说服力。

(3)要素禀赋理论深入分析了国际贸易对贸易双方要素投入及分配的影响(均等化趋势)，而比较优势理论则没有确切的讨论。

要素禀赋理论论证更为严谨，科学性较强，许多关于国际贸易的认识都与该理论有关。大多数国家，特别是发展中国家在制定贸易政策时都会参考这一理论。

在有进步性和重要贡献的同时，要素禀赋理论也有如下缺陷：

(1)与比较优势理论一样，都建立在一系列基本假设的基础之上，如自由贸易、完全竞争、两国技术水平一致，这与事实情况不符。

(2)该理论对于需求因素并未予以重视，影响了对现实问题的分析。

(3)要素禀赋理论注重静态结果，未从动态角度出发说明一国在特定的要素禀赋下，如何从自给自足转向自由贸易。

(4)没有考虑政府在国际贸易中的作用，也没有考虑国际生产关系、国际政治环境对国际贸易的影响。

案例分析 3-1

"中国—南非投资与贸易推进会"在浙江召开

2021年7月8日，"中国—南非投资与贸易推进会"在浙江杭州召开。此次活动由中国驻南非大使馆、商务部西亚非洲司、南非贸工部指导，中非发展基金、南非驻华大使馆、浙江省商务厅联合主办，浙江省国际投资促进中心(浙江省驻外商务机构服务中心)、中非民间商会杭州办事处协办，通过"线上＋线下"相结合的方式，以"对焦新格局 挖掘新机遇"为主题，分别围绕南非园区和制造业、矿业、新能源、浙江企业、金融支持五大专题进行研讨，吸引了70余家中资企业约170名代表现场参会、70余家中南两国企业约100名代表线上参会。目前，中南两国建立了全面战略伙伴关系，已形成全方位、宽领域、多层次的互利合作格局，中国连续12年成为南非最大贸易伙伴国，南非连续11年成为中国在非洲最大贸易伙伴国。2021年前5个月，双边贸易额达205.3亿美元，同比增长65.6%。其中，中国自南非进口大幅增长75.3%。一大批中国先进制造业企业在南非投资建厂，致力于打造家电、机车、冶金等行业的产业集群。当前，南非正在实施"新投资倡议""经济刺激与复苏计划"，中南两国在基础设施、农业、矿业、制造业、旅游业等领域合作前景广阔。中国商务部和南非贸工部等部门将继续密切合作，落实好中南两国元首达成的重要共识，进一步提升贸易投资便利化水平，为两国进出口贸易、工业、矿业、农业、数字经济等领域合作增添动力。

思考：中国在南非投资的主要原因是什么？

(资料来源：中华人民共和国商务部.中国—南非投资与贸易推进会在浙江召开，2021-07-15.)

第二节　里昂惕夫之谜

H-O 理论提出后,在很长一段时间成为解释工业革命后国际贸易产生原因的主要理论。但是 20 世纪 50 年代初,美国经济学家瓦西里·里昂惕夫(Wassily W. Leontief)通过实证检验对 H-O 理论提出了质疑,产生了里昂惕夫之谜,并引发了经济学界的激烈讨论。

一、什么叫里昂惕夫之谜

H-O 理论认为,一国出口的是密集使用本国丰裕要素生产的产品,进口的是密集使用稀缺要素生产的产品。1947 年,大家普遍认为美国是一个资本丰裕而劳动力稀缺的国家,依据 H-O 理论,美国应当出口资本密集型产品,进口劳动密集型产品,也就是美国出口行业的资本劳动比率(K_x/L_x)应该高于美国进口竞争行业的资本劳动比率(K_m/L_m)。然而 1953 年,里昂惕夫利用投入产出法对美国 1947 年的进出口商品结构进行分析,计算出 1947 年美国出口行业与进口竞争行业的资本劳动比率之比,也就是$(K_x/L_x)/(K_m/L_m)$,只有 0.77(表 3-1),而按照 H-O 理论,这一比例应该远大于 1。这意味着美国在 1947 年出口的是劳动密集型产品,进口的是相对资本密集的产品。里昂惕夫这一发现引起了经济学界的极大关注,被称为"里昂惕夫之谜",也被称为"里昂惕夫悖论"。

表 3-1　1947 年美国每百万美元的出口品和进口替代品对国内资本和劳动力的需求

需求	出口品	进口替代品
资本 K(美元)	2 550 780	3 091 339
劳动力 L(工/年)	812 313	170 004
资本/劳动力(K/L)	13.911	18.185
$(K_x/L_x)/(K_m/L_m)$	0.765	

里昂惕夫在 1956 年又利用投入产出法对美国 1947—1951 年的数据进行了检验,结果与第一次检验结果一致,谜仍然存在。

里昂惕夫之谜的提出是第二次世界大战以后首次对传统的国际贸易理论提出的严峻挑战,引起了极大的反响。它促使西方经济学家更加积极地去寻找能正确解释国际贸易产生的相关基础理论,从而有力地推动了国际贸易理论的发展。

二、里昂惕夫之谜的理论解释

归纳起来,对里昂惕夫之谜的相关解释有以下几种:

(一)生产要素密集型逆转论

生产要素密集型逆转是指同一产品在劳动丰裕的国家是劳动密集型产品,在资本丰裕的国家又变成资本密集型产品。按照生产要素禀赋理论,无论在什么情况下,A 与 B 两种商品要素密集度的关系是固定不变的,即假设 A 总是劳动密集型产品,B 总是资本密集型产品。例如,玩具总是用劳动密集型的方法生产的,即使美国的相对工资高于中国,玩具在美国仍然是劳动密集型的产品。但是实际情况可能并不是这样。假定美国资本丰裕而劳动稀缺,由此导致资本比劳动便宜,因此美国可能在玩具生产中使用更多的资本而非劳动。如此,玩具在美国就变成了资本密集型产品。

根据这种解释,美国进口的产品在国内可能是以资本密集型的方法生产的,但在国外却是以劳动密集型的方法生产的,从美国的角度来看,就会造成进口资本密集型产品的错觉;同样,美国的出口产品在国内可能是劳动密集型产品,而在其他国家却是资本密集型产品,用美国的标准衡量也会造成美国出口劳动密集型产品的假象。

由于里昂惕夫在计算美国出口商品的资本劳动比率时,用的都是美国的投入产出数据。对于进口,采用的也是美国生产同类产品所需要的资本劳动比率,而非该产品在出口国国内生产时所实际使用的资本劳动比率。因此,就可能出现美国进口资本密集型产品,出口劳动密集型产品的情况。

(二)贸易壁垒说

美国经济学家罗伯特·鲍德温提出用贸易壁垒解释里昂惕夫之谜。生产要素禀赋理论是建立在完全自由竞争的基本假设之上的,而现实中几乎所有的国家或多或少都会实行一定程度的贸易保护。美国政府为了解决国内就业,对雇用大量非熟练劳动的劳动密集型产业采取贸易保护政策,这就使得外国的劳动密集型产品难以进入美国市场,而资本密集型产品却相对容易进口。一些研究表明,美国进口中的劳动密集型产品的确要比劳动密集度低的产品受到更高进口壁垒的限制。而其他国家也可能对它们缺乏竞争力的资本密集型产品进行较高的贸易保护,从而使美国资本密集型产品的出口受到一定程度的影响。因此,有人认为,如果是自由贸易,美国就会进口比现在更多的劳动密集产品,或出口更多的资本密集型产品,里昂惕夫之谜就有可能消失。

(三)劳动要素说

在 H-O 理论中,生产要素被简单地认为是同质的。然而事实上,同一生产要素在不同国家之间会有很大的区别。就劳动而言,劳动技能的高低在各国之间存在差异,高技能的熟练工人的劳动生产率高于相对低技能的非熟练工人的劳动生产率。由于美国相对其他国家熟练工人充裕,因此其工人的劳动效率高于别国。按里昂惕夫自己的计算,美国工人的劳动效率是外国工人的 3 倍,那么美国有效劳动供给量应该是现存劳动量的 3 倍。所以,表面上美国资本丰富,劳动力短缺,实际上是劳动力丰富,资本短缺。因此,美国应该出口劳动密集型产品,进口资本密集型产品。但是,有一些经济学家认为他的解释过于武断,一些研究表明实际情况并非如此。例如,美国经济学家克雷宁经过验证,认为美国工人的效率和欧洲工人相比,最多高出 1.2~1.5 倍。里昂惕夫自己后来也否定了这种解释,因为如果美国的生产效率高于其他国家,那么工人人数和资本量都应该同时乘以 3,这样美国的资本相对充裕程度并没有受到影响。

(四)自然资源说

经济学家范尼克在 1950 年指出,里昂惕夫之谜的统计方法只考虑了劳动和资本的投入,而忽略了自然资源这一要素在国际贸易中的作用。事实上,一些产品既不是劳动密集型产品,也不是资本密集型产品,而是自然资源密集型产品。美国的进口产品中初级产品占比很高,在 60%~70%,而且以木材和矿产品为主,这些产品既使用大量的自然资源,也使用大量的非人力资本,其资本劳动比率较高,因此才导致美国的进口产品资本密集度较高。如果将资源密集型产品从资本密集型产品中的统计中分离出来,里昂惕夫之谜就可以得到解释。后来里昂惕夫在投入-产出表中去掉了 19 种自然资源密集型产品,取得了与要素禀赋理论相一致的结果。

（五）需求的逆转

H-O 理论假定两国消费者对两种商品的消费偏好完全相同,所以国际贸易格局主要取决于要素禀赋的差异,与需求没有关系。但在现实中,相对价格的差异这一决定国际贸易的因素既会受到供给的影响,也会受到需求的影响。当两国消费者偏好不同时,即使某国从要素禀赋的角度在某种产品上具有比较优势,但是由于消费者对这一产品有较强偏好,从而提高了其相对价格,并使得原来依据 H-O 理论所决定的进出口方向发生改变,即发生了需求的逆转。例如,即使美国是一个资本要素丰裕的国家,但如果美国消费者主要偏好资本密集型的产品,那么美国资本密集型产品的相对价格就会提高,使其失去在这一产品上的比较优势,从而发生进口资本密集型产品出口劳动密集型产品的现象。

三、里昂惕夫之谜简评

里昂惕夫首次运用投入产出法对经济现象进行了定量分析,有机地结合了经济理论、数学和统计三种方法,对美国贸易结构进行计算分析,将定性分析与定量分析、理论研究与实证研究结合,这些都是对传统理论的继承和创新,具有积极意义。

里昂惕夫之谜是西方传统国际贸易理论发展的界碑。里昂惕夫对生产要素禀赋理论的检验具有重大的理论意义,推动了国际贸易理论的新发展。

里昂惕夫之谜及其解释说明生产要素禀赋理论已经不能对第二次世界大战后国际贸易的实际情况做出有力的解释,因为科学技术、熟练劳动力在生产中的作用日益加强,已构成非常重要的生产要素。但是经济学界在后来对生产要素禀赋理论进行了修正。当今西方传统国际贸易理论中居主导地位的仍然是以比较优势为核心的、经过修正的生产要素禀赋理论。

案例分析 3-2

机电商会为中卡经贸合作架起桥梁

近年来,机电产品一直是中国对卡塔尔出口的最主要商品。随着中卡关系全面快速发展,中国对卡塔尔机电产品出口尚有较大潜力。中国机电产品进出口商会副会长刘春在日前举办的中国—卡塔尔双边经贸合作线上研讨会上表示,未来中国机电产品进出口商会将继续利用其渠道优势,深化与卡塔尔多哈银行及卡塔尔驻华使馆的联系与合作,架起中卡企业合作的桥梁,为两国经贸务实合作创造更为良好的环境和便利条件。目前,中卡两国经贸合作已逐步形成以油气合作为主轴、以基础设施建设为重点、以金融和投资为新增长点的合作新格局。新冠肺炎疫情发生以来,中卡经贸合作逆势上扬。2020 年,中国首次成为卡塔尔最大的贸易伙伴国,凸显了中卡经贸务实合作的韧性与活力。数据显示,2020 年中卡双边贸易额 109 亿美元,其中,中国出口 26.3 亿美元,进口 82.7 亿美元。中国主要出口商品为机械设备、电器及电子产品、金属制品等,进口主要是液化天然气、原油、聚乙烯等能源产品。

思考:试分析为何机电产品是中国对卡塔尔出口的商品,而不是中国传统的劳动密集型产品?

(资料来源:中国商务新闻网)

本章小结

1. H-O 理论的核心思想是一个国家应该出口那些本国丰裕要素生产的商品,进口那些本国稀缺要素生产的商品,即各国家应该发挥丰裕要素的生产优势。如果两个贸易伙伴国都按照这一原则进行生产和交易,则每个国家都会得到更有效的资源配置,福利水平将会提高。

2. 里昂惕夫通过研究美国的贸易结构,发现美国并没有按照 H-O 理论所预示的贸易模式进行,而是恰恰相反。对于里昂惕夫之谜,西方经济学家提出了各种各样的解释,并在一定程度上带来了第二次世界大战后西方国际分工和国际贸易理论的发展,为当代国际贸易理论奠定了基础。

思考题

1. 如何理解要素丰裕度?
2. 如何理解要素密集度?
3. 生产要素禀赋理论的主要内容是什么?
4. 什么是要素价格均等化定理?
5. 什么是里昂惕夫之谜?它的主要解释包括哪些?

专栏 3-1

赫克歇尔简介

赫克歇尔(Eli F.Heckscher,1879—1952 年)出生于瑞典斯德哥尔摩的一个犹太人家庭。1897 年起,在乌普萨拉大学学习历史和经济,并于 1907 年获得博士学位。毕业后,他曾任斯德哥尔摩大学商学院的临时讲师,1909—1929 年任经济学和统计学教授。此后,因他在科研方面的过人天赋,学校任命他为新成立的经济史研究所所长。他成功地使经济史成为瑞典各大学的一门研究生课程。

赫克歇尔在经济理论方法方面最重要的贡献是他最著名的两篇文章:《外贸对收入分配的影响》和《间歇性免费商品》。1919 年发表的《外贸对收入分配的影响》是生产要素禀赋理论的起源,集中探讨了各国资源要素禀赋构成与商品贸易模式之间的关系,并且一开始就运用了总体均衡的分析方法。该文认为要素绝对价格的平均化是国际贸易的必然结果。这篇论文具有开拓性意义,其后,他的学生俄林对这篇文章的研究结论进行了进一步的发展。《间歇性免费商品》(1924)一文提出的不完全竞争理论比琼·罗宾逊和爱德华·张伯伦的早了 9 年。文章还探讨了不由市场决定价格的集体财富(公共财物)的问题。在经济史方面,赫克歇尔更享有盛名,主要著作有《大陆系统:一个经济学的解释》《重商主义》《古斯塔夫王朝以来的瑞典经济史》《历史的唯物主义解释及其他解释》《经济史研究》等。赫克歇尔通过对史料提出更广泛的问题或假定,进行深入的批判性研究,从而在经济史和经济理论两个方面架起了桥梁,并把两者有机地结合起来。

(资料来源:作者根据资料整理)

专栏 3-2

俄林简介

俄林(Bertil Gotthard Ohlin, 1899—1979 年)出生于瑞典南方的一个小村子克利潘。1917 年在隆德大学获得数学、统计学和经济学学位。1919 年在赫克歇尔的指导下获得斯德哥尔摩大学工商管理学院经济学学士学位。1923 年在陶西格和威廉斯的指导下获得哈佛大学文科硕士学位。1924 年在卡塞尔指导下获得斯德哥尔摩大学博士学位。1925 年任丹麦哥本哈根大学经济学教授,5 年后回瑞典斯德哥尔摩大学商学院任教。1937 年在加利福尼亚大学(伯克利)任客座教授。由于俄林在国际贸易理论方面的特殊贡献,获得了 1977 年的诺贝尔经济学奖。他的研究成果主要表现在国际贸易理论方面,1924 年出版《国际贸易理论》,1933 年出版其名著《区域间贸易和国际贸易》,1936 年出版《国际经济的复兴》,1941 年出版《资本市场和利率政策》等。俄林受他的老师赫克歇尔关于生产要素比例的国际贸易理论的影响,并在美国哈佛大学教授威廉斯的指导下,结合瓦尔拉斯和卡塞尔的总体均衡理论进行分析论证,最终形成俄林生产要素禀赋说。又由于该学说深受赫克歇尔启发并认为赫克歇尔的思想是俄林构建国际贸易相互依存理论的组成部分,因此,俄林的国际贸易理论又被称为赫-俄理论。

(资料来源:作者根据资料整理)

第四章 当代国际贸易理论

知识目标

1. 掌握新国际贸易理论的基本内容。
2. 掌握新新国际贸易理论的基本内容。

能力目标

能够结合前沿国际贸易理论,分析当前国际贸易发展过程中的经济现象。

思政目标

具有较强的分析归纳能力,能够对当今国际贸易问题进行辨析。

本章导读

二十世纪四五十年代第三次科技革命的兴起,对世界经济、国际分工和国际贸易产生了巨大影响。传统国际贸易理论无法对现实做出令人信服的解释,暴露出明显的理论缺陷和矛盾。在这种情况下,当代经济学家们试图用新的学说来解释国际贸易中出现的新现象和新问题,从而形成了当代国际贸易理论。

通过本章的学习,读者可以了解到:新国际贸易理论、新新国际贸易理论的相关内容。

第一节 新国际贸易理论

二战结束后,产业内贸易和发达国家之间的贸易迅速增长。所谓产业内贸易(Intra-industry Trade),是与传统国际贸易理论解释的产业间贸易(Inter-industry Trade)相对的一个概念,指的是同一产业内的产品之间的贸易,也就是说一个国家既进口又出口同一类产品。这些现象的出现对传统的国际贸易理论提出了挑战,占世界贸易额相当大比重的一部分贸易并不是因为比较成本的差异或者资源禀赋的差异而发生的。为了解释这些国际贸易的新现象,以保罗·克鲁格曼、雷蒙德·弗农等为代表的大批经济学家提出了各种新的学说,我们把这些学说称为新国际贸易理论。新国际贸易理论在对传统贸易理论的不断质疑和对国际贸易实践进行的反思中形成了自己的体系。

传统贸易理论假设市场都是完全竞争的、规模报酬不变或递减、各国的需求偏好相似且不变。但新贸易理论认为这些假设不符合当今社会经济生活,使用传统贸易理论无法解释现实。应当放宽并建立更符合现实的前提假设,即不完全竞争市场和规模报酬递增。这两个关键假设为解释贸易动因与贸易基础开辟了新的源泉,新贸易理论得以发展壮大。

一、规模经济理论(Economic of Scale Theory)

规模经济指的是,随着生产规模的扩大,总产量增加的速度超过了要素投入的增加速度,这意味着平均成本下降,生产效率提高。这种情况下,大厂商比小厂商更有竞争力,少数大厂商逐渐垄断了整个市场,不完全竞争成为市场的基本特征。

古典贸易理论和新古典贸易理论都是假定产品的规模报酬不变,而规模经济理论则认为这种假定是不完全的,因为规模经济现象在许多行业中非常突出。例如,在制造业中,随着生产规模的扩大,生产时间的延长,机器设备闲置减少及利用率提高,劳动者的技术及熟练程度提高,从而导致单位产品的成本降低,即出现了规模报酬递增的情况。

1979年,保罗·克鲁格曼(Paul Krugman)在其发表的论文中将规模报酬理论引入国际贸易分析中,成为当代贸易理论具有代表性的学说之一。该理论认为即使两国在要素禀赋与消费偏好上完全一样,即不存在比较优势,只要存在报酬递增的规模经济,经济发展水平大体相同的国家之间照样能产生国际分工和国际贸易。该学说从理论上对第二次世界大战后发达国家之间工业品的"双向贸易"做出了较有说服力的解释。

根据厂商平均成本下降的原因,规模经济可以分为外部规模经济和内部规模经济两种情况。其中,外部规模经济是指单个厂商由于相关产业其他厂商生产规模的扩大而导致的平均成本的下降;内部规模经济是指由于厂商自身产出量的增加而导致的平均成本的下降。外部规模经济的实现依赖于产业规模,内部规模经济的实现则依赖于厂商自身规模的扩大和产量的增加,它们对于市场结构和国际贸易的影响是不同的。

规模报酬递增为国际贸易直接提供了基础。现以 A 国和 B 国为例分析说明由规模报酬递增取得的贸易优势及在规模收益递增基础上互惠贸易的发生,如图 4-1 所示。

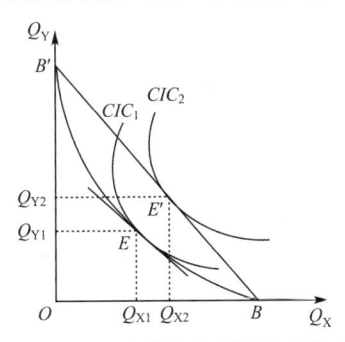

图 4-1 基于规模报酬递增的贸易模式

为了分析的方便,现假定 A 国、B 国在各方面(要素禀赋、技术水平、消费偏好、经济的绝对规模)都完全相同,这样我们可以用同样的生产可能曲线与无差异曲线图来表示两国的情况。生产可能性曲线凸向原点,表明生产 X、Y 产品发生规模报酬递增(成本递减),即增加每一单位的 X 商品生产需要牺牲 Y 商品的数量越来越少,增加每一单位的 Y 商品生产需要牺牲 X 商品的数量也越来越少。E 点为两国在封闭经济状态下共同的生产点,国内均衡商品相对价格也相等(P_E),显然,这时两国并不存在比较优势,但却存在由专业化分工和贸易所能带来的潜在利益,优势和利益正来自规模报酬递增。如果 A 国试图增加 X 商品获得成本优势,促使其进一步扩张,这种扩张反过来又强化它的优势,出现了一种滚雪球式的专业化分工倾向,推动 A 国专业化生产 X 产品,产量为 OB;反之亦然,B 国也会专业化生产 Y 产品,产量为 OB',若两国各以自己生产的一部分产品进行贸易,即 A 国用 $Q_{X2}B$ 与 B 国的 $Q_{Y2}B'$ 相交换,结果两国的消费均确立在 E' 点上,较之分工前 E 点提高了,经济福利也随之增加,达到了位置更高的无差异曲线 CIC_2,各获利 $Q_{X1}Q_{X2}$、$Q_{Y1}Q_{Y2}$,所得就来自各国只生产一种产品的规模报酬递增。可见,在存在规模报酬递增条件下,以规模报酬递增为基础的分工和贸易会通过提高生产率、降低成本,使产业达到更大的国际规模而获利,而参加分工和贸易的双方均获其利。

规模经济贸易理论是国际贸易理论的重大发展,规模经济因素被抽象出来作为国际贸易的决定因素,在理论上具有极高的价值,它标志着传统国际贸易理论向当代新贸易理论的转变。该理论说明了当代国际贸易越来越普遍的产业内贸易现象,解释了当代国际贸易格局形成的根本原因。只要有规模经济的因素存在,即使是两个技术水平和资源条件完全相同的国家,也同样可以发生专业化分工和贸易。

二、产业内贸易理论(Intra-industry Trade Theory)

20 世纪 60 年代以来,产业内贸易的贸易量大大增加,传统的国际贸易模式逐渐改变,产业内的贸易量占全球贸易量的比重日益上升,并逐渐成为国际贸易的主要力量。早在 1978 年,哈沃列利辛(O.Havrylyshyn)和奇范(E.Civan)根据 62 个国家的产业内贸易占其总贸易额的测算,得出产业内贸易额与人均收入水平是正相关的结论。这一预见已在 20 世纪 90 年代得到了国际贸易实践的证明。现在产业内贸易占全球贸易的比重已提高到 60% 以上,而且 70% 的产业内贸易是由发达国家的跨国公司完成的。当年哈沃列利辛和奇范统计出的数据见表 4-1。

表 4-1　　　　　62 个国家产业内贸易量在总贸易量中的比重(1978 年)

国家分组	人均国民生产总值(美元)	产业内贸易量占总贸易量的百分比(%)
15 个低收入国家	261	21.4
18 个中等收入国家	1 273	25.7
6 个新兴工业化国家和地区	1 466	36.6
23 个高收入国家	7 722	60.3
所有 62 个国家	2 909	55.7

注:低收入国家为人均国民生产总值在 600 美元以下的国家,高收入国家为人均国民生产总值在 2 400 美元以上的国家,6 个新兴工业化国家和地区为巴西、墨西哥、新加坡、韩国,以及中国香港地区、中国台湾地区。

(资料来源:世界银行《1980 年世界发展报告》)

产业内贸易学说是美国经济学家格鲁贝尔(H. G.Grubel)提出的,是关于产业内同类产品贸易增长和特点的理论。格鲁贝尔等认为,当代国际贸易结构大致可以分为两类:一类是不同产业之间的贸易,即产业间贸易;另一类是产业内部同类产品之间的贸易,即产业间贸易。产业间贸易是指非同一产业内的产品在两国间的进口和出口贸易,也称之为垂直贸易。例如,中国向美国出口纺织品,而从美国进口部分计算机芯片。与之相对应的是产业内贸易,它是指同一产业的产品在具有相同或相似的生产要素禀赋的两国互相进口和出口的贸易活动,一般也称之为水平贸易。例如,美国和日本之间的汽车贸易就属于这种贸易。

格鲁贝尔对产业内贸易的成因做出了解释。他认为同一产业的产品可以分为同质产品和异质产品,同质产品在价格、品质、效用上基本相同,对于同质产品间的贸易,他认为首先是运输的原因,消费者希望能就近获得供应,于是就会发生就近进口或出口;其次是一些产品的季节性特点和各国生产季节的差异,会导致一国对这类产品既有进口又有出口。

他认为同类产品的异质性是产业内贸易的重要基础,这种异质性主要表现在商标、牌号、款式、性能、质量、用途、包装、信贷条件、交货时间、售后服务和广告宣传等方面。这种异质产品可以满足不同消费心理、消费欲望和消费层次的消费需求,从而导致不同国家之间产业内贸易的发生。

产业内贸易是规模经济和不完全竞争作用的结果。由于规模经济的存在,没有一个国家能单独生产所有产品,而消费者的主观需求在动态中不断发生变化,虽然两国都可能生产一些产品,但不会完全相同,自己生产的产品在对方国家里存在着消费需求。

巴拉萨(B.Balassa)曾经对产业内贸易现象做过统计研究,并提出测量产业内贸易重要性程度的指标——产业内贸易指数(Index of Intra-industry Trade,IIT)。其计算公式为

$$A_i = 1 - \frac{|X_i - M_i|}{X_i + M_i}$$

式中:A_i 为一国第 i 产业的产业内贸易指数;X_i 为一国第 i 产业产品的出口额;M_i 为一国第 i 产业产品的进口额。A_i 的取值范围为 0 到 1,A_i 越接近 1,该产业的产业贸易程度越高;A_i 越接近 0,则说明该产业的产业贸易程度越低。

产业内贸易理论的假设更符合当代实际,从供给和需求两个方面分析了造成产业内贸易出现的原因。在供给方面,由于参与国际贸易的厂商通常是处于垄断条件下,因此产生了同类产品的差异化;在需求方面,消费者的偏好具有多样性,而且各国之间的消费需求通常存在着相互重叠的现象。

三、技术差距理论(Technology Gap Theory)

技术差距理论(Technological Gap Theory)又称创新与模仿理论(Innovation and Imitation Theory),由波斯纳(M. A. Posner)首创。他于 1961 年在《国际贸易和技术变化》一文中提出了这一理论。

在赫克歇尔-俄林生产要素禀赋的模型中,如果两国具有相同的要素禀赋条件和相同的需求条件,那么两国无法开展贸易。对此,技术差距论认为,技术进步或技术创新意味着一定的要素投入量可以生产出更多的产品,这样技术进步会对各国生产要素禀赋的比率产生影响,从而影响各国产品的比较优势,对贸易格局的变动产生作用。因而,技术差距也是国家间开展贸易的一个重要原因。各国技术发展情况不一致,技术革新领先的国家就可能享有出口技术密集型产品的比较优势。技术领先的国家发明出一种新产品或新的生产流程时,由于其他国家尚未掌握这项技术,因而就产生了国际间的技术差距(Technology Gap)。但是,随着新技术向国外的扩散,其他国家迟早会掌握这种技术,从而使国际间的技术差距逐步缩小,直至消失。

波斯纳把从创新国制造出新产品到模仿国能完全仿制这种产品之间的时间间隔称为模仿时滞(Imitation Lag)时期,全期又分为反应时滞(Reaction Lag)和掌握时滞(Mastery Lag)两个阶段。其中,反应时滞阶段初期为需求时滞(Demand Lag)阶段。

反应时滞是指技术创新国家开始生产新产品到其他国家模仿其技术开始生产新产品的时

间。当进口国的消费者逐渐加深了对进口新产品的了解,其消费需求逐渐从本国生产的同类"老"产品转移到进口"新"产品,对进口国的生产厂商形成市场压力,迫使它们不得不放弃陈旧的生产技术,转而通过各种途径取得新技术,用以生产新产品,同进口的新产品进行竞争。从创新国生产到模仿国对进口新产品后的市场变化做出反应,并开始仿制与进口新产品相类似的产品需要一段时间,这段时间被称为反应时滞。反应滞后期的长短主要取决于企业家的决定意识和规模利益、关税、运输成本、国外市场容量及居民收入水平高低等因素。

掌握时滞是指其他国家开始生产新产品到其新产品进口为零的时间。即模仿国从产品开始生产到达到与原出口国同一技术水平,国内生产扩大,进口变为零的时间间隔。掌握时滞的长短取决于创新国技术转让移的程度、时间,模仿国的需求强度以及对新技术消化吸收能力等因素。

需求时滞则是指技术创新国开始生产新产品到开始出口新产品之间的时间间隔。当某个国家率先完成某项技术创新,研制出某项新产品,并将该项新产品出口到其他国家以后,该项产品进口国的消费者和生产者都将对其做出相应的反应。一般说来,由于进口国的消费者对新产品有一个逐渐了解熟悉的过程,再加上受到进口国消费者的支付能力、需求弹性和消费习惯等因素的制约,在一定的时期内,进口的新产品还不能取代进口国生产的同类老产品。这段时间被称为需求时滞。需求滞后的长度则主要取决于两国的收入水平差距和市场容量差距,差距越小长度越短。

波斯纳的技术差距贸易模型可以通过图4-2得到直观形象的反映。

图4-2中,t_0为创新国开始生产产品,随后其生产逐步扩大,经过一段时间之后又逐步缩小。波斯纳在描述技术差距时,提出了模仿时滞和需求时滞。需求时滞是指从创新国新产品问世到其他国家消费者认识其价值并对它产生需求的时间差距,即图4-2中的t_0-t_1,它取决于收入因素以及模仿国消费者对新产品的认识。模仿时滞是指在技术创新国的新产品问世以后到其他国家仿制的产品出口以前的这一段时间差距,即图4-2中的t_0-t_3,它又分为反应时滞和掌握时滞,前者是指创新国新产品问世以后到进口国开始仿制的时间间隔,即图4-2中的t_0-t_2,它取决于仿制国厂商的反应以及规模经济、贸易壁垒、运输成本、收入水平等因素;后者是指仿制国开始生产到国内生产扩大和开始出口的时间间隔,即图4-2中的t_2-t_3,它取决于创新国技术转移的时间,仿制国对新技术的需求强度、科研基础、科研费用和生产条件等因素。需求时滞和模仿时滞的差距导致了国际贸易的可能性,其贸易区间为t_1-t_3。

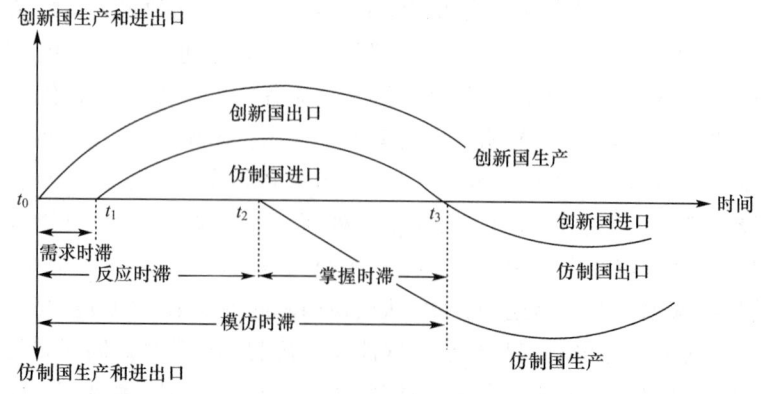

图4-2 技术差距与国际贸易

四、产品生命周期理论(Theory of the Product Life Cycle)

技术差距理论解释了技术因素对国际贸易的影响,但仍然不能解释以下两个现象:①技术创新倾向于集中在较富、较发达的国家;②在产品生命的早期,生产倾向于在进行创新的国产,而到了产品生命的较晚阶段,生产就会从创新国家转移出去。

产品生命周期学说是美国经济学家雷蒙德·弗农(Raymond Vernon)于1966年在他的《产品周期中的国际投资与国际贸易》一文中首先提出的。弗农把参与贸易的国家分为三类:第一类是技术创新的发达国,它们是技术密集型国家;第二类是工业发达国,它们是资本密集型国家;第三类是发展中国家,它们是劳动密集型国家。同时,他认为产品的生命周期可划分为三个阶段,即创新阶段、成熟阶段、标准化阶段。在产品生命周期的不同阶段,一国出口和进口商品的结构是不同的。

产品生命周期各阶段的特征与贸易的流向特征见表4-2。

表4-2　　　　　　　　　　产品生命周期与贸易流向

	创新阶段	成熟阶段	标准化阶段
需求	发达国家人均收入高	需求扩散	欠发达国家需求增加
供给	发达国家技术先进	规模经济	资本与熟练劳动
贸易	无	向外出口	从外出口

(一)创新阶段(New Product Stage)

新产品最先是在发达国家开发出来的,因为发达国家拥有雄厚的科技力量、较多的技术工人和完善的市场机制。在这一阶段,需要投入大量的科研和开发费用,产品要素的密集型表现为技术密集型。同时,由于新产品具有需求价格弹性较低、收入弹性较高的特点,发达国家的社会要素积累与较高的社会购买力足以从供给和需求两方面为新产品的生产提供技术与经济上的支持。

(二)成熟阶段(Mature Product Stage)

随着科学技术的发展,生产创新产品的企业不断增多,技术已成熟,产品已定型,生产规模不断扩大,国外的需求也在增加。在这一阶段,技术投入减少,资本和管理要素投入增加,高级的熟练劳动投入越来越重要,产品要素密集型表现为资本密集型。这个时期,发达国家在向本国消费者提供这种产品的同时,还将产品大量出口到对这种产品有需求的外围国家,或者到国外投资,利用当地各种廉价资源,降低费用,巩固和扩大市场。

(三)标准化阶段(Standardized Product Stage)

生产创新产品的企业日益增多,竞争更加激烈,技术和产品趋于标准化。此时,新产品的要素密集型已发生变化,即从知识与技术密集型产品转变为资本与非熟练劳动要素密集型产品,产品的生产已转移到生产成本相对较低的外围国家。随着生产过程的外向转移,贸易的方向也颠倒过来,即原来出口该新产品的发达国家成为该产品的进口国。

弗农的产品生命周期指的是由于世界各国的技术发展水平不同,技术领先的国家可能率先开发出某种新产品并出口;经过一段时间后,技术较先进的国家掌握了这种技术,成为新的出口国;技术较落后的国家随后才能掌握这种技术,在最后才成为该产品的出口国。可见,产品生命周期概念从国内市场扩展到了国际市场,经过这一扩展,可以用这种理论来解释国际间的产业转移现象。

产品生命周期模型可以通过图 4-3 得到直观形象的反映。

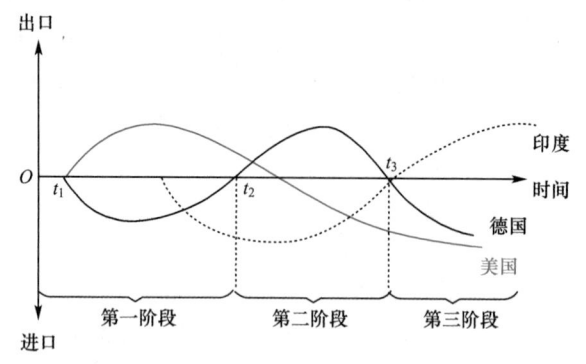

图 4-3　产品生命周期模型

在第一阶段,电视机首先在美国被研制出来,在国内经过一段时间的生产后,美国具备了出口能力,从 t_1 这一时间开始出口。德国的技术水平稍比美国落后,在美国开始出口后,德国率先从美国进口电视机,国际贸易由于两国技术水平的差异而发生。印度的技术水平相对更落后一些,于是在更晚的时间才产生了对电视机的需求,开始从美国进口。随着时间的推移,德国国内的企业掌握了电视机生产技术,开始生产这种产品,于是德国的进口开始减少。当时间发展到 t_2,德国国内的企业已经具备了电视机出口能力,德国从电视机的进口国转变为出口国。与此同时,美国电视机产业已经不再是新兴产业,部分企业可能退出该产业,去开发新的产品,产业开始萎缩,美国的出口量开始减少。而这时印度国内对电视机的需求不断扩大,而且国内尚未掌握生产技术,国内的需求完全靠进口来满足。这是国际市场产品生命周期的第一阶段。

在第二阶段,随着产业的萎缩,资源转向其他更新的产品的研究和生产上去,美国国内电视机的产量已经不能满足国内的需求,美国成为电视机的进口国。这时候,德国后来居上,开始向世界其他国家出口电视机。也就是说,电视机产业已经从美国转移到了德国。在这个阶段,印度国内也掌握了电视机生产技术,开始自己生产,于是印度的进口量逐渐减少。随着印度的电视机产量不断增加,德国的出口量开始减少。这时德国也面临着与第一阶段中美国相似的情形:电视机产业开始萎缩,新的产业开始取代电视机产业。当时间发展到 t_3,德国不再出口电视机,印度成为电视机的出口国。也就是说,电视机产业已经从美国和德国转移到了印度。

在第三个阶段,只有印度在出口电视机,美国和德国都成了电视机的进口国。但印度的出口不会持续增加,印度面临的情况和前两个阶段中美国和德国的情况是一样的。随着技术进步,印度电视机的出口量也会减少。当电视机这个产业被其他新技术产业取代后,国际间的电视机贸易也就停止了,因为各国对电视机都不再有需求。到这时,电视机这种产品的生命周期也就结束了。

五、需求相似理论 (Theory of Demand Similarity)

瑞典经济学家林德(S.B.Linder)于 1961 年出版了《贸易和转移支付》一书,他认为赫克歇尔-俄林理论适用于理解初级产品,尤其是自然资源密集产品的贸易方式,但不适合于解释制成品,尤其是资本密集型产品的贸易方式。这是因为前者的贸易模式主要是由供给要素决定的,而后者的国际贸易模式是由需求决定的。对于后者的解释,林德提出了需求相似理论。

林德认为,工业制成品的生产,最初都是为了满足国内需求,只有当国内市场扩大到一定程度时,才会将产品推向国际市场。由于该产品是在考虑本国收入水平的条件下,为了满足国内市场偏好而生产的,所以该产品较多地出口到偏好和收入相似的国家。这些国家的需求结构和需求偏好越相似,其贸易量也就越大。

林德认为,影响一国需求结构的主要因素是人均收入水平。人均收入水平越相似,两国消费偏好和需求结构越相近,产品的适应性就越强,贸易关系就越密切。人均收入水平较低的国家,选择消费品的质量也较低;人均收入水平较高的国家,选择消费品的质量也较高。因此,人均收入水平影响消费偏好和需求结构,消费偏好和需求结构影响贸易关系。即使一国拥有比较优势的产品,如果与其他国家收入水平差距很大,该产品也不能成为贸易品。

如图4-4所示,纵轴代表商品档次,横轴代表人均收入,$O\alpha$、$O\beta$ 与原点所构成的锥形 $\alpha O\beta$ 代表一国对其所需求产品的档次的变动范围。设 A 国的人均收入为 M_1,B 国的人均收入为 M_2,与 M_1、M_2 相应的 CE、DF 分别表示 A 国、B 国的需求商品档次范围,DE 部分重合,表示两国会就 DE 范围内档次的商品进行贸易。两国对产品需求的档次变动范围重合部分越大,表示需求结构越相近,贸易可能性就越大。

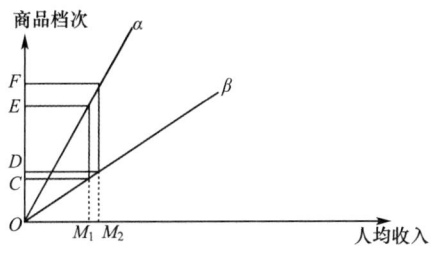

图 4-4 偏好相似与国际贸易

六、国家竞争优势理论(Theory of Competitive Advantage of Nations)

全球化趋势下,一些新的贸易理论开始注意国内贸易对国际贸易的影响,特别是注重国内市场需求状况对企业国际竞争力的影响。二十世纪八九十年代初,美国经济学家迈克尔·波特(Michael E. Porter)先后出版了《竞争战略》《竞争优势》《国家竞争优势》三部著作,分别从微观、中观、宏观角度论述了"竞争力"的问题,对传统理论提出了挑战,认为具有比较优势的国家未必具有竞争优势,应该从长远角度考虑如何将比较优势转化为竞争优势。

迈克尔·波特的国家竞争优势理论指出,一国国内市场竞争越激烈,该企业的国际竞争力越强;如果本国市场上有关企业的产品需求大于国内市场,则拥有规模经济优势,有利于该国建立该产业的国家竞争优势;如果本国消费者需求层次高,则对相关产业取得国际竞争优势有利;如果本国的消费者向其他国家的需求攀比,本国产业及时调整产业结构,而且改进产品的能力强,则有利于该国竞争力的提高。

波特国家竞争优势理论的核心是"创新是竞争力的源泉"。波特认为,国家竞争优势取决于产业竞争优势,而产业竞争优势又决定于企业竞争战略。一国在某一行业取得全球性成功的关键在于四个基本要素,即要素状况、需求状况、相关和支撑产业,以及企业战略、结构与竞争。这四个基本因素连同两个辅助因素,即机遇与政府作用,共同决定了一国能否创造一个有利于产生竞争优势的环境。

波特提出了"国家竞争优势的钻石模型",如图4-5所示。

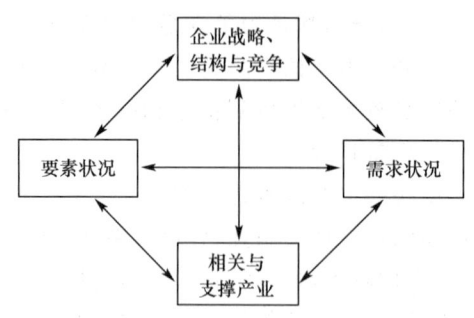

图4-5 国家竞争优势的钻石模型

对"钻石模型"四个基本要素的解释如下:(1)对于生产要素,波特认为一国如果在某类低成本要素禀赋或独特的高质量要素上具有优势,该国就有可能在充分利用这些要素的产业发展上获得竞争优势。如荷兰鹿特丹处于地理要冲,这使它成为世界的物流中心。日本在高素质劳动力方面的优势,是日本第二次世界大战后成为世界工厂的重要因素。(2)对于需求状况,波特指出在促进企业持续竞争力方面,最重要的是市场的特征,而不是市场的大小。国内需求大,有利于促进竞争,形成规模经济。如果国内消费者对产品质量的要求较高,会促使企业提高产品质量和服务水平,从而取得竞争优势。(3)对于相关和支撑产业,任何一个产业都不能孤立地发展,发达的、完善的相关与支撑产业,有利于提供产品信息,降低产品成本,提高产品质量,从而建立起竞争优势。拥有发达而完善的相关产业和支撑产业的企业在运作过程中,能够通过及时的产品供应和灵通的信息交流,促进企业的科技创新,进而获得并保持竞争优势。(4)对于企业战略、结构与竞争,其是指公司建立、组织和管理的环境以及国内竞争的性质。不同国家的公司在目标、战略和组织方式上都大不相同。国家优势来自对它们的选择和搭配。波特指出,没有任何战略是普遍适用的,战略的适用性取决于某时某地某企业的有关工作的适应性和弹性。强大的本国、本地竞争对手是企业竞争优势产生并得以长久保持的最有力刺激。另外,国内的激烈竞争还迫使企业向外扩张,占领国际市场。政府应为社会创造一种公平的竞争环境,激烈的竞争会迫使企业不断提高生产效率,以取得竞争优势。

竞争优势理论为贸易结构的优化提供了一个全方位的思考,资源禀赋固然重要,高级要素的决定作用却越来越明显。因此,不仅要考虑生产的量,更要重视生产的质,改善贸易结构,积极参与国际分工。波特主张政府加大对基础设施的投入,提高国民素质,完善政策法规,为企业竞争创造良好的外部环境。

七、其他新国际贸易理论

除了以上新国际贸易理论,还有一些理论也尝试对第二次世界大战后贸易领域出现的一些新现象进行合理解释,比如人力资本说、新经济地理学理论等。

"人力资本说"(Human Capital Theory)是美国经济学家舒尔茨(T. W. Schultz)创立的,该学说用人力资本的差异来解释国际贸易产生的原因和一国开展国际贸易的模式。舒尔茨和许多其他西方经济学家认为,劳动不是同质的,这种不同质表现在劳动效率的差异上,而劳动效率的差异主要是由劳动熟练程度决定的,劳动熟练程度的高低又取决于劳动者受教育、培训等智力投资的影响,因此高素质的劳动力是过去资本支出的结果。因此,人力资本指寓于人体中的人的智能,表现为人的文化水平、生产技巧、熟练程度、管理才能及健康状况,它是人力投资的结果,即政府、企业和个人投资于教育和培训的结果。商品生产中的资本除了包括物质资本以外,还应该包括人力资本。

资本丰裕的国家,教育都比较发达,因而人力资本资源也比较丰富,在需要大量人力资本的产业具有相对比较优势。比如,美国在生产商品时投入较多的人力资本,拥有更多的熟练劳动力。如果把人力资本与有形资本相加,经过这样的处理之后,美国仍然是出口资本密集型产品。这个结论是符合要素禀赋理论的,从而很好地解释了里昂惕夫之谜。

"新经济地理学理论"(New Economic Geography Theory)是以美国经济学家保罗·克鲁格曼(Paul Krugman)为首的经济学家提出的。克鲁格曼通过建立模型将规模经济、不完全竞争市场结构引入国际贸易,指出规模经济是国际贸易产生的原因,从而成功解释了第二次世界大战后国际贸易发展变化的新格局,建立了国际贸易新理论。同时,克鲁格曼考虑了运输费用问题,突破了传统国际贸易理论运输成本为零的假定,提出了经济活动的区位问题。克鲁格曼以规模经济和产品差异为出发点,将国际贸易模式和经济活动区位分析结合起来,创造性地提出了新经济地理学理论,开创了经济地理学研究的新时代。目前,新经济地理学主要包括核心-边缘理论、城市与区域演化理论和产业集聚与贸易理论。

第二节 新新国际贸易理论

20世纪90年代,国际贸易实践的发展使人们再次反思新国际贸易理论对现实的解释力。大量的经验证明,并非所有的企业都选择对外贸易。美国统计局1999年对30多万家企业的调查研究显示,从事出口的企业不到5%,而且这些出口企业中前10%的企业出口总量占美国出口总额的96%。出口企业与非出口企业在劳动生产率、要素密集度和工资水平上都存在显著的差异。相对非出口企业,出口企业具有较高的劳动生产率和工资水平。对此,无论是传统国际贸易理论还是新国际贸易理论都无法提供令人信服的解释。同时,中间投入品贸易在全球贸易中的份额不断上升,跨国公司在全球经济中的重要性与日俱增,企业国际化过程中越来越复杂的一体化战略和外包战略选择,都使得研究国际贸易和国际投资中企业的国际化形式、组织形式和生产方式选择变得非常重要。因此,新新国际贸易理论应运而生。

新新国际贸易理论是在哈佛大学梅里兹(Meliz)教授在 *Econometrics* 上发表的《贸易对行业内重新配置和总行业生产率的影响》一文中的异质性企业贸易模型(也称"梅里兹模型")的基础上发展而来的。新新国际贸易理论突破了传统国际贸易理论和新国际贸易理论中企业同质的假定,将企业异质性纳入微观分析框架,并对国际贸易结构和国际贸易量进行大量实证分析与解释,成了当前国际贸易理论研究的新热点。

新新国际贸易理论有两个分支,一是以梅里兹(Melitz)为代表的异质企业模型(Heterogeneous Firms Model),另一个是以 Antras 为代表的企业内生边界模型(Endogenous Boundary Model)。异质企业模型主要解释为什么某个行业内有的企业会从事出口贸易而有的企业不从事出口贸易;企业内生边界模型主要解释什么因素决定一个企业选择公司内贸易、市场交易或者外包形式进行资源配置。

一、异质企业模型

梅里兹(2003)采用垄断竞争分析框架,在克鲁格曼新国际贸易理论的基础上,引入企业生产率差异,发展了一个异质企业动态贸易模型。该模型将研究重点放在单个企业的特征上,从企业层面重新解释了以下问题:贸易如何导致那些生产率更高的企业出口?当企业面临市场进入沉没成本时,它如何做动态前瞻性决策?贸易如何提高了产业总生产率,带来了福利的改进?

该模型假定:(1)存在两个对称的国家,各国均有一个生产部门,一种生产要素——劳动。(2)市场是垄断竞争并存在冰山贸易成本。冰山贸易成本是指任何运输的产品在运输途中都会有部分被损耗掉。(3)存在不变的边际成本和固定成本。企业开发新产品需要支出成本,支出之后转化为沉没成本。进入市场需要固定成本,出口企业必须发现外国买家并告知有关产品信息,以及学习外国市场,确保产品符合国外的标准,还必须在国外建立新的分销渠道。

该模型根据生产率或者边际成本的差异,将厂商分为出口型厂商(Export Firms)、国内型厂商(Domestic Firms)和非生产型厂商(Non-producers)三种类型。出口型厂商生产率最高,边际成本最低,同时在国内外销售;国内型厂商生产率次之,只能在国内市场上销售;非生产型厂商生产率最低,边际成本最高,最后会被驱逐出市场。贸易自由化通过选择效应和再分配效应使整个产业的总生产率水平提高。选择效应包括国内市场选择效应和出口市场选择效应。国内市场选择效应是指生产率最低的企业通过竞争被驱逐出市场,而出口选择效应是指生产率最高的企业进入出口市场。再分配效应主要关注异质企业条件下的贸易自由化带来的市场份额和利润在不同厂商之间的分配。通过选择效应和再分配效应,产业的总体生产率由于资源的重新配置获得了提高,这种类型的福利是以前的国际贸易理论没有解释过的贸易利得。在消费者福利方面,虽然国内企业数量减少使国内产品的供给数量减少,但国际贸易使得企业成本加成下降,同时使得更多国外高生产率水平的企业向国内出口更高质量的产品,这样消费者可以花费比以前更低的成本得到更高质量的产品,从而使净福利水平增加。

二、企业内生边界模型

企业在国际化过程中面临着两个关键选择:一是是否进入国际市场,是继续做一个本土企业还是选择进入国际市场;二是以何种方式进入国际市场,是选择出口还是选择对外直接投资(FDI)的形式。原有的国际贸易模型只能解释为什么本土企业在外国进行生产,却无法解释为什么这些国外生产会发生在企业边界之内,而不是通过常见的交易、分包或许可的形式进行国外生产。

传统国际贸易理论对企业的边界几乎是不涉及的,现有的企业理论仅限于部分分析并且忽视了公司内贸易的国际维度。Antras(2005)将产业组织理论和契约理论的概念融入贸易模型,提出了一个关于企业边界的不完全契约产权模型来研究公司内贸易,主要解释了是什么因素决定一个企业选择公司内贸易、市场交易或者外包形式进行资源配置,在企业的全球化生产这一研究领域做出了重大理论突破。

企业内生边界模型中,最终产品的制造商控制着总部服务,中间品的供货企业控制着中间品的生产质量和数量,不同产业部门的生产率水平差异和不同产业部门的技术和组织形式差异对国际贸易、FDI和企业的组织选择产生影响。该模型显示,高生产率企业选择在外国生产中间产品,而低生产率企业只能在本国生产产品;在一国内部企业的组织形式选择上,低生产率企业倾向于外包形式,高生产率企业倾向于垂直 FDI 形式;在跨国外包地选择上,低生产率企业选择本国,而高生产率企业选择外国;在总部密集度较低即零部件密集度较高的行业,外包生产可以增加对零部件生产商的投资激励,企业一般不会进行垂直 FDI,而只会选择外包。同时,该模型还发现行业特征依赖于生产率分散程度,生产率越分散的行业,越依赖进口中间产品,并且行业内部服务密集程度越高,行业也越倾向于一体化。

三、新新国际贸易理论的价值

传统国际贸易理论中的比较优势理论和资源禀赋理论,以市场完全和规模报酬不变假定为基础,分析了国家间因生产技术差异和要素禀赋不同而出现的产业间分工与贸易的动因和利益来源,研究的是产业间贸易。新国际贸易理论在传统国际贸易理论基础上放松了市场完全和规模报酬不变的假设,分析了在市场不完全和规模经济的情况下国际分工与贸易的原因及利益来源,解释了产业内分工与贸易的现象。但是,不论是传统国际贸易理论还是新国际贸易理论,其研究均从宏观层面出发,分析了国际分工与贸易的开展,忽视了贸易的微观企业之间的差异性。

在新古典贸易理论中,企业被看作是黑匣子,关于企业的唯一描述是企业是追求利润最大化的,企业的界限是模糊的。新国际贸易理论虽然对企业的规模做出了限定,但为简化起见,选用的是典型企业,也不考虑企业间的差异,并假设所有的企业都是同质的(Homogeneous),即所有的企业都从事出口。然而近期的实证研究表明,并非所有的企业都会从事出口,无论企业规模、企业生产率还是企业的出口决策,企业都是异质的(Heterogeneous)。考虑企业间的差异对于理解国际贸易的动因至关重要。

新新国际贸易理论将企业异质性、企业组织引入国际贸易理论模型,从企业的微观层面解释企业的贸易行为、对外投资行为以及国际化生产组织行为,得出的一系列结论使国际贸易理论对现实的贸易实践具有更强的解释力,拉近了理论与现实的距离,开创了新的国际贸易理论和实证研究领域。

新新国际贸易理论中的异质企业模型将贸易理论的传统方法和新方法相结合,将企业的生产率差别和出口的固定成本有机结合起来,解释了出口企业和跨国公司产生生产率差异的原因,丰富了贸易和 FDI 的研究类型。企业内生边界模型将契约模型融入标准的一般均衡贸易模型,不仅用贸易模型解释了要素禀赋差异导致的各国出口产品要素密集度的差异,也解释了企业组织形式的差异,为国际贸易理论的发展做出了杰出贡献。新新国际贸易理论界定了新的比较优势来源,即企业异质性和企业组织选择,单个企业行为会影响所在产业的结构变化。产业内部不完全契约与企业异质性相互作用,二者共同预测国际化和离岸生产,特别是解释了目前普遍存在的本土市场一体化、本土外包、国外一体化和国外外包等四种主要的企业组织形式,为解释现有的国际贸易和国际投资模式提供了新的视角。

新新国际贸易理论与传统国际贸易理论、新国际贸易理论的比较见表 4-3。

表 4-3　　　　　　　　　国际贸易理论比较

比较内容	传统国际贸易理论	新国际贸易理论	新新国际贸易理论
基本假设	同质企业、同质产品、完全竞争市场、无规模经济	同质企业、产品差异化、不完全竞争市场、规模经济	企业异质性、产品差异、不完全竞争市场、规模经济

(续表)

比较内容	传统国际贸易理论	新国际贸易理论	新新国际贸易理论
主要结论	贸易是按照比较优势和资源禀赋差异进行的;了解产业间贸易的情况	市场结构差异和规模经济存在及产品差异化扩大了贸易;解释了产业间贸易的情况	企业的异质性导致企业的不同贸易决策选择;主要解释公司内贸易和产业间贸易,也解释了产品间贸易

资料来源:朱廷珺,李宏兵.异质企业假定下的新新贸易理论.研究进展与评论[J].国际经济与合作,2010(4)

本章小结

1.第二次世界大战结束后,产业内贸易和发达国家之间的贸易迅速增长,占世界贸易额相当大比重的一部分贸易并不是因为比较成本的差异或者资源禀赋的差异而发生的。为了解释这些国际贸易的新现象,新国际贸易理论应运而生。新国际贸易理论放宽并建立更符合现实的前提假设,即不完全竞争市场和规模报酬递增。基于这两个关键假设,出现了规模报酬理论、产业内贸易理论、技术差距理论、产品生命周期理论、需求相似理论、国家竞争优势理论等。

2.20世纪90年代,国际贸易实践的发展使人们再次反思新国际贸易理论对现实的解释力。大量的经验证明,并非所有的企业都选择对外贸易。同时,中间投入品贸易在全球贸易中的份额不断上升,跨国公司在全球经济中的重要性与日俱增,企业国际化过程中越来越复杂的一体化战略和外包战略选择,都使得研究国际贸易和国际投资中企业的国际化形式、组织形式和生产方式选择变得非常重要。因此,新新国际贸易理论发展壮大起来,成了当前国际贸易理论研究的新热点。

新新国际贸易理论突破了传统国际贸易理论和新国际贸易理论中企业同质的假定,将企业异质性纳入微观分析框架,并对国际贸易结构和国际贸易量进行大量实证分析与解释。新新国际贸易理论有两个分支,一是异质企业模型,另一个是企业内生边界模型。异质企业模型主要解释为什么某个行业内有的企业会从事出口贸易而有的企业不从事出口贸易;企业内生边界模型主要解释什么因素决定一个企业选择公司内贸易、市场交易或者外包形式进行资源配置。

思考题

1.规模经济理论的主要内容是什么?

2.产业内贸易理论的主要内容是什么?

3.产品生命周期理论的主要内容是什么?

4.技术差距理论的主要内容是什么?

5.需求相似理论的主要内容是什么?

6.国家竞争优势理论的主要内容是什么?

7.简述异质企业模型。

8.简述企业内生边界模型。

9.传统国际贸易理论、新国际贸易理论和新新国际贸易理论有何差别?

第五章 关税壁垒

知识目标

1. 掌握关税壁垒的含义、特点和作用。
2. 熟悉关税的种类。
3. 理解关税的经济效应。

能力目标

能够分析关税壁垒对国际贸易的影响。

思政目标

具有较强的分析归纳能力,能够对当今国际贸易问题进行辨析。

本章导读

关税是国家管理对外贸易的传统手段。早期,各国主要视其为政府财政收入的重要来源。随着保护贸易政策的不断出现,各国越来越多地将其作为限制进口的重要工具。当前,在世界贸易组织的约束下,虽然关税作为限制进口手段的作用已大大下降,但它仍是各国管理对外贸易、调整国家间经贸关系的重要手段之一。

通过本章的学习,读者可以了解到:关税壁垒的含义、特点、作用和种类,关税的经济效应等。

第一节 关税概述

一、关税的定义

关税(Customs Duties;Tariff)是指当进出口货物经过一国关境时,由政府所设置的海关根据海关税则对进出口商征收的税。所谓"经过一国关境",即表明关税为通过税的一种,非关税的地域,虽有货物通过,也不课征关税。例如,通过自由港的商品,不课征关税。关税是对通过关境的"货物"才课税,不是"货物"则不属课税对象。例如,旅客出入国境,从事客货运输的运输工具,虽然过境,也不课征关税。

关税的征收是由海关执行的,海关是设在关境上的国家行政管理机构,是贯彻执行国家有关进出口法令、法规的重要工具。其职责是依照国家法令对进出口货物、货币、金银、行李、邮件、运输工具等进行监督管理,征收关税,查禁走私货物,临时保管通关货物和统计进出口商品等。

征收关税是海关的重要任务之一。海关征收关税的领域称为关境或关税领域。它是海关所管辖和执行海关法令和规章的区域。货物只有在进出关境时才被视为进出口货物而征收关税。一般情况下,一国关境与国境是一致的,但自由港、出口加工区等虽在国境之内,从征收关税的角度看,却在关境以外。这时,关境小于国境。当几个国家缔结成关税同盟,对内取消一切贸易限制,对外建立统一的关税制度,参加关税同盟的国家的领土即成为统一的关境。这时,关境大于国境。

由于征收关税提高了进口商品的成本和在本国市场的销售价格,限制了进口商品的规模,保护了本国产业和国内市场,所以关税又被称为关税壁垒。

二、关税的特点

关税是国家财政收入的一个重要来源,与其他国内税一样具有以下基本特征:

(1)强制性。国家凭法律规定强制征收而非纳税人自愿献纳。

(2)无偿性。国家获取这部分税收不付代价,也不归还给纳税人。

(3)预定性。国家预先规定征税比例或征税额。

但与其他国内税相比,关税还有其自己的特点:

1.关税是对外贸易政策的重要手段

关税的种类与税率高低直接影响国际贸易价格,可以起到调节一国进出口贸易的作用。因此,它既是争取对外友好贸易往来的有效工具,也是对外进行经济斗争、反对贸易歧视、争取平等互利权益的锐利武器。

2.关税的税收主体和客体分别是进出口商和进出口货物

税收主体是指法律上负有纳税义务的自然人或法人,税收客体就是征税对象。关税的税收主体是本国的进出口商,关税的客体是进出国境或关境的货物和物品。属于贸易性进出口的商品称为货物,属于入境旅客携带的、个人邮递的、运输工具服务人员携带的,以及用其他方式进口个人自用的非贸易性商品称为物品。关税不同于因商品交换或提供劳务取得收入而课征的流转税,也不同于因取得所得或拥有财产而课征的所得税或财产税,而是对特定的进出境货物和物品征税。

3.关税是一种间接税

征收关税时,进出口商作为纳税人先行垫付,然后把它当作成本的一部分加入货价,货物出售后可以收回垫款。因此,关税最终转嫁给买方或消费者。

三、关税的作用

(一)积极作用

1.增加财政收入

这是关税出现之初的基本职能。随着现代经济的发展,税源增加,而且第二次世界大战后各国关税水平受到《关贸总协定》的约束而不断下降,关税增加财政收入的作用相对下降。各国海关网站公布数据显示,目前,发达国家的关税收入占其财政收入的比重仅为1‰~2‰。一些经济落后的发展中国家仍把关税作为其财政收入的重要来源。

2. 保护国内的产业和市场

这是当今各国运用关税政策的主要目的。各国普遍设置高关税阻止或减少进口以保护国内弱势产业的发展,同时又利用关税减免以鼓励某些短缺资源进口,从而促进本国某些产业特别是出口导向型产业的发展。

3. 调节贸易差额,平衡国际收支

一国国际收支中商品贸易占很大比重,故各国往往通过调节关税来调节贸易差额,平衡国际收支。当贸易逆差过大时,提高关税或征收进口附加税以限制进口;当贸易顺差过大时,减免关税以鼓励进口。

4. 调节进出口商品结构

一国通过调整关税结构来调整本国的进出口商品结构,对于国内需求旺盛的商品通过减免关税的方式鼓励进口,或通过征收高额关税的方式限制出口;对于出口导向型的产业通过减免关税的方式鼓励出口,通过征收高额关税的方式限制与国内产业具有竞争性的产品进口,如各国对奢侈品征收高额的进口关税,对日用必需品征收较低关税或免税。

(二)消极作用

关税提高了进口商品的价格并限制了进口国消费者的消费。长期采用过高的关税保护国内产业会使相关产业养成"惰性",不努力改进技术去提高生产效率与产品质量,从而阻碍生产力发展。另外,过高的关税也是导致走私的客观根源,造成财政收入减少的同时对国内市场也会造成冲击。过高的关税也人为地扭曲了通过国际分工进行的全球资源合理配置,不利于各国充分发挥本国的经济优势,形成了全球资源配置的不经济性。

案例分析 5-1

根据《国务院关税税则委员会关于 2021 年关税调整方案的通知》(税委会〔2020〕33号),自 2021 年 1 月 1 日起对部分商品的进口关税税率等进行调整。2021 年关税调整方案以推动高质量发展为主题,支持国内国际双循环,推动实体经济创新发展、优化升级。

2021 年调整方案中有关关税税率的主要内容如下:

(一)调整进口关税税率

1. 最惠国税率

(1)自 2021 年 1 月 1 日起对 883 项商品(不含关税配额商品)实施进口暂定税率;自 2021 年 7 月 1 日起,取消 9 项信息技术产品进口暂定税率。

(2)对《中华人民共和国加入世界贸易组织关税减让表修正案》附表所列信息技术产品最惠国税率自 2021 年 7 月 1 日起实施第六步降税。

2. 关税配额税率

继续对小麦等 8 类商品实施关税配额管理,税率不变。其中,对尿素、复合肥、磷酸氢铵 3 种化肥的配额税率继续实施 1% 的暂定税率。继续对配额外进口的一定数量棉花实施滑准税,并进行适当调整。

3. 协定税率和特惠税率

(1) 根据我国与有关国家或地区签署的贸易协定或关税优惠安排,除此前已经国务院批准实施的协定税率外,自 2021 年 1 月 1 日起,进一步下调中国与新西兰、秘鲁、哥斯达黎加、瑞士、冰岛的双边贸易协定和亚太贸易协定的协定税率。原产于蒙古国的部分进口商品自 2021 年 1 月 1 日起适用亚太贸易协定税率,遵循亚太贸易协定原产地规则(见海关总署公告 2018 年第 69 号)。2021 年 7 月 1 日起,按照中国与瑞士的双边贸易协定和亚太贸易协定规定,进一步降低有关协定税率。2021 年 1 月 1 日起,《中华人民共和国政府和毛里求斯共和国政府自由贸易协定》正式实施,对原产于毛里求斯的部分商品实施协定税率。

当最惠国税率低于或等于协定税率时,协定有规定的,按相关协定的规定执行;协定无规定的,二者从低适用。

(2) 继续对与我国建交并完成换文手续的最不发达国家实施特惠税率,适用商品范围和税率维持不变。

(二)继续实施现行出口关税税率

自 2021 年 1 月 1 日起继续对铬铁等 107 项商品征收出口关税,适用出口税率或出口暂定税率,征收商品范围和税率维持不变。

思考:国家调整关税的意义是什么?

(资料来源:中华人民共和国海关总署网站,2020-12-30.)

第二节 关税的种类

一、按照征收的对象和商品流向分类

(一)进口税(Import Duty)

进口税是进口国家的海关在外国商品输入时,根据海关税则对本国进口商所征收的关税。它可在外国货物直接进入关境时征收,或者当外国货物从自由港、自由贸易区或海关保税仓库等提出运往进口国的国内市场销售,在办理海关手续时征收。

各国进口税税率的制定要考虑多方面的因素。从有效保护和经济发展出发,对不同商品实行差别税率,对于国内紧缺而又急需的生活必需品和机器设备予以低关税或免税,而对国内能大量生产的商品或奢侈品征收高关税。

一般来说,进口税税率可分为普通税率、最惠国税率和普惠制税率三种。

1. 普通税率(General Rate)

普通税率适用于来自与本国没有签订包含最惠国待遇条款的贸易协定的国家或地区的商品。普通税率是最高税率,一般比优惠税率高 1~5 倍。第二次世界大战以后,大多数国家都加入了关税与贸易总协定,相互提供最惠国待遇。因此,正常进口税指的是最惠国税。对于普通税率,目前只有个别国家对极少数国家的出口商品实行,大多数只是将其作为其他优惠税率减税的基础。因此,普通税率并不是被普遍实施的税率。

2. 最惠国税率(MFN)

最惠国税率是指来自同进口国签有双边或多边最惠国待遇条款的国家的进口商品适用的

税率。最惠国税率是互惠的且比普通税率低,有时甚至差别很大。例如美国对进口玩具征税的普通税率为70%,而最惠国税率仅为6.8%。在世界上大多数国家都享有最惠国待遇的情况下,尤其是关贸总协定和现在的世界贸易组织把最惠国待遇作为一项基本条款后,最惠国待遇便成为一种非歧视待遇,表明贸易国之间是一种正常的贸易关系。但最惠国待遇不是最优惠的待遇,签有最惠国待遇条款的国家只是承诺互相给予对方不低于第三方的贸易待遇。因此,最惠国税率通常又被称为正常关税(Normal Tariff)。

3. 普惠制税率(GSP)

普惠制税率是指发达国家单方面向发展中国家提供的优惠税率。它是在最惠国税率的基础上降低关税,通常按最惠国税率的一定百分比征收。因此,享受普惠制待遇的发展中国家往往能增加出口,加快工业化进程,加速国民经济的增长。享受普惠制税率的商品必须符合普惠制的原产地原则。

(二)出口税(Export Duty)

出口税是出口国家的海关在本国产品输往国外时,对出口商所征收的关税。目前大多数国家都不征收出口税,因为征收出口税会抬高出口商品的成本和国外售价,削弱本国商品在国外市场的竞争力,不利于扩大出口。但世界上仍有一些国家,在特定情况下,针对某些出口商品征收出口税。征收出口税的目的主要是:第一,对本国资源丰富、出口量大的商品征收出口税,以增加财政收入。第二,为了保证本国的生产,对出口原料征税,以保证国内生产的需要和增加国外商品的生产成本,从而间接增强本国产品的竞争能力。第三,为保障本国市场的供应,除了对某些出口原料征税外,还对某些本国生产不足而又需求较大的生活必需品征税,以抑制价格上涨。第四,控制和调节某些商品的出口流量,防止盲目出口,以保持在国外市场的有利价格。第五,为了防止跨国公司利用"转移定价"逃避或减少在所在国的纳税,向跨国公司出口产品征收高额出口税,维护本国的经济利益。

我国历来采用鼓励出口的政策,但为了控制一些商品的出口流量,采用了对极少数商品征出口税的办法。被征出口税的商品主要有生丝、有色金属、铁合金、绸缎等,出口税率从10%~100%不等。

(三)过境税(Transit Duty)

过境税又称通过税,是指一国对通过其关境的外国货物所征收的关税。目前,友好国家之间一般不再征收过境税,世界贸易组织也明文规定成员方之间不应征收过境税。因此,大多数国家都仅仅在外国商品通过其领土时征收少量的准许费、印花费、登记费和统计费等。这是因为:过境货物对本国生产和市场没有影响,所征的税率也很低,对财政收入的意义不是很大;如果征收过境税将会减少外国货物经过本国的过境流量,从而会影响本国交通事业的发展和交通运输方面的收入,得不偿失。

二、按照征收的目的不同分类

(一)财政关税(Revenue Tariff)

财政关税是以增加国家财政收入为主要目的而征收的关税。随着社会经济的不断发展和其他税源的增加,财政关税在财政收入中的比重相对下降。特别是第二次世界大战后,经过关税与贸易总协定的八次谈判,世界范围内关税水平大幅下降,关税的财政作用也在逐渐减弱。

(二)保护关税(Protective Tariff)

保护关税是指以保护国内产业为主要目的而征收的关税。保护关税税率一般都比财政关税高,且随着产品加工程度而递增。各国关税保护的重点有所不同,发达国家所要保护的通常是国际竞争性很强的商品,发展中国家则重在保护本国幼稚工业的发展。

目前,绝大多数国家大量地使用关税作为削弱外来竞争的保护贸易措施,只有极少数发展中国家把关税作为财政收入的主要手段。

三、按照差别待遇和特定的实施情况分类

(一)进口附加税(Import Surtaxes)

进口附加税又称特别关税,是指进口国政府对进口商品除征收正常关税外额外加征的关税。进口附加税通常是一种特定的临时性措施,又称特别关税。其目的主要有:应付国际收支危机、维持进出口平衡、防止外国产品低价倾销、对某个国家实行歧视或报复等。

进口附加税是限制商品进口的重要手段,在特定时期有较大的作用。例如,1971年,美国出现了自1893年以来的首次贸易逆差,国际收支恶化。为了应付国际收支危机,维持进出口平衡,时任美国总统的尼克松宣布自1971年8月15日起实行新经济政策,对外国商品的进口在一般进口税上再加征10%的进口附加税,以限制进口。又如,2002年3月5日,美国以欧盟、巴西、日本、韩国、俄罗斯、中国等对国内钢铁工业执行了不当补贴为由,宣布从2002年3月20日开始对来自上述国家的12种钢铁产品加征8%～30%的特别关税。

进口附加税主要有反倾销税、反补贴税、差价税、紧急关税、惩罚关税和报复关税六种。

1.反倾销税(Anti-dumping Duty)

反倾销税是对实行倾销的进口商品所征收的一种临时性进口附加税。根据世界贸易组织的《反倾销协议》,倾销是指一国以低于正常的价格向另一国销售的行为。征收反倾销税的目的在于抵制商品倾销,保护本国产品的国内市场。因比,反倾销税税额一般按倾销差额征收,由此抵消低价倾销商品价格与该商品正常价格之间的差额。

根据《反倾销协议》规定,对进口商品征收反倾销税必须满足以下三个必要条件:一是倾销存在;二是倾销对进口国的同类产业造成实质性的损害或实质性的损害威胁;三是倾销的进口商品与所称损害之间存在因果关系。进口国只有经充分调查,确定某进口商品符合上述征收反倾销税的条件,方可征收反倾销税。

2.反补贴税(Counter-vailling Duty)

反补贴税是对于直接或间接地接受补贴或奖金的外国商品进口所征收的一种进口附加税。征收反补贴税的目的在于增加进口商的成本,抵消出口国对该项商品所作补贴的鼓励作用,确保进口国市场和生产的稳定。

《关税与贸易总协定》第6条有关反补贴税方面的规定,主要有以下几点:(1)补贴的后果会对国内某项已建的工业造成重大损害或产生重大威胁,或对国内某一工业的新建造成严重阻碍,才能征收反补贴税;(2)反补贴税的征收不得超过"补贴数额";(3)对于受到补贴的倾销商品,进口国不得同时对它既征收反倾销税又征收反补贴税;(4)在某些例外情况下,如果延迟将会造成难以补救的损害,进口国可在未经缔约方全体事前批准的情况下,征收反补贴税,但应立即向缔约方全体报告,如未获批准,这种反补贴应立即予以撤销。

3.差价税(Variable Levy)

差价税又称差额税,是当本国生产的某种产品的国内价格高于同类进口商品的价格时,为削弱进口商品的竞争力,保护本国生产和国内市场,按国内价格与进口价格之间的差额征收的关税,实际上属于进口附加税。征收差价税的目的是使该种进口商品的税后价格保持在一个预定的价格标准上,以稳定进口国内该种商品的市场价格。差价税没有固定的税率和税额,而是随着国内外价格差额的变动而变动,因此是一种滑动关税(Sliding Duty)。

4.紧急关税(Emergency Tariff)

紧急关税是指在紧急情况下,为消除外国商品在短期内大量进口对国内同类产品生产造成重大损害或重大威胁而征收的一种进口附加税。短期内外国商品大量涌入时,正常关税已难以起到有效保护作用,因此需借助税率较高的特别关税来限制进口,保护国内生产。当紧急情况缓解后,紧急关税必须撤除,否则会受到别国的关税报复。例如,1972年5月,澳大利亚受到外国涤纶进口的冲击,为保护国内生产,澳大利亚决定征收紧急关税,在每磅20澳分的正常税外,另加征每磅48澳分的进口附加税。

5.惩罚关税(Penalty Tariff)

惩罚关税是指出口国某商品违反了与进口国之间的协议,或者未按进口国海关规定办理进口手续时,由进口国海关对该进口商品征收的一种临时性进口附加税。这种特别关税具有惩罚或罚款性质,有时被用作贸易谈判的手段。例如,1988年日本半导体元件出口商因违反了与美国达成的自动出口限制协定,被美国征收了100%的惩罚关税。美国在与别国进行贸易谈判时,就经常扬言若谈判破裂就要向对方课征高额惩罚关税,以此逼迫对方让步。这一手段在美国经济政治势力鼎盛时期非常有效,但随着世界经济多极化、全球化等趋势的加强,这一手段日渐乏力,且易招致别国的报复。

6.报复关税(Retaliatory Tariff)

报复关税是指一国为报复他国对本国商品、船舶、企业、投资或知识产权等方面的不公正待遇,对从该国进口的商品所课征的进口附加税。通常在对方取消不公正待遇时,报复关税也会相应取消。然而,报复关税也像惩罚关税一样,易引起他国的反报复,最终导致关税战。例如,乌拉圭回合谈判期间,美国和欧盟就农产品补贴问题发生了激烈的争执,美国提出一个"零点方案",要求欧盟10年内将补贴降为零,否则除了向美国农产品增加补贴外,还要对欧盟进口商品增收200%的报复关税。欧盟也不甘示弱,扬言反报复,最后相互妥协。

由于进口附加税比正常税所受国际社会约束要少,使用灵活,因而常常会被用作限制进口与贸易斗争的武器。过去,我国合理地、适当地应用进口附加税的手段方法显得非常不足。比如,因长期没有自己的反倾销、反补贴法规,不能利用反倾销税和反补贴税来抵制外国商品对我国低价倾销,以保护我国同类产品的生产和市场。直到1997年3月25日我国颁布了《中华人民共和国反倾销和反补贴条例》,才使我国的反倾销、反补贴制度法制化、规范化。

(二)特惠税(Preferential Duty)

特惠税是指对来自特定国家或地区的进口商品给予特别优惠的低关税或免税待遇,但它不适合非优惠国家或地区的商品。其目的是增进与受惠国之间的友好贸易往来。特惠税有的是互惠的,有的是非互惠的。

特惠税最早开始于宗主国与其殖民地及附属国之间的贸易,其目的在于保护宗主国在其殖民地及附属国市场上的优势。目前仍在起作用的且最有影响的是《洛美协定》国家之间的特惠税。它是欧共体向参加协定的非洲、加勒比海和太平洋地区的发展中国家单方面提供的特惠关税。第一个《洛美协定》于1975年2月签订,第四个《洛美协定》于1989年12月15日签订,其有效期首次达10年(1990—2000年)。这样,通过《洛美协定》受惠的非加太国家从最初的46个增加到69个。按照《洛美协定》,欧共体在免税、不限量的条件下,接受受惠国的全部工业品和96%的农产品进入欧共体市场,而不要求受惠国给予反向优惠,并放宽原产地限制和部分非关税壁垒。洛美协定国家间实行的这种优惠关税是世界上最优惠的一种关税:一是优惠范围广,除极少数农产品外,几乎所有工业产品和农产品都在优惠范围之列;二是优惠幅度大,列入优惠的产品全部免税进口。它有力地促进了欧盟和这些国家之间经济贸易关系的发展。

(三)普遍优惠制(Generalized System of Preferences,GSP)

普遍优惠制简称普惠制,是发达国家给予发展中国家出口的制成品和半制成品(包括某些初级产品)普遍的、非歧视的、非互惠的一种关税优惠制度。普遍性、非歧视性和非互惠性是普惠制的三项基本原则。所谓普遍性,是指发达国家对发展中国家所有出口制成品和半制成品给予普遍的进口关税优惠待遇;所谓非歧视性,是指应使所有发展中国家都无歧视和无例外地享受普惠制待遇;所谓非互惠性,即非对等性,是指发达国家应单方面给予发展中国家特别的关税减让,而不要求发展中国家对发达国家给予同等优惠。

普遍优惠制是发展中国家在联合国贸易与发展会议上长期斗争的成果,普惠制的目的是通过给惠国对受惠国产品给予减免关税优惠待遇,使发展中的受惠国增加出口收益,促进其工业化水平提高,加速国民经济增长。截至2021年12月1日,给予我国普惠制待遇的共有3个国家。

普惠制是根据各给惠国制订的普惠制方案实施的。全世界普惠制方案内容不尽相同,但大多包含六个基本要素,即受惠产品范围、受惠国家和地区、受惠产品关税削减幅度、给惠国的保护措施、原产地规则和普惠制的有效期。

1. 受惠产品范围

一般对发展中国家或地区工业制成品和半制成品都列入受惠范围,但农产品中受惠商品较少,一些敏感性商品,如纺织品、服装、鞋类及皮革制品和石油制品常被排除在外。

2. 受惠国家和地区

普惠制原则上应是无歧视的,但发展中国家能否成为普惠制方案的受惠国是由给惠国单方面确定的。给惠国从各自的政治、经济利益出发,对受惠国家和地区进行限制。

3. 受惠产品关税削减幅度

关税削减幅度又称普惠制优惠幅度,取决于最惠国税率与普惠制税率之间的差额。假设某给惠国对某项产品规定的普通税率为45%,最惠国税率为15%,普惠制税率为5%,则该项产品享受普惠制待遇时,关税削减幅度为10%。一般来说,农产品的减税幅度较小,工业品的减税幅度较大。

4. 给惠国的保护措施

由于普惠制是一种单向的优惠,各给惠国为了保护本国生产和市场,从自身利益出发,均在各自的普惠制方案中制定了程度不同的保护措施。保护措施主要表现在预定限额、免责条款及毕业条款三个方面。

预定限额是指给惠国根据本国和受惠国的经济发展水平及贸易状况,预先规定一定时期内(通常为一年)某项产品的关税优惠进口配额,达到这个额度后,就停止或取消给予的关税优惠待遇,而按最惠国税率征税。给惠国通常引用预定限额对工业产品的进口进行控制。

免责条款。当受惠国的商品出口量增加到对本国同类产品,或有竞争关系的商品的生产者造成或即将造成严重损害时,给惠国保留完全取消或部分取消关税优惠待遇的权利。

毕业条款是指当一些受惠国或地区的某项产品或其经济发展到较高的程度,使它在世界市场上显出较强的竞争力时,则取消该项产品或该受惠国家或地区全部产品享受关税优惠待遇的资格。

5. 原产地规则

原产地规则(Rules of Origin)是普惠制的主要组成部分和核心,是指各国政府为了确保普惠制待遇只给予发展中国家和地区生产和制造的产品而采用的法律、规章和普遍运用的行政命令的总称,是衡量受惠国出口产品能否享受给惠国给予减免关税待遇的标准。原产地规则一般包括三个部分:原产地标准、直接运输规则和书面证明书。原产地标准是指只有完全由受惠国生产或制造的产品,或者进口原料或部件在受惠国经过实质性改变而成为另一种不同性质的商品,才能作为受惠国的原产品享受普惠制待遇。直接运输规则是指受惠产品必须由受惠国直接运到给惠国。由于地理上的原因或运输上的需要,受惠产品可以经过他国领土转运,但必须置于过境国海关的监管下,未投入当地市场销售或再加工。书面证明书是指受惠国必须向给惠国提供由受惠国政府授权的签证机构签发的普惠制原产地证书表格 A(Form A),作为享受普惠制减免关税优惠待遇的有效凭证。

6. 普惠制的有效期

根据联合国贸易与发展会议的决议,普惠制的实施期限以 10 年为一个阶段。

四、按征税方法或征税标准分类

(一)从量税(Specific Duty)

从量税是指以商品的重量、数量、容量、长度和面积等计量单位为标准计征的关税。从量税额的计算公式为

$$从量税额 = 商品数量 \times 单位商品从量税额$$

从量税的优点在于课税标准一定,而且征收手续比较简便,但是其缺点则在于同种类的货物不论等级高下,均课以同税率的关税,使得课税有失公平,而且其税额也不能随物价的变动而调整。从量税不宜普遍采用,征收对象一般是谷物、棉花等大宗产品和标准产品,对某些商品,如艺术品及贵重物品(古玩、字画、雕刻、宝石等)不便使用。

(二)从价税(Ad Valorem Duty)

从价税是以商品的价格为标准计征的关税,其税率表现为货物价格的百分率。从价税额的计算公式为

$$从价税额 = 商品总值 \times 从价税率$$

在征收从价税中,较为复杂的问题是确定进口商品的完税价格。完税价格是经海关审定作为计征关税的货物价格,它是决定税额多少的重要因素。因此,如何确定完税价格是十分重要的。各国规定了不同的海关估价确定完税价格,大体上可概括为以下三种:(1)成本加保险费和运费价格(CIF 价)。(2)装运港船上交货价格(FOB 价)。(3)法定价格,即海关估价。

从价税的特点在于:(1)税负合理。同类商品,质高价高,税额也高;质次价低,税额也低。(2)由于从价税随着商品价格的升降而变化,所以在价格上升时,税额增加,保护作用大。价格下降时,税额减少,保护作用小。(3)各种商品均可适用。(4)从价税率按百分数表示,便于各

国之间进行比较。(5)完税价格不易掌握,征税手续复杂,大大增加了海关的工作负荷。

(三)混合税(Mixed or Compound Duty)

混合税又称复合税,是对某种进口商品,同时采用从量税和从价税的征税方法征收的关税。混合税额的计算公式为

$$混合税额 = 从量税额 + 从价税额$$

从量、从价的主次不同又可分为两种情况:一种是以从量税为主加征从价税;另一种是以从价税为主加征从量税。

(四)选择税(Alternative Duty)

选择税是指对于一种进口商品同时定有从价税和从量税两种税率,但按规定征收其中的一种。一般选择其税额较高的一种征税。但有时为了鼓励某种商品进口,也有选择其中税额低者征收的。选择税可以根据经济形势的变化及政府的特定需要进行选择,灵活性较强。

第三节 海关税则

一、海关税则内容

海关税则(Customs Tariff)又称关税税则,是一国对进出口商品计征关税的规章和对进出口应税与免税商品加以系统分类的一览表。海关税则是关税制度的重要内容,是关税政策的具体体现。

海关税则一般包括两个部分:一部分是海关课征关税的规章条例及说明,另一部分是关税税率表。其中,关税税率表主要包括税则号列(Tariff No.;Heading No.;Tariff Item)、商品分类目录(Description of Goods)及税率(Rate of Duty)三部分。商品分类目录将各种商品或按加工程度,或按自然属性、功能和用途等分为不同的类。随着经济的发展,各国海关税则的商品分类越来越细,这不仅是由于商品日益增多而产生的需要,更主要的是各国开始利用海关税则更有针对性地限制有关商品进口和更有效地进行贸易谈判,将其作为实行贸易歧视的手段。

二、海关税则制度

海关税则制度包括海关合作理事会税则目录和商品名称及编码协调制度。

1.海关合作理事会税则目录

各国海关都分别编制本国的海关税则,但由于各国海关在商品名称、定义、分类标准及税则号列的编排方法上存在差异,使得同一商品在不同国家的税则上所属的类别和号列互不相同,因而给国际贸易活动和经济分析带来很多困难。1952年成立的海关合作理事会在布鲁塞尔制定了《海关合作理事会税则目录》(Customs Cooperation Council Nomenclature,CCCN),或称《布鲁塞尔税则目录》(Brussels Tariff Nomenclature,BTN)。这个税则目录就是以商品性质为主,结合加工程度进行分类,把全部商品分为21大类,99章(小类),1 011项税目。各国可在税目下加列子目,税则中商品分类之所以如此繁细,反映了商品种类增多,同时也是为了便于实行关税差别和贸易歧视政策,它是一国关税政策的具体体现。

2. 商品名称及编码协调制度

为了使国际贸易商品的分类统计与关税税则目录分类协调统一，兼顾海关、贸易统计与运输保险业的共同需求，海关合作理事会下设的协调制度委员会研究制定了《商品名称及编码协调制度》(Harmonized Description and Coding System)，简称《协调制度》(H.S.)。

《协调制度》是在《海关合作理事会税则目录》与联合国统计委员会的《国际贸易标准分类》的基础上，吸收了国际上其他分类的长处，统一和协调国际商品分类体系而编制的。它将商品分为21类、97章，下设有1 241个四位数的税目、5 019个六位数的子目。《协调制度》是一个新型的、系统的、多用途的国际贸易商品分类体系。它除了用于海关税则和国际贸易统计外，对运输业的计费和统计、计算机数据传递、国际贸易单证简化以及普惠制的受惠标准等方面都提供了一套可使用的分类制度，避免了一种商品在一次国际贸易交易中，因成交、检验、保险、出运、议付、报关和统计等环节而多次改动商品编号的情况。

我国海关在《协调制度》目录的六位数编码基础上，加列了1 828个7位数子目和298个8位数子目。这样，我国新的海关税则的总目数达8 871个，其中不再细分的子目，归类时实际使用的商品组共有6 255个，从税则角度讲，就是6 255个带税率的税目。

三、海关税则分类

海关税则主要可分为单式税则和复式税则两类。目前绝大多数国家采用复式税则。按照制定者的权限不同，又可分为自主税则和协定税则。

1. 单式税则(Single Tariff)

单式税则又称一栏税则。这种税则一个税目只有一个税率，适用于来自任何国家的商品，没有差别待遇。现在只有少数发展中国家如委内瑞拉、巴拿马、冈比亚等仍实行单式税则。

2. 复式税则(Complex Tariff)

复式税则又称多栏税则。这种税则在一税目下定有两个或两个以上的税率。对来自不同国家的进口商品适用不同的税率。

在单式税则或复式税则中，依据进出口商品流向的不同，可分为进口货物税则和出口货物税则。有的将进出口货物的税率合在同一税则中，分列进口税率栏和出口税率栏。我国现行的进出口税则就属于这种税则制。

3. 自主税则(Autonomous Tariff)

自主税则又称国定税则，是指一国立法机构根据关税自主原则单独制定而不受对外签订的贸易条约或协定约束的一种税则。

4. 协定税则(Conventional Tariff)

协定税则是指一国与其他国家或地区通过贸易与关税谈判，以贸易条约或协定的方式确定的关税税则。这种税则是在本国原有的国定税则以外，另行规定一种税率。它是两国通过关税减让谈判的结果，因此要比国定税率低。

第四节 关税的经济效应

征收关税将对进出口国的经济产生多方面的影响，如引起出口商品国际价格和国内价格的变动,引起进出口国在生产、分配、交换、消费等方面的调整。所有这些影响都是关税的经济效应,它主要包括价格效应、贸易条件效应和国内效应等几个方面。

一、价格效应

价格效应是指征收关税对进口国价格的影响。对于大国和小国,关税的价格效应是不同的。所谓大国,是指该国对某商品的进口所占的世界市场份额很大,可以影响,甚至决定该产品的国际市场价格。所谓小国,是指该国某商品的贸易额仅占世界贸易总额的很小部分,不足以影响国际市场价格,只能被动接受既定的国际市场价格。

大国对进口商品征收关税,进口商品成本增加,在国内市场上的价格提高,其需求量减少,进口量下降。由于大国的进口量占国际市场进口量的比重较大,它的减少足以引起国际市场价格的下跌,进而引发大国的贸易对手国(出口国)价格的下跌。因此,大国征收关税,其关税税额由本国消费者和出口国的出口商共同承担。究竟大国可将多少关税税额转嫁给出口国的出口商,则取决于进口国对进口商品的需求价格弹性及出口国的供给价格弹性。

小国对进口商品征收关税,进口商品成本增加,在国内市场上的价格提高,其需求量减少,进口量下降。由于小国的进口量在整个国际市场显得微不足道,它的变化不足以引起国际市场进口量的变化,也就不会影响出口国的价格。所以,小国征收关税,其关税税额完全由本国的消费者承担。小国只能作为国际市场价格的接受者,但它可以从大国所引起的国际市场价格的下降中获得一定的利益。

二、贸易条件效应

关税的贸易条件效应是指征收关税对进口国贸易条件的影响。贸易条件是一国用出口交换进口的条件,出口商品能交换到更多的进口商品时,贸易条件改善,反之则为贸易条件恶化。

对进口大国来说,假定出口商品价格不变,而向进口商品征收关税,使其国内价格上涨,其结果是国内消费需求减少,进口量减少。由于大国的进口量占世界进口量的比重较大,其进口量的锐减势必导致该商品在国际市场上供大于求,从而使其国际市场价格下跌。由此该国出口/进口价格比率上升,即一定量的出口商品能换回更多的进口商品,这表示贸易条件得到改善。对该商品的出口国来说,假定其他商品进口价格不变,由于该商品出口价格的降低,不得不以更多的商品出口换回原先数量的进口商品,出口/进口价格比率下降,贸易条件趋于恶化。

对进口小国来说,情况则不同。小国对进口商品征收关税致使该商品的国内价格上涨,从而使其国内需求减少,进口量减少。由于小国进口量的减少并不会对国际市场的供求关系产生显著影响,不能引起该进口商品在国际市场价格的变动,因而不能产生贸易条件效应。

三、国内效应

征收关税对进口国国内经济的各种影响,可以从消费效应、税收效应和再分配效应等方面加以分析。假定考察的是一个小国进口关税的国内效应,这表明,该国进口关税全部由国内消费者负担。这是因为小国的进口需求量只占世界进口量很少一部分,无法影响进口商品的国际市场价格。换言之,小国是价格的接受者,而大国是价格的影响者或者决定者,从而能将其关税部分地转嫁给出口国,这正是关税分析的大国模型与小国模型的基本区别。

（一）税收效应

税收效应指征收关税对国家财政收入的影响。如图 5-1 所示，未征收关税时，价格为 OP_1，进口量为 Q_1Q_2，政府不能从中取得关税收入；征收关税后，商品价格上升为 OP_2，进口数量减少为 Q_3Q_4，这样政府就取得以面积 c 为代表的税收收入。

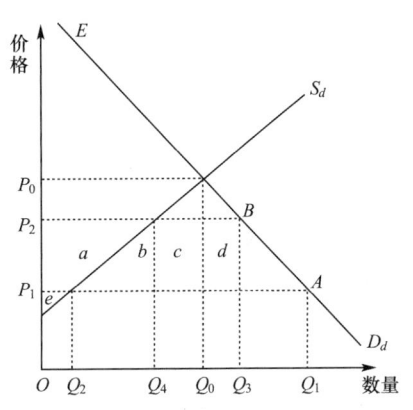

图 5-1 关税的局部均衡效应示意图

（二）保护效应

保护效应指关税对本国工业提供保护的影响。在不开展对外贸易时，该种商品以 OP_0 价格出售，供给量与需求量均为 OQ_0，开展自由贸易后，价格跌至 OP_1，本国生产者只提供 OQ_2，较自由贸易前减少了 Q_2Q_0 量。征收关税后，由于价格上升为 OP_2，本国生产者愿提供 OQ_4 数量的商品，即增加了 Q_2Q_4 量。这个增加量就是关税进行保护的结果。关税税率越高，保护程度也就越高，关税上升到 P_1P_0 时，进口就完全停止，关税的保护效应发挥得最彻底。

（三）消费效应

消费效应指关税对消费量的影响。假设进口商品的出口价格为 OP_1，关税为 P_1P_2，于是进口商品的实际价格为 OP_2。在未征收关税时，总需求量为 OQ_1。征收关税后，总需求量因为价格上涨而下降到 OQ_3，可见，关税降低了征税商品的总消费量，这直接损害了进口商品消费者的利益。这种利益损害不仅表现在消费者必须用更高的价格购买进口商品，从而在收入既定的条件下减少了其他商品的消费，更主要的是降低了消费者的额外满足程度——消费者剩余（Consumer's Surplus），即消费者在购买商品时所得到的总效用和实际支付的总效用之间的差额。

（四）再分配效应

再分配效应指关税对收入分配发生转移的影响。征收关税后，一般会发生消费者的收入向生产者转移的收入再分配现象。未征收关税时，生产者的总收益是价格 OP_1 乘以数量 OQ_2，即用 OP_1 与 OQ_2 所形成的矩形来表示。在该矩形中，供给曲线 S_d 下面的部分代表边际成本，其上面的部分，即面积 e 是生产者所得的利润，或称生产者剩余（Producer Surplus）。同理，征收关税后，价格上升到 OP_2，生产者剩余又增加了相当于面积 a 那样大的数量。面积 a 所代表的那部分数量，正是消费者所失去的剩余，也是消费者用价格形式支付给生产者的。显然，由于关税的作用，消费者的一部分收入已转移到生产者手里。

综上所述，征收关税会降低贸易双方的国民福利和全世界的福利，损害消费者的利益，但对生产进口替代商品的行业和厂商有利。反之，降低关税则能增进贸易双方的国民福利和消费者利益,而仅仅对相关的一部分生产者不利。

第五节　关税保护程度

一、关税水平

关税水平(Tariff Level)反映了一国的保护程度,是指一个国家的平均进口关税率,需要计算各种不同进口商品税率的平均数。

目前大多数国家采用加权算术平均法测算关税水平。此方法以该国进口征收关税的商品价值量为权数,结合税率计算出来的。公式为

$$T = \sum_{i=1}^{n} T_i f_i$$

式中,T_i代表个别关税率;f_i代表某一关税率的进口商品占总进口商品的比例,其总和等于1;T代表总体关税水平。

在国际谈判时这一方法常被采用,但这种方法的缺陷是对于禁止性关税和高关税几乎没有给予考虑。

二、名义保护率

一国对进口商品征收保护关税可以产生保护国内市场和国内生产的作用。总体来讲,关税保护作用的大小取决于进口税率的高低,在其他条件相同的情况下,进口税率越高,对于本国生产同类产品部门的保护程度也就越高,反之其保护程度越低。名义保护率(Nominal Rate of Protection)是和自由贸易状况下相比,征收关税后使货物产品价格增长的比例。公式为

$$名义保护率(NRP) = \frac{P - P^*}{P^*} \times 100\%$$

式中,P^*为自由贸易价格;P是进口商品的国内价格,包括进口关税,即$P = P^* + T$。由于实际生活中看不到自由贸易价格,大多数经验研究便将产品的国际价格作为P^*的值。

三、有效保护率

由于经济全球化和国际分工由产业间向产业内发展,中间产品贸易量大大增加,因此国际贸易商品很少完全产自一个国家。在许多情况下,产品生产需要投入进口原料或零部件。中间产品贸易的存在,给关税经济分析及关税保护效应的估量带来了新的问题。

有效保护率(Effective Rate of Protection)又称实际保护率,是指征收关税所导致的该产业每单位产品附加值增加的百分比。有效保护率的高低不仅取决于有关产品的名义关税,还受到所使用的原料或原材料的进口关税,以及这些投入在产品中所占的比重的影响。

相对于名义保护率,有效保护率将用于产品生产的原料和中间投入品的关税因素考虑在内,吸收了生产结构方面的信息,使其成为比名义保护率更为准确的测定保护程度的方法。

有效保护率的计算公式为

$$有效保护率(ERP) = \frac{V^* - V}{V} \times 100\%$$

式中，V是指征收关税前该产业（或商品）的国内生产附加值；V^*是征税后的附加值。

在对生产该产品的原材料同时征收进口税的情况下，计算该产品的有效保护率就复杂了一些。此时，计算公式为

$$ERP = \frac{T - \sum a_i t_i}{1 - \sum a_i}$$

式中，T表示该产品的名义进口关税率；a_i表示在未征税前第i项原材料价值在该产品全部价值中所占的比重；t_i表示第i项原材料的名义进口关税率。

区别名义保护率和实际保护率具有重要的意义。当最终产品名义保护率一定时，对所需的原材料等中间产品征收的名义保护率越低，则最终产品的有效保护率越大。因此，如果要对某种产业实行保护，不仅要考虑该产业最终产品的关税率，而且要把整个关税结构与该产业的生产结构结合起来考虑，才能制定出合理的政策措施。

基于提高有效保护率的考虑，发达国家常常采用逐步升级的关税结构，即对原料进口几乎完全免税，对半制成品征收适度关税，但对最终产品，特别是对劳动密集型制成品征收较高关税。发达国家的逐步升级的关税结构对发展中国家是极为不利的，它吸引发展中国家扩大原料出口，而阻碍制成品、半制成品出口，从而影响到发展中国家的工业化进程。

本章小结

1. 关税是指当进出口货物经过一国关境时，由政府所设置的海关根据海关税则对进出口商征收的税收。海关是国家行政管理机构，贯彻执行本国有关进出口法令、法规。关境则是海关所管辖和执行各项海关法令和规章、征收关税的领域。关税是一种间接税，是构成国家财政收入的一个重要部分。与其他国内税一样，关税具有强制性、无偿性和预定性。但关税又有别于其他国内税，主要表现在关税的涉外性、关税税收主体和客体的特殊性，同时，关税是一种间接税。

2. 关税按照征收的对象和商品流向分为进口税、出口税和过境税，按照征收的目的不同分为财政关税和保护关税，按照差别待遇和特定的实施情况分为进口附加税、特惠税、普遍优惠制，按征税方法分为从量税、从价税、混合税和选择税。

3. 海关税则是一国对进出口商品计征关税的规章和对进出口应税与免税商品加以系统分类的一览表。海关税则是关税制度的重要内容，是关税政策的具体体现。海关税则一般包括两个部分：一部分是海关课征关税的规章条例及说明，另一部分是关税税率表。

4. 征收关税将对进出口国的经济产生多方面的影响，如引起出口商品国际价格和国内价格的变动，引起进出口国在生产、分配、交换、消费等方面的调整。所有这些影响都是关税的经济效应，它主要包括价格效应、贸易条件效应和国内效应等几个方面。

5. 关税水平反映了一国的保护程度，是指一个国家的平均进口关税率，需要计算各种不同进口商品税率的平均数。一国对进口商品征收保护关税可以产生保护国内市场和国内生产的作用。名义保护率是和自由贸易状况下相比，征收关税后使货物产品价格增长的比例。有效保护率是指征收关税所导致的该产业每单位产品附加值增加的百分比。有效保护率的高低不仅取决于有关产品的名义关税，还受到所使用的原料或原材料的进口关税，以及这些投入在产

品中所占的比重的影响。

思考题

1. 简述关税的概念和特点。
2. 简述关税的作用。
3. 简述反倾销税与反补贴税的含义。
4. 普惠制方案一般包括哪些主要内容?
5. 什么是海关税则?它分为哪几类?
6. 关税的价格效应是什么?
7. 简述名义保护率和有效保护率的概念及其差异。

第六章 非关税措施

知识目标

1. 了解非关税措施的内涵。
2. 掌握非关税措施的主要形式。
3. 掌握非关税措施的特点及影响。

能力目标

能够运用所学知识,准确判断各国实行的非关税措施形式、强度和未来走势。

思政目标

积极应对并合理运用非关税措施,努力改善外部环境。

本章导读

随着越来越多的国家加入WTO,国际贸易自由化和经济全球化程度日益加深,成员方之间逐渐取消关税措施,致使各国纷纷在非关税措施上做文章,力争找到新的方式保护本国经济稳定发展。目前,非关税措施作为国际贸易中的重要壁垒形式,随着国际贸易环境的变化,也不断变换着表现形式,发挥着自身独特的作用。

通过本章的学习,理解和掌握非关税措施的特点、主要种类和影响。

第一节 非关税措施概述

一、非关税措施的内涵

所谓非关税措施(Non-tariff Measures,NTMs),是指一国政府为了调节、管理和控制本国的对外贸易活动,从而影响贸易格局和利益分配而采取的除关税以外的各种行政性、法规性措施和手段的总和。

非关税措施包括数量限制措施和其他对贸易造成障碍的非关税措施。数量限制措施表现为配额、进口许可证、自动出口限制和数量性外汇管制等；其他非关税措施包括技术性贸易壁垒、动植物检验检疫措施、海关估价、原产地规则，以及当地含量要求、贸易平衡要求、国内销售要求等投资管理措施。

案例分析 6-1

欧盟对电池产业实施全周期环保管制

韩国贸易协会布鲁塞尔分部2021年2月26日在《欧盟电池产业战略和启示》报告中透露，欧盟成立"欧盟电池联盟"，将电池产业作为欧盟恢复经济的未来环保核心产业。最近欧盟发表《欧盟新电池限制案》，对电池价值链引入碳排放量、原材料供求、可再利用原材料使用比率等具体环保规定。欧盟计划，今后只允许符合欧盟相关标准的产品在欧盟境内流通，最终目标是将欧盟电池标准确立为世界电池产业的国际标准，使电池市场朝着有利于欧盟企业的方向发展。

在瑞典政府主导下，瑞典电池产业拥有雄厚的技术和产业基础，在原材料开采、电池生产、流通、再利用等电池价值链的全周期中，瑞典计划完全参照欧盟的"绿色交易"和"碳中立"标准，加强瑞典电池产业竞争力。欧盟企业为区别于实力雄厚的亚洲企业，通过多领域、国家、企业间的合纵连横进行技术开发，利用欧盟金融支援吸引投资等，致力于构建欧盟绿色电池价值链。

贸易协会布鲁塞尔分部表示，欧盟的新电池限制方案将成为域外企业进军欧盟电池市场的非关税壁垒。

资料来源：中华人民共和国商务部网站

二、非关税措施的历史变迁

（一）重商主义时期——限制和禁止进口的非关税性措施开始盛行

15世纪末，西欧社会的封建社会制度开始瓦解，资本主义生产关系逐渐萌芽。当时社会追求商品生产的迅速发展和工商业资本的迅速增加，在这股强大潮流的冲击下，西欧经济形式和社会阶级关系发生变化。具体表现为旧式贵族变成了真正的商人，商人们开设工厂商行，创办银行，自然经济向商品经济过渡。这为重商主义的产生提供了历史背景。另外，地理大发现扩大了世界市场，给工商业、航海业以极大刺激，工商业资本在这一时期发挥着突出的作用，促进各国国内市场的统一和世界市场的形成，推动工商业和对外贸易的发展。与此同时，西欧一些国家运用国家力量扶持工商业资本的发展。这为重商主义的产生提供了基础。在多重力量的作用下，重商主义兴起。

在重商主义时期，限制和禁止进口的非关税性措施就开始盛行。1929—1933年大危机时期，西方发达国家曾一度高筑非关税壁垒，推行贸易保护主义。尽管如此，"非关税壁垒"这一术语是在关贸总协定（GATT）建立以后才逐渐产生的。

（二）20世纪70年代——非关税措施开始作为保护贸易政策的主要手段

把非关税措施的起始点定于20世纪70年代的原因主要有以下几个方面：第一，是各国经济发展不平衡导致的,这是非关税壁垒迅速发展的根本原因。美国的相对衰落,日欧的崛起,特别是20世纪70年代中期爆发的经济危机,使得市场问题显得比过去更为严峻。以美国为首的发达国家纷纷加强了贸易保护手段。第二,在GATT努力下,关税大幅度减让之后,各国不得不转向用非关税措施来限制进口,保护国内生产和国内市场。第三,20世纪70年代中期以后,许多国家相继进行了产业结构调整,为保护各自的经济利益,纷纷采用了非关税措施来限制进口。第四,科技水平迅速提高,相应地提高了对进口商品的检验能力。通过检验,可获得各种商品对消费者健康的细微影响,从而有针对地实行进口限制,如对含铅量、噪音大小的测定等。第五,非关税措施本身具有隐蔽性,不易被发觉,而且在实施中往往可找出一系列理由来证明它的合理性,从而使受害国难以进行报复。第六,各国在实施非关税措施时相互效仿,也使这些措施迅速扩大。

(三) 20世纪90年代以来——非关税壁垒更加隐蔽且技巧更高

20世纪90年代以来,经过多年的演化发展,非关税壁垒大致有以下几方面变化:第一,传统制度化的非关税壁垒不断升级。如反倾销的国际公共规则建立后,在制度上削弱了其贸易壁垒的作用,但频繁使用反倾销手段又使其演化为新的贸易壁垒。第二,技术标准上升为主要的贸易壁垒。由于各国的技术标准难以统一,使技术标准成为最为复杂的贸易壁垒,并常常使人难以区分其合理性。第三,绿色壁垒成为新的行之有效的贸易壁垒。一些国家特别是发达国家往往借环境保护之名,行贸易保护之实。第四,政治色彩越来越浓。发达国家甚至利用人权、劳工标准等形成带有政治色彩的贸易壁垒,大肆推销其国内人权标准,干涉别国内政。据不完全统计,非关税壁垒从20世纪60年代末的800多项已上升至21世纪初的2 000多项。

第二节　非关税措施的形式

一、数量控制型非关税措施

数量控制型非关税措施表现为配额、进口许可证、自动出口限制和数量性外汇管制等。

(一) 配额

配额是"进口配额"的简称,是指一国政府对一定时期内(通常为一年)进口的某些商品从数量或金额上所制定的限额。在规定的期限内,配额以内的货物可以进口,超过配额则不准进口,或者要征收较高的进口关税。这是最流行的非关税措施。

进口配额按限制的严格程度可分为绝对配额和关税配额。绝对配额是指某些商品进口数量或金额达到进口额度后,便不准继续进口的配额管理。绝对配额又分为两种形式,其一,采取"全球配额",它适用于来自任何国家或地区的商品。主管当局按进口商申请先后或按过去某一时期的进口实绩,批给一定的额度,直至总配额发放完毕为止。其二,采取"国别配额",这是在总配额中按国别和地区分配配额。不同国家和地区如超过所规定的配额,就不准进口。关税配额是指在某些商品进口数量或金额达到规定的额度后,继续进口便需提高关税的配额管理。关税配额不绝对限制商品的进口总量,而是在一定时期内对一定数量的进口商品,给予低税、减税或免税的待遇,对超过此配额的进口商品,则征收较高的关税或附加税和罚款。

进口配额还可分为优惠性配额与非优惠性配额。优惠性进口配额是指在进口配额内的商品享受优惠关税,超过进口配额的商品征收原来的最惠国待遇税。非优惠性进口配额是指在进口配额内的商品征收原来的进口税,超过进口配额的商品,征收惩罚性关税。

案例分析 6-2

泰国获得欧盟和英国 30 种农产品进口配额

据泰国商业部国际贸易促进厅厅长透漏,上议院审议批准泰国与欧盟,泰国与英国关于农产品配额分配协议的谈判,从 2021 年 1 月 1 日起泰国将获得欧盟和英国 30 种农产品的进口配额,有 6 种农产品泰国无须竞争即可获得特别配额。

泰国自 2019 年开始分别与欧盟和英国进行农产品配额谈判,2020 年 9 月有 6 种农产品获得特别配额。这 6 种农产品是腌鸡、熟鸡肉、鸡肉加工品、鸭肉加工品和沙丁鱼加工品。此次分配农产品配额是因为英国脱欧,使欧盟需对世贸组织成员配额进行谈判和修改,同时英国必须遵守 WTO 给予其他成员相应进口配额的规定,避免因脱欧影响其他成员方利益。

泰国出口到欧盟和英国的农产品种类超过 30 种,包括白米、糙米、新鲜鸡肉、禽肉加工品、木薯、鱼制品等。泰国与欧盟和英国进行谈判是为了在英国脱欧后获得欧盟和英国的农产品进口配额。

资料来源:中华人民共和国商务部网站

(二)进口许可证

进口许可证是指一国政府为了禁止、控制或统计某些进口商品,规定只有从指定的政府机关申办并领取进口许可证,商品才允许进口。进口许可证是进口国采用的行政管理手续,它要求进口商向有关行政管理机构呈交申请书或其他文件,作为货物进口至海关边境的先决条件。即进口商进口商品必须凭申请到的进口许可证进行,否则一律不予进口的贸易管理制度。

进口许可证按有无限制可分为公开一般许可证和特种进口许可证。公开一般许可证对进口国别或地区没有限制,凡列明属于公开一般许可证的商品,进口商只要填写此证,即可获准进口。在特种进口许可证下,进口商必须向政府有关当局提出申请,经政府有关当局逐笔审查批准后才能进口。

进口许可证按设置的目的可分为自动许可证和非自动许可证。自动许可证不限制商品进口,设立的目的也不是对付外来竞争,它的主要作用是进行进口统计。非自动许可证是须经主管行政当局个案审批才能取得的进口许可证,主要适用于需要严格数量、质量控制的商品。

进口许可证按照其与进口配额的关系可分为有定额的进口许可证和无定额的进口许可证。前者是先规定有关商品的配额,然后在配额的限度内根据商人申请发放许可证。后者则主要根据临时的政治的或经济的需要发放。

案例分析 6-3

非法进口 180 公斤蔬菜 进口商被罚款 5 000 元

《联合早报》2021 年 1 月 28 日报道:一家蔬菜进口商因非法进口 180 公斤的新鲜蔬菜售卖,昨天被法庭罚款 5 000 元,全部非法货物被没收。

新加坡食品局昨天发出文告，当局于去年7月发现蔬菜进口商 SM Vegetables 私人有限公司从马来西亚引进的货物当中，有180公斤的新鲜蔬菜没有经过申报。文告说，新加坡所有进口食品必须达到食品局要求，食物只能从持有执照的进口商进口，每批货物也须经过申报且获得进口许可证。

非法进口的蔬菜来源不明，可造成食品安全风险，例如不加管控地使用农药或杀虫剂的蔬菜可导致农药残留，消费者长期食用这些蔬菜会影响健康。政府警告，非法进口新鲜水果及蔬菜的违例者可被罚款最高1万元或监禁不超过三年，或两者兼施。

资料来源：中华人民共和国商务部网站

（三）自动出口限制

自动出口限制（Voluntary Export Restraint，简称 VER），又称自愿出口限制或自动出口配额制（Voluntary Export Quotas），是指出口国家或地区在进口国的要求或压力下，自动规定某一时期内，某些商品对该国或地区出口的数量或金额的限制，在限定的配额内自行控制出口，超过配额即禁止出口。

自动出口限制在形式上表现为自愿性，但在实质上却具有强制的性质。进口国往往以商品大量进口使其有关工业受到严重损害，造成"市场混乱"为理由，要求出口国实行有秩序的增长，自动限制商品出口。因此，自动出口限制往往是出口国在面临进口国采取报复性贸易措施的威胁时所做出的一种选择。

自动出口限制通常分为有协定和无协定两种形式。前者是通过进出口国家双方谈判达成协议，由出口国自动限制对进口国的供应量。后者是指并无成文的协定约束，而由出口国政府规定对有关国家的出口限额，出口商须申请获准后方可出口，或者在政府督导下，出口厂商自动控制出口。

出口国如不自动限制出口，进口国就会以严重损害或威胁本国工业为由，提高这些商品的进口关税或采取其他限制进口的措施。反之，进口国也担心限制过严，易于遭到出口国的报复，不如在一定的条件下允许规定数量的商品进口。故自动出口限制是进出口双方建立在实力较量基础上的一种妥协。

（四）数量性外汇管制

数量性外汇管制是指国家外汇管理机构对外汇买卖的数量直接进行限制分配，旨在集中外汇收入，控制外汇支出，实行外汇分配，以达到限制进口商品品种、数量和国别的目的。

二、技术性贸易措施

技术性贸易措施通常以维护国家安全、保护人类健康和安全、保护动植物的生命和健康、保护环境、保证产品质量、防止欺诈行为为理由，通过技术法规、标准、合格评定程序、卫生与植物卫生措施来加以实施。技术性贸易措施在实践中会对商品国际间的自由流动产生影响，如果这种影响对国际贸易造成了障碍，那么这种技术性贸易措施就构成了技术性贸易壁垒。换言之，技术性贸易措施是进口国在实施进口贸易管制时，制定、颁布法律、法令、条例、规定，依靠严格的技术标准，通过认证、检验、注册、监督等制度，来提高进口产品市场准入的技术门槛，最终形成以限制进口为目的的一种非关税措施。技术性贸易措施涉及的内容广泛，涵盖科学技术、卫生、检疫、安全、环保、产品质量和认证等诸多技术性指标体系，运用于国际贸易当中，呈现出灵活多变、名目繁多的规定。它是目前各国,尤其是发达国家人为设置贸易壁垒、推行贸易保护主义的最有效手段。

WTO关于技术性贸易措施的文件有两个,分别是"技术性贸易壁垒协定(TBT协定)"和"实施卫生与动植物卫生措施协定(SPS协定)",于1995年1月1日WTO正式成立起开始执行。

"技术性贸易壁垒协定"将技术性贸易措施分为技术法规、技术标准、合格评定程序、产品检疫、检验规定、商品包装及标签规定。其中,技术法规规定强制执行的产品特性或其相关工艺和生产方法,包括可适用的管理规定在内的文件,如有关产品、工艺或生产方法的专门术语、符号、包装、标志或标签要求。当前工业发达国家颁布的技术法规种类繁多,一般涉及劳动安全、环境保护、节约能源与原材料、无线电干扰、卫生与健康以及消费者安全保护法规等方面。各国所颁布的技术法规名目繁多,如《联邦危险品法》《控制放射性的健康与安全法》《药品法》等。

技术标准是经公认机构批准的、规定非强制执行的、供通用或反复使用的产品或相关工艺和生产方法的规则、指南或特性的文件。许多发达国家对制成品都规定了十分复杂、严格的技术标准,不符合其标准的不准进口。对某些商品还制定独特的技术标准,规定采用或不采用制成品的某种既定结构或某种原料生产,甚至把制成品的某种性能过分提高到高于其他国家通用的性能水平,以限制外国商品进入本国市场。

合格评定程序是指按照国际标准化组织(International Organization for Standardization,ISO)的规定,依据技术规则和标准,对生产、产品、质量、安全、环境等环节以及对整个保障体系进行全面监督、审查和检验,合格后由国家或国外权威机构授予合格证书或合格标志,以证明某项产品或服务是符合规定的标准和技术规范。合格评定程序包括产品认证和体系认证两个方面。产品认证是指确认产品是否符合技术规定或标准的规定。体系认证是指确认生产或管理体系是否符合相应规定。

产品检疫、检验规定是指为了保护环境和生态资源,确保人类和动植物健康,许多国家,特别是发达国家制定了严格的产品检疫检验制度。检验检疫规定日趋严格,如日本在食品中禁止使用化学品和其他食品添加剂等。

商品包装及标签规定是指许多国家对进出口商品的包装材料、包装形式、标签,甚至包装的器皿形状、规格具体的规定和要求。

技术性贸易措施在国际贸易中正在扮演着越来越重要的角色,其影响和作用已经远远超出一般贸易措施。在国际贸易中,进口方构筑技术性贸易措施的动机既可能出于狭隘的贸易保护目的,又可能是为了反映本国(地区)相关消费需求的升级,即以消费者健康、提升生活质量等为目的,且这两类动机常常交织在一起,体现了技术性贸易措施形成原因的复杂性,因而对出口方的影响也具有双重性。技术性贸易措施可能妨碍货物自由流通,扭曲贸易流向,使潜在的比较利益无法获得。这种政策在短期内对出口贸易形成冲击,但在中长期内却可能促使出口方奋起应对,提高出口产品的质量,从而促进出口贸易的发展,获取了更多的比较利益。因此,技术性贸易措施是把"双刃剑",更好地发挥其正面影响,抑制其负面影响,是十分重要的。

三、绿色贸易措施

所谓绿色贸易措施,是指为保护生态环境而直接或间接采取的限制甚至禁止贸易的措施。绿色贸易措施通常是进出口国为保护本国生态环境和公众健康而设置的各种保护措施、法规和标准等,也是对进出口贸易产生影响的一种技术性贸易壁垒。它是国际贸易中的一种以保护有限资源、环境和人类健康为名,通过蓄意制定一系列苛刻的、高于国际公认或绝大多数国家不能接受的环保标准,限制或禁止外国商品的进口,从而达到贸易保护目的而设置的贸易壁垒。

绿色贸易措施产生于20世纪80年代后期,90年代开始于各国兴起。兴起的最主要原因在于世界环境的恶化引起人类价值观念的变化。随着工业化的加速,世界经济的高速增长,资源和环境的破坏和污染变得日益突出,如气候变暖、臭氧层破坏、生物多样性减少等。这些问题的存在,直接影响到人类的生存和发展,引起了国际社会的广泛关注。人们的思维方式、消费行为和价值观念都发生了变化,注重生活质量、营造绿色文明的新的价值观念超越了狭隘的人类中心论;对不污染环境、对人体健康无害的绿色产品的需求日益增长。消费者绿色价值观的形成,对绿色产品的需求偏好,也为绿色贸易壁垒的形成提供了条件和机遇。除此之外,传统的非关税壁垒越来越受到国际社会的谴责。各国为使本国的幼稚产业得到发展,夕阳产业减缓衰退,使具有规模经济的产业获取超额利润,都没有放弃贸易保护。但是,随着关贸总协定和世界贸易组织的运行,随着关税不断降低,非关税壁垒受到更多的限制,传统贸易壁垒的运用空间也越来越小。在此种情况下,发达国家为了其自身的利益,开始寻求新的贸易保护措施。绿色贸易措施应运而生,成为在各国发展最快的一种贸易壁垒。

各国的生产力发展水平不同,经济所处的发展阶段不同,进行环境保护的能力和对环境质量的需求存在着巨大的差异,各种环境问题在不同的国家的严重程度也不尽相同,由此决定了不同国家的环境标准参差不齐,难以协调。发达国家经过长期的经济发展,社会生产力和环境保护的意识远远高于发展中国家。虽然发达国家环境标准的规定和实施非常严格,但对其产品竞争力的影响却微乎其微,而对于广大的发展中国家却产生巨大的冲击。因此为限制发展中国家产品的进口,发达国家设置绿色贸易措施,从而达到贸易保护的作用。

另外,现行国际贸易规则和协定不完善、缺乏约束力。贸易和环境问题是一个极为复杂且十分敏感的问题。长期以来各国从各自的经济利益出发,以求在与贸易有关的环境标准方面取得有利的地位。因此,虽经过许多探讨和谈判,但难以达成一致意见,由此产生的有关贸易规则含义较宽、含糊,甚至处于两可之间。并且这些规定的弹性较大,其中一些重要术语的含义非常不明确,这就为各缔约方以环境保护为名,实施绿色贸易措施提供了合法的借口。

绿色贸易措施的主要表现形式如下:

1.绿色市场准入

绿色市场准入是指一国禁止进口一些污染环境和影响生态环境的商品。例如,美国食品与药品管理局规定,所有在美国出售的鱼类都必须是来自经美方证明未受污染的水域。原则上讲,任何一个国家都没有权力去规定其贸易伙伴的国内环境标准,不可以将本国的环保价值观强加于另一国。但是,在某些情况下,出口国为了维持其出口贸易关系而允许进口国可以对其国内企业的生产设备进行检查,提出较高的标准,从而保证出口产品能满足进口国的环保标准。这种检查,无疑会增加出口产品的成本。

2. 绿色技术标准

发达国家规定严格的强制性环境保护技术标准,明确规定,一切不符合该标准的产品,都有权拒绝进口。

3. 绿色标志

绿色标志也称环境标志、生态标志,是根据有关的环境标准和规定,由政府管理部门或民间环境团体依照严格的程序和环境标准将该标注附印于产品及包装上,以向消费者表明:该产品或服务从研制、开发到生产、使用,直至回收利用的整个过程均符合环境保护的要求,对生态系统无危害或危害极小,因此这种标志又叫绿色通行证。具有环境标志的产品在进口时往往可以享有优惠。绿色环境标志作为一种标志只不过是其产品生产、销售、消费、处理过程的一种外化,其真正的奥妙之处在于有权授予标签、有权进行检查的机构是谁。

4. 绿色包装制度

绿色包装是指能节约资源,减少废弃物,用后易于自然分解,不污染环境的包装。由于绿色包装能节约资源,减少废弃物,用后易于回收再利用或再生,易于自然分解而又不污染环境,因而绿色包装或生态包装在发达国家市场广泛流行。经济的发展使世界各国的包装废物迅速增加,对环境造成的威胁日益加大,而且包装耗费物质材料,加剧资源紧张。许多国家纷纷出台包装标准,用来限制进口产品的包装对本国环境的污染。

四、其他形式的非关税措施

(一)进口押金制

进口押金制(Advanced Deposit)又称进口存款制,是为防止投机、限制进口,维持国际收支平衡而采取的一种经济措施,又称"进口存款制"或"进口保证金"。在这种制度下,进口商在进口商品时,必须预先按进口金额的一定比率和规定的时间,在指定的银行无息存入一笔现金,才能进口。这样就增加了进口商的资金负担,影响了资金的周转,从而起到了限制进口的作用。同时,由于是无息存款,利息的损失等于征收了附加税。有些国家还规定进口方必须获得出口方所提供的一定数量的出口信贷或提高开出信用证押金等方式限制进口。

(二)最低限价制

最低限价是国家用行政手段规定的价格下限。最低限价是指进口国对某一商品规定最低价格,进口价格如低于这一价格就征收附加税。这是一种非关税保护措施。按照1981年正式生效的新估价法规(于关贸总协定东京回合签订)的要求,最低限价的估价方法在关贸总协定成员方中被禁止使用。这是因为最低限价是对以成交价格为估价基础的估价制度的否定,违背了新法规确立的估价原则。但是,在新估价法规议定书中,发达国家成员方对发展中国家成员方就这一问题做了让步,同意发展中国家在过渡时期内保留最低限价的做法,以缓和因实施新法规而引起的财政收入减少的矛盾。

之所以实施最低限价,其一,保护生产者的收入。如果某行业的供给波动性较大,或者行业的需求缺乏弹性,那么供给的变动很可能造成价格严重波动,从而影响生产者的收入。最低价格政策会阻止低价格造成的生产者收入下降。其二,避免产品的短缺。对于某些特殊的商品,如粮食,为了避免出现短缺,往往需要储存一定的数量。借助于最低限价,政府可以存储这些商品,以防备未来可能出现的短缺。其三,保护、扶持某些行业的发展。政府在实施某产品最低价限价政策时,通过收购市场上过剩的该产品,以达到扶持该产业发展的目的。此外,对于工资制定最低价格可以防止工人收入降到某一特定水平,从而保护该行业的收入。

但制定最低价格会产生一系列问题。一方面,最低限价的实施会导致过剩产品的出现。如果某一企业因为过高的价格而出现产品过剩,它就会试图逃避价格控制,降低价格。在很多情况下,最低价格不是由政府制定的,而是由某一行业的不同企业之间商议制定的,以便能保持较高的利润。这时,个别企业会试图破坏协定,挤垮竞争对手。另一方面,最低限价制会引起效率低下。在高价格使得企业的利润得到维持时,它们可能不会去寻找降低成本的有效方式,从而阻碍技术进步。

(三)海关估价制

海关为征收关税,确定进口商品价格的制度称为海关估价制。有些国家的海关根据某些特殊规定,提高进口商品的海关估价,从而增加进口商品的关税负担,达到限制进口的目的。

(四)进口和出口国家垄断

进口和出口国家垄断,是指在对外贸易中,对某些或全部商品的进、出口规定由国家机构直接经营,或者是把某些商品的进口或出口专营权授予某些垄断组织。

(五)歧视性政府采购政策

歧视性政府采购政策是指国家制定法令和政策明文规定政府机构在采购商品时必须优先购买本国产品。有的国家虽未明文规定,但优先采购本国产品已成惯例。这种政策实际上是歧视外国产品,起到了限制进口的作用。

(六)国内税

国内税是指一国政府对本国境内生产、销售、使用或消费的商品所征收的各种税,如周转税、消费税等。对进口商品不仅要征收关税,还要征收各种国内税。

通过征收国内税,对国内外产品实行不同的征税方法和税率,可以增加进口商品的纳税负担,削弱其与国内产品竞争的能力,从而达到限制进口的目的。办法之一是对国内产品和进口产品征收差距很大的消费税。这是一种比关税更灵活、更易于伪装的贸易政策手段,且不受贸易条约或多边协定限制。

(七)国产化程度要求

生产汽车、计算机等产品需要许多零部件,若本国不能全部生产这些零部件,或者本国零部件相对于国外产品具有劣势,则需要进口来解决。为保护本国的零部件生产,许多国家尤其是发展中国家,对于产品中的零部件国产化比例提出最低要求,这就是国产化程度要求。

国产化程度要求虽然不直接干预进口,但间接起到了保护本国零部件、限制外国零部件进口的作用,因此也属于重要的非关税措施,也是WTO命令禁止使用的一种非关税措施。我国在加入世界贸易组织之前制定的"汽车工业产业政策"中就明文规定了国产化程度的要求,加入世界贸易组织之后就自动取消了。

国产化程度要求本质是强制本国相对落后的产业使用相对落后的零部件,从而不利于产品技术水平的提升,也严重影响了产品的质量,所以同配额等非关税措施一样会导致本国净福利水平下降。

(八)烦琐的海关手续

进出口贸易的重要环节之一就是需要在海关办理各种手续。海关办理手续自然有一定的程序,并要求提供各类文件和信息,这其中有些是必不可少的,有些则可有可无。如果需要限制进口，海关则会规定复杂的程序，要求提供繁多的文件与无关紧要的信息，其目的无非是拖延进口的速度，甚至借口拒绝进口，总之是制造各种不便利条件，所以，是非常重要的非关税措施形式。

烦琐的海关手续，表面上看并不直接限制进口，但拖延时间、降低产品通关效率会直接提高进口产品的成本。烦琐的程序和证明文件等，本身就会提高成本，更为重要的是，货物延迟卸载、占用码头和仓库的费用非常高昂，会大大提高进口产品的成本。另外，对于许多鲜活产品来说，延误时间会造成致命的打击。

第三节　非关税措施的特征

无论非关税措施如何变化，与关税措施相比，它均具有以下几个明显的特征：

第一，有效性。关税措施主要是通过影响价格来限制进口，而非关税措施主要是依靠行政机制来限制进口，因而它更能直接地、更严厉地且更有效地保护本国生产与本国市场。

第二，隐蔽性。关税税率一经确定，往往以法律形式公之于众，依法执行，其内容一目了然。与明显地提高关税不同，非关税措施既能以正常的海关检验要求和进口有关行政规定、法令条例的名义出现，又可以巧妙地隐蔽在具体执行过程中而无须做出公开规定，缺乏透明度，或者内容极为复杂、烦琐、苛刻，并经常变化，人们往往难以清楚地辨识和有力地反对这类政策措施，增加了反贸易保护主义的复杂性和艰巨性。

第三，歧视性。一些国家往往针对某个国家采取相应的限制性非关税措施，更加强化了非关税措施的差别性和歧视性。

第四，灵活性。关税是通过一定立法程序制定的具有一定延续性的贸易政策，其税率具有稳定性，并受到双边和多边贸易条约的约束和国际机构的监督，其税率的调整必须通过法律程序，在特殊情况下做灵活性调整比较困难。而制定和实施非关税措施，通常可根据需要，运用行政手段做必要的调整，可以由行政部门随时采用，经常变动，无须经过立法程序批准，具有较大的灵活性。

第五，针对性。由于各国的自然资源、生产力发展水平、经济结构不同，出口商品的品种、数量各有差异，各个出口国对某一国家的市场影响力大小不一，非关税措施往往是针对主要进口来源国采取的。进口国通过各种措施，限制有竞争力的外国商品进入本国市场。

第六，严厉性。关税措施是通过征收较高的关税、增加商品成本来间接影响商品的进口的，但不能直接限制和禁止某种商品的进口。而非关税措施，如进口配额制，预先规定进口商品的数量、金额，一旦配额使用完毕，外国竞争者就被拒之门外。

正因为如此，非关税措施已逐步取代关税措施，成为各国所热衷采用的政策手段。其发展趋势主要表现在：

第一，非关税措施的种类不断增多。

第二，非关税措施的歧视性明显增长。发达国家往往根据与不同国家和地区的经济贸易关系，采取不同的非关税措施，实行不同程度的非关税壁垒限制。

第三，受非关税措施限制的商品范围不断扩大，受影响国家日益增加。受非关税措施限制的商品范围已从农产品发展到工业品，从劳动密集型产品延伸到资本密集型、技术密集型产品。而服务贸易全部是通过非关税措施来限制的。受非关税措施限制和影响的国家和地区不仅有发展中国家和地区,还有发达国家和地区。

第四,从非关税措施的显性保护转向隐性保护。显性的非关税措施如进口许可证、自动出口限制、进口配额制等受到世界贸易组织规则的约束越来越严格,隐性的非关税措施如技术性贸易壁垒、绿色贸易措施等成为各国实行贸易保护主义的最佳选择。发达国家凭借科技优势和竞争优势及 WTO 协议中的某些例外条款,大肆运用各种隐性非关税措施,并由流通领域扩展到生产加工领域,还延伸到金融信息等服务领域。

第四节 非关税措施的影响

一、对国际贸易发展的影响

非关税措施对国际贸易发展起着很大的阻碍作用。在其他条件不变的情况下,世界性的非关税措施加强的程度与国际贸易增长的速度成反比关系。当非关税措施趋向加强,国际贸易的增长将趋向下降;反之,当非关税措施趋向缓和或逐渐拆除时,国际贸易的增长速度将趋于加快。第二次世界大战后的 50 年代到 60 年代初,在关税大幅度下降的同时,发达资本主义国家还大幅度地放宽和取消了进口数量限制等非关税措施,因而在一定程度上促进了国际贸易的发展。世界银行公布的数据显示,从 1950 年到 1973 年,世界贸易量年平均增长率达到 7.2%。但从 70 年代中期以后,非关税措施进一步加强,形形色色的非关税措施层出不穷,形成了一个以直接进口数量限制为主干的非关税壁垒网,严重地阻碍着国际贸易的发展。1973 年到 1980 年,世界贸易量年平均增长率仅为 4.5%,1980 年到 1985 年降为 3% 左右。

二、对商品结构和地理方向的影响

非关税措施还在一定程度上影响着国际贸易商品结构和地理方向的变化。第二次世界大战后,受非关税措施影响的产品的总趋势是:农产品贸易受影响的程度超过工业品,劳动密集型产品贸易受影响的程度超过技术密集型产品,而受影响国家则是发展中国家比发达国家要多,程度也更严重。这些现象都严重影响着国际贸易商品结构与地理方向的变化,使发展中国家对外贸易的发展受到重大损害。

三、对进口国的影响

非关税措施对进口国来说,可以限制进口,保护该国的市场和生产,但也会引起进口国国内市场价格上涨。例如,如果进口国采取直接的进口数量限制措施,则不论国外的价格上升或下降,也不论国内的需求多大,都不增加进口,这就会引起国内外之间的价格差异拉大,使进口国内价格上涨,从而保护了进口国同类产品的生产,这在一定条件下可以起到保护和促进该国有关产品的生产和发展的作用。

但是,非关税措施的加强会使进口国消费者要付出巨大的代价,他们要付出更多的金钱去购买所需的商品,国内出口商品的成本与出口价格也会由于价格的上涨而提高,削弱出口商品的竞争能力。为了增加出口,政府只能采取出口补贴等措施,但这增加了国家预算支出和人民的税收负担。

四、对出口国的影响

进口国加强非关税措施,特别是实行直接的进口数量限制,固定了进口数量,将使出口国的商品出口数量和价格受到严重影响,造成出口商品增长率或出口数量的减少和出口价格下跌。一般来说,如果出口国出口商品的供给弹性较大,则这些商品的价格受进口国的非关税措施影响而引起的价格下跌将较小;反之,如果出口国出口商品的供给弹性较小,则这些商品的价格受进口国的非关税措施影响而引起的价格下跌将较大。由于大部分发展中国家的出口商品供给弹性较小,所以,世界性非关税措施的加强使发展中国家受到严重的损害。

本章小结

1.非关税措施又称非关税壁垒,是指除关税措施以外的一切限制进口的措施。非关税措施与关税措施都有限制进口的作用。但是,非关税措施与关税措施进行比较,有其独特的特性,如有效性、隐蔽性、歧视性、灵活性、针对性、严厉性。

2.非关税措施种类众多,主要包括数量控制型措施和其他对贸易造成障碍的非关税措施。数量控制型措施以配额、进口许可证、自动出口限制和数量性外汇管制为主,其他非关税措施以技术性贸易措施(如动植物检验检疫措施)、海关估价制、原产地规则为主。

思考题

1.什么是非关税措施?

2.什么是技术性贸易措施?

3.你认为有时中国产品遭受国外反倾销调查和制裁的深层次原因是什么?中国企业应如何应对?

4.中国企业应如何应对国外绿色贸易措施的挑战?

第七章 出口鼓励与出口管制措施

知识目标

1. 了解出口鼓励的主要政策措施。
2. 理解出口鼓励主要措施的经济效应分析。
3. 了解经济特区的类型。
4. 了解出口管制的对象及形式。

能力目标

能够结合理论,解读当代国际贸易发展过程中的出口鼓励与出口管制措施的实施效果。

思政目标

全面看待出口鼓励与出口管制措施,扬长避短地发挥措施促进贸易高质量发展的积极作用。

本章导读

出口鼓励政策是各国贸易政策的重要组成部分,它通过推动出口贸易的发展带动国内经济增长的良性循环,扩大进口能力,所以一直受到各国政府的重视。出口鼓励措施一般包括出口补贴、出口信贷、出口信贷国家担保制、出口退税等。

自2019年12月以来,历经三次审议,十三届全国人大常委会第二十二次会议2020年10月17日表决通过了《中华人民共和国出口管制法》。这意味着我国出口管制领域有了第一部专门法律,将更好地促进和保障我国出口管制工作,维护我国国家安全和利益。出口管制法包括五章49条,从管制政策、管制清单和管制措施,监督管理,法律责任等方面进行了详细规定。这部法律于2020年12月1日起施行。事实上,自20世纪90年代以来,我国就已制定了六部关于出口管制的行政法规,包括监控化学品管理条例、核出口管制条例、军品出口管理条例、核两用品及相关技术出口管制条例、导弹及相关物项和技术出口管制条例、生物两用品及相关设备和技术出口管制条例等,但由于缺乏统一立法,出口管制的执法实践难以统筹兼顾。

一般来讲,在各国的对外贸易政策措施中,既包括限制进口的关税和非关税措施,也包括对出口的各种鼓励和扶持政策措施。在某些特殊情况下,政府还会对出口实施限制。

通过本章的学习,读者可以了解到各种出口鼓励措施的含义及特征、出口管制措施的种类及目的等。

第一节 出口鼓励措施

一、出口补贴

（一）出口补贴的含义及种类

出口补贴又称出口津贴，是一国政府为了降低出口商品的价格，加强其在国外市场上的竞争能力，在出口某种商品时给予出口厂商的现金补贴或财政上的优惠待遇。

出口补贴有以下五种方式：(1)涉及资金直接转移、潜在的资金和债务直接转移的政府行为；(2)放弃或未征收在其他情况下应征收的政府税收；(3)政府提供除一般基础设施外的货物和服务以及政府采购；(4)政府向某一筹资机构付款，或委托、指示某一私营机构履行上述列举的一种或多种通常应属于政府的职能，且此种做法与政府通常采用的做法并无实质性差别；(5)政府提供任何形式的价格或收入支持等。

关贸总协定和世界贸易组织都将不合理的补贴与反补贴视为对公平贸易原则的违反。因此，在《补贴与反补贴措施协议》中，对国际贸易中的补贴与反补贴行为有严格的规定，作为约束各成员进行公平贸易的重要规则。《补贴与反补贴措施协议》将补贴分成三类。

1. 禁止性的补贴（Prohibited Subsidy）

禁止性的补贴又称红灯补贴，是直接扭曲进出口贸易的补贴措施。《补贴与反补贴措施协议》明确规定各成员不得给予或维持此类补贴，如果出口国对其产品、厂商或产业进行禁止性补贴，则进口国有权对其采取法律行动或课征反补贴税。以下均属于禁止使用出口补贴的情况：(1)政府根据出口实绩对某一公司或生产企业提供优惠的条件；(2)外汇留成制度或任何包含奖励出口的类似做法；(3)政府对出口货物的国内运输和运费提供了更为优惠的条件；(4)政府为出口产品生产所需的产品和劳务提供优惠的条件；(5)政府为出口企业的产品，全部或部分免除、退还或延迟缴纳直接税或社会福利税；(6)政府对出口产品或出口经营，在征收直接税的基础上，对出口企业给予的特别减让超过国内消费的产品所给予的减让；(7)对出口产品生产和销售的间接税的免除和退还，超过用于国内消费的同类产品的生产和销售的间接税的免除和退还；(8)对于被结合到出口产品上的货物的先期积累间接税给予免除、退还或延迟支付；(9)超额退还已结合到出口产品上的进口产品的进口税；(10)政府或由政府控制的机构所提供的出口信贷担保或保险的费率水平极低，导致该机构不能弥补其长期经营费用或造成亏本；(11)各国政府或政府控制的机构以低于国际资本市场利率提供出口信贷，或政府代为支付信贷费用；(12)为公共利益的目的而开支的项目，构成了总协定第16条《补贴与反补贴措施协议》意义上的出口补贴。

2. 可诉补贴（Actionable Subsidy）

可诉补贴又称黄灯补贴，这类补贴可在一定范围内允许实施，但使用此类补贴的成员方在实施过程中不得对其他成员的利益造成不利影响。如果这种不利影响一旦造成，按照《补贴与反补贴措施协议》，受损的成员方可向使用此类补贴的成员方提出反对意见和提起申诉。

可投诉的基础是对其他国家的利益造成了严重损害。可诉补贴并不一定意味着必须取消，一般来说只有同时具备下列三种条件，该种可诉补贴才需要被取消：(1)该种补贴必须要具有专向性。《补贴与反补贴措施协议》规定了企业专向性(一国政府挑选一个或几个特定公司进行补贴)、产业专向性(一国政府针对某一个或几个特定产业部门进行补贴)和地区专向性(一国政府对其领土内特定地区的生产进行补贴)三种专向性标准。(2)该种补贴必须被某个成员方起诉。(3)该种补贴必须被证明对成员方造成了实质损害或实质损害威胁。

3. 不可诉补贴(Non-actionable Subsidy)

不可诉补贴又称绿灯补贴,是指普遍性实施的补贴和在事实上并没有向某些特定企业提供的补贴,这类补贴措施一般对国际贸易的影响不大。《补贴与反补贴措施协议》规定,出口方政府的补贴如果符合WTO不可诉补贴的规定,原则上他方不得对其采取任何法律行动,但要求各缔约方将这类补贴情况提前、及时通知各缔约方。但在例外情况下,进口方如果有理由认为其他成员方授予或维持该项补贴,而造成进口方内部产业严重受损的不利后果,则可以请求与该成员协商。协商未能达成解决方案时,协商当事方将该案提交WTO补贴与反补贴措施委员会,该委员会认定该不利影响存在时,可建议补贴方修改补贴计划。补贴方若不能接受该委员会的建议,委员会则授权申诉方采取适宜的对应措施以消除该不利影响。

(二)出口补贴的经济效应

与其他贸易政策措施一样,出口补贴对国内生产与消费、乃至于社会福利水平均会产生实质性影响。出口补贴对国内经济至少有两种影响效应。其一是贸易条件效应。出口补贴可以使出口产品在国际市场上销售价格降低,因此对本国贸易条件不利。其二是出口扩大效应。出口补贴可以使出口产品价格下跌,进而刺激出口增加。更具体地,其经济效应可分为贸易小国出口补贴的经济效应和贸易大国出口补贴的经济效应。

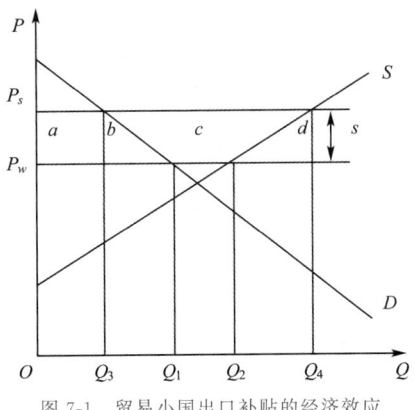

1. 贸易小国出口补贴的经济效应

贸易小国出口补贴的经济效应如图7-1所示。在图7-1中,S 为国内供给曲线,D 为国内需求曲线,初始状态下,P_w 是在开放市场并实行自由贸易的情况下的国际市场价格,同时也是出口国的国内市场价格。在此价格水平下,出口国的国内需求量为 OQ_1,国内供给量为 OQ_2,国内产品供应呈现供大于求的情况,其中供给大于需求的部分为 Q_1Q_2,该部分同样为该国的出口量。此时,该国政府为了扩大出口,对出口企业每单位出口商品提供相当于 s 的出口补贴。于是,出口价格增至 P_s,即(P_w+s)。国内市场价格同样会上升至 P_s。在这一价格水平下,国内需求下降至 OQ_3,国内供给则上升至 OQ_4,Q_3Q_4 用于出口。由此可见,出口补贴的结果是出口产业的生产增加,国内消费减少,出口量增加,国内和国际价格上涨。

图 7-1 贸易小国出口补贴的经济效应

从福利损益情况看,由于价格水平提高,所以生产者收入增加,生产者剩余增加了($a+b$

$+c$);相反,消费者收益则减少,消费者剩余减少了($a+b$);同时,政府用于支付出口补贴的支出增加了($b+c+d$)。综上所述,该国社会福利水平下降,福利水平下降总量为($b+d$)。由此可见,贸易小国实行出口补贴政策会造成该国社会福利出现净损失。

2. 贸易大国出口补贴的经济效应

贸易大国出口补贴的经济效应如图 7-2 所示。在图 7-2 中,S 为国内供给曲线,D 为国内需求曲线。初始状态下,P_w 是在开放市场并实行自由贸易的情况下的国际市场价格和出口国的国内市场价格。在此价格水平下,出口国的国内需求量为 OQ_1,国内供给量为 OQ_2,出口量为 Q_1Q_2。此时,出口国政府为扩大出口,对出口企业每单位出口商品提供相当于 s 的出口补贴。在这种情况下,出口企业的出口价格增至(P_w+s),出口收入将不断提高,出口企业在利润驱使下会不断增加出口的供给,同时减少其在国内市场的销售。但由于出口国是一贸易大国,其出口量占国际市场供给量的比重非常大,因此,随着该国在国际市场上供给的不断增加,会引起国际市场的供过于求,从而导致国际市场价格下降,下降至 P_w',因此,出口企业的实际总收益只有($P_w'+s$),即实行出口补贴后出口国的市场价格最终会上升至 P_s,即($P_w'+s$)。

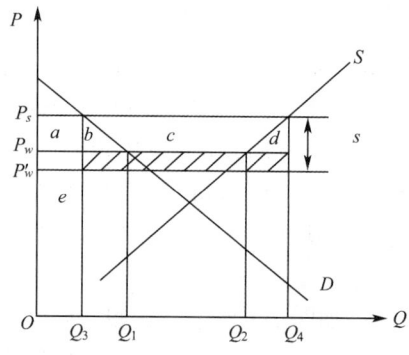

图 7-2 贸易大国出口补贴的经济效应

可以看出,贸易大国与贸易小国的差别在于大国实行出口补贴将导致出口供给增加,国际市场价格下降,因此会减少出口商的收益,弱化政府出口补贴的作用。

从福利损益情况看,贸易大国实行出口补贴政策导致生产者收入增加,生产者剩余增加了($a+b+c$);相反,消费者收益减少,消费者剩余减少了($a+b$);政府用于出口补贴的支出增加为($b+c+d+$阴影部分)。在这样的情况下,贸易大国实行出口补贴导致社会福利水平减少($b+d+$阴影部分)。由此可见,实行出口补贴,贸易大国所面临的损失大于贸易小国。

案例分析 7-1

根据尼泊尔政府 2021 年 5 月底发布的 2021/22 新财年预算,政府主要任务为聚焦结束疫情、恢复经济。新财年预算总额为 1.647 万亿卢比,同比增加 1 730 亿卢比。经济目标:经济增长率达 6.5%,人均可支配收入达 1 486 美元。其中,在贸易政策方面,政府将有效实施《保障与反补贴和反倾销法》,更多商品的出口商将获得补贴,出口补贴将延伸至生产层面,出口喜马拉雅地区水,降低洗衣机和洗碗机等家用电器的关税以鼓励使用电子电器,将感应炉进口关税定为 1%,以减少使用液化石油气,进口与 COVID-19 相关的医疗用品免征关税。

资料来源:中华人民共和国商务部网站

二、出口信贷

(一)出口信贷的含义

出口信贷(Export Credit)是指一个国家为了鼓励商品出口,增强商品的竞争能力,通过银行对本国出口厂商或国外进口厂商提供的贷款。出口信贷的利息率一般低于相同条件资金贷放的市场利率,其中的利差由国家补贴,并与国家信贷担保相结合。它主要面向金额较大,期限较长的商品,如成套设备、船舶等,这是鼓励本国出口商利用本国银行的贷款扩大商品出口的一种重要手段。

(二)出口信贷的种类

1. 按时间长短划分

(1)短期贷款(Short-term Credit)。一般指180天以内的信贷,有的国家规定信贷期限为1年,主要适用于原料、消费品及小型机器设备的出口。

(2)中期贷款(Medium-term Credit)。一般指为期1～5年的信贷,主要适用于中型机器设备的出口。

(3)长期贷款(Long-term Credit)。一般指5～10年甚至时间更长的信贷,主要适用于大型成套设备与船舶等商品的出口。

2. 按借贷关系划分

(1)卖方信贷(Supplier's Credit),又称出口卖方信贷,是指出口方银行向出口厂商(卖方)提供的贷款,其贷款合同由出口商与银行之间签订。卖方信贷通常用于那些金额大、期限长的项目。因为这类商品的购进需用很多资金,进口商一般要求延期付款,而出口商为了加速资金周转,往往需要取得银行的贷款。卖方信贷正是银行直接资助出口商向外国进口商提供延期付款,以促进商品出口的一种方式。

卖方信贷的一般做法:在签订买卖合同后,进口商先支付金额为贷款5%～15%的定金,作为履约的一种保证金,在分批交货、验收和保证期满时,再分期支付10%～15%的货款,其余的货款按合同的约定在交货后若干年份内分期摊还,并付给延期付款期间的利息,所以,卖方信贷实际上是出口商从信贷提供银行取得贷款后,再向进口商提供延期付款的一种商业信用。

卖方信贷对进出口商有利也有弊。对出口商来说,卖方信贷使其获得了急需的周转资金,有利于其业务活动的正常开展。对进口商来说,虽然这种做法比较简便,便利了进口贸易活动,但却使支付的商品价格明显提高,因为出口商报价时,除出口商品的成本和利润外,还要把从银行借款的利息和费用以及外汇风险的补偿加在货价内,因此,利用卖方信贷进口的成本和费用较高。据测算,利用卖方信贷进口机器设备等,与用现汇进口相比,其价格可能要高3%～4%,个别情况下甚至可能高8%～10%。同时,由于卖方信贷风险较大,手续也较烦琐,因此较少使用。

(2)买方信贷(Buyer's Credit),又叫约束性贷款,是指出口方银行直接向进口厂商(买方)或进口方银行提供的贷款,其附加条件就是贷款必须用于购买债权国的商品。

买方信贷有两种方式。其一是出口国贷款银行直接向进口国银行贷款,再由进口国银行为进口商提供贷款,然后进口商用该笔贷款向出口商进行现汇支付;其二是出口国贷款银行直接向进口商提供贷款,进口商用这笔贷款向出口商支付现汇贷款。以上两种方式对出口商都比较有利,因为它既可以较快地得到贷款,又避免了风险,便于其资金周转。买方信贷由于具有较强约束性可以较好地起到扩大出口的作用,目前较为常用。世界上的主要出口国尤其是西方国家一般都设立专门银行来办理此项业务,如美国进出口银行、日本输出入银行、法国对外贸易银行、加拿大出口开发公司等。这些专门银行除对成套设备、大型交通工具的出口提供出口信贷外,还向本国私人商业银行提供低利率贷款或给予贷款补贴,以资助这些商业银行的出口信贷业务。

(3)混合信贷(Tied-aid Credit),是指卖方信贷或买方信贷与政府对外援助或赠款相结合对外发放的一种贷款形式,因此,有人又称其为挂钩援助贷款。混合信贷中的出口信贷由本国的出口信贷机构或商业银行提供,而援助资金完全由政府出资,其利率更低、期限更长、条件更优惠,对本国出口的支持程度更大,增强了本国出口商品的国际竞争力,更有利于促进本国商品特别是设备的出口。因此,混合信贷的形式近年来发展较快。

混合信贷可分为两种方式,一是两个协议的混合信贷,是指对一个项目的融资,同时提供一定比例的政府贷款或赠款和一定比例的买方信贷或卖方信贷,但对政府贷款或赠款和买方信贷或卖方信贷分别签署贷款协议,各自规定其不同的利率、费率和贷款期限等融资条件;二是一个协议的混合贷款,是指对一个项目的融资,将一定比例的政府贷款或赠款和一定比例买方信贷或卖方信贷混合成一个协议,因而只签一个协议,在协议中根据二者所占的比例,计算出一个混合利率、费率和贷款期限等融资条件。

(三)出口信贷的特点

第一,出口信贷利率较低。对外贸易中长期信贷的利率一般低于相同条件资金贷放的市场利率,由国家补贴利差。大型机械设备制造业在西方国家的经济中占有重要地位,其产品价值和交易金额都十分巨大。为了加强设备的竞争力,削弱竞争对手,许多国家的银行竞相以低于市场的利率对外国进口商或该国出口商提供中长期贷款即给予信贷支持,以扩大该国资本货物的国外销路,银行提供的低利率贷款与市场利率的差额由国家补贴。

第二,出口信贷与保险相结合。由于中长期对外贸易信贷偿还期限长、金额大,发放贷款的银行存在着较大的风险,为了减缓出口国家银行的后顾之忧,保证其贷款资金的安全发放,国家一般设有信贷保险机构,对银行发放的中长期贷款给予担保。

第三,出口信贷由专门机构管理。发达国家提供的对外贸易中长期信贷,一般直接由商业银行发放,若因为金额巨大,商业银行资金不足,则由国家专设的出口信贷机构给予支持。对于一定类型的对外贸易中长期贷款,不少国家直接由出口信贷机构承担发放的责任。它的好处是利用国家资金支持对外贸易中长期信贷,可弥补私人商业银行资金的不足,改善该国的出口信贷条件,加强该国出口商夺取国外销售市场的力量。

第四,出口信贷必须联系出口项目,即贷款必须全部或大部分用于购买提供贷款国家的出口商品。

第五,出口信贷的贷款金额通常只占买卖合同金额的85%左右,其余10%~20%由进口商先支付现汇。

三、出口信贷国家担保制

出口信贷保险业务是随着出口信贷业务的发展而出现的。在出口信贷业务中,无论是卖方信贷还是买方信贷,都存在着不能如期收回贷款的风险。这就为保险公司提供了一个极大的商机,出口信贷保险业务应运而生。出口信贷保险是指保险公司对本国出口厂商或银行向外国进口厂商或银行提供的出口信贷进行保险,在出口厂商或银行不能如期收回贷款时补偿他们的损失。

但是,世界各国经济运行中的固有矛盾,企业的倒闭破产,或企业间的相互并购情况越来越普遍,同时主要贸易大国争夺市场的竞争越来越尖锐,它们纷纷推行进口限额和外汇管制等管制措施,使进口商或银行常常可以根据国家限制进口或外汇管制的政策条文来拒绝偿还贷款。这样,国际贸易中提供出口信贷的风险就越来越凸显。当这种风险普遍存在且演变成为一种经常性经济现象后,因风险而招致的损失可能超过私人保险公司能够承受的限度,便会迫使私人保险公司退出市场。为鼓励出口厂商或银行继续提供出口信贷以促进本国的出口贸易,政府开始大规模介入出口信贷保险业务,于是便产生了出口信贷国家担保制。

所谓出口信贷国家担保制(Export Credit Guarantee System),是指出口国政府为了扩大出口,对于本国出口厂商或银行向国外进口厂商或银行提供的信贷,由国家设立的专门机构出面担保。当外国债务人由于政治或经济原因拒绝付款时,国家担保机构即按照承保的数额给予补偿。这是出口国政府为鼓励出口而较为常用的一种手段。

出口信贷国家担保按不同方式划分为不同的类型,主要有以下几种:

1.按信贷融资阶段不同分类

(1)出运前信贷担保,是指对出口商取得的发货前信贷资金支持提供担保。

(2)出运后信贷担保,是指为了保障出口信贷机构或商业银行在出口货物出运后向出口商提供的贷款本息能按时足额偿还提供担保。

2.按融资期限的不同分类

可分为短期信贷担保和中长期信贷担保。

四、出口退税

出口退税(Export Rebates),是指对出口商品已征收的国内税部分或全部退还给出口商的一种措施。具体而言,就是对出口货物退还其在国内生产和流通环节实际缴纳的产品税、增值税和特别消费税等。出口退税是国际贸易中通常采用的,并为世界各国普遍接受的国际惯例。

对出口商品实行退税是增强一国出口商品竞争能力的重要手段,也是WTO成员所广泛采用的做法,主要是避免对本国出口商品实行双重征税,可以使出口国产品以不含税价格进入国际市场,与国外产品在同等条件下进行竞争,从而创造公平的国际贸易环境。同时,退税款可直接冲减出口换汇成本,增加企业盈利和减少出口亏损,以调动企业出口积极性。

出口退税一般分为两种:一是退还进口税,即出口产品企业用进口原料或半成品,加工制成产品出口时,退还其已纳的进口税;二是退还已纳的国内税款,即企业在商品报关出口时,退还其生产该商品已纳的国内税金。出口退税,有利于增强本国商品在国际市场上的竞争力,为世界各国所采用。

出口退税已成为国际贸易中的通行惯例和各国实践的习惯做法。WTO为规范各方的出口退税制度,推动国际贸易的公平竞争和自由化,也做出相关规定:各成员方对本国出口商品实行退税,但退税最大限度不能超过出口商品在国内已征的税款。在此范围内,各成员方可根据自身经济发展需要和国家财政能力,确定恰当的出口退税水平。

我国规定外贸企业出口的货物必须要同时具备以下四个条件：(1)必须是增值税、消费税征收范围内的货物。增值税、消费税的征收范围,包括除直接向农业生产者收购的免税农产品以外的所有增值税应税货物,以及烟、酒、化妆品等11类列举征收消费税的消费品。(2)必须是报关离境出口的货物。所谓出口,即输出关口,它包括自营出口和委托代理出口两种形式。区别货物是否报关离境出口,是确定货物是否属于退(免)税范围的主要标准之一。凡在国内销售、不报关离境的货物,除另有规定者外,不论出口企业是以外汇还是以人民币结算,也不论出口企业在财务上如何处理,均不得视为出口货物予以退(免)税。对在境内销售收取外汇的货物,如宾馆、饭店等收取外汇的货物等,因其不符合离境出口条件,均不能给予退(免)税。(3)必须是在财务上做出口销售处理的货物。出口货物只有在财务上做出口销售处理后,才能办理退(免)税。也就是说,出口退(免)税的规定只适用于贸易性的出口货物,而对非贸易性的出口货物,如捐赠的礼品、在国内个人购买并自带出境的货物(另有规定者除外)、样品、展品、邮寄品等,因其一般在财务上不做销售处理,故按照现行规定不能退(免)税。(4)必须是已收汇并经核销的货物。按照现行规定,出口企业申请办理退(免)税的出口货物,必须是已收外汇并经外汇管理部门核销的货物。另外,生产企业(包括有进出口经营权的生产企业、委托外贸企业代理出口的生产企业、外商投资企业,下同)申请办理出口货物退(免)税时必须增加一个条件,即申请退(免)税的货物必须是生产企业的自产货物或视同自产货物。

案例分析 7-2

厦门上半年出口退税超 145 亿元 同比增长 27.86%

2021年前5个月,厦门外贸进出口约3 324亿元,同比增长35.7%。着眼企业转型发展需求,厦门税务部门不断深化"放管服"改革,优化涉税服务,切实保障厦门外贸产业链、供应链的畅通运转。厦门市税务局发布的数据显示,2021年1月—6月,厦门共办理出口退税超145亿元,同比增长27.86%。

"跟海关、电子口岸数据相关联可以自动获取,无须我们录入基础数据,比原来申报操作节约了三分之一的时间。"新近上线的厦门税务出口退税管理系统,让华茂光学工业(厦门)有限公司办税员大呼便利。

据介绍,华茂光学今年1月—5月出口金额达7 700多万元,由于出口量大,办税员每个月都要进行一次出口退税申报。她认为,新系统大幅减少了需要企业填报的数据,申报渠道更多元、退税流程更简便。

升级出口退税管理系统是税务部门深化"放管服"改革、为纳税人缴费人办实事的重要举措。厦门市税务局相关负责人告诉记者,通过优化系统功能和税收数据共享,新系统可实现申报数据自动采集、申报表单大幅精简,平均申报效率提升近30%。同时,纳税人可自由选择电子税务局在线申报、离线申报、"单一窗口"在线申报三种免费申报渠道,出口退税服务精细化水平得到进一步提升。

"智慧税务"的加速建设不仅有效降低了办税成本,更为传统外贸企业转型"智造"提供了资金支持。昕诺飞电子(厦门)有限公司是全球照明企业昕诺飞在亚太地区的镇流器生产基地,产品远销北美、欧洲、东南亚等地,退税需求大。"我们是一类出口企业,线上提出申请后,上百万元的退税额两三天内即可到账,为企业长足发展提供了有力支撑。"公司总经理说。

资料来源：中华人民共和国商务部网站

五、其他形式的出口鼓励措施

(一)出口信用保险

出口信用保险(Export Credit Insurance)是保险机构或保险公司对于出口贸易中出口商遭遇境外的商业风险或政治风险而遭受损失给予承保的一种特殊保险,是为出口商提供的出口收汇风险保障措施。

出口信用保险承保的风险类别,按风险的性质可分为以下两大类:

1. 国家风险

它是指在国际经济活动中发生的与国家主权行为相关的,超出债权人所能控制的范围,并给其造成经济损失的风险。如债务人所在国家由于政治原因、社会原因或经济与政策原因等,所造成的风险和损失。

2. 商业风险

商业风险又称买家风险,是指在国际经济活动中发生的与买家行为相关的、给债权人造成的经济损失和风险。其中包括:

(1)买方宣告破产或实际丧失偿付能力;
(2)买方拖欠货款超过一定时间,通常规定为4个月或6个月;
(3)买方在发货前单方中止合同或发生发货后不按合同规定提货付款;
(4)因其他非常事件致使买方无力履约等。

上述风险如按不同的期限又可分为短期出口信用保险和中长期出口信用保险。

出口信用保险是各国政府为支持出口通行的一种做法,它可以合理规避风险,保障企业出口收汇安全。市场经济越发达,出口信用保险越发达。

中国出口信用保险公司是中国唯一一家从事出口信用保险的政策性保险公司,主要经营短期出口信用保险、中长期出口信用保险和担保业务。凡出口公司通过银行以信用证、付款交单、承兑交单或赊账等商业信用方式结汇的出口货物均可办理出口信用保险。投保出口企业在出口后,由于发生买方破产、丧失偿付能力、拖欠货款等商业风险导致直接经济损失的,中国出口信用保险公司给予赔付。该公司还承保由于发生买方、开证行或保兑行所在国家和地区因战争、汇兑限制、发布延期付款令、限制进口等政治风险导致出口商的直接经济损失。可以说,出口信用保险是出口企业规避商业和政治风险的"保护伞"。

(二)外汇倾销

1. 外汇倾销及其种类

外汇倾销(Exchange Dumping)是指出口企业利用本国货币对外贬值的机会,进行商品倾销,以争夺国外市场的一种特殊手段。汇率是外币的价格,是联系国内外价格的桥梁,汇率变动直接影响进出口产品的价格。本国货币对外币贬值后,出口商品以外国货币表示的价格降低,从而提高了该商品的竞争能力,有利于扩大商品出口。另一方面,外汇倾销使外国货币升值,提高了外国商品的价格水平,从而降低进口产品的国内市场竞争力,有利于控制进口规模。因此,货币贬值能够起到促进出口和限制进口的双重作用。

2. 外汇倾销的条件

外汇倾销的上述效应具有滞后性、暂时性、有限性等缺点。外汇倾销不能无限制和无条件地进行,只有具备以下条件才能保证外汇倾销的有效实施:

(1)货币贬值的程度大于国内物价上涨的程度。一国货币的对外贬值必然会引起货币的对内贬值,从而导致国内物价的上涨。当国内物价上涨程度赶上或超过货币贬值的程度时,出口商品的外销价格就会回升到甚至超过货币贬值前的价格,从而使外汇倾销无法实行。但是,货币对外贬值引起国内价格上涨总要有一个过程,并不是本国货币一贬值,国内物价立即相应上涨。在一定时期内,国内物价上涨的程度总是落后于货币对外贬值的程度,因此使外汇倾销有了实现的可能性。

(2)其他国家不同时实行同等程度的货币贬值或采取其他报复性措施。如果其他国家也实行同幅度的贬值,那么两国货币贬值幅度就相互抵消,汇价仍处于贬值前的水平,而得不到货币对外贬值的利益。如果外国采取提高关税等其他限制进口的报复性措施,也会起到抵消的作用。

(3)进口需求弹性和出口需求弹性都大于1。当进口需求弹性和出口需求弹性都大于1时,也就是说进口和出口需求都富有弹性的时候,外汇倾销扩大出口和减少进口的作用才能发挥。如果进口和出口需求都缺乏弹性,通过外汇倾销,国外消费者不会因为价格的下降而扩大需求数量,同时国内的消费者也不会因为价格的上升而减少太多的需求,那么外汇倾销促进出口、抑制进口的目的就不能达到。

3.外汇倾销的形成原因

通过本国货币的对外贬值而实行外汇倾销主要包括两种情况:

(1)一国政府对外实行本币低估(Devaluation)。

(2)因外汇市场上供求关系波动而引起币值跌落的贬值(Depreciation)。

4.外汇倾销的作用

一国实行外汇倾销,会改变该国进出口商品的国内外相对价格,影响该国进出口贸易,进而对国际贸易商品结构和贸易地理方向产生影响。

当一国货币贬值后,出口商品以外国货币表示的价格降低,从而提高该商品的竞争能力,有利于扩大出口。与此同时,当一国倾销贬值后,进口商品以本国货币表示的价格上升,从而降低进口商品的竞争力,有利于限制进口。因此,与商品倾销不同,外汇倾销具有促进出口和限制进口的双重作用。

(三)经济特区

许多国家或地区,为了促进经济和对外贸易的发展,采取了建立经济特区的措施。经济特区是一个国家或地区在其关境以外所划出的一定范围内,修建或扩建码头、仓库、厂房等基础设施和实行免除关税等优惠待遇,吸引外国企业从事贸易与出口加工工业等业务活动的区域。经济特区的目的是促进对外贸易发展,鼓励转口贸易和出口加工贸易,繁荣本地区和邻近地区的经济,增加财政收入和外汇收入。第二次世界大战后,许多国家为了加强本国的经济实力和扩大对外贸易,不仅在现有经济特区内放宽了对外国投资的限制,而且增设了更多的经济特区,以促进贸易的发展。各国或地区设置的经济特区名目繁多,规模不一,主要有以下几种:

1.自由贸易区

自由贸易区(Free Trade Zone)是指在一个国家(或地区)领土之内,海关管辖界限之外,无贸易限制(或只对烟酒等少数商品实行贸易管制)的关税豁免区,允许外国货物自由免税进入该区,目的在于发展贸易和转口贸易。自由贸易区一般设在一个港口的港区或临近港口的地区,从历史上看它也是从自由港发展而来的,两者的功能在很大程度上也是重合的。目前全世界约有千余个自由贸易区,其中三分之二在经济发达的国家和地区。

一般说来,自由港或自由贸易区可以分为两种类型:一种是把港口或设区的所在城市都划为自由港或自由贸易区,如中国香港整个是自由港。在整个香港,除了个别商品外,绝大多数商品可以自由进出,免征关税,甚至允许任何外国商人在那里兴办工厂或企业。另一种是把港口或设区的所在城市的一部分划为自由港或自由贸易区。许多国家对自由港或自由贸易区的规定大同小异,归纳起来,主要有以下几点:

(1)关税方面的规定。对于允许自由进出自由港或自由贸易区的外国商品,不必办理报关手续,免征关税。少数已征收进口税的商品如烟、酒等的再出口,可退还进口税。但是,如果港内或区内的外国商品转运入所在国的国内市场上销售,则必须办理报关手续,缴纳进口税。

(2)业务活动的规定。对于允许进入自由港或自由贸易区的外国商品,可以储存、展览、拆散、分类、分级、修理、改装、重新包装、重新贴标签、清洗、整理、加工和制造、销毁、与外国的原材料或所在国的原材料混合、再出口或向所在国国内市场出售。

(3)自由贸易区也是货物的展销窗口,比如汉堡、纽约、旧金山的储存仓库都附设有外国货物展览推销部。现在有许多国际性的公司利用自由贸易区作为展示场所,以便进一步进入当地市场。

(4)禁止和特别限制的规定。许多国家通常对武器、弹药、爆炸品、毒品和其他危险品以及国家专卖品如烟草、酒、盐等禁止输入或规定需凭特种进口许可证才能输入;有些国家对少数消费品的进口要征收高关税;有些国家对某些生产资料在港内或区内使用也要求缴纳关税。例如,意大利规定在的里雅斯特自由贸易区内使用的外国建筑器材、生产资料等也包括在应征关税的商品之内。此外,有些国家如西班牙等,还禁止在区内零售。

(5)厂商可在合适的免税区从事加工装配工作,既可以省去税负,又能降低成本、运费、厂房租金、工资及保险费等。出口商可把自由贸易区作为分散在各地的外国客户的一个场所。在这里,除免除关税以外,经常还附带减免所得,此外尚有廉价的土地、劳动力与厂房,并可从邻近国家获取进口原料,加工后再出口。加工的成品可到邻近的市场去销售。

2.保税区

保税区(Bonded Area)又称保税仓库区,是海关所设置的或经海关批准注册、受海关监督的特定地区和仓库,外国商品存入保税区内,可以暂时不缴纳进口税;如再出口,不缴纳出口税;如要运进所在国的国内市场,则需办理报关手续,缴纳进口税。运入区内的外国商品可进行储存、改装、分类、混合、展览、加工和制造等。此外,有的保税区还允许在区内经营金融、保险、房地产、展销和旅游业务。因此,许多国家对保税区的规定与自由港、自由贸易区的规定基本相同,起到了类似自由港或自由贸易区的作用。按照保税区职能的不同,保税区可分为以下几种:

(1)指定保税区(Designated Bonded Area)

指定保税区是为方便报关,向外国货物提供的装卸、搬运或暂时储存的场所。一般都设在港口或国际机场附近。货物进入区内存储的期限较短,一般不超过一个月。

(2)保税货棚(Bonded Shed)

保税货棚是指经海关批准,由私营企业设置的用于装卸、搬运或暂时储存进口货物的场所。可见,保税货棚的职能与上述指定保税区相同,它是补充指定保税区的不足,作为外国货物办理报关的场所。两者的区别在于,指定保税区是公营的,而保税货棚是私营的。由于保税货棚是经海关批准的,因此必须缴纳规定的批准手续费,储存的外国货物如有丢失须缴纳关税。

(3) 保税仓库(Bonded Warehouse)

保税仓库是由海关监管供储存暂未缴纳关税的进口应税货物的专门仓库。未经海关许可,不得将货物运出仓库,必须在缴纳关税及其他费用后才准许运入国内。如果重新出口,则不需纳税。这便于货主把握交易时机出售货物,有利于对外贸易业务的顺利进行和转口贸易的发展。

(4) 保税工厂(Bonded Factory)

保税工厂是经海关批准,可以对外国货物进行加工、制造、分类以及检修等保税业务活动的场所。保税工厂和保税仓库都可储存货物,但储存在保税工厂中的货物可作为原材料进行加工和制造。因此,许多厂商广泛地利用保税工厂,对外国材料进行加工和制造,以适应市场的需要,符合进出口的规章或减少关税的负担。外国货物储存在保税工厂的期限为2年,如有特殊需要可以延长。

(5) 保税陈列场(Bonded Exhibition)

保税陈列场是经海关批准在一定期限内用于陈列外国货物进行展览的保税场所。这种保税场所通常设在本国政府或外国政府、本国企业组织或外国企业组织等直接举办或资助举办的博览会、展览会和样品陈列所中。保税陈列场除了具有保税货棚的职能外,还可以展览商品,加强广告宣传,促进交易的开展。

3. 出口加工区

出口加工区(Export Processing Zone)是一个国家或地区在其港口或邻近港口、国际机场的地方,划出一定的范围,新建和扩建码头、车站、道路、仓库和厂房等基础设施以及提供免税等优惠待遇,吸引外国投资,发展出口加工工业的特殊区域。出口加工区既提供了自由贸易区的某些优惠待遇,又提供了发展工业生产所必需的基础设施。设置出口加工区的主要目的是引进外资、先进技术和经营方法,利用本国劳动力资源与国际市场,发展出口加工工业,以扩大出口贸易,增加劳动就业与外汇收入,取得工业方面的收益,促进本地区和本国的经济发展。

出口加工区主要有综合性出口加工区和专业性出口加工区两种类型:

(1) 综合性出口加工区。即在区内可以经营多种出口加工工业。如菲律宾的巴丹出口加工区所经营的项目包括服装、鞋类、电子或电器产品、食品、光学仪器和塑料产品等的生产加工。目前世界各地的出口加工区大部分是综合性出口加工区。

(2) 专业性出口加工区。在区内只准经营某种特定的出口加工产品。例如,印度在孟买的圣克鲁斯飞机场附近建立的电子工业出口加工区,专门发展电子工业的生产和增加这类产品的出口。在区内经营电子工业生产的企业可享有免征关税和国内税等优惠待遇,但全部产品必须出口。目前许多国家和地区都选择那些运输条件较好的地区作为设区地点,这是因为在出口加工区进行投资的外国企业所需的生产设备和原材料大部分依靠进口,所生产的产品全部或大部分输往外国市场销售。因此,出口加工区应该设在进出口运输方便、运输费用最节省的地方,通常选择国际港口、国际机场或在港口、机场附近设区最为理想。

4. 自由边境区与过境区

自由边境区(Free Perimeter),仅见于美洲少数国家,是指一国或地区为了发展边境落后地区经济所设立的经济特区,在此区域,国家采取类似自由贸易区或出口加工区的优惠政策,对区内使用的生产设备、原材料和消费品可以免税或减税进口。如从区内转运到本国其他地区出售,则须照章纳税。外国货物可在区内进行储存、展览、混合、包装、加工和制造等业务活动,其目的在于利用外国投资开发边区的经济。

自由边境区与出口加工区的主要区别在于,自由边境区的进口商品加工后大多是在区内使用,只有少数用于再出口,故建立自由边境区的目的是开发边区的经济。因此,有些国家对优惠待遇规定了期限,当这些边区生产能力发展后,就逐渐取消某些商品的优惠待遇,直到废除自由边境区。

过境区(Transit Zone)是沿海国家为便利邻国的进出口货物,开辟某些海港、河港或边境作为货物过境区,在过境区可简化海关手续,免征关税或只征小额的过境费用。过境货物一般可在过境区做短期储存和重新包装,但不得加工。

5. 综合型经济特区

综合型经济特区(Special Economic Zone,SEZ),又称多种经营特区,是指一国在其港口或港口附近等地划出一定的范围,新建或扩建基础设施和提供减免税收等优惠待遇,吸引外国或境外企业在区内从事外贸、加工工业、农畜业、金融保险和旅游业等多种经营活动的区域。从1979年以来,我国先后在深圳、珠海、汕头、厦门和海南省设立的经济特区就属于这一种。

综合型经济特区具有以下几个基本特点:(1)它规模大,经营范围广,是一种多行业、多功能的特殊经济区域,包括工业、农业、商业、房地产、旅游、金融、保险和运输等行业。(2)经济特区的经济发展资金主要靠利用外资,产品主要供出口。(3)对前来投资的外商,在税收和利润汇出等方面给予特殊的优惠和方便,改善投资环境,以便吸引较多外资,促进特区经济与对外贸易的发展。

6. 科学工业园区(Science-based Industrial Park)

科学工业园区是一种以加速新技术研制及其成果应用、服务于本国或本地区工业的现代化,开拓国际市场为目的,通过多种优惠措施和便利条件将智力、资金高度集中,专门从事高、新技术研究、中试和生产的新兴产业开发基地。科学工业园区一般以政府科研机构、高等院校和工业区为依托。世界上较有影响力的科学工业园区有美国的"硅谷"、英国的"剑桥科学园区"、新加坡的"肯特岗科学工业园区"、日本的"筑波科学城"和我国台湾的"新竹科学工业园区"等。

科学工业园区有充足的科技和教育设施,以一系列由企业组成的专业性企业群为依托。区内企业设施先进、资本雄厚、技术密集程度高。政府鼓励外商在区内进行高科技产业的开发,吸引和培养高级技术人才,研究和发展尖端技术和产品。与出口加工区侧重于扩大制成品加工出口不同,科学工业园区旨在扩大科技产品的出口和扶持本国技术产业。

(四)促进出口的行政组织措施

为了扩大出口,许多国家在行政组织方面采取了各种措施。

1. 设立专门组织

政府通过成立专门组织,研究制定出口商品发展战略和具体的贸易政策,并协调政策的制定与落实情况以及有关部门之间的关系。如美国在1960年成立了"扩大出口全国委员会",其任务就是向美国总统和商务部部长提供有关改进鼓励出口的各项措施的建议和资料。1978年又成立了"出口委员会"(Export Council)和跨部门的"出口扩张委员会"(Inter-Agency Committee on Export Expansion),附属于总统国际政策委员会。为了进一步加强外贸机构的职能,集中统一领导,1979年5月成立了"总统贸易委员会",负责领导美国对外贸易工作。欧洲国家和日本为了扩大出口也都成立了类似组织。

2. 建立商业情报网

为了加强商业情报的服务工作,许多国家都设立了官方的商业情报机构,在海外设立商情网,负责向出口厂商提供所需的情报。例如,英国设立出口情报服务处,装备有计算机情报收集与传递系统。情报由英国 220 个驻外商务机构提供,由计算机进行分析,包括近 5 000 种商品和 200 个地区或国别市场情况的资料,供有关出口厂商使用,以促进商品出口。

3. 组织贸易中心和贸易展览会

贸易中心是永久性的设施,它可以提供陈列展览场所、办公地点和咨询服务等。贸易展览会是流动性展出,许多国家都十分重视这项工作。有些国家一年组织 15~20 次国外展出,费用由政府补贴。例如,意大利对外贸易协会对它发起的展出支付 80% 的费用,对参加其他国际贸易展览会的公司也给予其费用 30%~35% 的补贴。

4. 组织贸易代表团出访和接待来访

许多国家为了发展对外贸易,经常组织贸易代表团出访,其出国的费用大部分由政府津贴。例如,加拿大政府组织的代表团出访,政府支付大部分费用。许多国家设立专门机构接待来访团体。例如,英国海外贸易委员会设有接待处,专门接待官方代表团和协助公司、社会团体接待来访工商界,从事贸易活动。

5. 对出口商施以精神鼓励

第二次世界大战后,许多国家对出口商给予精神奖励的做法日益盛行。对扩大出口成绩卓著的厂商,国家授予奖章、奖状,并通过授奖活动推广它们扩大出口的经验。例如,美国设立了总统"优良"勋章和"优良"星字勋章,得奖厂商可以把奖章样式印在它们公司的文件、包装和广告上;日本政府把每年 6 月 28 日定为贸易纪念日,每年在贸易纪念日,由通商产业大臣向出口贸易成绩卓著的厂商和出口商社颁发奖状。

(五)外汇分红

外汇分红是指政府允许出口厂商从其所得的出口外汇收入中提取一定百分比的外汇用于进口,鼓励其出口积极性。

(六)出口奖励

出口奖励是指政府对出口商按其出口业绩给予各种形式的奖励。其目的在于鼓励出口商进一步扩大出口规模,增加创汇能力。出口奖励一般采取现金奖励,也有外汇分红和出口奖励证等其他形式。出口奖励一般是按出口商在一定时期内的总出口额或总创汇额的一定比例对出口商予以奖励,而不论出口商是盈利还是亏损。

(七)复汇率制

政府规定不同的出口商品适用不同汇率,以促进某些商品的出口。

(八)进出口连锁制

有的国家规定进出口商必须履行一定的出口义务,才能够获得一定的输入产品的权利;或者规定获得一定进口权利的进出口商必须承担一定的出口义务。通过进出口相联系的办法,具体采取有进有出、以进带出和以出许进的方式,目的还是扩大出口。

第二节 出口管制措施

所谓出口管制(Export Control),是指一国或地区为了达到一定的政治、军事和经济目的,通过法令或行政措施,对某些商品,特别是战略物资与先进技术资料,实行限制出口或禁止出口。

一、出口管制的目的及商品种类

(一)出口管制的目的

出口管制的目的主要包括经济目的、政治目的和军事目的三个方面。

从经济方面而言,可以通过出口管制,避免本国相对稀缺的资源过量流失,促进国内有关产业的发展,防止国内出现严重的通货膨胀和本国贸易条件的恶化。如发达国家为了保持技术上对其他国家的领先地位,对高新技术及相关产品的出口加以限制;一些国家为了缓和与进口国在贸易上的摩擦,在进口国的压力下,"自动"限制出口;一些国家为了保护本国工业,对国内工业所需的稀缺原材料、半成品的出口加以限制;有些国家为了保护国内市场,对一些关系国计民生的重要产品,也会限制出口;为了稳定出口商品价格,一些国家对本国出口量在国际市场份额占比较大的产品生产和出口加以统一计划和安排,以避免因本国出口商恶性竞争而压低商品价格;为了增加财政收入,一些发展中国家也对一些出口商品征收出口税;为了稳定金融秩序,许多国家对黄金和白银的出口严加限制。

从政治方面而言,出口国可以通过出口管制干涉和控制进口国的政治经济局势,在外交活动中保持主动地位,遏制敌对国家的经济发展,逼其在政治上妥协或就范。如对实行政治侵略的国家实行制裁,而采取出口禁运措施,目的是迫使发动战争的国家停止侵略行为;一些国家采用出口禁运的措施,来制裁敌对国以迫使该国政府改变现行立场。

从军事方面而言,为了国际社会的和平,各国有义务对核武器制造技术、装备和原料的出口实行出口管制。同样,国际社会也禁止生化武器的研发和使用,有关生化武器及原材料的出口也应受到限制。一些发达国家为了保持军事上的优势,对本国战略物资、军火及先进的军事技术资料严格控制出口。

(二)出口管制的商品种类

出口管制的商品主要可分为以下几类:

(1)战略物资及其有关的尖端技术和先进技术资料。如武器、军事设备、军用飞机、军舰、先进的电子计算机及有关技术资料等。大多数国家对这类商品与技术资料均严格控制出口。这些商品必须领取出口许可证,方能出口。

(2)国内生产所需的原材料、半成品及国内市场供应不足的某些必需品。如英国的某些化学品、石油、药品、活牛、活猪;日本的矿产品、肥料、某些食品;瑞典的废金属、生铁等都控制出口。这些商品在国内本来就比较稀缺,倘若允许自由流往国外,只能加剧国内的供给不足和市场失衡,严重阻碍经济发展。

(3)为了缓和与进口国在贸易上的摩擦,在进口国的要求或压力下,"自动"控制出口的商品,如发展中国家根据纺织品"自限协定"自行控制出口的商品。

(4)为了有计划安排生产和统一对外而实行出口许可证制的商品。如我国属于出口许可证制项下的某些商品:玉米、原油、人参、电扇、轮胎、机床等。

(5)为了实行经济制裁而对某国或地区限制甚至禁止出口的商品。

(6)对某些重要的文物、艺术品、黄金、白银等特殊商品,大多数国家都规定需特许才能出口。各国出于保护本国文化艺术遗产和弘扬民族精神的需要,一般都要禁止该类商品输出,即使可以输出,也实行较严格的管理。

(7)本国在国际市场上占主导地位的重要商品和出口额大的商品。对发展中国家来讲,对这类商品实行出口管制尤为重要。因为发展中国家往往出口商品单一,出口市场集中,出口商品价格容易出现大起大落的波动。当国际市场价格下跌时,发展中国家应控制该商品的过多出口,从而促使这种商品国际市场价格上升,提高出口效益,以免加剧世界市场供大于求的不利形势,避免遭受更大的经济损失。

(8) 跨国公司的某些产品。跨国公司在发展中国家的大量投资,虽然会促进东道国经济的发展,但也可能利用国际贸易活动损害后者的对外贸易和经济利益。例如,跨国公司实施"转移定价"策略,就是一个典型的例子。因此,发展中国家有必要利用出口管制手段来制约跨国公司的这类行为,以维护自己的正当权益。

二、出口管制的机构与措施

一般说来,执行出口管制国家的机构根据出口管制的有关法案,制定管制货单(Commodity Control List)和输往国别分组管制表(Export Control Country Group),然后采用出口许可证制,制定具体出口申报手续。

出口管制的目标是限制本国商品的出口规模和出口市场,采用的措施主要有以下几种:

1. 国家专营

对于一些敏感性商品的出口实行国家专营,由政府指定专门机构直接控制和管理。通过国家专营,政府可以控制一些重要或敏感产品的进出口,寻求最佳的进出口地理分布和商品生产结构。由国家专营的商品主要有三类:第一类是烟和酒;第二类是农产品;第三类是武器。

2. 商品清单与国别分组

即将商品按照技术水平、性能和用途的不同,编制清单,明确规定某类商品出口到不同国家所要求的许可证。

3. 征收出口税

政府对管制范围内的产品出口课征出口税,并使关税税率保持在一个合理的水平,以达到控制的目的。出口税的征收通过增加商品的出口成本,提高商品的国外价格来控制和减少出口量。一些国家对一些特殊商品采用征收出口税的方法限制其出口。一些国家对某些生产资源密集型产品征收产业税。这些工业往往是出口生产工业,征收产业税提高了成本,从而可以达到限制出口的目的。

4. 封锁禁运

这是对外国实行经济制裁和出口管制最严厉的手段。一般将国内紧缺的原材料或初级产品列入禁运之列。出口禁运还常常运用于一些国家对另一些国家制裁,此时可能对所有商品实行出口禁运。在有些情况下,几个国家为了协调出口管制政策,达到共同的政治经济目的,联合采取多边出口禁运,最典型的是石油输出国组织。

5. 出口许可证

目前世界各国在出口管制方面使用最普遍的手段是出口许可证制度。出口许可证是指出口必须得到政府有关部门的批准,获准可方能出口。政府通过出口许可证制度,可以控制一些产品出口的数量和价格。出口许可证一般适用于本国需要进行深加工的原材料和初级产品,以及一些生活必需品或高科技产品。根据管制程度的不同,出口许可证可分为一般许可证和特种许可证。

6. 出口配额制

出口配额是指由政府有关部门规定某些商品出口的最大数量或最高金额。出口配额与出口税最大的区别在于它有一个明确的数量限制,出口达到规定限额后即完全禁止出口。它结合出口许可证,可以有效地控制出口规模,如美国对糖,日本对稻谷和小麦都实行过这种数量的控制。实施出口配额能否取得成功取决于国内外供求的具体情况。

三、出口管制的方式

出口管制主要有两种形式:一种是单边出口管制;一种是多边出口管制。

(一)单边出口管制措施

单边出口管制是指一国根据本国的出口管制法案,设立专门的执行机构对本国某些商品出口进行审批和颁发出口许可证,实行出口管制。

单边出口管制的措施主要有以下几种:

(1)对一些商品的出口实行国家专营,可以起到较为理想的管制效果。

(2)征收出口税,使关税税率保持在一个合理水平上,可以较好地控制出口。

(3)出口许可证制度和出口配额制使政府能够有效地控制出口商品的国别和地区、数量及价格。

(4)出口禁运是最为严厉的一类措施,一般都是针对敌对国家或国内紧缺的原材料或初级产品。

为有效地制定和实施出口管制政策,许多国家都设有专门的机构,颁布专门的法律。例如,美国政府根据国会通过的有关出口管制法等在美国商务部设立贸易管制局,专门办理出口管制的具体事务,美国绝大部分受出口管制的商品的出口许可证都在该局办理。为了加强单方面的出口管制,许多资本主义国家根据国内外情况和对外政策的变化,制定和修改出口管制法等。例如,1917年美国国会通过了《1917年与敌对国家贸易法案》,该法案授权美国总统"禁止所有私人与美国敌人及其同盟者,在战时或国家紧急时期进行财政金融和商业贸易上的贸易"。第二次世界大战结束后,美国和其他发达资本主义国家,为了对苏联和东欧国家实行出口管制,又制定和修改了若干出口管制法案。例如,1949年美国国会在"防止国内物资短缺、保卫国家安全、促进对外政策"的借口下,对当时存在的社会主义阵营国家实行"禁运",通过了《出口管制法案》(Export Control Act),授权总统"禁止和削减"全部商业性出口。所谓全部商业性出口,就是指通过贸易渠道的全部商品和技术资料出口。该法案经过多次修改,一直延长其有效期至1969年12月,被《1969年出口管理法》所代替。这个法案在一定程度上放宽了对苏联和东欧国家输出战略物资的出口管制,简化了出口许可证颁发手续,放松了对从美国以外其他国家可以买到的商品的管制。在20世纪70年代经过几次修改,1979年美国国会又颁布了《1979年出口管理法》。这个新法案进一步简化了许可证颁发手续,加强了国会对出口管制的监督,并改进、协调了美国与其他国家之间的出口管制工作等。1985年美国国会又通过了《出口管制法1985年修正案》,这个修正案除保留原有出口管制法的主要规定外,主要是进一步放宽美国某些相对低技术的产品和技术资料的出口限制,以增加美国商品的出口。除美国以外,其他西方国家也有类似的法案。

(二)多边出口管制措施

多边出口管制是指几个国家政府为了共同的政治与经济目的,通过一定的方式建立国际性的多边出口管制机构,商讨和编制多边出口管制货单和出口管制国别,规定出口管制的办法等,以协调彼此的出口管制政策和措施,达到共同的政治和经济目的。

1949年11月在美国胁迫下成立的输出管制统筹委员会(Coordinating Committee for Export Control, COCOM)即巴黎统筹委员会,就是一个国际性的多边出口管制机构。这个委员会的决策机构由参加国政府派高级官员参加,组成咨询小组,商讨它们对当时的社会主义阵营国家的出口管制问题。1950年初这个小组下设调查小组,主管对苏联、东欧和中国等国家的"禁运"。1952年又增设一个所谓"中国委员会"(China Committee, CHINCOM),以加强对中国的非法"禁运",妄图通过"经济封锁"和"禁运"来扼杀我国的社会主义经济建设和发展。巴黎统筹委员会在1949年有美国、英国、法国、意大利、加拿大、比利时、卢森堡、荷兰、丹麦、葡萄牙、挪威和原联邦德国12个国家参加,后来,日本在1952年加入,希腊和土耳其在1953年加入,澳大利亚在1989年加入,共16个国家。这个委员会的主要工作是编制和增减多边"禁运"货单,规定受禁运的国别或地区,确定"禁运"审批程序,加强转口管制,讨论例外程序,交换情报等。不仅如此,美国为了要挟其他国家实行"禁运",1951年5月操纵联合国通过了对中国与朝鲜实行所谓"贸易禁运"的美国提案。1951年10月美国国会通过了所谓"巴特尔法案"(Battle Act),授权美国总统随时可以对不遵守巴黎统筹委员会协议的国家停止"援助"。随着国际形势的变化,这个委员会的一些规定相应有所变化。例如,该机构的多边禁运货单项目由20世纪50年代初期大约300项减至70年代的150项左右。由于国际形势的变化,巴黎统筹委员会已于1994年4月1日宣布解散。1996年7月12日新巴黎统筹委员会在维也纳重新召开成立大会,并决定将"巴统"更名为"瓦瑟纳尔协定"。参加新巴统活动的有33个国家和地区。其中俄罗斯、波兰、韩国等为新加入的成员。其工作重点是包括限制常规武器等出口在内,对约110种产品出口进行管制。新巴统不做出口限制对象国的特别提名,只要求各成员交换全世界范围内的贸易出口信息。新巴统没有法律约束力,对成员违反原则也没有惩罚措施。新巴统决定,从1996年11月1日起正式实施出口限制。

本章小结

1.出口鼓励措施即为了鼓励出口推出的各种政策措施,主要包括出口补贴、出口信贷、出口信贷国家担保制和出口退税。许多国家或地区为了促进经济和对外贸易的发展,除了采取出口鼓励措施,还实施了建立经济特区的措施。建立经济特区是一国实行对外开放和鼓励扩大出口的一项重要政策。各国或地区设置的经济特区名目繁多,规模不一,主要有自由港或自由贸易区、保税区、出口加工区等。

2.出口管制措施是一国或地区为了达到一定的政治、军事和经济目的,通过法令或行政措施,对某些商品,特别是战略物资与先进技术资料,实行限制出口或禁止出口。出口管制主要有两种形式,一种是单边出口管制;一种是多边出口管制。

思考题

1.出口信贷是什么?有哪些特点?
2.什么是经济特区?经济特区有哪些主要形式?
3.试作图分析贸易大国和贸易小国实施出口补贴的经济效应。
4.出口管制是什么?其主要目的是什么?

第八章 国际经贸关系的协调与合作

知识目标

1. 理解区域经济一体化及其形式。
2. 掌握关税同盟效应。
3. 掌握区域经济一体化理论。
4. 了解 GATT 的产生、职能及基本原则。
5. 掌握 WTO 规则体系及运行机制。
6. 了解中国与世界贸易组织的历史渊源。

能力目标

了解和掌握当代区域经济一体化的发展趋势及各自的特点。

思政目标

深化命运共同体意识,以风雨同舟、守望相助为原则,坚持开放合作。

本章导读

经济一体化活动的实践由来已久,早在 15 世纪欧洲资本主义萌芽时期,欧洲商人到其他大陆去经商时就开始了。20 世纪 50 年代以来,区域一体化蓬勃发展,成为世界经济一体化的一种形式,对国际经济与贸易产生着深刻的影响,为全球一体化提供了实践经验,奠定了现实基础。目前,各种类型的经济贸易集团遍布世界各地,对世界政治经济格局产生了多方面、多层次的影响。区域经济一体化已成为世界经济贸易发展的趋势之一。另外,多边贸易体制是指以多边贸易谈判达成的多边贸易协议为主体内容,以超国家的国际组织作为协议贯彻实施的保证,以准司法性的争端解决机制为后盾的一个综合性的国际贸易管理体制。"多边"是相对于区域或其他数量较少的国家集团所进行的活动而言。产生于二战后并运行近半个世纪的 GATT 和当前的 WTO 是多边贸易体制的典型代表。

通过本章的学习,读者可以了解到世界贸易组织的建立及发展历史、组织宗旨、职能、基本原则等相关内容。

第一节　区域经济一体化

一、区域经济一体化的概念

"一体化"一词在经济意义上最早运用于有关产业组织的研究和讨论之中,通常是指企业的合并,并从中衍生出垂直一体化与水平一体化两种企业归并的组合方式。将一体化视作国家之间经济融合的观念是到20世纪50年代才形成的。由于地理上的关联是经济一体化的有利条件,因此,一体化首先大量呈现区域的形式。

经济一体化(Economic Intergration)一词的英文原意,是经济结成一个整体的意思。经济一体化活动的实践由来已久,早在15世纪欧洲资本主义萌芽时期,欧洲商人到其他大陆去经商时就开始了。作为一体化重要形式之一的关税同盟,也有数百年的历史。但在理论上对经济一体化的实践进行概括则是二战以后的事情。到1942年,"国际经济一体化"一词才第一次出现在经济学文献中。1950年,经济学家雅各布·维纳(Jacob Viner)的《关税同盟问题》一书为经济一体化理论奠定了基础。此后,一体化理论层出不穷,进入繁荣时期。但是,迄今为止,国内外学者对经济一体化的概念尚无一致看法,一体化理论更是众说纷纭,缺少统一的理论框架。

一般来说,经济一体化的含义有广义和狭义之分。广义经济一体化,即世界经济一体化,是指世界各国经济之间彼此相互开放,形成一个相互联系、相互依赖的有机体。狭义的区域经济一体化是指区域内两个或两个以上的国家或地区,为了维护共同的经济和政治利益,通过签订某种政府间条约或协定,制定共同的政策措施,实施共同的行动准则,消除国别之间阻碍经济贸易发展的障碍,实现区内互利互惠、协调发展和资源优化配置,最终形成一个政治、经济高度协调的统一体的过程。区域经济一体化的表现形式是各种形式的经济贸易集团的建立。

一体化不是按通常的双边或多边协定进行的国际经济合作和经济协调,它要求打破国界,实行紧密的国家合作和国际协调,并必须建立起一整套共同机构。这是经济一体化组织区别于其他国际组织的特点,如"经济合作与发展组织""七十七国集团""二十四国集团"等都不宜称为经济一体化组织。

二、区域经济一体化出现的动因

区域经济一体化的形成与发展,有着深刻的历史原因和社会经济基础。

(1)相邻近的地理位置是区域经济发展的重要原因。由于邻国在历史、民族习惯、宗教信仰、消费偏好等方面较为相似,加之地理位置邻近,因而具有建立和发展彼此间经济贸易往来的基础。最初的国际经济贸易往来,几乎都是以地缘经济为基础发展起来的。而且,地缘经济在世界贸易发展史上一直具有重要的意义。地缘经济的范围随着生产力的发展而不断扩大,可以说区域贸易集团化是经济地缘化在当代的集中表现,是经济地缘化发展的新阶段。

(2)生产力与国际分工的发展是区域经济一体化的基础。第二次世界大战以后,以原子能、电子计算机和空间技术为标志的第三次科技革命的出现,大大促进了社会生产力的提高和国际分工向广度和纵深方向发展,加速了各国经济的相互依赖和经济生活的国际化趋势。国际分工引起的国际投资与国际贸易的变化,要求冲破民族和国家所设置的各种障碍,使生产要素在世界范围内自由流动、自由配置。但由于各国经济与利益的差异,在利害冲突的情况下,经济生活的国际化只能促成局部地区的一体化。一部分发达国家结成联盟,把各参加国的国内市场联合为关税和非关税壁垒保护下的统一市场,进行共同的经济调节。与此同时,经济发展水平差异不大的发展中国家也结成区域经济组织,从而使自己在国际经济斗争中居于有利的地位。

(3)共同抗衡外部强大势力是区域经济一体化形成与发展的内在动因。无论是发达国家的经济一体化,还是发展中国家的经济一体化,其根本原因就是希望通过联合,壮大自身力量,抵制一些大国或集团的威胁。如中美洲共同市场、加勒比共同体、中部非洲国家经济共同体、西非经济共同体等发展中国家之间建立的经济一体化组织,都深刻地反映出共同努力发展经济的强烈愿望。

(4)解决国际收支困难等特殊问题是区域经济一体化的催化剂。第二次世界大战后初期,美国建立了"金元帝国"的霸主地位,欧洲很多国家出现了美元荒和国际收支平衡困难等问题。为此,一些经济学家提出通过建立关税同盟,以共同统一的关税对付竞争力极强的美国,进而解决各国普遍存在的国际收支平衡困难。这是促成欧洲经济共同体形成的原因之一。发展中国家在发展经济贸易中由于遇到初级产品出口困难、工业制成品竞争力较弱、发达国家贸易壁垒限制等问题,也经常陷入国际收支平衡困难或债务危机之中。这些压力也迫使其通过一体化运动解决共同存在的问题,摆脱不利的困境。

(5)区域经济一体化产生的各种积极的经济效应是其产生并持续发展的经济源泉。区域经济一体化给成员国带来巨大的经济利益。这些利益表现为贸易创造效应、贸易扩大效应、减少行政开支、减少走私、增强成员方集体的谈判能力、内部专业化程度加深、规模经济效益提高、要素的流动性加大、促进技术进步和经济增长等。这些经济利益成为区域贸易集团持续发展的经济源泉。

(6)世贸组织多边贸易体制本身的局限性以及近年来多边贸易谈判所遭遇的挫折和困难是区域经济一体化发展的外在原因。尽管世贸组织是推动贸易自由化和经济全球化的主要力量,但其自身庞大,运作程序复杂。根据世贸组织"一揽子接受"方式,其成员对各项议题的谈判只有在一致同意的基础上才能达成,这导致在短时间内所有成员达成共识和消除矛盾并非易事。2001年11月,在多哈发起的首轮多边回合谈判举步维艰,多边贸易谈判前景的不可预测性,为双边和区域性贸易协议提供了发展空间与机遇,也为各国参与全球竞争增加了一种选择。

三、区域经济一体化的形式

区域经济一体化的形式根据不同标注可分为不同类别。

(一)按照贸易壁垒强弱的程度划分

著名经济学家巴拉萨把经济一体化的进程分为四个阶段:贸易一体化,即取消对商品流动的限制;要素一体化,即实行生产要素的自由流动;政策一体化,即在集团内达到国家经济政策的协调一致;完全一体化,即所有政策的全面统一。经济一体化组织可以根据贸易壁垒强弱的程度,分为以下六类:

1.特惠贸易协定

特惠贸易协定(Preferential Trade Arrangements)是指在实行特惠贸易安排的成员国之间,通过协定或其他形式,对全部或部分商品规定特别的关税优惠。这是经济一体化较松散和较低级的一种形式。1932年英国与其成员建立的大英帝国特惠制、第二次世界大战后建立的东南亚国家联盟和非洲木材组织等就属于此种形式的一体化组织。

2.自由贸易区

自由贸易区(Free Trade Area)是由两个或两个以上的国家,通过取消成员之间的贸易壁垒,允许货物在成员间自由流动而形成的区域经济一体化组织。建立自由贸易区是通过签订自由贸易协定实现的。自由贸易区根据取消关税的商品范围不同又可分为两种具体形式:一是工业品的自由贸易区,即只取消成员国之间的工业品贸易关税;二是完全的自由贸易区,即取消成员国之间的全部工业品和农产品的贸易关税。

自由贸易区最大的特点是只将商品自由流通限制在成员国之间。各成员国仍保留各自对非成员国的贸易政策,各国按照各自的关税制度和非关税的贸易限制措施,对非成员国的货物征收关税,并限制其进口。

随之而来的问题是在执行自由贸易政策时很难分清某种产品是来自成员国,还是来自非成员国。为了避免非成员国的产品从对外关税较低的成员国进入自由贸易区后,再进入关税水平较高的成员国而造成成员国对外贸易政策的失效,通常采用原产地规则。这一规则要求产品价值的一定百分比是在成员国生产的才可享受免征进口税的待遇。一般来说,所谓的原产地产品,是指成品价值的50%以上是在自由贸易区内各成员国生产的产品。对某些敏感型产品的原产地规定有的更加严格,规定产品价值的60%,甚至75%以上产自成员国才符合原产地原则的规定。比如北美自由贸易区规定在多数产品中,只有产品价值62.5%以上产自成员国的产品才属于原产地产品。

世界上存在时间最长的自由贸易区是1960年由英国、奥地利、丹麦、芬兰、挪威、葡萄牙、瑞典、瑞士缔结成的欧洲自由贸易联盟(EFTA),又称小自由贸易区。1994年由美国、加拿大、墨西哥三国建立的北美自由贸易区(NAFTA)也属于此类。

案例分析 8-1

钟山部长代表中国政府签署《区域全面经济伙伴关系协定》(RCEP)

2020年11月15日,《区域全面经济伙伴关系协定》(RCEP)第四次领导人会议期间,在国务院总理李克强和其他与会领导人集体见证下,商务部部长钟山代表中国政府与东盟十国及中、日、韩、澳、新西兰的贸易部长共同签署《区域全面经济伙伴关系协定》。

RCEP包括20个章节,涵盖货物、服务、投资等全面的市场准入承诺,是一份全面、现代、高质量、互惠的自贸协定。货物贸易整体自由化水平达到90%以上;服务贸易承诺显著高于原有的"10+1"自贸协定水平,投资采用负面清单模式做出市场开放承诺,规则领域纳入了较高水平的贸易便利化、知识产权、电子商务、竞争政策、政府采购等内容。RCEP协定还充分考虑了成员间经济规模和发展水平差异,专门设置了中小企业和经济技术合作等章节,以帮助发展中成员、特别是最不发达成员充分共享RCEP成果。

RCEP的签署标志着全球最大的自由贸易区成功启航,是东亚区域经济一体化新的里程碑。RCEP现有15个成员,总人口、经济体量、贸易总额均占全球总量约30%,意味着全球约三分之一的经济体量形成一体化大市场。这将有力支持自由贸易和多边贸易体制,促进国际抗疫合作,稳定区域产业链供应链,助推区域和世界经济恢复发展。

下一步,各方将致力于履行各自国内核准程序,推动协定早日生效实施。

资料来源:中华人民共和国商务部网站

3.关税同盟

关税同盟(Customs Union)是指两个或两个以上的国家通过签订条约或协定取消区域内关税或其他进口限制,并对非同盟国家实行统一的关税税率而缔结的同盟。这时,成员国之间就不需要设立海关等机构了。显然,关税同盟比自由贸易区的一体化程度提高了一步。除了包括自由贸易区的基本内容外,成员国还对同盟外的国家建立了共同的、统一的关税税率,结盟的目的是使成员国的商品在统一后的市场上处于有利地位,排除非成员国的竞争,它开始带有超国家的性质。典型的如欧共体,于1968年7月建成,六国关税同盟,以后又于1977年实现九国关税同盟,1992年建成十二国关税同盟。

关税同盟的特点是成员在相互取消进口关税的同时,建立了共同的对外关税,因此,成员经济体之间不再需要附加原产地原则。这样实际上是将关税的制定权让渡给了经济一体化组织,关税同盟对成员经济体的约束力比自由贸易区大。

从经济一体化的角度看,关税同盟也具有某种局限性。随着成员之间相互取消关税,各成员国的市场将完全暴露在其他成员厂商的竞争之下,各成员为了保护本国的某些产业,需要采取更加隐蔽的措施,如非关税壁垒。尽管关税同盟成立之初,已经明确规定了取消非关税壁垒,然而非关税壁垒措施没有一个统一的判断标准,因此关税同盟包含着鼓励成员增加非关税壁垒的倾向。同时,关税同盟只解决了成员国之间边境上的商品流动自由化的问题,当某成员国商品进入另一个成员国境内后,各种限制措施仍然是自由贸易的障碍。

4.共同市场

共同市场(Common Market)是指在两个或两个以上的成员国之间,不仅完全取消了关税和非关税壁垒,还建立共同对外关税,实行自由贸易。在商品自由流动方面,它有一致对外的统一关税,有协调间接税制度、产品标准化制度;在资本自由流动方面,有协调筹资制度;在劳动自由流动方面,有学历和技术等级的相互承认制度等。可以说,共同市场下经济调节的超国家性质比关税同盟更进一步,共同市场是关税同盟更高一级的经济一体化形式。典型的如欧共体于1992年年底建成的统一大市场。

共同市场的特点是成员国之间不仅实现了商品的自由流动,还实现了生产要素和服务的自由流动。服务贸易的自由化意味着成员国之间在相互提供通信、咨询、运输、信息、金融和其他服务方面实现自由,没有人为的限制;资本的自由流动意味着成员国的资本可以在共同体内部自由流出和流入;劳动力的自由流动意味着成员国的公民可以在共同体内的任何国家自由寻找工作。为实现这些自由流动,各成员国之间要实施统一的技术标准、统一的间接税制度,并且协调各成员国之间同一产品的课税率,协调金融市场管理的法规,以及实现成员国学历的相互承认等。

共同市场的建立需要成员国让渡多方面的权利。这些权利的让渡表明,一国政府干预经济的权力在削弱,而经济一体化组织干预经济的权力在增强,然而由于各成员国经济有差别,统一的干预政策难以奏效,所以超国家的一体化组织的干预能力也是有限的。

5.经济联盟

经济联盟(Economic Union)是共同市场向超国家一体化的宏观协调机制发展的具体步骤,是一种较高层次的区域经济一体化组织形式。经济联盟是指成员国之间不但商品、生产要素可以自由流动,建立对外共同关税,而且会协调和统一成员国的某些经济政策,建立起共同体一级的某种决策机构和执行机构。这是经济一体化的高级形式。对于非成员国来说,经济联盟被视作一个经济、金融及社会实体。对于成员国来说,经济联盟相当于一个扩大了的国家,在经济和政治上都有着非常密切的联系。

经济联盟的特点是成员国不仅让渡权利以建立共同市场,更重要的是成员国让渡了使用宏观经济政策干预本国经济运行的权力,而且成员国还让渡了干预内部经济的财政政策和货币政策以保持内部平衡的权力。经济联盟由一个超国家的权威机构把成员国的经济组成一个整体。这些政策制定权的让渡对共同体内部形成自由的市场经济,发挥"看不见的手"的作用是非常有意义的。当汇率政策的协调达到一定的程度,以致建立了成员国共同使用的货币或统一货币时,这种经济联盟又称经济货币联盟。

6. 完全的经济一体化

完全的经济一体化(Perfectly Economic Integration)是指成员国在实现了经济联盟目标的基础上,进一步实现经济制度、政治制度和法律制度等方面的协调统一。在这个一体化组织内,各成员国的税率特别是增值税税率和特别消费税税率基本协调一致;它建立统一的中央银行,使用统一的货币;取消外汇管制,实行同样的汇率管理;逐步废除跨国界的金融管制,允许相互购买和发行各种有价证券;实行价格的统一管理等。完全经济一体化组织一般有共同的组织管理机构,这种机构的权力以成员国的部分经济决策与管理权限的让渡为基础。

完全的经济一体化是经济一体化的最高形式。如果说其他五种形态是经济一体化过程的中间阶段的话,那么完全的经济一体化就是经济一体化的最终阶段。在这个发展阶段,成员国之间完全统一了所有的经济政策,各国经济发展的最终决策权已转移给超国家的权力机构。

这一经济一体化的最高组织形式,迄今尚未出现,欧洲联盟正在朝这个方向努力。

必须指出的是,对区域经济一体化形式的这一划分并不反映具体经济一体化实现的路径。在现实中,一体化的起点并非一定是自由贸易区,具体的经济一体化也有可能兼有两种类型的某些特征。正如一体化的追求目标可以是多元化的一样,经济一体化的组织形式也呈现多样性。

(二)按照区域经济一体化的范围划分

1. 部门一体化

部门一体化(Sectoral Economic Integration)是指区域内各成员国的一个或几个部门(商品或产业)达成共同的经济联合协定而产生的区域经济一体化组织。欧洲煤钢联营、欧洲原子能联营均属此类。

2. 全盘一体化

全盘一体化(Overall Economic Integration)是指区域内各成员国的所有经济部门加以一体化的形态,如欧洲经济共同体。

(三)按参加国的经济发展水平划分

1. 水平经济一体化

水平经济一体化(Horizontal Economic Integration),又称横向经济一体化,它是指由经济发展水平大致相同或相近的国家所组成的经济一体化组织。从区域经济一体化的发展实践看,现存的一体化大多属于这种形式,如中美洲共同市场、东南亚国家联盟等。

2. 垂直经济一体化

垂直经济一体化(Vertical Economic Integration),又称纵向经济一体化,它是指经济发展水平不同的国家所组成的区域经济一体化组织。例如,北美自由贸易区将经济发展水平不同的发达国家(美国、加拿大)和发展中国家(墨西哥)联系在一起,使国家间在经济上能实现互补。

除上述分类外,有的学者根据成员国构成的不同,把经济一体化组织分为三类:(1)发达国家型,即由发达国家组建的经济一体化组织,典型的如欧洲联盟;(2)发展中国家型,即由发展中国家组成的经济一体化组织,如东南亚国家联盟;(3)南北型,即发达国家和发展中国家共同组建的经济一体化组织,如北美自由贸易协定。这三类组织虽然形式上有相似之处,但目标、运行机制、发展历程等都有明显不同。

四、主要地区的区域经济一体化进程

最早的区域经济一体化组织要追溯到1241年成立的普鲁士各城邦之间的"汉撒同盟"。而现代的区域经济一体化组织是第二次世界大战以后逐步兴起的,并形成三次较大的发展高潮。第一次高潮发生在20世纪50年代到20世纪60年代,第二次高潮发生在20世纪70年代到20世纪80年代后半期,第三次高潮发生在20世纪90年代至今。目前,区域经济一体化已经成为现代世界经济发展中的一个重要经济现象。

(一)欧洲联盟

1. 欧洲联盟的演变

欧洲联盟(简称欧盟,European Union,EU)是由欧洲共同体(European communities)发展而来的,是一个集政治实体和经济实体于一身、在世界上具有重要影响的区域一体化组织。1991年12月,欧洲共同体马斯特里赫特首脑会议通过《欧洲联盟条约》,通称《马斯特里赫特条约》(简称《马约》)。1993年11月1日,《马约》正式生效,欧盟正式诞生。总部设在比利时首都布鲁塞尔。

1946年9月,英国首相丘吉尔曾提议建立"欧洲合众国"。1950年5月9日,当时的法国外长罗贝尔·舒曼代表法国政府提出建立欧洲煤钢联营。这个倡议得到了六个国家的响应。1951年4月18日,法国、联邦德国、意大利、荷兰、比利时和卢森堡在巴黎签订了建立欧洲煤钢共同体条约(又称《巴黎条约》)。1952年7月25日,欧洲煤钢共同体正式成立。1957年3月25日,这六个国家在罗马签订了建立欧洲经济共同体条约和欧洲原子能共同体条约,统称《罗马条约》。1958年1月1日,欧洲经济共同体和欧洲原子能共同体正式组建。1965年4月8日,六国签订的《布鲁塞尔条约》决定将三个共同体的机构合并,统称欧洲共同体。但三个组织仍各自存在,具有独立的法人资格。《布鲁塞尔条约》于1967年7月1日生效,欧洲共同体正式成立。

经过多次协商、法国总统的改选,丹麦、爱尔兰和英国(包括直布罗陀)在1973年1月1日正式加入欧洲各大共同体。这是欧共体的第一次扩张。1981年1月1日,在1975年就提出申请的希腊成为会员国。1985年,自丹麦获得地方自治权的格陵兰投票脱离共同体。西班牙与葡萄牙(1977年申请)在1986年1月1日第三次扩张成为会员国。土耳其在1987年申请加入欧共体,成为申请期最长的一个国家。1989年,东欧剧变,柏林墙倒塌,铁幕落幕。两德统一,也打开了东欧集团通往欧共体的门。2004年5月1日,欧盟实现了有史以来规模最大的扩盟,波兰、捷克、匈牙利、斯洛伐克、斯洛文尼亚、塞浦路斯、马耳他、拉脱维亚、立陶宛和爱沙尼亚共10个国家同时加入欧盟。随着欧盟的扩盟,也有成员国从中退出。2016年6月23日,英国就是否留在欧盟举行全民公投。投票结果显示支持"脱欧"的票数以微弱优势战胜"留欧"票数,英国将脱离欧盟。2020年1月31日,英国正式"脱欧",结束其47年的欧盟成员国身份。2020年12月24日,欧盟委员会宣布,经过多轮激烈谈判,欧盟与英国当天终于就包括贸易在内的一系列合作关系达成协议,为英国按照原计划在2020年结束"脱欧"过渡期扫清障碍。截至目前,欧盟共有27个成员国,其中,法国、德国、意大利、荷兰、比利时、卢森堡六国为创始成员国。

2.欧洲联盟的组织机构

(1)欧洲理事会(European Council),又称欧盟首脑会议或欧盟峰会,由成员国国家元首或政府首脑及欧洲理事会主席、欧委会主席组成,负责讨论欧洲联盟的内部建设、重要的对外关系及重大的国际问题,每年至少举行两次会议。欧洲理事会设主席一职,任期两年半,可连任一届。欧洲理事会是欧盟的最高权力机构,在决策过程中采取协商一致通过的原则。

(2)欧盟理事会(Council of European Union),又称欧盟部长理事会,它是欧盟的决策机构和立法机构,负责协调各成员国的经济政策,拥有欧盟的绝大部分立法权,在条约授权的范围内颁布对各成员国具有约束力的法规。理事会由每个成员国各1名部长级代表组成,在理事会会议上代表其成员国政府进行投票表决。理事会按不同领域划分为若干个部长理事会。除外长理事会外,理事会主席由各成员国轮任,任期半年。

(3)欧盟委员会(European Commission),简称欧委会,是欧洲联盟的常设执行机构,负责实施欧洲联盟条约和欧盟理事会做出的决定,向理事会和欧洲议会提出报告和立法动议,处理联盟的日常事务,代表欧盟对外联系和进行贸易等方面的谈判等。欧盟委员会设主席1人,副主席2人。该委员会由来自不同成员国的27名代表组成。欧盟委员会主席人选由欧盟各成员国政府征询欧洲议会意见后共同提名,欧盟委员会其他委员人选由各成员国政府共同协商提议。按此方式提名的欧盟委员会主席和其他委员需一起经欧洲议会表决同意后,由欧盟成员国政府共同任命。

(4)欧洲议会(European Parliament),是欧洲联盟的执行、监督、咨询机构,在某些领域有立法职能,并有部分预算决定权,可以三分之二多数弹劾欧盟委员会,迫其集体辞职。议员由成员国直接普选产生,任期五年。设议长1人,副议长14人,任期两年半,可连选连任。

(5)欧盟对外行动署(European External Action Service)由欧盟外交与安全政策高级代表(兼任欧盟委员会副主席)领导,协调成员国外交政策。

(6)欧洲法院(European Court of Justice)是欧盟的仲裁机构,负责审理和裁决在执行欧盟条约和有关规定中发生的各种争执。

(7)欧洲统计局,位于卢森堡,是欧盟统计工作的最高行政机构。欧洲统计局并非单独执行欧盟统计工作,而是依赖一个被称为"欧洲统计系统(European Statistical System)"的工作网络。该统计体系由欧洲统计局、欧盟成员国及冰岛、挪威和列支敦士登的统计机构和中央银行共同组成。成员国机构负责收集本国统计数据并进行编辑。欧洲统计局的作用则是与各成员国统计机构紧密合作,协调、整合统计资源,按照欧盟的需要汇总分析成员国提供的统计数据。

(8)欧洲审计院(European Court of Auditors),成立于1977年10月,由12人组成,均由理事会在征得欧洲议会同意后予以任命,负责审计欧盟的及其各机构的账目,审查欧盟收入状况,并对欧盟财政进行正常管理。

(9)欧洲中央银行,总部设在德国金融中心法兰克福,是根据1992年《马斯特里赫特条约》规定而设立的欧元区中央银行,是共同货币政策的制定者、实施者、监督者。欧央行是欧洲经济一体化的产物,是世界上第一个管理超国家货币的中央银行,也是为了适应欧元发行和流而设立的金融机构。欧央行的职责和结构以德国联邦银行为模式,独立于欧盟机构和各国政府之外。欧央行的主要任务是维持欧元购买力,保持欧元区物价稳定。欧央行管理利率、货币储备与发行,以及制定欧洲货币政策。欧央行管理委员会是最高决策机构,负责制定利率和执行货币政策,由6名执行董事会成员和欧元区成员国央行行长组成,每月定期召开会议。随着欧洲银行联盟的建立,欧央行被赋予了监管欧盟内主要银行的职能,从2014年11月起,和成员国主管机构共同履行该职能。

(10)欧洲投资银行,总部设在卢森堡,是欧盟的政策银行,由欧盟成员国出资合营,享有独立法人地位。其宗旨是促进欧盟政策目标的实现。该行可向公共部门和私人部门提供贷款,具体投向欧盟区域发展、中小企业、环境工程、交通、能源、研发与创新,以及欧盟与140多个国家签署的合作协议。为了信贷的安全,欧洲投资银行从不对一个项目进行全额贷款,一般只提供项目投资额的30%~40%。欧洲投资银行对外主要目标是根据欧盟与第三国签订的发展援助或合作计划,对欧盟以外地区的项目进行投资。1993年以来,其贷款额已经超过世界银行,成为世界上最大的多边优惠信贷提供者。

3. 欧洲联盟一体化发展的主要成就

(1)实现关税同盟和共同外贸政策。关税同盟是欧盟一体化的起点,也是其得以巩固和发展的重要基石。按照《罗马条约》的规定,共同体从1959年至1969年分三阶段取消内部工业品和农产品的关税,对外实行统一关税。建立关税同盟促进了欧盟出口贸易的增长,使出口贸易增长速度超过了美国,成员国内部贸易也迅速发展。1973年,欧共体实现了统一的外贸政策。马约生效后,为进一步确立欧洲联盟单一市场的共同贸易制度,欧共体各国外长于1994年2月8日一致同意取消此前由各国实行的6 400多种进口配额,而代之以一些旨在保护低科技产业的措施。

(2)实行共同的农业政策。1962年7月1日,欧共体开始实行共同农业政策;1968年8月开始实行农产品统一价格;1969年取消农产品内部关税;1971年起对农产品贸易实施货币补贴制度。共同农业政策使欧共体实现了农业现代化,农业劳动生产率有了明显的提高;农业生产持续增长,农产品自给率大大提高,农业人口的收入水平有了很大提高。

(3)建立政治合作制度。1987年生效的《欧洲单一文件》,把在外交领域进行政治合作正式列入欧共体条约。为此,部长理事会设立了政治合作秘书处,定期召开成员国外交部长参加的政治合作会议,讨论并决定欧共体对各种国际事务的立场。1993年11月1日马约生效后,政治合作制度被纳入欧洲政治联盟活动范围。

(4)基本建成内部统一大市场。1985年6月欧共体首脑会议批准了建设内部统一大市场的白皮书,1986年2月各成员国正式签署为建成大市场而对《罗马条约》进行修改的《欧洲单一文件》。统一大市场的目标是逐步取消各种非关税壁垒,包括有形障碍(海关关卡、过境手续、卫生检疫标准等)、技术障碍(法规、技术标准)和财政障碍(税别、税率差别),于1993年1月1日起实现商品、人员、资本和劳务自由流通,欧共体宣布其统一大市场基本建成,并正式投入运行。

(5)计划1 000亿欧元企业贷款以促南欧经济增长。欧洲投资银行(EIB)和欧盟委员会于2013年6月25日正式展开合作,计划形成550亿~1 000亿欧元新贷款提供给企业,以推动南欧地区的经济增长。

(6)保护权益。欧盟还十分注重同性恋者权益的保护。在欧盟28个成员国内,已有荷兰、比利时、西班牙、瑞典、葡萄牙、丹麦6国承认同性婚姻,另有法国、德国、芬兰、卢森堡、捷克、斯洛文尼亚、匈牙利、奥地利、爱尔兰等10国承认同性伴侣的民事结合。欧盟要求各成员国必须在国内制定禁止歧视同性恋者的法律，新加入的成员国必须在国内制定禁止性倾向歧视的法律后才可考虑加入欧盟。另外，2020年年底，欧盟公布《数字市场法》和《数字服务法》草案。欧盟认为，少数数字平台事实上成为数字市场的"守门人"，拥有规则制定权，负有特殊责任：一方面，数字平台推动创新，为消费者、客户、产业创造价值，帮助市场提升运营效率，提供发展机会；另一方面，数字平台亟待规范，平台安全运行面临巨大挑战。因此，欧盟将构建现代法律体系，保障用户安全和基本权利，维护公平开放的在线平台环境。

(7) 创建欧洲货币体系。基本内容包括：创立"欧洲货币单位"，1999年改为欧元；建立联系汇率制度；创建欧洲货币基金。欧洲货币体系的创建，使欧共体各国在国际金融市场动荡不定，各国货币汇率波动频繁的情况下，保持货币相对稳定的局面。这对于共同农业政策的顺利实施，对于各成员国间贸易的进一步发展，以及各成员国对外经济贸易关系的发展，对于增加欧共体的投资和就业机会，都起到了一定的促进作用。

(二) 北美自由贸易区

1. 北美自由贸易区的产生

北美自由贸易区(North American Free Trade Area, NAFTA)是在区域经济集团化进程中，由发达国家和发展中国家在美洲组成的。美国、加拿大和墨西哥三国于1992年8月12日就《北美自由贸易协定》达成一致意见，并于同年12月17日由三国领导人分别在各自国家正式签署。1994年1月1日，协定正式生效，北美自由贸易区宣布成立。三个会员国彼此必须遵守协定规定的原则和规则，如国民待遇、最惠国待遇及程序上的透明化等来实现其宗旨，借以消除贸易障碍。自由贸易区内的国家货物可以互相流通并减免关税，而贸易区以外的国家则仍然维持原关税及壁垒。北美自由贸易区使得墨西哥出口至美国受惠最大。

《北美自由贸易协定》是美加自由贸易协定的扩大和延伸，它的签订和生效经历了一段漫长的发展过程。1985年3月，加拿大总理马尔罗尼在与美国总统里根会晤时，首次正式提出美、加两国加强经济合作、实行自由贸易的主张。由于两国经济发展水平及文化、生活习俗相近，交通运输便利，经济上的互相依赖程度很高，所以自1986年5月开始经过一年多的协商与谈判于1987年10月达成了协议，次年1月2日，双方正式签署了《美加自由贸易协定》。经美国国会和加拿大联邦议会批准，该协定于1989年1月生效。在此基础上，美国和墨西哥进行多次谈判，于1990年7月正式达成了美墨贸易与投资协定（也称"谅解"协议）。同年9月，加拿大宣布将参与谈判，三国于1991年6月12日在加拿大的多伦多举行首轮谈判，经过14个月的磋商，终于在1992年8月12日达成了《北美自由贸易协定》。该协定于1994年1月1日正式生效，北美自由贸易区宣告成立。

成立之初，北美自由贸易区拥有3.6亿消费者，其国民生产总值总计超过6万亿美元。可以说，北美自由贸易区是一个雄心勃勃的计划，它力图以自由贸易为理论基础，以自由贸易区的形式来实现贸易、投资等方面的全面自由化，进而带动整个北美地区的经济贸易发展。

北美自由贸易区是一个以美国为核心的南北区域性经济组织，美国在北美自由贸易区内有着绝对的主导作用。美国不仅是北美自由贸易区的倡导者，而且是该自由贸易区的主导国，它在贸易区的运行中占据绝对的主导和支配地位。从贸易区内部的实力来看，美国占有67%的人口和90%的经济实力，加拿大则仅有7%的人口和8%的经济实力，墨西哥虽拥有近26%的人口，但经济实力则不到2%。美、加、墨三国按工业化程度和发展水平分属三个不同的层次：美国属于第一个层次，加拿大属于第二个层次，二者均是发达的工业化国家；墨西哥则是第三个层次,为新兴的工业化国家。因此,无论从经济实力、工业化程度和发展水平等方面相比,美国都处于绝对的优势地位,自然对加拿大和墨西哥具有很强的制约力。

一方面,北美自由贸易区给美国在双边贸易、直接投资、技术转让及第三产业诸领域内提供控制和渗透加拿大和墨西哥的机会,从而在贸易区事务上拥有了绝对的发言权。因而,从根本上说,北美自由贸易区的建立更多地体现出了美国的战略意图。但是,另一方面,北美自由贸易区又给加拿大和墨西哥提供了难得的进入美国市场的机会,对于促进这两个国家的经济发展具有非常重要的作用,三国联合起来在国际贸易中的地位也随之大为增强。因此,北美自由贸易区在很大程度上是双赢的选择和结果。

2. 北美自由贸易区的特点

(1)南北合作。北美自由贸易区既有经济实力强大的发达国家,也有经济发展水平较低的发展中国家,区内成员国的综合国力和市场成熟程度差距很大,经济上的互补性较强。各成员国在发挥各自比较优势的同时,通过自由的贸易和投资,推动区内产业结构的调整,促进区内发展中国家的经济发展,从而减少与发达国家的差距。

(2)大国主导。北美自由贸易区是以美国为主导的自由贸易区,美国的经济运行在区域内占据主导和支配地位。美国在世界上经济发展水平最高,综合实力最强;加拿大虽是发达国家,但其国民生产总值远不及美国;墨西哥是发展中国家,对美国经济的依赖性很强,因此,北美自由贸易区的运行方向与进程在很大程度上体现了美国的意愿。

(3)减免关税的不同步性。墨西哥与美国、加拿大的经济发展水平差距较大,而且在经济体制、经济结构和国家竞争力等方面存在较大的差别,因此,自《北美自由贸易协定》生效以来,美国对墨西哥的产品进口关税平均下降84%,而墨西哥对美国的产品进口关税只下降43%;墨西哥在肉、奶制品、玉米等竞争力较弱的产品方面,有较长的过渡期。同时,一些缺乏竞争力的产业部门有10~15年的缓冲期。

(4)战略的过渡性。美国积极倡导建立的北美自由贸易区,实际上只是美国战略构想的一个前奏,其最终目的是在整个美洲建立自由贸易区。美国试图通过北美自由贸易区来主导整个美洲,一来为美国提供巨大的潜在市场,促进其经济的持续增长;二来为美国扩大其在亚太地区的势力,与欧洲争夺世界的主导权。

3. 北美自由贸易区取得的主要成果

自北美自由贸易区成立以来,虽然对其发展的成果评价不一,存在较大争议,但无论支持者还是反对者,对自由贸易区建立后美、加、墨三国由于取消贸易壁垒和开放市场,实现了经济增长和生产力提高是基本肯定的。尤其是墨西哥的加入,使得NAFTA成为南北区域经济合作的成功范例,国际间对于发达国家和发展中国家能否通过自由贸易实现经济的共同增长、迈向经济一体化的疑问基本得到消除。

北美自由贸易区取得的成果可归纳法以下几点:

(1)促进了地区贸易增长和直接投资增加。自北美自由贸易区建立以来,关税的减免有力地促进了地区贸易的增长。根据国际货币基金组织的数据,经过十多年的发展,NAFTA成员国之间的货物贸易额增长迅速,三边贸易额翻了近两番。另外,由于《北美自由贸易协定》在行业惯例、服务贸易、投资规则、争议解决等方面均有详细的规定,这些规定具有稳定性和可预测性,确保了长期投资所需要的信心与稳定性,因而吸引了创纪录的直接投资。同时,从NAFTA区域外国家吸引的投资也在增长。

(2)发达国家继续保持经济强势地位。自由贸易区内经济一体化加快了发达国家与发展中国家间的贸易交往和产业合作,其中美国向墨西哥的出口增加了三倍多。自由贸易区还强化了各国的产业分工和合作,使资源配置更加合理。协议国之间的经济互补性提高了各国产业的竞争力。如墨西哥、加拿大的能源资源与美国互补,加强了墨西哥、加拿大能源生产能力。特别是在制造业领域,墨西哥的人力资源与美国的技术资本互补,大大提高了美国制造业的竞争力,使美国将一些缺乏竞争性部门的工作转移到更有竞争性的部门,把低技术和低工资的工作转变为高技术和高工资的工作。在如汽车、电信设备等美国许多工业部门都可以看到这种就业转移的影响。

(3)发展中国家受益明显。作为发展中国家的墨西哥是北美自由贸易区的最大受益者。北美自由贸易区促进其国内的经济增长,吸引了大量外资,并引进了先进技术和管理经验。这样,墨西哥已成为世界上最具发展潜力和发展最快的国家之一。在示范效应方面,北美自由贸易区在理论和实践上对利用区域经济合作组织来发展区域经济贸易都有很大的借鉴意义。

(4)合作范围不断扩大。美国积极倡导建立的北美自由贸易区,实际上只是美国战略构想的一个前奏,其最终目的是在整个美洲建立自由贸易区。近年来,NAFTA南扩趋势明显。1994年12月,在美国迈阿密举行了由北美、南美和加勒比海所有国家(古巴除外)共34个国家参加的"美洲首脑会议",提出了建立美洲自由贸易区(FTAA)的计划。有关成员在2005年1月1日前完成了美洲自由贸易区的谈判,NAFTA已开始向FTAA扩展。

(5)规模经济效益。北美自由贸易区是世界上最大的自由贸易区,很容易从其规模经济中获益,降低平均成本,并在此基础上取得竞争优势。

(6)实现优势互补。三国经济水平、文化背景、资源禀赋等各方面的差异,使得区域内经济的互补性很强,提供了更多的专业化生产和协作的机会,促进了三国整体经济的发展。

(7)改善投资环境。《北美自由贸易协定》在行业惯例、服务贸易、投资规则、争议解决等方面均有详细的规定,这些规定具有稳定性和可预测性,有利于在法律制度的层面上增强北美地区投资人的信心并保障他们的利益。这种宏观利益的表现就是,近几年来,北美自由贸易区无论是在商品进口总额还是在出口总额方面都保持国际贸易地区份额的领先地位,远高于欧盟国家的相应总额,已经占世界进出口总额的1/4左右。北美自由贸易区的建立,对美、加、墨三国各自的经济发展也产生了积极影响。

(三)亚太经济合作组织

1.亚太经济合作组织的发展历程

亚太经济合作组织(Asia-Pacific Economic Cooperation,APEC),简称亚太经合组织,成立于1989年,现有21个成员,分别是澳大利亚、文莱、加拿大、智利、中国、中国香港、印度尼西亚、日本、韩国、马来西亚、墨西哥、新西兰、巴布亚新几内亚、秘鲁、菲律宾、俄罗斯、新加坡、中国台北、泰国、美国、越南。经过多年的发展,APEC已由成立之初的一个区域性经济论坛和磋商机构,逐渐演变为亚太地区重要的经济合作论坛,以及亚太地区最高级别的政府间经济合作机构。

20世纪80年代末,随着冷战的结束,国际形势日趋缓和,经济全球化、贸易投资自由化和区域集团化成为潮流,同时,亚洲地区在世界经济中的比重也明显上升,APEC就是在这一背景下产生的。亚太地区国家(地区)在资源、资金、技术和市场等方面有着极大的互补性。随着亚太地区的崛起和各国间经济贸易相互依存的不断加强,在世界经济一体化趋势日益发展的影响下,加强亚太地区的经济合作已成为普遍的要求和必然的趋势,从而提上了各有关国家的议事日程。

20世纪80年代,在澳大利亚倡议下举行了"太平洋经济合作会议"。1989年11月,亚太地区的12个国家(美国、日本、澳大利亚、加拿大、新西兰、韩国、马来西亚、泰国、菲律宾、印度尼西亚、新加坡、文莱)在澳大利亚堪培拉举行第一届部长会议,拉开了亚太地区广泛开展区域经济合作的序幕。以后每年举行一届部长年会。参加者不仅有学者、企业家,还有政府的高级官员,从而使会议具有半官方的色彩。

1991年11月12日至14日在韩国汉城(今首尔)举行第三届部长级会议并通过《汉城宣言》,正式确定亚太经合组织的宗旨目标、工作范围、运作方式、参与形式、组织架构、亚太经合前景。亚太经合组织的目标是为本区域人民普遍福祉持续推动区域成长与发展;促进经济互补,鼓励货物、服务、资本、技术的流通;发展并加快开放及多边的贸易体系;减少贸易与投资壁垒。这次会议也正式将中国、中国香港、中国台北三个经济体同时纳入亚太经合会。

在1992年9月的第四届年会上,决定在新加坡常设秘书处,以协调一年一度的部长大会和10个合作小组的具体事务性工作,并吸收中国及中国的台湾、香港地区加入该经济组织。1993年增加了墨西哥、巴布亚新几内亚。1994年11月,在印度尼西亚茂物召开的第二次成员国首脑非正式会议上,通过了《茂物宣言》,并增加了智利、秘鲁、俄罗斯和越南等成员方。

2005年在韩国釜山举行的第十七届部长会议及第十三次非正式领导人会议,通过了"釜山路线图",从而标志着亚太经济合作组织正在步入一个历史发展的新阶段。

2011年在美国夏威夷召开的第十九次非正式领导人会议,以"紧密联系的区域经济"为主题,主要讨论亚太地区经济增长、区域经济一体化、绿色增长、能源安全、规制合作等议题。针对当前亚太经济的新形势,各成员希望加强合作,进一步推动亚太贸易和投资自由化、便利化、促进经济技术合作,支持多边贸易体制,抵制贸易保护主义,为世界经济复苏和增长注入活力、增加信心。

2021年6月5日,亚太经合组织(APEC)第二十七届贸易部长会议以视频方式召开。本次会议是在新冠肺炎疫情仍在发展、全球和区域经济发展面临诸多严峻挑战的形势下召开的一次重要会议,也是2021年亚太地区区域经贸合作机制首场部长级会议。中方期待本次会议能够就共同应对新冠肺炎疫情、支持多边贸易体制等APEC各经济体及国际社会高度关注的议题进行深入讨论,达成务实成果,共同发出亚太声音,推动亚太地区各经济体携手抗击疫情,维护区域产业链、供应链安全,促进区域经济稳定复苏、健康发展。

2.亚太经济合作组织的机构设置

(1)领导人非正式会议。自1993年起,亚太经济合作组织领导人非正式会议共举行了近二十次。

(2)部长级会议。亚太经济合作组织的部长级会议分为APEC部长级会议和APEC专业部长级会议。部长级会议实际是"双部长"会,即各成员的外交部部长(中国香港和中国台北除外)和经济部长(或者外贸部长、商业部长等)参加会议,在每年的领导人非正式会议前举行。始于1989年11月。专业部长级会议,是指讨论中小企业、旅游、环保、教育、科技、通信等问题的部长会议。

(3)高官会。亚太经济合作组织高官会是APEC的协调机构,每年举行3~4次会议,该会议始于1989年11月。高官会一般由各成员司局级或大使级官员组成,提出议题,相互交换意见,协调看法,归纳集中,然后提交部长级会议讨论。会议主要任务是负责执行领导人和部长级会议的决定,并为下次领导人和部长级会议做准备。因此,有人把高官会称为部长级会议的"实际工作部门",高官会对上向部长级会议负责,对下总体协调APEC各委员会和工作组的工作,是 APEC 的核心机构。

(4)委员会和工作组。高官会下设 4 个委员会,即贸易和投资委员会(CTI)、经济委员会(EC)、经济技术合作高官指导委员会(SCE)和预算管理委员会(BMC)。CTI 负责贸易和投资自由化方面高官会交办的工作。EC 负责研究本地区经济发展趋势和问题,并协调经济结构改革工作。SCE 负责指导和协调经济技术合作。BMC 负责预算和行政管理等方面的问题。各委员会下设多个工作组、专家小组和分委会等机制,从事专业活动和合作。

(5)秘书处。1993 年 1 月在新加坡设立,为亚太经济合作组织各层次的活动提供支持与服务。秘书处负责人为执行主任,由 APEC 当年的东道主指派。

(6)工商咨询理事会(ABAC)。ABAC 自 1995 年起成为 APEC 的常设机构。其主要任务是对 APEC 贸易投资自由化、经济技术合作以及创造有利的工商环境提出设想和建议,并向领导人和部长级会议提交咨询报告。ABAC 秘书处暂设在菲律宾马尼拉,经费由各成员缴纳。由当年 APEC 东道主任 ABAC 主席。

(7)领导人峰会(CEO SUMMIT)。APEC 工商界领导人峰会作为每年 APEC 领导人非正式会议的组成部分,与领导人非正式会议同时召开。

截至 2019 年 12 月,亚太经济合作组织有 21 个成员,分别是澳大利亚、文莱、加拿大、智利、中国、中国香港、印度尼西亚、日本、韩国、墨西哥、马来西亚、新西兰、巴布亚新几内亚、秘鲁、菲律宾、俄罗斯、新加坡、中国台北、泰国、美国和越南。1997 年温哥华领导人会议宣布 APEC 进入十年巩固期,暂不接纳新成员。2007 年,各国领导人对重新吸纳新成员的问题进行了讨论,但在新成员须满足的标准问题上未达成一致,于是决定将暂停扩容的期限延长 3 年。此外,APEC 还有 3 个观察员,分别是东盟秘书处、太平洋经济合作理事会和太平洋岛国论坛秘书处。

3.亚太经济合作组织的宗旨

亚太经济合作组织的宗旨是保持经济的增长和发展;促进成员间经济的相互依存;加强开放的多边贸易体制;减少区域贸易和投资壁垒,维护本地区人民的共同利益。

亚太经济合作组织的大家庭精神是在 1993 年西雅图领导人非正式会议宣言中提出的:为该地区人民创造稳定和繁荣的未来,建立亚太经济的大家庭,在这个大家庭中要深化开放和伙伴精神,为世界经济做出贡献并支持开放的国际贸易体制。在围绕亚太经济合作的基本方针所展开的讨论中,以下 7 个词出现的频率很高,它们是:开放、渐进、自愿、协商、发展、互利与共同利益,被称为反映 APEC 精神的 7 个关键词。

4.亚太经济合作组织的特点

(1)成员方的广泛性。APEC 是当前规模最大的多边区域经济集团化组织。APEC 成员的广泛性是世界上其他经济组织所少有的。APEC 的 21 个成员,就地理位置来说,遍及北美、南美、东亚和大洋洲;就经济发展水平来说,既有发达的工业国家,又有发展中国家;就社会政治制度而言,既有资本主义国家,又有社会主义国家;就宗教信仰而言,既有基督教国家,又有佛教国家;就文化而言,既有西方文化,又有东方文化。成员的复杂多样性是 APEC 存在的基础,也是制定一切纲领所要优先考虑的前提。

(2)独特的官方经济性质。APEC 是一个区域性的官方经济论坛,在此合作模式下,不存在超越成员体主权的组织机构,成员方自然也无须向有关机构进行主权让渡。坚持 APEC 官方论坛的性质,是符合亚太地区经济体社会政治经济体制多样性、文化传统多元性、利益关系复杂性的现实情况的。它的这种比较松散的"软"合作特征,很容易把成员方之间的共同点汇聚在一起,并抛开分歧和矛盾,培养和创造相互信任及缓解或消除紧张关系,从而达到通过平等互利的经济合作,实现共同发展、共同繁荣的目标。

(3)开放性。所谓开放性,是指成员间的所有优惠性措施或安排也适用于非成员方经济体。亚太经合组织从一开始就提出了"开放的地区主义"原则。亚太经合组织名人小组会议的方案以及在西雅图会议和茂物会议上业已取得的大框架协议中都体现了这一开放的原则。亚太经合组织的目标并不是要建立像欧盟和北美自由贸易区那样的经济同盟或自由贸易区,而是实现"区内的自由贸易和投资",或者说是"贸易和投资的自由流动"。"区内的自由贸易和投资"主要是指一种结构、一种目标和一个进程。它可以建立在开放的构架之上,即不只是局限于组织内部。亚太经合组织主张在加强区内经贸合作的同时,不应对外设置贸易壁垒,不能损害该地区与区外国家的经贸联系。

(4)灵活性。灵活性即不一味追求统一性,表现为实现贸易投资自由化规定的时间表内,允许各成员根据本国或地区的具体情况,选择其进程和速度,采取较为灵活的做法。这是因为APEC成员中有综合实力强大的美国,也有较小的文莱;有人均收入很高的日本,又有人均收入较低的越南;有市场经济体制的成员,也有经济转型的成员。因此,只能采取灵活做法。

(5)松散性。严格地讲,APEC是一个经济合作论坛,因此其组织结构相对松散,主要表现在三个方面:一是没有组织首脑;二是没有常设机构;三是对成员方的约束力较小。

(6)渐进性。由于APEC成员方间存在巨大的差异,决定了其不可能在短期内形成一个类似欧盟或北美自由贸易区那样的经济一体化组织,而要经过一个先易后难、先初级后高级的、渐进的、长期的发展过程。《茂物宣言》为贸易投资自由化的完成规定了15~20年的时间也充分说明了APEC贸易投资自由化进程的渐进性。在这一进程中,各成员有时间和机会逐步调整自己的经济政策和产业结构,以适应经济发展的需要。

5. 亚太经济合作组织的成就

(1)贸易投资自由化。贸易投资自由化和便利化是APEC的长远目标,但由于APEC成员经济发展水平存在巨大差异,在实现自由化目标的具体步骤上,APEC采取了区别对待的方式,制定了两个时间表,即APEC发达成员和发展中成员分别于2010年和2020年实现投资自由化。APEC先后在1995年和1996年通过了实施《茂物宣言》的《大阪行动议程》和《马尼拉行动计划》,开始通过单边行动计划和集体行动计划两种途径,落实各成员对贸易投资自由化的承诺。此后几年,APEC各成员主要通过执行单边行动计划的方式,对实现贸易投资自由化目标做出了一些承诺。1998年开始的部门自愿提前自由化磋商是APEC推动贸易投资自由化的又一项重要活动,但因成员立场分歧过大,最后未取得实质成果。总体上,自1994年确定贸易投资自由化长远目标以来,APEC在贸易自由化领域的工作取得了较大的进展,而投资自由化进程则仍以信息交流和政策对话为主。受金融危机影响,APEC推动贸易投资自由化的步伐有所放慢,但成员总体上仍然认同自由化的目标。在单边行动计划中,各成员的改进措施与实现茂物目标的联系更加紧密。

(2)经济技术合作。自APEC成立起,经济技术合作已经历了一个逐步走向具体化的发展过程。1994年的茂物会议将"加强亚太大家庭内的发展合作"正式作为APEC的合作目标之一。1995年的大阪会议将贸易投资自由化和经济技术合作并列为APEC的两个车轮,确立了经济技术合作的三个基本要素,即政策共识、共同活动和政策对话;制定了APEC经济技术合作的行动议程,确定了合作的目的、合作方式及13个合作领域。1996年的苏比克会议是经济技术合作的一个里程碑,通过了第一个专门为经济技术合作制定的文件——《APEC加强经济合作与发展框架宣言》,即《马尼拉框架》。该文件为经济技术合作规定了目标和原则,并确定了人力资源开发、基础设施、资本市场、科学技术、环保和中小企业等 6 个优先合作领域。《马尼拉框架》的制定标志着 APEC 经济技术合作进入了新的阶段。此后,1997 年的温哥华会议通过了《加强公共和私营部门在基础设施建设方面伙伴关系的温哥华框架》,并决定成立 APEC 高官会经济技术合作分委会,专门负责管理、协调经济技术合作活动,为经济技术合作提供了机制上的保证。1998 年的 APEC 主要议题是科技和人力资源开发,吉隆坡会议通过了《走向 21 世纪的 APEC,科技产业合作议程》《吉隆坡技能开发行动计划》等一系列重要的纲领性文件,为以后的合作打下了良好的基础。1999 年的奥克兰会议通过了以上倡议的执行情况报告,确定了经济技术合作项目申请 APEC 中央基金的评估标准,改进了 APEC 秘书处经济技术合作项目数据库。

亚太经济合作组织在全球经济活动中具有举足轻重的地位。自成立以来,亚太经合组织在推动区域和全球范围的贸易投资自由化和便利化、开展经济技术合作方面不断取得进展,为加强区域经济合作、促进亚太地区经济发展和共同繁荣做出了突出贡献。但是,亚太经济合作组织仍面临着来自外部和内部的巨大挑战。从内部看,其公开论坛的特点和首脑会议的非正式性使之不能把自己搞成一个贸易集团,更不能用强制性措施和谈判手段来落实战略目标。同时,由于亚太经济合作组织成员众多,幅员辽阔,成员方在社会制度、经济体制、发展程度、文化背景、宗教信仰等许多方面存在着巨大差距。特别是在金融危机的打击下,贸易投资自由化和经济合作遭到严重挫折,亚太经济合作组织非正式首脑会议的议题不再集中,开始出现向克服金融危机、恢复增长等多方面分散的趋势,导致各成员方单边计划始终无法有效保证集体行动计划目标的如期实现,亚太经济合作组织一直维持松散的非制度性状态。从外部因素看,地区主义浪潮在全球的再度复兴导致众多跨区域经济集团、次区域经济集团和双边自由贸易区出现。

(四)东盟自由贸易区

东南亚国家联盟(Association of Southeast Asian Nations,ASEAN),简称东盟,1967 年 8 月 8 日成立于泰国曼谷,现有 10 个成员国:印度尼西亚、马来西亚、菲律宾、泰国、新加坡、文莱、柬埔寨、老挝、缅甸、越南。其总面积约 449 万平方千米,人口 6.54 亿(截至 2018 年)。秘书处设在印度尼西亚首都雅加达。

东盟的宗旨和目标是本着平等与合作精神,共同促进本地区经济增长、社会进步和文化发展,为建立一个繁荣、和平的东南亚国家共同体奠定基础,以促进本地区的和平与稳定。

东盟主要机构有首脑会议、外长会议、常务委员会、经济部长会议、其他部长会议、秘书处、专门委员会以及民间和半官方机构。其中,首脑会议是东盟最高决策机构,会议每年举行两次,已成为东盟国家商讨区域合作大计的最主要机制,主席由成员国轮流担任;外长会议是制定东盟基本政策的机构,每年轮流在成员国举行;常务委员会每两个月举行一次会议,主要讨论东盟外交政策,并落实具体合作项目;东盟峰会是东盟最高决策机构,由各成员国国家元首或政府首脑组成,东盟各国轮流担任主席国;东盟秘书长是东盟首席行政官,向东盟峰会负责,由东盟各国轮流推荐资深人士担任,任期 5 年。

(五)跨太平洋伙伴关系协定

跨太平洋伙伴关系协定(Trans-Pacific Partnership Agreement,TPP)是重要的国际多边经济谈判组织,前身是跨太平洋战略经济伙伴关系协定(Trans-Pacific Strategic Economic Partnership Agreement,P4),是由亚太经济合作组织成员国中的新西兰、新加坡、智利和文莱四国发起,从 2002 年开始酝酿的一组多边关系的自由贸易协定,原名亚太自由贸易区,旨在促进亚太地区的贸易自由化。

跨太平洋伙伴关系协定具有以下特点:(1)威胁主权。造成严重损害和国家主权丧失的后果最危险的内容是加剧将权力转让给公司,大多数是美国的公司。在解决 TPP 提出的解决争端的准则下,大型公司可以在国际商业法庭因为本国引入新的法律(如保护消费者的法律)而损害大公司的投资和生意对有关国家提出起诉。(2)全覆盖。涵盖关税(相互取消关税,涉万种商品)、投资、竞争政策、技术贸易壁垒、食品安全、知识产权、政府采购以及绿色增长和劳工保护等多领域。(3)宽领域。TPP 协议条款超过以往任何自由贸易协定,既包括货物贸易、服务贸易、投资、原产地规则等传统的自由贸易协定(FTA)条款,也包含知识产权、劳工、环境、临时入境、国有企业、政府采购、金融、发展、能力建设、监管一致性、透明度和反腐败等亚太地区绝大多数 FTA 尚未涉及或较少涉及的条款。(4)高标准。如在环保、劳工、原产地和政府采购等方面包含了诸多高标准的条款。作为亚太经济一体化的重要平台,TPP 虽然本质上仍属于 FTA 范畴,但其协议内容和标准均显著超过现有 FTA 的水平。TPP 的"高标准",在很大程度上体现了当时美国政府的自由贸易理念及其战略利益诉求。

跨太平洋伙伴关系协定突破了传统的 FTA 模式,达成包括所有商品和服务在内的综合性自由贸易协议。跨太平洋伙伴关系协定对亚太经济一体化进程产生重要影响,可能整合亚太的两大经济区域合作组织,亦即亚洲太平洋经济合作组织和东南亚国家联盟重叠的主要成员,将发展成为涵盖亚洲太平洋经济合作组织(APEC)大多数成员在内的亚太自由贸易区,成为亚太区域内的小型世界贸易组织(WTO)。

(六)区域全面经济伙伴关系协定

区域全面经济伙伴关系协定(Regional Comprehensive Economic Partnership,RCEP)是 2012 年由东盟发起,历时八年,由包括中国、日本、韩国、澳大利亚、新西兰和东盟十国共 15 方成员制定的协定。2020 年 11 月 15 日,第四次区域全面经济伙伴关系协定领导人会议以视频方式举行,会后东盟十国和中国、日本、韩国、澳大利亚、新西兰共 15 个亚太国家正式签署了《区域全面经济伙伴关系协定》。《区域全面经济伙伴关系协定》的签署,标志着当前世界上人口最多、经贸规模最大、最具发展潜力的自由贸易区正式启航。

根据 2018 年数据,整体上已经结束谈判的 RCEP 15 个成员国人口达到了 22 亿,GDP 达到 29 万亿美元,出口额达到 5.6 万亿美元,吸引的外商投资流量达 3 700 亿美元,基本都占全球总量的 30% 左右。RCEP 15 建成之后,将会是世界上最大的自由贸易区。如果印度在解决有关问题后加入,规模会进一步扩大。完成 RCEP 谈判有利于对外发出致力于构建开放型世界经济、支持多边贸易体制的信息,改善地区贸易和投资的环境,推进贸易投资自由化、便利化,帮助各国更好地应对挑战,增强本地区未来发展的潜力,造福于本地区的各国人民。它是一个互惠互利的自贸协定,在货物贸易、服务贸易、投资和规则领域方面都要体现一个平衡。特别是,这个协定里还规定了一些比如经济技术合作等方面的规定,对于老挝、缅甸、柬埔寨等欠发达国家,给予了它们一些过渡期的安排,让它们能够更好地融入区域经济一体化。

五、区域经济一体化发展的特点

(一)区域经济一体化内容广泛深入

新一轮的区域协议内容涵盖的范围大大扩展,不仅包括货物贸易自由化,而且包括服务贸易自由化、农产品贸易自由化、投资自由化、贸易争端解决机制、统一的竞争政策、知识产权保护标准、共同的环境标准、劳工标准,甚至提出要具备共同的民主理念等。比如,北美、欧盟、南南及其他一些区域一体化协议中,很多都涉及标准、物流、海关合作、服务、知识产权、投资、争端解决机制、劳工权益和竞争政策等条款。

(二)形式与机制灵活多样

一是大多数区域经济集团对成员资格采取开放式态度,以加速扩大。除一些明确由双方构成的区域经济,如美加自由贸易协议、澳新紧密经济合作关系协议等之外,一般区域经济大都经历了成员由少到多的过程。比如,欧盟历经5次大规模扩大,现已发展至27个成员国。"亚太经济合作组织"也经历了4次扩大,达到21个成员。二是合作形式和层次由低级向高级发展。许多国家放弃或基于原有贸易优惠安排而成立自由贸易区或关税同盟,有的从关税同盟发展成为共同市场。比如,1995年1月,南锥体四国(阿根廷、巴西、乌拉圭、巴拉圭)根据1994年签署的"黑金城议定书"的规定,将自由贸易区提升为关税同盟,并正式开始运转,从而成为世界上仅次于欧盟的第二大关税同盟。

(三)跨洲、跨区域经济合作兴起和发展

20世纪90年代以来,区域经济合作的构成基础发生了较大变化,打破了狭义的地域相邻概念,出现了跨洲、跨洋的区域合作组织。比如,日本相继与墨西哥、新加坡签署了自由贸易协议。不同区域经济集团之间也展开了连横合作。南锥体共同市场与其第二大贸易伙伴欧盟之间开始探讨建立自由贸易区,而东盟与欧盟外长会议之间就政治、经济领域内广泛的问题进行探讨业已制度化。北美自由贸易区也有意与南锥体共同市场合作,建立从阿拉斯加到阿根廷的整个美洲范围内的自由贸易区。突尼斯、摩洛哥等成员先后与欧盟谈判建立"欧盟与地中海自由贸易区",并成为欧盟的伙伴国和联系国。南非则在与印度、澳大利亚、马来西亚等国积极筹建"印度洋经济圈"。

(四)发展途径多样化

全球范围内区域经济一体化迅速发展主要依靠三条途径:一是不断深化、升级现有形式;二是扩展现有集团成员;三是缔结新的区域贸易协议或重新启动沉寂多年的区域经济合作谈判。

六、区域经济一体化的影响

(一)区域经济一体化对成员经济的影响

1. 促进了集团内部经济贸易的增长

区域经济一体化组织成立后,通过消除关税和非关税壁垒,形成区域性的统一大市场,加强了区域内的商品、劳务、技术和资本等生产要素的自由流动,从而加深了成员在经济上的相互依赖程度。同时,集团内的国际分工使销售渠道稳定,这就推动了成员内部贸易的发展,集团内部贸易在成员对外贸易中所占比重明显提高。

组建共同市场之类的一体化经济组织,能获得规模经济效益。如果各国为了本国狭隘利益而实行保护贸易,把市场分得过于细小,又缺乏弹性,就只能提供狭窄的市场,无法实现规模经济。组成贸易集团后,就能把肢解的分散孤立的小市场统一起来,结成大市场,实现规模经济。此外,在全球自由贸易难以实现的情况下,区域经济一体化无疑为小范围内资源的合理利

用和配置提供了可能。成员之间生产要素能更大程度地自由流动,这就为区域经济一体化内部厂商实现规模经济提供了条件。厂商规模经济的取得和提高使得国民收入水平提高,从而直接增加了市场容量。这一结果将带动区域一体化成员贸易规模的扩大。

2. 促进了国际分工的深化和产业结构的优化

在当代世界经济的竞争中,科学技术的研究与开发成为各国竞争的焦点,经济一体化促进了区域内的科技一体化。如在欧共体共同机构的推动和组织下,其成员在许多单纯依靠本国力量难以胜任的重大科研项目中实现了合作,如原子能的利用、航空、航天技术、大型电子计算机等高精尖技术领域。

同时,经济一体化创造了自由贸易区和共同市场,给区域内企业提供了重新组织和提高竞争能力的机会和客观条件。兼并或企业间的合作,促进了企业效率的提高,同时实现了产业结构的高级化和优化。

3. 改变了国际贸易的地区分布

区域经济一体化改变了国际贸易的地区分布,使贸易更多地倾向于区域内部。在一体化内部贸易迅速增加的同时,成员减少与区域外非成员的贸易。

4. 促进了经济贸易集团内部贸易的自由化

就贸易而言,签订优惠的贸易协定、减免关税、取消数量限制、削减非关税壁垒、取消或放松外汇管制,在不同程度上扩大了贸易自由化。如欧共体通过《欧洲经济共同体条约》,在成员之间分阶段削弱直至全部取消工业制成品的关税和其他限制进口的措施,实现制成品的自由移动;在农产品方面实行共同农业政策,规定逐步取消内部关税和统一农产品价格,实现农产品的自由流通。

5. 增强和提高了经济一体化国家在世界贸易中的地位

区域经济一体化使得原来一些单个经济力量比较薄弱的国家以整个集团的形式出现在世界经济舞台上,其经济地位显著提高。地位的上升和竞争能力的增强,加重了这些国家在国际贸易谈判桌上的分量,在一定程度上维护了本身的贸易利益。

6. 成员经贸政策的自主权相应受到约束

在区域经济一体化之前,各成员的贸易政策基本具有自主性,完全由自己决定和实施。但在经济一体化集团内,区域性国际协调必然渗透到各成员经贸政策的制定过程之中,从而在一定程度上缩减了自己的经济主权。

(二)区域经济一体化的外部影响

(1)区域性经济集团都实行对内自由贸易、对外保护贸易的贸易政策,这种"内外有别"的政策明显背离多边贸易体制的非歧视原则,形成保护主义的贸易壁垒。当一个地区成立自己的区域经济组织时,作为该地区的一个回应,另外一些地区的国家也有可能建立属于它们的区域性经贸组织,这就有可能导致地区性贸易保护主义的形成与强化。随着一体化的深化和扩大,世界范围的贸易保护主义将随之加强。这样就恶化了国际贸易环境,尤其是使区外发展中国家的贸易环境雪上加霜,特别是对出口商品结构比较落后的发展中国家,向西欧和北美出口较以前更为困难。

(2)区域经济一体化组织都具有不同程度的"贸易转移效应",背离比较优势原则,对区域外的国家造成损害,往往导致区域内外的贸易摩擦和冲突,使世界贸易组织经常处于"救急"状态。

(3)区域经济一体化组织增加了国际市场上的垄断力量,抑制了竞争,削弱了WTO体制的作用。

(4)区域经济一体化组织把各国追求自由贸易的目标由多边贸易协定转向区域性一体化组织安排,不利于 WTO 体制发挥作用和进一步发展。关税同盟、自由贸易区、共同市场、经济共同体、经济联盟等区域性组织,虽然受到世界贸易组织法律框架的若干约束,但毕竟是最惠国待遇的一个例外。这一例外,不仅意味着对世界贸易组织基石的一种背离与动摇,使最惠国待遇适用的普遍性受到破坏和限制,而且还导致国际贸易发展中的两难选择,甚至使全球贸易体系的发展与完善处于一个危急的关头。一方面,要求所有国家包括经济一体化组织的成员在内,都必须热心支持多边贸易的发展,因为这是通向长期稳定增长的必由之路。另一方面,又要求稳妥地对区域性经贸组织做出适当的安排,以期与一体化组织的其他成员达成一致,但为达成这种一致,往往必须以牺牲多边贸易为代价。

世界经济区域化、集团化趋势将使若干实力相当或相近的区域性经济集团出现在世界经济大舞台上。这样,国与国间的协调,将转化为区域与区域之间的国际经济协调。由于经济集团具有错综复杂的利益格局,而任何一种国际协调都不可能完全符合各国的经济利益,因此,不可避免地会出现反对国,国际协调将会受到重重阻力,不能完全或顺利地贯彻实施。

七、区域经济一体化的理论

区域经济一体化、贸易集团化趋势,在第二次世界大战后迅速发展。许多经济学家对这一现象进行研究和探讨,形成了各种理论和学说。

(一)关税同盟理论

关税同盟理论可追溯到19世纪德国李斯特的保护贸易理论,因为关税同盟实质上是集体保护贸易。系统提出关税同盟理论的主要有美国普林斯顿大学经济学教授维纳(Viner)和李普西(Lipsey)。1950年,维纳在其经典著作《关税同盟问题》一书中提出了贸易创造(Trade Creation)和贸易转移(Trade Diversion)的概念,突破了传统观点中关税减让、贸易自由化对经济具有积极作用的论点,并将关税同盟理论从定性分析发展到定量分析阶段。按照维纳的说法,完全形态的关税同盟应具备三个条件:(1)完全取消各成员方之间的关税;(2)对来自成员方以外地区的进口设置统一的关税;(3)通过协商方式在成员方之间分配关税收入。因此,关税同盟有着互相矛盾的两种职能:对成员方内部是贸易自由化措施,对成员方以外则是差别待遇措施。当所实施的关税同盟具备对内取消关税、对外设置统一税率、成员方共同分享关税收入的条件时,关税同盟将会产生静态的经济效应和动态的经济效应。

1. 关税同盟的静态效应

所谓关税同盟的静态效应(Static Effect),是指在假设经济资源总量不变、技术条件没有改进的情况下,关税同盟对集团内外国家经济发展以及物质福利的影响。主要是指贸易创造效应、贸易转移效应及其所带来的福利效应。

(1)贸易创造效应

贸易创造效应(Trade Creating Effect)是指由于关税同盟内实行自由贸易后,产品从成本较高的国内生产转往成本较低的成员方生产,从成员方的进口量增加,新的贸易得以"创造"。此外,一国(地区)由原先从同盟外国家(地区)的高价购买转而从结盟成员的低价购买也属于贸易创造。经济一体化使产品来源地从资源耗费较高的本国(地区)生产者转向资源耗费较低的成员方生产者,这种转移体现了经济开始按照自由贸易来配置资源,因此,有利于福利水平的增长。

关税同盟的贸易创造效应及其福利效应的大小主要取决于以下因素:①原有的关税水平越高,关税同盟使进口商品价格下降的幅度就越快,从而它扩大贸易量的作用便越大;②该国供给和需求弹性越大,同等量的削减关税对供给量和需求量的影响就越大,即它对扩大贸易量的作用便越大;③其他成员方的生产效率越高,即它的生产成本与该进口国的成本差距越大,取消关税对扩大贸易量作用便越大;④一国在参加贸易集团之前贸易自由化的程度越低,它参加关税同盟后贸易量的增加幅度就会越大;⑤成员方的经济结构越相似,关税同盟的贸易创造效应就越大。反之,如果该国与其他成员方有较大的结构差异,自己完全不生产某种进口商品,那么,取消关税只能从扩大需求量方面增加贸易量,关税同盟的贸易创造效应便会较小。

(2)贸易转移效应

贸易转移效应(Trade Diverting Effect)是指同盟国内部关税消除后,最初来自非同盟国家的廉价进口品被成员国相对昂贵的进口品取代,由此带来的不利影响。在缔结关税同盟前,在自由贸易条件下,本国(地区)从世界上生产效率最高、成本最低的非成员方进口产品;关税同盟成立后,同盟国(地区)因其他成员方借助内部关税减免而比非成员方具有价格优势,因此本国(地区)向其他成员方进口。如果同盟国(地区)内生产效率最高的不是世界上生产效率最高的国家(地区),则关税同盟的歧视性税率安排使生产效率最高的国家(地区)失去了部分出口,高效生产被低效生产所取代,进口成本增加,消费支出扩大,对整个世界来说是一种福利损失。

贸易转移效应及其所造成的福利损失的大小主要取决于以下因素:①原有关税水平越低,关税同盟对非成员方的贸易歧视程度越低,由此而产生的贸易转移的可能性越小;②成员方在关税同盟建立之前的贸易往来越密切,贸易转移的余地便越小;③关税同盟的成员方越多,贸易转移的可能性越小;④成员方与非成员方之间的成本差异越大,贸易转移所可能带来的福利损失便越大。

(3)福利效应

贸易创造效应是关税同盟的主要经济效应,它的积极作用明显超过贸易转移效应的消极影响。但就其所带来的福利效应而言,对生产者和消费者的影响并不是相同的。

现在我们假设世界上有 A、B、C 三个国家,都生产某一种相同产品,但三国的生产成本各不相同。图 8-1 中 S 表示 A 国的供给曲线,D 表示 A 国的需求曲线,P_B、P_C 两条直线分别表示 B、C 两国的生产成本,其中,C 国成本低于 B 国。在组成关税同盟之前,由于 B 国的产品价格高于 C 国,故 A 国只从 C 国进口,并对从 C 国进口的产品征收关税。此时,A 国国内供给量为 OQ_2,国内消费为 OQ_3,从 C 国进口量为 Q_2Q_3。由于价格的下降,进口国 A 国消费者剩余增加$(a+e+c+d)$。但同时,A 国国内的生产缩减至 OQ_1,生产者剩余减少 c。另外,在建立关税同盟之前,A 国从 C 国的进口量为 Q_2Q_3。因此,原来从 C 国进口的关税收入$(a+b)$现在因为改从同盟方进口而丧失,其中 a 转移给了本国的消费者,而 b 则转移给了 B 国的生产者。综合起来,关税同盟对 A 国的净福利效应$=(a+e+c+d)-c-(a+b)=(e+d)-b$。

其中,d 为表示因同盟内低成本的生产代替了国内高成本的生产导致的资源配置效率的改善;e 表示同盟内废除关税后,因进口价格下降、国内消费扩大而导致的消费者福利的净增加;两者之和$(d+e)$为贸易创造所带来的福利水平总体的增加量;b 则表示 B 国和 C 国单位商品的成本差乘以转移了的贸易量 Q_1Q_2,也就是贸易转移所引起的福利损失。这样,关税同盟对 A 国福利的净影响可表示为贸易创造的福利效应减去贸易转移的福利效应。因此,加入关税同盟对 A 国是否有利是不确定的,这取决于贸易创造对该国福利的有利影响是否能抵消贸易转移所产生的不利影响。相比之下,B 国由于出口扩大而获利,C 国则因为贸易规模缩减而导致其福利下降。

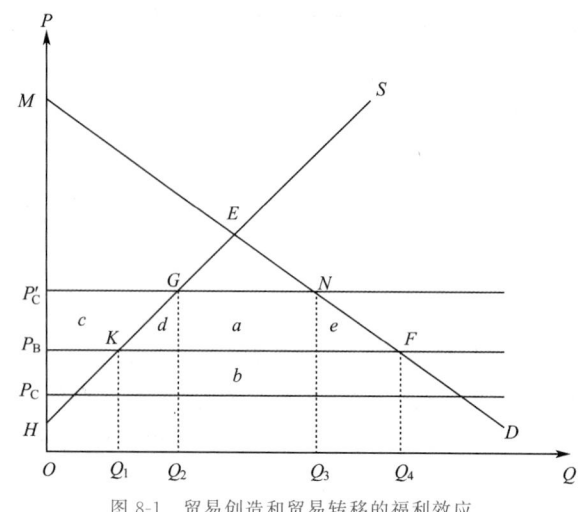

图 8-1　贸易创造和贸易转移的福利效应

(4)关税同盟的其他静态效应

第一,关税同盟使得各成员方的海关人员、边境巡逻人员等减少而引起行政费用的减少。

第二,关税同盟成员方与世界上其他国家(地区)的贸易壁垒较低。在这种情况下关税同盟的建立就不太可能导致代价高昂的贸易转移。

第三,建立关税同盟的国家(地区)数量较多规模较大。在这种环境中,在同盟国范围内产生低成本生产者的可能性就较大。

第四,同盟国(地区)间经济竞争的程度高于互补的程度。这样,在同盟国(地区)中就有更多的机会实行生产专业化和贸易创造。所以,由两个竞争的工业形成的关税同盟要比由一个工业国和一个农业国(互补性的)形成的关税同盟更有可能增加福利。

第五,关税同盟成员之间的地理位置较靠近。这样,运输成本就不太可能成为各成员之间贸易创造的障碍。

第六,成员方与潜在同盟成员之间的贸易和经济交往较多。这样随着关税同盟的建立,更可能在成员方之间创造贸易而不是将贸易从非成员方转向成员方,这样就有较大的机会获得大量的福利,并且使同盟成员共同的贸易条件得以改善。

第七,任何一个关税同盟,在国际贸易投票中以一个整体来行动,较之任何一个独立行动的国家(地区)来说,可能具有更强大的讨价还价能力。

第八,关税同盟建立后,可减少走私。由于关税同盟的建立,商品可在同盟成员之间自由移动,在同盟内消除了走私产生的根源,这样,不仅可以减少查禁走私的费用支出,还有助于提高全社会的道德水平。

2.关税同盟的动态效应

(1)扩大出口效应

对于希望参加关税同盟的国家(地区)而言,同盟内部广阔的出口市场给它带来的出口利益可能比进口增加带来的福利改善更加具有吸引力。总体上看,关税同盟将给参加方带来更大的出口机会,从而带来更多的福利,即形成一种扩大出口效应。

下面我们以图 8-2 对此进行阐述。假设 A 国是某种商品的出口国,B 国是该种商品的进口国。左侧为 A 国的生产、消费和出口情况,右侧为 B 国的生产、消费和进口情况。在建立关税同盟之前世界价格为 P_W。B 国对来自所有国家的进口商品一律征收关税,征税后的价格为 P_t。此时 A 国在世界价格 P_W 下出口量为 fg,B 国在世界价格 P_W 下的进口量为 ab。B 国的进口量中有一部分来自 A 国,从 A 国进口的数量为 ac,即 $ac=fg$,而剩下的部分则从 C 国进口,进口量为 cb。

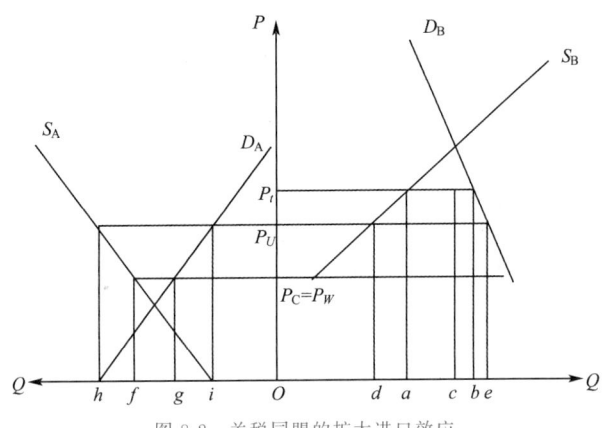

图 8-2 关税同盟的扩大进口效应

但是,当 A、B 两国缔结成关税同盟后,由于 B 国对 A 国的进口商品免税而对其他国家的进口商品征收关税,故在 B 国国内市场上 A 国商品的价格要低于 C 国同样商品的价格,于是 B 国转而只从 A 国进口。由于对 A 国商品需求的增加,该国商品的价格将上涨。当价格升至 P_U 时,A、B 两国的贸易达到平衡,A 国的出口等于 B 国的进口,即 $hi=de$。

由此可见,加入关税同盟对 A 国来说,可以达到扩大出口、增加出口收入的目的。这一点对于那些国内市场狭小的国家来说无疑有很重要的现实意义。加入关税同盟,利用区域内市场扩大出口,带动经济发展,对这些国家来说不失为一种好的选择。

(2) 规模经济效应

随着时间的推移,关税同盟的贸易创造效应会不断积累,从而会促进同盟内大市场的形成。这又会使产品的生产规模扩大、生产成本降低,实现规模经济。当然,上述竞争的加强,专业化分工程度的提高,以及生产要素和资源的配置优化,也会促使规模经济的实现,从而增强成员方对非成员方的竞争力。

然而必须指出的是,未加入关税同盟的小国也能通过向世界其他国家出口商品而克服国内市场狭小的缺点,取得规模经济的好处,但却不会像加入关税同盟这样获得全方位的好处。例如,像比利时和荷兰这样相对较小的国家,加入欧盟之前,在许多主要工业部门,其企业规模已经可以和美国的企业规模相比,它们可以通过为国内市场生产及提供出口而获得规模经济的好处。然而,在加入欧盟之后,由于同盟内专业化分工更细,各成员生产的产品种类大为减少,同时产品单位成本降低,各国企业便得到了进一步的发展和壮大。

(3) 促进竞争效应

建立关税同盟的第三个动态效应就是促进竞争效应。经济学家西托夫斯基(T. Scitovsky)认为,竞争的加强是影响欧共体发展的最重要原因。他认为在关税同盟形成前,各成员多已形成了垄断的市场结构,长期以来几家企业瓜分国内市场,攫取超额利润,阻碍技术进步。建立关税同盟后,各国企业均面临其他成员同类企业的竞争,由此促进了商品流通,打破了企业对市场的独占。因为高额关税会促进垄断,使一两家大公司统辖为数较多而效率低下的小生产者,它们宁愿用高价来排挤小企业而不肯提高产量。如果关税较低,大公司为了抢占有利的竞争地位,不得不增加研究与开发投入,促进技术进步,小企业也会因此进行联合和合并,降低成本,提高生产效率。

一般来说,区域经济集团的建立加强了市场竞争,摧毁了原来各国备受保护的市场,提高了市场的透明度,从而导致资源配置效率改善,增强了比较价格作为相对稀缺性指标的可靠性。在其他条件不变的情况下,竞争可以促进专业化分工程度的提高、生产要素和资源配置的合理化,以及生产效率的提高,从而可以使成员乃至同盟整体的经济福利水平提高。

(4)刺激投资效应

建立关税同盟的第四个动态效应是刺激投资效应。因为与对同盟外投资相比,在同盟内投资的风险较小,并且其产品又有同盟内的大市场为保障,这会激发成员之间的相互投资;并且,对成员方而言,为提高产品的竞争能力、改进产品质量、降低生产成本,也需要增加投资。实际上上述的规模经济也是这种投资扩大的结果。同时,非同盟成员为了绕过关税同盟的关税壁垒,瓜分关税同盟内的大市场,也会扩大对关税同盟成员方的投资,在当地直接生产和销售产品,或向同盟外销售产品。

(5)资源配置效应

建立关税同盟的第五个动态效应是资源配置效应。就关税同盟内部来说,由于市场趋于统一,同盟内的资本、劳动力、技术等生产要素可以在成员间自由流动,提高了要素的流动性。在要素价格均等化定律的作用下,技术、劳动力和资本从边际生产力低的地区流向边际生产力高的地区,从而人尽其才,物尽其用,并增加就业机会,提高劳动者素质。资源的优化配置还能促使企业家精神在关税同盟成员方之间传播和发扬,导致管理创新和制度创新。这些都将使生产要素配置更加合理,提高要素利用率,降低要素闲置的可能性,从而实现资源的最佳配置。

(二)大市场理论

大市场理论的提出者认为,以前各国之间推行狭隘的只顾本国利益的贸易保护政策,把市场分割得狭小而又缺乏适度的弹性,只能为本国生产厂商提供狭窄的市场,无法实现规模经济和大批量生产的利益。

大市场理论的核心体现在两个方面:一方面,通过国内市场向统一的大市场延伸,扩大市场范围获取规模经济利益,从而实现技术利益;另一方面,通过市场的扩大,创造激烈的竞争环境,进而达到实现规模经济和技术利益的目的。

大市场理论虽然对经济一体化提供了有力的理论依据,但并不十分完备。首先,大市场理论无法解释国内市场存量相当大的国家也在同其他国家实行国际经济区域一体化;其次,根据大市场理论,建立共同市场是为了克服企业家的保守态度,但从国内经济政策入手,克服国内的行业垄断弊端,不一定建立共同市场,照样可使市场更具竞争力;再次,将竞争激化的规模经济作为共同市场产生的依据也有些勉强。

(三)协议性国际分工理论

协议性国际分工理论的主要内容是,在实行分工之前两国都分别生产两种产品,但由于市场狭小,导致产量很小,成本很高,两国经过协议性分工以后,都各自生产一种不同的产品,导致市场规模扩大,产量增加,成本下降。协议各国都享受到了规模经济的好处。

这一理论是由日本学者小岛清提出的。他认为,经济一体化组织内部如果仅仅依靠比较优势原理进行分工,不可能完全获得规模经济的好处,反而可能会导致各国企业的集中和垄断,影响经济一体化组织内部分工的发展和贸易的稳定。因此,必须实行协议性国际分工,使竞争性贸易的不稳定性尽可能保持稳定,并促进这种稳定。

实行协议性分工的条件,首先,必须是两个(或多数)国家的资本、劳动禀赋比率没有多大差别,工业化水平和经济发展阶段大致相等,协议性分工的对象商品在哪个国家都能进行生产。在这种状态之下,在互相竞争的各国之间扩大分工和贸易,既是关税同盟理论所说的贸易创造效果的目标,也是协议性国际分工理论目标。而在要素禀赋比率和发展阶段差距较大的国家之间,由于某个国家只能陷入单方面的完全专业化或比较成本差距很大,所以还是听任价格竞争原理(比较优势原理)为宜,并不需要建立协议性的国际分工。其次,作为协议分工对象的商品,必须是能够获得规模经济的商品。因此,产生出如下的差别,即规模经济的获得,在重化工业中最大,在轻工业中较小,而在第一产业几乎难以得利。再次,不论对哪个国家,生产协议性分工的商品的利益都应该没有很大差别。也就是说,自己实行专业化的产业和让给对方的产业之间没有优劣之分,否则就不容易达成协议。这种利益或产业优劣主要决定于规模扩大后的成本降低率和随着分工而增加的需求量及其增长率。从中可以看出,协议性分工是同一范畴商品内更细的分工。

(四)综合发展战略理论

综合发展战略理论是由鲍里斯·塞泽尔基在《南南合作的挑战》一书中系统提出来的。综合发展战略理论认为,经济一体化是发展中国家的一种发展战略,要求有强有力的共同机构和政治意志来保护较不发达国家的优势。所以,有效的政府干预对于经济一体化是很重要的。发展中国家的经济一体化是变革世界经济、建立国际经济新秩序的要素。

综合发展战略理论的主张有以下几点:(1)仅从自由贸易或保护贸易、市场的统一与否,以及经济一体化程度的高低等角度来研究、制定一体化政策是狭隘的;(2)不必拘泥于一些经济一体化的理论,因为发展中国家并不具备保证理论所预期的结果能够出现的条件,所以应该把一般模式和具体理论有效地应用于特定的集团和现存的环境中去;(3)应该利用有利于发挥不发达国家优势的政策来避免两极分化,但这需要强有力的共同机构和政治意志;(4)在研究、制定一体化政策时,应该充分考虑发展中国家的强弱地位,以及对发展中国家不利的世界经济秩序等;(5)由于发展中国家所处的弱势地位,在许多情况下,完全听任市场的主导是一体化失败的重要原因,因此,有效的政府干预是必要的;(6)应该把一体化看作发展中国家集体自力更生和按照新秩序改变世界经济格局的手段;(7)应用与发展理论紧密联系的跨学科研究方法来研究是发展中国家的一种发展战略一体化。

综合发展战略理论具有如下特点:(1)突破了以往经济一体化理论的研究方法,抛弃了用自由贸易和保护贸易理论来研究发展中国家的经济一体化进程,主张用与发展理论紧密联系的跨学科的研究方法,把一体化作为发展中国家的发展战略,不限于市场的统一;(2)充分考虑了发展中国家经济一体化过程中国内外的制约因素,把一体化当作发展中国家集体自力更生的手段和按新秩序变革世界经济的要素;(3)在制定经济一体化政策时,主张综合考虑政治、经济因素,强调经济一体化的基础是生产及基础设施领域,必须有有效的政府干预。

第二节 GATT 与 WTO

随着经济全球化的加深,各国在经济上的联系日益密切。各国政府从最大限度地维护本国利益出发制定其对外贸易政策,必然会增加国际贸易摩擦与冲突。为创造良好的国际贸易环境,需要对各国的对外贸易政策与措施进行协调与约束,建立一个开放、稳定和自由的国际经济贸易体制,加强国际贸易协调与合作。第二次世界大战后,世界范围内最具有代表性、对各国对外贸易政策影响最大的是关税及贸易总协定和世界贸易组织。

一、GATT

(一)GATT 的产生

关税及贸易总协定(General Agreement on Tariffs and Trade,GATT)是一个政府间缔结的有关关税和贸易规则的多边国际协定,简称关贸总协定。

20世纪30—40年代,世界贸易保护主义盛行,造成世界经济萧条。第二次世界大战结束后,解决复杂的国际经济问题,特别是制定国际贸易政策,成为战后各国所面临的重要任务。1946年2月,联合国经社理事会举行第一次会议,会议呼吁召开联合国贸易与就业问题会议,起草国际贸易组织宪章,进行世界性削减关税的谈判。随后,经社理事会设立了一个筹备委员会。同年10月,筹备委员会召开第一次会议,审查美国提交的国际贸易组织宪章草案。参加筹备委员会的与会各国同意在"国际贸易组织"成立之前,先就削减关税和其他贸易限制等问题进行谈判,并起草"国际贸易组织宪章"。1947年4月—7月,筹备委员会在日内瓦召开第二次全体大会,就关税问题进行谈判,讨论并修改"国际贸易组织宪章"草案。经过多次谈判,美国等23个国家于1947年10月30日在日内瓦签订了"关税及贸易总协定"。按照原来的计划,关贸总协定只是在国际贸易组织成立前的一个过渡性步骤,它的大部分条款将在"国际贸易组织宪章"被各国通过后纳入其中。但是,鉴于各国对外经济政策方面的分歧以及多数国家政府在批准"国际贸易组织宪章"这样范围广泛、具有严密组织性和国际条约所遇到的法律困难,该宪章在短期内难以被通过。因此,关贸总协定的23个发起国于1947年年底签订了《临时议定书》,承诺在今后的国际贸易中遵循关贸总协定的规定。该议定书于1948年1月1日生效。此后,关贸总协定的有效期一再延长,并为适应情况的不断变化,多次加以修订。于是,"关税及贸易总协定"便成为各国共同遵守的贸易准则,也是协调国际贸易与各国经济政策的唯一的多边国际协定。

(二)GATT 的宗旨

关贸总协定的序言明确规定其宗旨是,缔约各国政府认为,在处理它们的贸易和经济事务的关系方面,应以提高生活水平、保证充分就业、保证实际收入和有效需求的巨大持续增长、扩大世界资源的充分利用以及发展商品生产与交换为目的。

(三)GATT 的主要内容

关税及贸易总协定分为序言和四大部分,共计38条,另附若干附件。第一部分从第1条到第2条,规定缔约各方在关税及贸易方面相互提供无条件最惠国待遇和关税减让事项。第二部分从第 3 条到第 23 条,规定取消数量限制以及允许采取的例外和紧急措施。第三部分从第 24 条到第 35 条,规定本协定的接受、生效、减让的停止或撤销以及退出等程序。第四部分从第 36 条到第 38 条,规定了缔约国中发展中国家的贸易和发展问题。这一部分是后加的,于 1966 年开始生效。

具体的主要内容有:(1)适用最惠国待遇。缔约国之间对于进出口货物及有关的关税规费征收方法、规章制度、销售和运输等方面,一律适用无条件最惠国待遇原则。但关税同盟、自由贸易区,以及对发展中国家的优惠安排都作为最惠国待遇的例外。(2)关税减让。缔约国之间通过谈判,在互惠基础上互减关税,并对减让结果进行约束,以保障缔约国的出口商品适用稳定的税率。(3)取消进口数量限制。总协定规定原则上应取消进口数量限制。但由于国际收支出现困难的,属于例外。(4)保护和紧急措施。对因意外情况或因某一产品输入数量剧增,对该国相同产品或与它直接竞争的生产者造成重大损害或重大威胁的,该缔约国可在防止或纠正这种损害所必需的程度和时间内,暂停所承担的义务,或撤销、修改所做的减让。

(四)GATT 的组织机构

关税及贸易总协定的组织机构包括缔约国大会、代表理事会、临时委员会与工作组、秘书处。其中,最高权力机构是缔约国大会,一般每年举行一次。代表理事会在大会休会期间负责处理总协定的日常和紧急事务。下设若干常设和临时委员会与工作组,其中重要的有"贸易和发展委员会"和"国际贸易中心"。秘书处为职能机构提供经常性服务。

(五)GATT 的历次多边贸易谈判

从 1947 年至 1993 年年底,关税及贸易总协定共举办了八次多边贸易谈判,即八轮回合,以达成协议的方式对其条款进行补充和修改。

第一轮回合(1947.4—1947.10)在瑞士日内瓦举行,包括中国在内的 23 个创始缔约方参加了谈判。其主要议题是关税减让,共达成双边减让协议 123 项,涉及应税商品 45 000 项,影响近 100 亿美元的世界贸易额,使占进口值约 54% 的商品平均降低关税 35%。

第二轮回合(1949.4—1949.10)在法国的安纳西举行,33 个国家(地区)参加了谈判,主要议题是关税减让,达成了 147 项双边协议,增加关税减让 5 000 多项,使占进口值 56% 的商品平均降低关税 35%。

第三轮回合(1950.9—1951.4)在英国托奎举行,共 39 个国家(地区)参加,主要议题是关税减让,达成了 8 700 项商品关税减让,共 150 项关税减让协议,使占应税进口值 11.7% 的商品平均降低关税 26%。

第四轮回合(1956.1—1956.5)在瑞士日内瓦举行。由于美国国会对美国政府的授权有限,谈判受到严重影响。参加谈判的国家(地区)减少到 28 个,主要议题是关税减让,所达成的关税减让只涉及 25 亿美元的贸易额,共达成 3 000 多项商品的关税减让,使占应税进口值 16% 的商品平均降低关税 15%。

第五轮回合——狄龙回合(1960.9—1962.7)在瑞士日内瓦举行,共 45 个国家(地区)参加。其主要议题是关税减让,达成了 4 400 多项商品的关税减让,涉及 49 亿美元贸易额,使占应税进口值 20% 的商品平均关税税率降低 20%。欧共体六国统一对外关税也达成减让,平均税率降低 6.5%。然而,农产品和某些政治敏感性商品仍被排除在最后的协议之外。

第六轮回合——肯尼迪回合(1964.5—1967.6)在瑞士日内瓦举行,共 54 个国家(地区)参加,而实际缔约方在该轮谈判结束时达到 74 个。其主要议题是关税减让和非关税壁垒的取消。谈判确定了从1968年起的5年内,美国工业品关税平均降低37%,而西欧各国则平均削减35%,涉及关税减让商品项目合计达60 000项之多,涉及贸易额400多亿美元,平均降低关税35%。此次谈判中,美国承诺废除以美国国内市场最高价格作为标准征收关税的制度。在反倾销措施方面,在吸收各国反倾销立法的经验和教训的基础上,最终达成第一个"反倾销协议",并于1968年7月生效。

第七轮回合——东京回合(1973.9—1979.4)在瑞士日内瓦举行,共99个国家(地区)参加。其主要议题是关税减让和减少非关税壁垒,达成了一系列具体的协议,包括给予发展中国家优惠待遇的"授权条款",以及一系列关于非关税措施或具体产品的守则。

第八轮回合——乌拉圭回合(1986.11—1994.4)于1986年9月15日在乌拉圭的埃斯特角城举行了GATT部长级会议,决定进行一场旨在全面改革多边贸易体制的新一轮谈判。经过近8年的艰苦谈判,于1994年4月15日在摩洛哥的马拉喀什结束。参加乌拉圭回合谈判的国家和地区从最初的103个,增加到1993年年底的117个和1994年的128个。此次谈判包括传统货物贸易谈判和服务贸易谈判两个方面,共计15个议题:(1)围绕市场准入展开的进一步实现贸易自由化的谈判议题6个,即关税、非关税壁垒、热带产品、自然资源产品、农产品贸易、纺织品和服装贸易;(2)强化总协定多边贸易体制及作用的议题6个,即总协定条款、保障条款、多边贸易谈判协议和安排、补贴与反补贴措施、争端解决程序、总协定体制运行;(3)新议题3个,即与贸易有关的投资措施、知识产权保护和服务贸易。谈判结果包括:减税幅度近40%,减税商品涉及贸易额高达1.2万亿美元;近20个产品部门实行了零关税;发达国家平均税率由6.3%降为3.8%;发展中成员工业品的贸易加权平均税率由15.3%减为12.3%。农产品和纺织品贸易也纳入GATT,农产品非关税措施全部关税化,纺织品的歧视性配额限制在10年内取消;将GATT的基本原则延伸至服务贸易和贸易有关的知识产权,达成了《服务贸易总协定》和《与贸易有关的知识产权协定》;创立了世界贸易组织。

(六)GATT的作用

关贸总协定实施以后,即开始进行全球多边贸易谈判。经过多次关税减让谈判,缔约方关税已有大幅度的削减,世界贸易已增长十几倍。其在国际贸易领域内所发挥的作用越来越大,主要表现在以下几个方面:

第一,总协定为各成员方规范了一套处理它们之间贸易关系的原则及规章。总协定通过签署大量协议,不断丰富、完善多边贸易体制的法律规范,对国际贸易进行全面的协调和管理。

第二,总协定为解决各成员方在相互的贸易关系中所产生的矛盾和纠纷提供了场所和规则。总协定为了解决各成员方在国际贸易关系中所产生的矛盾和争议,制定了一套协调各成员方争议的程序和方法。总协定虽然是一个临时协定,但由于其协调机制有较强的权威性,使大多数的贸易纠纷得到了解决。

第三,总协定为成员方举行关税减让谈判提供了可能和方针。总协定为各方提供了进行关税减让谈判的场所。总协定自成立以来,进行过八大回合的多边贸易谈判,关税税率有了较大幅度的下降。发达国家的平均关税已从1948年的36%降到20世纪90年代中期的3.8%,发展中国家和地区同期降至12.7%。这种大幅度的关税减让是国际贸易发展史上所未有的,对于推动国际贸易的发展起了很大作用,为实现贸易自由化创造了条件。

第四,总协定努力为发展中国家争取贸易优惠条件。关贸总协定成立后被长期称作"富人俱乐部",因为它所倡导的各类自由贸易规则对发达国家更有利。但随着发展中国家和地区成员的增多和力量的增大,总协定不再是发达国家一手遮天的讲坛,已经增加了若干有利于发展中国家和地区的条款,为发展中国家和地区分享国际贸易利益起到了积极作用。

第五,总协定为各国提供经贸资料和培训经贸人才。关贸总协定与联合国合办的"国际贸易中心",从各国搜集统计资料和其他资料,经过整理后再发给各成员方,并且举办各类培训班,积极为发展中国家和地区培训经贸人才。

(七)GATT 的局限性

关税及贸易总协定不是一个正式的国际组织,这使它在体制上和规则上有着多方面的局限性。

第一,总协定的有些规则缺乏法律约束,也无必要的检查和监督手段。例如,规定一国以低于"正常价值"的办法,将产品输入另一国市场并给其工业造成"实质性损害和实质性威胁"就是倾销。而"正常价值""实质性损害和实质性威胁"难以界定和量化,这很容易被一些国家加以歪曲和用来征收反倾销税。

第二,总协定中存在着"灰色区域",致使许多规则难以很好地落实。所谓"灰色区域",是指缔约国为绕开总协定的某些规定,所采取的在总协定法律规则和规定的边缘或之外的歧视性贸易政策措施。这种"灰色区域"的存在,损害了关贸总协定的权威性。

第三,总协定的条款中对不同的社会经济制度带有歧视色彩。例如,对"中央计划经济国家"进入关贸总协定设置了较多的障碍。

第四,总协定解决争端的机制不够健全。虽然关贸总协定为解决国际商业争端建立了一套制度,但由于总协定解决争端的手段主要是调解,缺乏强制性,容易使争端久拖不决。

第五,允许纺织品配额和农产品补贴长期存在,损害了总协定的自由贸易原则。

正是由于关税及贸易总协定的上述种种局限性,这个临时性准国际贸易组织最终被世界贸易组织(WTO)所取代。

二、WTO

世界贸易组织(World Trade Organization,WTO),简称世贸组织,于1995年1月1日成立。总部设在日内瓦。截至2020年3月,世界贸易组织共有164个成员。世界贸易组织是独立于联合国的永久性国际组织,是多边贸易体系的法律基础和组织基础,它取代了关贸总协定,负责乌拉圭回合一揽子协议的实施,负责管理世界经济和贸易秩序,是对各成员之间经济贸易关系的权利和义务进行监督、管理和履行的国际经济组织。同时,它还是各国通过集体辩论、谈判和裁判,发展其贸易关系的场所。该机构是当代最重要的国际经济组织之一,其成员之间的贸易额占世界的绝大多数,因此被称为"经济联合国"。

(一)WTO 的历史沿革

关贸总协定在维护国际贸易秩序、推进贸易自由化和促进国际贸易的发展等方面做出了贡献。但随着国际经济贸易形势的发展,传统的贸易结构发生了很大变化,GATT 由于法律地位、职能范围、管辖内容和运行机制等方面的局限性,其作用难以进一步扩展。在 GATT 临时实施的过程中,无论是各缔约方政府还是学术界都一直非常关心成立世界贸易组织的问题,并最终于1944年7月在布雷顿森林会议上提出建立世界贸易组织的设想。1990年,欧共体和加拿大分别正式提出成立世界贸易组织的议案。1994年4月15日,在摩洛哥的马拉喀什市举行的关贸总协定乌拉圭回合部长会议决定成立更具全球性的世界贸易组织,以取代关税及贸易总协定。1995年1月1日,世界贸易组织成立。同年12月12日,GATT 的128个缔约方举行了最后一次会议,宣告其48年历史使命的终结。1996年1月1日,世界贸易组织正式取代关贸总协定临时机构。

(二)WTO的宗旨与职能

1.WTO的宗旨

WTO协议在前言中就明确了其宗旨,即在处理贸易和经济领域的关系时,应以提高生活水平、保证充分就业、保证实际收入和有效需求的大幅稳定增长,以及扩大货物和服务的生产和贸易为目的,同时以可持续发展的方式,合理开发和利用世界资源,保护和维护环境;做出积极努力,以保证发展中国家,特别是其中的最不发达国家,在国际贸易增长中获得与其经济发展需要相当的份额,适应不同经济发展水平的需要;通过达成互惠互利安排,实质性削减关税和其他贸易壁垒,消除国际贸易关系中的歧视待遇;建立一个完整的、更可行的和持久的多边贸易体制,维护多边贸易体制的基本原则。以开放、平等、互惠的原则,逐步调降各成员关税与非关税贸易障碍,并消除各成员在国际贸易上的歧视待遇。在处理该组织成员之间的贸易和经济事业的关系方面,以提高生活水平、保证充分就业、保障实际收入和有效需求的巨大持续增长、扩大世界资源的充分利用以及发展商品生产与交换为目的,努力达成互惠互利协议,大幅度削减关税及其他贸易障碍和政治国际贸易中的歧视待遇。

2.WTO的职能

根据《建立世界贸易组织协议》,WTO的职能包括以下几个方面:

(1)管理职能。促进WTO宗旨的实现,监督和管理世界贸易组织协定及其附属各项协议的实施运行,并为执行上述各项协议提供统一的机构框架。

(2)谈判职能。为其成员间就多边贸易关系进行的谈判提供场所,并提供实施此类谈判结果的体制。

(3)解决争端职能。按照《关于争端解决规则与程序的谅解》,解决各成员之间的贸易争端。

(4)政策审议职能。运用贸易政策审议机制,定期审议成员方的贸易政策及其对多边贸易体制运行所产生的影响。

(5)与其他国际组织合作的职能。为实现全球经济决策的更大一致性,世界贸易组织应酌情与国际货币基金组织和世界银行及其附属机构进行合作。

(三)WTO的基本原则

第一,互惠原则(Reciprocity),也叫对等原则,是指两成员方在国际贸易中相互给予对方贸易上的优惠待遇。它明确了成员方在关税与贸易谈判中必须采取的基本立场和相互之间必须建立一种什么样的贸易关系。世界贸易组织的互惠原则主要通过以下几种形式体现:(1)通过举行多边贸易谈判进行关税或非关税措施的削减,对等地向其他成员开放本方市场,以获得本方产品或服务进入其他成员市场的机会,即所谓"投之以桃,报之以李"。(2)当一国或地区申请加入世界贸易组织时,由于新成员可以享有所有老成员过去已达成的开放市场的优惠待遇,老成员就会一致地要求新成员必须按照世界贸易组织现行协定、协议的规定缴纳"入门费"——开放申请方商品或服务市场。(3)互惠贸易是多边贸易谈判及一成员贸易自由化过程中与其他成员实现经贸合作的主要工具。关贸总协定及世界贸易组织的历史充分说明,多边贸易自由化给某一成员带来的利益要远大于一个国家自身单方面实行贸易自由化的利益。因为一国单方面自主决定进行关税、非关税的货物贸易自由化及服务市场开放时,所获得的利益主要取决于其他贸易伙伴对这种自由化改革的反应,如果反应是良好的,即对等地也给予减让,则获得的利益就大;反之,则小。

第二,透明度原则(Transparency),是指世界贸易组织成员方应公布所制定和实施的贸易措施及其变化情况,没有公布的措施不得实施,同时还应将这些贸易措施及其变化情况通知世界贸易组织。此外,成员方所参加的有关影响国际贸易政策的国际协定,也应及时公布和通知世界贸易组织。透明度原则是世界贸易组织的重要原则,它体现在世界贸易组织的主要协定、协议中。透明度原则规定各成员应公正、合理、统一地实施上述的有关法规、条例、判决和决定。统一性要求在成员领土范围内管理贸易的有关法规不应有差别待遇,即中央政府统一颁布有关政策法规,地方政府颁布的有关上述事项的法规不应与中央政府有任何抵触。但是,中央政府授权的特别行政区、地方政府除外。公正性和合理性要求成员对法规的实施履行非歧视原则。透明度原则还规定,鉴于对海关行政行为进行检查和纠正的必要,要求各成员应保留或尽快建立司法、仲裁或行政的机构和程序。这类法庭或程序独立于负责行政实施的机构之外。除进口商在所规定允许的上诉期内可向上级法庭或机构申诉外,其裁决一律由这些机构加以执行。透明度原则对公平贸易和竞争的实现起到了十分重要的作用。

第三,市场准入原则(Market Access)。它以要求各方开放市场为目的,有计划、有步骤、分阶段地实现最大限度的贸易自由化。市场准入原则的主要内容包括关税保护与减让,取消数量限制和透明度原则。世界贸易组织倡导最终取消一切贸易壁垒,包括关税和非关税壁垒。虽然关税壁垒仍然是世界贸易组织所允许的合法的保护手段,但是关税的水平必须是不断下降的。

第四,促进公平竞争原则。世界贸易组织不允许缔约方以不公正的贸易手段进行不公平竞争,特别禁止采取倾销和补贴的形式出口商品,对倾销和补贴都做了明确的规定,制定了具体而详细的实施办法,世界贸易组织主张采取公正的贸易手段进行公平的竞争。

第五,经济发展原则,也称鼓励经济发展与经济改革原则。该原则以帮助和促进发展中国家的经济迅速发展为目的,针对发展中国家和经济接轨国家而制定,是给予这些国家的特殊优惠待遇,如允许发展中国家在一定范围内实施进口数量限制或是提高关税的"政府对经济发展援助"条款,仅要求发达国家单方面承担义务而发展中国家无偿享有某些特定优惠的"贸易和发展条款",以及确立了发达国家给予发展中国家和转型国家更长的过渡期待遇和普惠制待遇的合法性。

第六,非歧视性原则。这一原则包括两个方面,一个是最惠国待遇,另一个是国民待遇。成员一般不能在贸易伙伴之间实行歧视;给予一个成员的优惠,也应同样给予其他成员。这就是最惠国待遇。这个原则非常重要,在管理货物贸易的《货物贸易多边协定》中位居第一条,在《服务贸易总协定》中是第二条,在《与贸易有关的知识产权协定》中是第四条。因此,最惠国待遇适用于世界贸易组织所有三个贸易领域。国民待遇是指对外国的货物、服务以及知识产权应与本地的同等对待。最惠国待遇的根本目的是保证本国以外的其他缔约方能够在本国(地区)的市场上与其他国(地区)企业在平等的条件下进行公平竞争。非歧视性原则是世界贸易组织的基石,是避免贸易歧视和摩擦的重要手段,是实现各方平等贸易的重要保证。

(四)WTO的组织机构

1.部长级会议

部长级会议是世界贸易组织的最高权力机构和决策机构,由所有成员的代表组成,负责履行世界贸易组织的职能,有权对世界贸易组织管辖的重大问题做出决定。部长级会议至少每两年召开一次会议。

2.总理事会

总理事会是在部长级会议下设立的一个机构,由所有成员的代表组成。总理事会在部长级会议休会期间,行使部长级会议的职权和世界贸易组织赋予的其他权利;负责监督各项协定和部长级会议所做决定的贯彻、执行。总理事会还履行争端解决机构和贸易政策审议机构的职责。总理事会通常每两月召开一次会议,同时还可视情况需要随时召开会议。

3.理事会

WTO在总理事会下设立三个理事会,即货物贸易理事会、服务贸易理事会和与贸易有关的知识产权理事会。各理事会在总理事会的指导下,分别负责管理、监督相关协议的实施,并履行各相关协议规定的职能和总理事会赋予的其他职能。各理事会可按需要设立附属机构,自行制定各自的议事规则,但需经总理事会批准。各理事会的成员资格应对所有成员的代表开放。

4.专门委员会

WTO在总理事会下还设立贸易与发展委员会、国际收支限制委员会、贸易与环境委员会、区域贸易协议委员会以及预算、财务与行政委员会。各委员会行使WTO协定和多边贸易协定指定的职能,以及总理事会指定的任何附加职能。各委员会的成员资格应对所有成员的代表开放。

5.秘书处和总干事

WTO下设秘书处,负责处理日常工作,由部长会议任命的总干事领导。总干事的权力、职责、服务条件和任期由部长级会议确定,总干事任命副总干事和秘书处工作人员并按部长级会议通过的规则确定他们的职责。

(五)WTO的运行机制

为了保证WTO能够健康有效地运转,确保完成其承担的使命,世界贸易组织建立了一套行之有效的运行机制。这套运行机制包括决策机制、贸易政策审议机制和争端解决机制。

1.世界贸易组织的决策机制

世界贸易组织承袭关贸总协定"协商一致"的决策方式,只有当无法达成共识时,再以投票方式进行表决。每个成员方在部长级会议及总理事会均拥有一票,欧盟的票数则和其成员在世界贸易组织的成员数相同。世贸组织对不同的问题,规定不同的通过票数,具体如下:

(1)解释和决议。对任何多边贸易协议的解释和决议,须经部长级会议和总理事会成员的3/4以上多数通过。

(2)修订。对有关条款的修订,须经2/3多数通过。

(3)豁免。豁免某一成员所应承担的义务,须经3/4以上多数通过。

(4)新成员加入。对于新成员的加入,部长级会议应以WTO成员的2/3多数批准关于加入条件的协议。

2.世界贸易组织的贸易政策审议机制

贸易政策审议机制是"乌拉圭回合"多边贸易谈判也是世界贸易组织首次创立的国别贸易政策审议制度。

贸易政策审议的目的,首先是了解成员在多大程度上遵守和实施多边协议的规则和承诺,通过定期审议确保规则的实施,以避免贸易摩擦;其次是提高透明度,增强人们对各国贸易政策的理解程度,并评价各国贸易政策的影响。

WTO的贸易政策审议机制主要由以下内容构成:
(1)审议机构
WTO设有贸易政策审议机构(Trade Policy Review Body,TPRB),该机构直接隶属于部长级会议,负责实施贸易政策审议。
(2)审议内容
贸易政策审议的主要内容是成员的贸易政策与措施以及贸易政策的背景。
(3)审议的对象与周期
所有成员的贸易政策和做法均应接受定期审议。各成员对多边贸易体制运行的影响是确定审议频率的决定因素,而成员方对多边贸易体制运行的影响按其在一最近代表期的世界贸易中所占份额确定。以此为依据,四个最大的贸易实体,即欧盟、美国、日本、加拿大,每2年审议一次;其后的16个实体每4年审议一次;其他成员每6年审议一次;对最不发达国家成员确定更长的期限。对于包括一个以上成员、拥有共同对外政策的实体的审议,应涵盖其影响贸易的政策的所有部分,包括各成员的有关政策和做法。作为例外,如一成员贸易政策或做法的变更可能对其贸易伙伴产生重大影响,则TPRB在进行磋商后,可要求该有关成员提前进行下一次审议。
(4)审议程序
审议程序包含四个步骤:①TPRB与接受审议的成员方磋商,确定审议方案,同时完成其他审议前的准备工作;②被审议的成员方向TPRB提交其贸易政策和做法的详细报告;③TPRB召开会议,审议接受评审的成员方提交的报告;④接受评审成员方的贸易代表针对各方的提问进行答辩。
(5)审议报告
审议报告包括成员报告和WTO秘书处报告。在审议期间,受审议的成员的贸易政策措施发生重大变化时,必须及时向贸易政策审议机构提出全面报告。WTO秘书处负责起草政策审议结果报告,公布并提交给世贸组织部长级会议审议。

3. WTO的争端解决机制

世界贸易组织争端解决机制的基本程序包括:磋商,斡旋、调解与调停,专家小组,上诉审查,对争端解决机构的正式建议或裁定的监督执行,补偿与减让的中止以及"交叉报复"等。
(1)争端解决机制的作用
WTO关于争端解决规则与程序的谅解指出:"世界贸易组织的争端解决制度是保障多边贸易体制的可靠性和可预见性的核心因素。"其制定的有关解决贸易纠纷的程序是促使各成员遵守规则、保障贸易活动顺利进行的关键。它使许多不能通过成员之间双边磋商解决的纠纷与争端有了一条多边的解决出路,维护了世贸组织成员的权利与义务。
(2)争端解决机构
WTO争端解决机构(DSB)隶属于部长级会议。1995年1月31日,在世贸组织总理事会第一次会议上正式成立。它统辖货物贸易、服务贸易和与贸易有关的知识产权方面的争端,是唯一有权建立专家小组处理案件、通过或否决专家小组结论或上述结果的机构。它负责监督裁决和建议的执行,当一国不履行裁决时,还可授权进行报复。
DSB由专家小组和常设上诉机构组成。专家小组一般由3~5名专家组成。在磋商未果时,在申诉方的请求下由争端解决机构成立。常设上诉机构一般由7人组成,成员是"公认权威,并在法律、国际贸易和各适用协议所涉事项方面具有公认专门知识的人员"。它不隶属于任何国家的政府,在世贸组织的成员中有广泛代表性。常设上诉机构可以维持、修改或撤销专家组的法律调查结论,其报告一旦经DSB通过,争端各方就必须无条件接受。

(3)争端解决的程序

①磋商

一般情况下,申诉方有义务先寻求磋商解决争端。一成员方提出磋商请求后,被请求方在接到磋商申请后10天内应对申请国做出答复,并在接到申请后30天内展开善意磋商,磋商以秘密方式进行,并不得妨碍任何成员在以后任何进一步程序中的各种权利。这一程序是给予争端各方能够自行解决问题的一个机会。

②斡旋、调解与调停

与磋商程序不同,这一程序是争端当事方自愿选择的程序。它也是秘密进行的,可以在任何时候开始和结束,并无损于当事方在以后程序中的权利。WTO总干事可以依其职权开展斡旋、调解与调停。一旦斡旋、调解与调停被中止,投诉方即可请求建立专家小组。并且,只要各方同意,在专家小组工作期间仍可继续进行斡旋、调解与调停。

③专家小组

这是争端解决机制的核心程序,在严格意义上来说,专家小组的建立才真正开始了多边贸易体制争端解决程序。专家小组一般由3～5位专家组成,除非争端各方一致同意,否则争端当事方的公民或在争端中有实质利害关系的第三方公民都不得作为有关争端的专家小组成员。专家小组原则上在6个月(最长不超过9个月)内提交最后报告。在专家小组提出报告以供各成员传阅后20天至60天,除非某争端方提出上诉或争端解决机构一直反对采纳此报告,该报告即视为通过。

④上诉审查

这是一项新增加的程序。为受理专家小组案件的上诉,争端解决机构设立了一个7人组成的"常设上诉机构"。只有争端当事方可就专家小组报告提出上诉。上诉审查的范围也仅限于专家小组报告中论及的法律问题及该小组所做的法律解释。上诉案审理期限原则上为60天至90天。上诉机构可以维护、修正、撤销专家小组的裁决结论。上诉机构的裁决为最后裁决,当事方应无条件接受,除非争端解决机构一致反对。这就形成了WTO独特的两审终审制,增强了争端解决机构的权威性和灵活性。

⑤执行和监督

这是一项具体的监督措施。在专家小组及上诉机构的报告被采纳后,该报告即成为争端解决机构的正式建议或裁定;有关成员应向争端解决机构通报其执行这些建议或裁定的意向;如果不能马上执行,应当确立一个合理的期限。从专家小组建立之日起到争端解决机构确立了上诉执行期限止,时间不应超过15个月,最长不应超过18个月。

⑥补偿与减让的中止以及"交叉报复"

如果争端解决机构的建议或裁定没有在合理的时间内得到实施,申诉方可以申请授权采取补偿和中止减让或其他义务的措施,但必须遵守各项原则和严格的程序:一般是申诉方应首先中止相同部门的减让或其他义务;在这种做法不奏效时,可以要求中止同一协定内其他部门的减让或其他义务;如果这种行动仍不能使当事方执行裁决,那么申诉方可以中止另一有关协议下的减让或其他义务。这后两项内容即所谓的"交叉报复",无疑将提高制裁的力度。一个案件经过全部程序直到做出首次裁决,一般不应超过1年。如果上诉,则不应超过15个月。如果案件被认为是恶劣的(如涉及易腐商品),案件不应超过3个月。世界贸易组织更自动、更有效的争端解决机制,保障了各成员的权利和义务的大体平衡,任何一方不能将其不符合世界贸易组织的做法强加于另一方,争端解决机制使许多不能通过成员方之间双边磋商解决的纠纷与争端有了一条多边的解决出路。

(六)中国与WTO

1. 中国与WTO的历史渊源

中国是1947年关税及贸易总协定的23个缔约方之一。1948年3月,当时的中国政府又签署了联合国世界贸易与就业会议的最后文件,从而成为国际贸易组织临时委员会执委会成员之一。同年4月21日,按《临时适用议定书》第3条和第4条(乙)所定规程,当时的中国南京政府作为最后文件签字国之一签署了该议定书。5月21日,即议定书签署后第30天,中国正式成为23个关贸总协定原始缔约方之一。1949年4月至8月,中国南京政府也派代表参加了第2轮多边贸易谈判。

由于外部环境所限,当时的中华人民共和国无法获得在联合国的合法席位,关贸总协定的地位问题也因此被搁置下来。1950年3月6日,台湾当局由其"联合国常驻代表"以"中华民国"的名义照会联合国秘书长,决定退出关贸总协定,并得到允许。1965年3月因台湾当局提出申请,第22届缔约方大会接受其派观察员列席缔约方大会。1971年10月,联合国恢复了中华人民共和国在联合国的合法席位,同年11月16日,第27届缔约方大会决定取消台湾当局的缔约方大会的观察员资格。1980—1981年,中国政府先后三次派代表参加了关贸总协定举办的商业政策讲习班,1982年11月首次派观察员列席总协定第38届缔约方大会。1986年7月10日,中国政府代表向关贸总协定总干事正式提交了关于恢复中国在关贸总协定创始缔约方地位的申请,并开始了简称为"复关"的谈判。

2. 中国"复关"与"入世"

从改革开放、发展社会主义生产力、建设社会主义市场经济体制的需要出发,1986年中国提出恢复关税及贸易总协定缔约国地位的申请,并开始了"复关"谈判,一直持续到1995年年底。1995年1月1日世界贸易组织正式成立,取代了关税及贸易总协定。从1996年开始,中国复关谈判变成加入世界贸易组织(简称"入世")的谈判。

中国"复关"的基本原则是:(1)中国是恢复在关贸总协定的缔约方地位,不是重新加入;(2)中国愿意以关税减让作为条件加入关贸总协定,而不承担具体进口增长义务;(3)中国是一个低收入发展中国家,应享受发展中国家待遇。

中国于1986年7月10日照会关税及贸易总协定总干事,要求恢复我国的关税及贸易总协定缔约方地位。关税及贸易总协定理事会于1986年审议了中国的这一申请。经各方长时间的磋商,于1987年3月4日设立了关于恢复"中国缔约方地位工作组",邀请所有缔约方就中国外贸体制提出质询。1992年10月中国工作组第11次会议决定,结束对中国贸易制度的审议,谈判进入第二阶段,即市场准入谈判阶段。中国向各缔约方发出进行谈判的邀请。但由于主要西方国家对中国市场准入谈判的要价过高,使中国"复关"谈判陷入困境。中国未能在1994年年底前,即世贸组织诞生之前实现"复关"。1995年3月11日至13日,美中就"复关"问题达成8点协议,同意在灵活务实的基础上进行中国"入世"的谈判,并同意在"乌拉圭回合"协议基础上实事求是地解决中国发展中国家地位的问题。1995年5月7日至19日,龙永图率中国代表团赴日内瓦与缔约方就中国"复关"进行非正式双边磋商。此次磋商被西方媒体称为"试水"谈判。6月30日,WTO决定接纳中国成为世贸组织观察员。

1995年11月,中国政府照会世贸组织总干事,把中国"复关"工作组更名为中国"入世"工作组。中国"入世"所坚持的基本原则是：(1)坚持以发展中国家身份加入世界贸易组织；(2)以"乌拉圭回合"协议为基础，承担与中国经济发展水平相适应的义务；(3)坚持权利与义务的平衡。

在双边谈判后期，多边谈判开始，主要内容是中国"入世"法律文件的起草问题。2001年6月，中国与美国、欧盟就中国加入世界贸易组织所遗留问题的解决达成了全面共识。7月3日，世界贸易组织成员就中国同年11月正式"入世"问题达成一致。9月13日，中国与所有世贸组织成员的双边市场准入谈判全部结束。9月17日，中国工作组会议正式向各国部长推荐中国"入世"的文件。11月10日下午在卡塔尔首都多哈第四届部长级会议上，以全体协商一致的方式，审议并通过了中国加入世贸组织的议定书及附件和工作组报告书等中国入世的所有法律文件，从而结束了中国长达15年的"入世"谈判。同年12月12日，我国正式成为世界贸易组织第143个成员。

3. 中国"入世"后的权利和义务

根据我国加入世界贸易组织的法律文件，我国加入世界贸易组织享受的权利主要有：

(1)能使我国的产品和服务及知识产权在135个成员中享受无条件、多边、永久和稳定的最惠国待遇以及国民待遇；

(2)使我国对大多数发达国家出口的工业品及半制成品享受普惠制待遇；

(3)享受发展中国家成员的大多数优惠或过渡期安排；

(4)享受其他世贸组织成员开放或扩大货物、服务市场准入的利益；

(5)利用世贸组织的争端解决机制，公平、客观、合理地解决与其他国家的经贸摩擦，营造良好的经贸发展环境；

(6)参加多边贸易体制的活动获得国际经贸规则的决策权；

(7)享受世贸组织成员利用各项规则、采取例外、保证措施等促进本国经贸发展的权利。

根据权利与义务平衡的原则，我国加入世界贸易组织履行的义务主要有：

(1)在货物、服务、知识产权等方面，依世贸组织规定，给予其他成员最惠国待遇、国民待遇；

(2)依世贸组织相关协议规定，扩大货物、服务的市场准入程度，即具体要求降低关税和规范非关税措施，逐步扩大服务贸易市场开放；

(3)按《与贸易有关的知识产权协定》规定进一步规范知识产权保护；

(4)按争端解决机制与其他成员公正地解决贸易摩擦，不能搞单边报复；

(5)增加贸易政策、法规的透明度；

(6)规范货物贸易中对外资的投资措施；

(7)按在世界出口中所占比例缴纳一定会费。

本章小结

1.区域经济一体化是指两个或两个以上的国家、经济体通过达成某种协议所建立起来的经济合作组织。从20世纪90年代至今，区域经济一体化组织在全球涌现，形成了一股强劲的新浪潮。

2.世界贸易组织是当前世界上最大的多边贸易组织，是国际经济体制"三大支柱"之一，它为国际贸易提供了一整套系列化的规则和行为规范。它的前身是关税及贸易总协定，是对关税及贸易总协定的继承和发展。1995年1月1日正式开始运作,总部设在瑞士日内瓦莱蒙湖畔。宗旨是提高生活水平,保证充分就业和大幅度、稳步提高实际收入和有效需求;扩大货物和服务的生产与贸易;坚持走可持续发展之路,各成员方应促进对世界资源的最优利用、保护和环境维护,并以符合不同经济发展水平下各成员需要的方式,加强采取各种相应的措施;积极努力确保发展中国家,尤其是最不发达国家在国际贸易增长中获得与其经济发展水平相适应的份额和利益;建立一体化的多边贸易体制。

思考题

1. 什么是区域经济一体化?
2. 区域经济一体化的发展对国际贸易有何影响?
3. 关税及贸易总协定产生的历史背景是什么?
4. 中国加入世界贸易组织后,对我国经济贸易带来哪些机遇与挑战?

专栏 8-1

"一带一路"倡议简介

"一带一路"(The Belt and Road,缩写 B&R)是"丝绸之路经济带"和"21世纪海上丝绸之路"的简称。2013年9月和10月,中国国家主席习近平分别提出建设"丝绸之路经济带"和"21世纪海上丝绸之路"的合作倡议。2015年3月28日,国家发展改革委、外交部、商务部联合发布了《推动共建丝绸之路经济带和21世纪海上丝绸之路的愿景与行动》。"一带一路"建设秉承共商、共享、共建原则以及和平共处五项原则,即尊重各国主权和领土完整、互不侵犯、互不干涉内政、和平共处、平等互利。全方位推进务实合作,打造政治互信、经济融合、文化包容的利益共同体、命运共同体和责任共同体。

"一带一路"贯穿亚欧非大陆,共规划了五条线路,分别是北线A、北线B、中线、南线、中心线。具体的:(1)北线A:北美洲(美国、加拿大)——北太平洋——日本、韩国——日本海——符拉迪沃斯托克(扎鲁比诺港、斯拉夫扬卡等)——珲春——延吉——吉林——长春——蒙古国——俄罗斯——欧洲(北欧、中欧、东欧、西欧、南欧);(2)北线B:北京——俄罗斯——德国——北欧;(3)中线:北京——郑州——西安——乌鲁木齐——阿富汗——哈萨克斯坦——匈牙利——巴黎;(4)南线:泉州——福州——广州——海口——北海——河内——吉隆坡——雅加达——科伦坡——加尔各答——内罗毕——雅典——威尼斯;(5)中心线:连云港——郑州——西安——兰州——新疆——中亚——欧洲。从国内角度看,丝绸之路经济带圈定了新疆、重庆、陕西、甘肃、宁夏、青海、内蒙古、黑龙江、吉林、辽宁、广西、云南、西藏13省(直辖市),21世纪海上丝绸之路圈定了上海、福建、广东、浙江、海南5省(直辖市),共计18个省、自治区、直辖市。

"一带一路"经济区开放后,我国积极发展与沿线国家的经济合作伙伴关系。在进出口方面,2020年我国对"一带一路"沿线国家进出口9.37万亿元,增长1%,占总货物进出口总额的56.7%;在对外投资方面,2020年中国对"一带一路"沿线国家非金融类投资额为177.9亿美元,占对外投资总额的16.2%;在对外承包工程方面,我国企业已在"一带一路"沿线的61个国家新签对外承包工程项目合同5 611份,2020年与"一带一路"沿线国家新签对外承包工程合同额达 1 414.6 亿美元,占同期我国对外承包工程新签合同额的 55.4%;同年中国与"一带一路"沿线国家承包工程完成营业额 911.2 亿美元,占同期总额的 58.4%。在中欧班列方面,2020 年中欧班列持续保持逆势增长和安全稳定畅通运行,全年开行 12 406 列,同比增长 50%,首次突破"万列"大关,是 2016 年开行量的 7.3 倍。随着"一带一路"建设的深入,我国的"一带一路"朋友圈越来越大。截至目前,中国与 171 个国家和国际组织,签署了 205 份共建"一带一路"合作文件。"一带一路"国家和地区中,有很多都位于东盟。

"一带一路"是在后金融危机时代,作为世界经济增长火车头的中国,将自身的产能优势、技术与资金优势、经验与模式优势转化为市场与合作优势,实行全方位开放的一大创新。通过"一带一路"建设共同分享中国改革发展红利、中国发展的经验和教训。中国将着力推动沿线国家间实现合作与对话,建立更加平等均衡的新型全球发展伙伴关系。"一带一路"鼓励向西开放,带动西部开发以及中亚、蒙古等内陆国家和地区的开发,在国际社会推行全球化的包容性发展理念。同时,中国主动向西推广中国优质产能和比较优势产业,将使沿途、沿岸国家首先获益,也改变了历史上中亚等丝绸之路沿途地带只是作为东西方贸易、文化交流的过道而成为发展"洼地"的面貌,夯实世界经济长期稳定发展的基础。

第九章　货物的标的

知识目标

1. 了解商品品名条款的内容及订立品名条款应注意的问题。
2. 掌握商品品质的表示方法。
3. 理解品质机动幅度和品质公差。
4. 掌握商品数量条款的规定方法及溢短装条款。
5. 了解运输标志的含义及构成。

能力目标

1. 能够运用所学知识,完成合同买卖相关条款的制定。
2. 通过熟悉产品的质量、数量和包装,提升对产品各项性能的了解。

思政目标

1. 促进从"以量取胜"到"以质取胜"出口观念的转变。
2. 提高对品牌的认识,强化知识产权保护的重要性。

本章导读

　　商品是国际货物买卖合同的物质内容,交易的每种商品都有具体的品名,并表现为一定的品质和数量,而交易的大多数商品,又需要有一定的包装。如果商品的品名、品质、数量、包装不明确,买卖双方就无法进行交易。因此,商品的名称、品质、数量、包装是国际货物买卖合同的主要条款。买卖双方在交易磋商时,必须就商品的品名、品质、数量、包装这些主要交易条件谈妥,并在合同中加以确定。

　　通过本章的学习,读者将了解到商品的品名、品质、数量、包装等相关内容。

第一节　商品的品名

　　商品的品名(Name of Commodity),又称商品的名称,是指能使某种商品区别于其他商品的一种称呼或概念。从法律角度看,在合同中明确规定买卖标的物的具体名称,关系到交易双方在买卖货物方面的权利和义务。

一、品名条款的意义

品名条款是买卖双方对具有一定外观形态并占有一定空间的有形商品达成共识的一种文字描述,又称标的物条款。根据国际贸易法规,对交易标的物的具体描述,是构成货物描述的主要组成部分,是双方交接货物的一项基本依据。若卖方交付货物不符合约定的品名或说明,买方有权提出损害赔偿要求,直至拒收货物或撤销合同。

二、品名条款的内容

国际货物买卖合同中的品名条款并无统一格式,可以由买卖双方商定。一般都比较简单,通常在"货物描述"(Description of Goods)或"商品名称"栏内具体列明交易双方成交商品的名称。就一般商品来说,有时只要列明商品的名称即可。但有的商品,往往具有不同的品种、等级和型号。为了明确起见,也可把有关具体品种、等级和型号的概况性描述包括进去,作为进一步的限定。此外,有的甚至把商品的品质规格也包括进去,这实际上是把商品品名条款和品质条款合并在一起。

三、订立品名条款应注意的问题

国际货物买卖合同中的品名条款,是合同的主要条件。因此,在规定此项条款时,应注意以下问题:

1.商品的品名必须明确、具体

用文字来描述和表达商品的名称,应能确切反映商品的用途、性能和特点,切忌空泛、笼统或含糊,以免给合同的履行带来不应有的困难,从而埋下纠纷的隐患。

2.商品的品名必须能够反映商品的实际情况

从卖方而言,品名必须是卖方所能生产或供应的品种和型号;就买方而言,品名必须是买方需要进口的商品。凡做不到或不必要的描述性词句,都不应列入,以免给履行合同带来困难。

3.商品品名要尽可能使用国际上通用的名称

在国际上,部分商品的名称可能并不完全一致。为了避免误解,在签订合同时应尽可能使用国际上通行的称呼。如果必须使用地方性的名称,交易双方应事先就其名称达成共识。对于一些新商品的定名及其译名,应力求准确、易懂,并符合国际上的习惯称呼。

4.商品品名的确定还要兼顾自身利益

有些商品具有不同的名称,如黄羊又称蒙古羚、菠萝又叫凤梨。而同一种商品由于名称不同而交付的关税和支付的班轮运费可能不同,同时所受到的贸易壁垒也可能各不相同。所以在确定商品的名称时,必须注意有关国家的海关税则和进口限制的有关规定,在不影响有关政策的前提下,选择有利于降低关税、方便进出口和节省费用开支的品名。

案例分析 9-1

商品名称描述不准造成交易失败

我国某山珍食品有限公司向日本某公司出口一批干制香菇,在交易磋商过程中,日方要求我方在所有商品外包装上标明"dried mushroom"字样。可是,由于我方认为出口的是香菇,所以所有包装都打上"dried shiitake"的字样。对方在收到货物后,以合同与实际货物不符为由,要求我方要么撤销合同并给予赔偿,要么降价50%。在经过一段时间的沟通交流后,最终我方以降价20%结束了这笔合同。

思考: 我国某山珍食品有限公司为什么会选择最终降价?

第二节 商品的品质

商品的品质(Quality of Goods),又称商品的质量和商品的品质规格,是指商品外观形态和内在质量的综合指标。具体而言,商品的品质是商品的化学成分、物理性质、机械性能、结构、造型、色泽及味觉等技术指标的总称。

一、商品品质的表示方法

在国际货物贸易中,商品种类繁多,特点各异,各国家、地区交易习惯各不相同,用来说明品质的方法也就不可能一致,概括起来,主要有以下两种:

(一)用实物样品表示

1. 看货买卖

看货买卖是指根据看货者对交易商品实际品质的判断取舍进行的买卖,即根据交易商品的实际品质买卖。买方验货成交后,卖方交付验看过的货物。该方法主要用于拍卖、寄售和展卖,适用于珠宝、首饰、字画、玉雕等独特商品。

2. 凭样品买卖

样品通常是指从一批商品中抽取出来的或由生产、使用部门设计加工出来的,能够代表有关商品品质规格的少量实物。样品按照其作用的不同,通常可以分为参考样品和标准样品。参考样品是交易的一种媒介,能使对方大致了解货物的品质,以便考虑是否达成交易,故参考样品只是想让对方提供参考,而不作为交货的最终依据。标准样品,又称成交样品,是买卖双方达成货物交易的最终品质依据。一旦采用了这种方式,卖方必须保证所交货物与样品完全一致。

凭样品买卖(Sale by Sample)是指买卖双方按照约定的足以代表实际货物的样品作为交货品质依据的交易。在国际贸易中,根据样品提供方的不同,样品可以分为以下几种:

(1)卖方样品(Seller's Sample)。它是指,凭卖方提供的样品作为交货的品质依据。此时,合同中应订明:品质以卖方样品为准(Quality as Per Seller's Sample)。日后,卖方所交付的整批货物的品质,必须与其提供的样品相同。

(2)买方样品(Buyer's Sample)。它是指,凭买方提供的样品作为交货的品质依据。此时,合同中应订明:品质以买方样品为准(Quality as Per Buyer's Sample)。日后,卖方所交付的整批货物的品质,必须与买方提供的样品相同。

(3)对等样品(Counter Sample)。在实际交易中,按照买方样品进行交易的买卖并不多,作为一个谨慎的卖方一般不会直接接受凭买方样品的买卖,而是会按照买方样品制作少量产品交付对方确认,这种样品就是对等样品,又称回样(Return Sample)。待买方确认后,日后卖方所交货物的品质,必须以对等样品为主。

在国际货物交易中,仅凭样品买卖成交的贸易数量并不多,因为无论凭哪种样品买卖,卖方都要承担交货品质与样品一致的责任,这样特别容易引起纠纷。因此,在凭样品成交时,必须注意以下几点:

第一,样品要能够代表货物的整体品质,品质过高卖方履约困难,品质过低会影响交易。如果不能保证样品与货物完全一致,则尽量不要使用这一种交易方式。如果必须要用,最好在合同中注明"品质与样品大致相同(quality to be about equal to the sample)"的字样,以避免引起交易上的纠纷。

第二,样品要留备份,即复样(Duplicate Sample)。在原样和复样上要编制相同的货号、寄送日期、客户名称等,必要时交公证机构封存,做备货依据。

第三,在实际业务中,买卖双方为了增进对彼此商品的了解,往往会互相寄送样品。为避免与标准样品产生混淆,这种以介绍商品为目的寄出的样品,一般应注明"仅供参考(for reference)"字样。

(二)用文字说明表示

该方法以文字、图表、照片等方式来说明商品的品质,具体方法有以下几种:

1.凭规格买卖

商品的规格是指商品一些足以反映商品品质的主要指标,如商品的化学成分、含量、纯度、性能、容量、大小、长短和粗细等。交易时以商品的规格作为交货依据而进行的买卖就称为凭规格买卖(Sale by Specification)。例如,素面缎,面幅55英寸,长度38/42码,重量16.5姆米,成分100%真丝。

这种办法具有简单易行、明确具体的特点,并且可以根据每批成交商品的具体品质,做适当灵活地调整,故在国际贸易中应用最为广泛。

2.凭等级买卖

商品的等级是指同类商品按其品质差异、精度、纯度的不同分为品质优劣各不相同的若干等级。交易时以等级来确定商品品质的方法称为凭等级买卖(Sale by Grade)。例如,中国绿茶,货号:41022,特级。

该方法有助于满足不同的需要,也有利于根据不同的需要安排生产和加工。另外,它在简化手续、促进成交和体现优质优价等方面都起到一定的作用。

3.凭标准买卖

商品的标准是指将商品的规格和等级予以标准化,以一定的文件正式公布出来,并在一定范围内实施。交易时使用标准作为说明和评定同一商品品质依据的方法称为凭标准买卖(Sale by Standard)。世界各国都有自己的标准,如英国的 BS、美国的 ANSI、法国的 DIN,日本的 JIS。另外,还有国际标准,如国际标准化组织的 ISO 标准,国际电工委员会(IE)制定的标准等。我国现行的标准包括国家标准、行业标准、地方标准和企业标准四个级别。在使用凭标准买卖时,要尽量采用国际标准或我国标准,并注明标准的版本年份。例如,利福平,英国药典2007版。

对于一些难以标准化的农副特水产品,因其品质变动较大,难以统一,往往采用以下两种标准来表示:

(1)良好平均品质(Fair Average Quality,F.A.Q)。该品质是指一定时间内某地出口货物的平均品质水平,又被称为"大路货"。这种品质的确定方法主要有两种,一是指以装船时在装船地同季节装运货物的平均品质为准。一般是从各批储运的货物中抽样、混合和调配后,取其中的货物作为良好平均品质的标准。二是指在农副产品收获后,对产品进行广泛的抽样,制定出该年度的良好平均品质的标准。为避免日后纠纷,在使用这种方法时,交易双方应在合同中明确是何年或何季度的良好平均品质,同时要规定具体的规格。例如,2007年产中国桐油,良好平均品质,游离脂肪酸不超过4%。

(2)上好可销品质(Good Commodity Quality,G.M.Q)。该品质是指卖方必须保证交付的货物商品品质良好,符合销售条件。这种方法过于抽象笼统,在实际操作中应尽量少用,以避免引起纠纷。

4.凭商标或品牌买卖

商标(Trade Mark)是指生产者或经营者用来说明其生产或销售商品的标志,它可由一个或几个有特色的字母、单词、数字、图形或图片等组合而成。品牌(Brand Name)是指厂商给其制造或销售的商品所冠的名称,用以与其他企业生产的同类产品相区别。

这种方法适合品质稳定、信誉良好并为消费者所熟悉的产品。例如,格力空调、海尔冰箱、捷安特折叠自行车等。但很多知名品牌,由于其产品品种具有多样性,是不可能仅凭商标品牌成交的,应在合同中明确规定品质指标或技术说明。

5.凭产地名称买卖

有些地区的产品,因产区的自然条件、传统加工工艺等因素,品质方面具有独特的风格和特色,在国际上享有盛誉,对于这类产品的买卖,可以采用产地名称来表示其独特的品质、信誉,这就是凭产地名称买卖(Sale by the Name of Origin)。例如,以某个国家某一具体地方为名称的"贵州茅台""景德镇陶瓷"等;以某一个国家命名的"法国香水""德国啤酒"等。

凭产地名称买卖的做法是一种比较古老的方式,在现代贸易中,交易双方大量采用的是凭商标或品牌交易的做法。

6.凭说明书和图样买卖

在国际贸易中,一些机械、电器、仪表、大型设备等技术密集型产品,由于结构和性能复杂,安装、使用和维护都有一定的操作规程,无法以样品或简单的几项指标来展示其全貌。对于这类产品,交易双方除了要规定商品品名、品牌、型号外,通常还需要用说明书详细列明有关商品的结构、性能、使用方法和注意事项等,并附上必要的图纸、照片来完整说明商品的品质特征,这种做法称为凭说明书和图样买卖(Sale by Description and Illustration)。

凭说明书和图样买卖时,要求卖方所交付的货物必须符合说明书所规定的各项指标。在实际业务中,用文字说明品质的方法常常与凭样品表示商品品质的方法相结合。

二、买卖合同中的品质条款

(一)在合同中列明商品品质的意义

在国际货物贸易中,商品品质的优劣不仅决定了商品的使用效能,而且关系到市场价格的高低;不仅关系到销售数量的多少、市场份额的大小,而且会影响商品信誉、企业形象和买方或消费者对其产品的认可度。在出口贸易中,不断提高出口商品的品质,可以起到增强出口竞争力、扩大销售量、提高销售价格和商品信誉、反映出口国的科学技术和经济发展水平等多种积极作用。在进口贸易中,严把进口商品质量关,是维护国家和人民利益并确保企业经济效益的重要问题。

根据《联合国国际货物销售合同公约》的有关规定,卖方交付的货物必须与合同规定的品质、规格相符,必须适用于同一规格货物通常使用的目的,或适用于订立合同时买方曾明示或默示地通知卖方的任何特定用途和目的,且品质与卖方向买方提供的货物样品或样式相同。出现卖方交付的货物品质或规格与合同不符的情况时,无论价款是否已付,买方有权要求卖方减价或赔偿损失,甚至可以拒收货物或者撤销合同。由此可见,在国际货物买卖合同中约定品质条件和定好品质条款,无论从实践还是法律的角度,都具有非常重要的意义。

(二)订立品质条款应注意的事项

1.品质条款要明确、具体,具有科学性和合理性

为了便于交易双方按约定的品质条件交接货物和明确各自的责任,在商洽品质条款时,应该明确具体,避免采用"大约""左右"等笼统含糊的规定办法,以免在交货品质上引起争议。对各项品质指标的规定,既要考虑国外客户的具体要求,又要考虑企业生产的实际情况。如果定得过高,把不可能达到或很难达到的指标贸然列入商品品质的规定中去,势必会给生产和履行合同带来困难;如果定得过低,则会影响成交商品的售价、销路以及商品的声誉,甚至会使对方产生疑虑而不敢成交。

2.要正确运用各种品质表示方法

在实际业务中,表示商品品质的方法众多,具体采用何种表示方法,应根据商品的特性而定。一般而言,用具体的指标能够说明商品品质的,宜采用凭规格、等级或标准买卖;难以规格化或标准化的商品,如手工艺品等,宜采用凭样品买卖;品质好并具有一定特色的名优产品,宜采用商标或品牌买卖;性能复杂的机械、电子产品,宜采用凭说明书和图样买卖。另外,能用一种方法表示商品品质的,一般不宜用两种或两种以上的方法来表示。如同时采用两种或两种以上的方法来表示,会给卖方履约造成不必要的困难。

3.要灵活运用品质机动幅度

在国际货物贸易中,卖方交货品质必须严格与签订的买卖合同规定相符,但是在生产过程中存在着自然损耗,而且受生产工艺、产品本身的特性等因素的影响,部分产品的交货品质与合同规定的内容难以完全一致。为了防止合同条款中规定得太死,给卖方的顺利交货带来困难,订立合同时可在品质条款中规定一些灵活条款,即品质机动幅度。卖方所交货物的品质只要在规定的机动幅度范围内,买方就无权拒收货物。该方法主要用于初级产品和某些工业制成品的品质指标。规定品质机动幅度的方法主要有以下三种:

(1)规定范围。规定范围是指对某些产品的品质规格,允许其在一定的幅度范围内波动。例如:棉坯布,幅宽41/42英寸。在这种情况下,卖方所交付的棉坯布的宽度只要在41~42英寸就算符合要求。

(2)规定上下极限。规定上下极限是指对商品的某些品质指标规定允许有差异的上下限,一般用最大、最高、最多或最小、最低、最少来表示。如,白籼米,长形,碎粒(最高)25%,杂质(最高)0.25%,水分(最高)15%。

(3)规定上下差。规定上下差是指对商品的某些品质指标规定允许上下变动的百分比。例如,灰鸭毛,含绒量18%,允许上下波动1%。

案例分析 9-2

品质条款不明确所引起的损失案

我国 A 公司与某国 B 公司签订合同,出口童装一批。洽谈中,B 公司看过 A 公司提供的样品,同意以此作为交货的品质标准。而出口合同的品质说明中只简单写明了规格、质料、颜色。商检条款为"货到港 30 天后外商有复验权"。货到 B 国后买家提出"颜色不正、缝制工艺粗糙",并且提交了当地一家检验机构的检验证书作为依据要求退货和赔偿。A 公司解释货物是凭样品成交,样品经 B 公司确认过。B 公司指出合同中并没有写明"凭样品成交"字样,也没有写明样品编号;况且 A 公司没有封存样品作为证物。A 公司解释纺织品按常识会存在色差问题。B 公司回应合同的品质说明中并没有注明所交货物会有色差。A 公司又表示不接受 B 公司的检验证书,认为 B 公司所找的检验机构不具权威性,没有征得 A 公司的同意。B 公司辩解合同上只承诺 B 公司有复验权,并没有指明检验机构的名称或者必须经由 A 公司同意。A 公司意识到即使提交仲裁机构,自己也无法提供有力证据,所以只好在价格上答应 B 公司做出的降价要求,才使争议得以解决。

思考: 如果你是 A 公司,如何避免此类事情的再次发生?

第三节　商品的数量

商品的数量是指以一定的度衡量单位表示商品的重量、个数、长度、面积、体积和容积等,是国际货物买卖合同不可缺少的主要条款之一,是交易双方交换货物的数量依据。

一、商品的计量单位和计量方法

在国际货物贸易中,由于商品的种类、特性和各国度量衡制度不同,所以计量单位和计量方法也多种多样。了解各种度量衡制度,熟悉各种计量单位的特定含义和计量方法是非常重要的。

(一)商品的计量单位

1.国际货物贸易中的度量衡制度

针对国际货物贸易,目前国际上常用的度量衡制度主要有公制、英制、美制及国际单位制。

(1)公制(the Metric System),又称米制,它采用十进位制,换算方便,使用较多。主要在东欧、拉美、东南亚、非洲等地区采用。

(2)英制(the British System),它不采用十进位制,换算不方便,使用范围逐渐缩小,英国、新西兰、澳大利亚等国采用。

(3)美制(the U.S. System),以英制为基础,多数计量单位的名称与英制相同,但含义存在着差别,主要体现在重量和容量单位中。目前在北美国家采用。

(4)国际单位制(the International System of Units),是在公制的基础之上发展起来的,并于 1960 年国际标准计量组织大会通过,旨在促进计量单位的统一。它的产生有利于计量单位日趋国际化和标准化,对国际货物贸易的进一步发展起到了一定的推动作用,已为越来越多的国家所采用。

我国采用的是以国际单位制为基础的法定计量单位制。《中华人民共和国计量法》第三条明确规定:"国家采用国际单位制。国际单位制计量单位和国家选定的其他计量单位,为国家法定计量单位。"

度量衡制度的不同,导致同一计量单位所表示的数量存在很大差异。如"吨"在公制国家为"公吨",即1 000千克;在英制国家为"长吨",为1 016千克;在美制国家为"短吨",为907千克。此外,有些国家对某些商品还规定有自己习惯使用的或法定的计量单位。以棉花为例,许多国家都习惯以包为计量单位,但对于每包含量,各国解释不一样。如美国规定棉花每包净重480磅;巴西规定棉花每包净重396.8磅;埃及规定棉花每包净重730磅。由此可见,对从事国际贸易活动的人士而言,熟悉和掌握不同的度量衡制度之间的换算方法是非常必要的。

2.计量单位

国际货物贸易中确定的计量单位的方法主要有以下几种:

(1)按重量计算。按重量计算是当今国际贸易中广泛使用的一种计量方法。常用的计量单位有:千克、吨、公吨、长吨、短吨、磅、盎司。主要适用于农副产品、矿产品和部分工业制成品,如棉花、羊毛、大米、铁矿等。

(2)按数量计算。常用的计量单位有:只、双、套、打、件、罗、令、卷、箱、袋、桶等。主要适用于大多数工业制成品,尤其是日用消费品、轻工业品、机械产品、一部分土特产品以及杂货类产品,如文具、纸张、绳子、成衣、拖拉机和活牲畜等。

(3)按长度计算。常用的计量单位有:码、米、英尺、厘米。主要适用于金属、纺织品、绳索、丝绸和布匹等商品的交易。

(4)按面积计算。常用的计量单位有平方米、平方码、平方英尺等。主要适用于建材制品、皮制品、塑料制品的交易,如玻璃板、地毯、皮革等。

(5)按体积计算。常用的计量单位有立方米、立方码、立方英尺等。主要适用于化学气体、木材等商品的交易。

(6)按容积计算。常用的计量单位有公升、加仑、蒲式耳等。主要适用于谷物、流体及气体物品的交易,如小麦、玉米、煤油、啤酒、天然气等。

(二)商品的计量方法

不同的商品有不同的计量单位和不同的计量方法。由于在国际贸易中,很多商品采用重量计量的方法,故在此重点介绍一下重量的计算方法。

1.按毛重(Gross Weight)计算

按毛重计算是指按商品本身的重量加上包装物的重量之和来计算商品重量的方法。这种计量方法一般适应于单位价值比较低的产品

2.按净重(Net Weight)计算

按净重计算是指按商品本身的重量来作为商品计价的基础。净重是国际贸易中最常用的计量办法。商品有包装的,其净重等于毛重与皮重之差。因此,要采用适当的方法来计算皮重。国际上对于皮重的计算,有下列几种做法:

(1)实际皮重(Actual Tare):即将每批商品的包装逐一过秤所得的总重量。

(2)平均皮重(Average Tare):即在包装重量大体相同的情况下,以若干件包装的实际重量,求出包装的平均重量。近年来,随着技术的发展和包装材料及规格的标准化,用平均皮重

计算的做法已日益普遍,有人把它称之为标准皮重(Standard Tare)。

(3)习惯皮重(Customary Tare):指已为市场公认的标准化、规格化而无须逐件称量的包装的重量。对于一些比较规格化的包装,其重量已被公认,即为习惯皮重,比如包装粮食的机制麻袋,每个皮重为 2.5 英镑。

(4)约定皮重(Computed Tare):又称推定皮重,即按买卖双方约定的包装重量为准,不必过秤。

3. 按法定重量(Legal Weight)计算

按法定重量计算是指用商品本身的重量加上直接接触商品的包装物料的重量来作为计算商品重量的方法。一些国家的海关在按照从量税征收进口税时,往往采用这种方法。按照此规定,商品的重量必须包括直接接触商品包装的重量。

4. 按实物净重(Net Weight)计算

实物净重也称纯净重或净净重,是指从法定重量中减去直接接触商品的包装材料的重量后的纯商品重量。这种重量计算方法也主要为海关征收关税时使用。

5. 按理论重量(Theoretical Weight)计算

理论重量适用于有固定规格和尺寸、重量又大体相同的商品,一般可以根据件数算出其总重量,如钢板、有色金属制品等。由于该方法的基础是货物重量是相同的,重量如有变化,实际重量也会发生差异,因此只能作为计重时的参考。

6. 按公量(Conditioned Weight)计算

按公量计算是指用科学方法从商品中抽出所含的实际水分后加入标准水分所求得的重量作为商品的重量和计价的基础。这种计算方法较为复杂,主要用于羊毛、生丝、棉纱、棉花等少数因容易吸潮而导致重量不太稳定,但经济价值较高的商品。其计算公式有以下两个:

$$公量 = 实际重量 \times \frac{1 + 公定回潮率}{1 + 实际回潮率}$$

或者

$$公量 = 商品干净重 \times (1 + 公定回潮率)$$

二、买卖合同中的数量条款

(一)合同中订立数量条款的意义

商品的数量条款也是国际货物买卖合同不可缺少的主要条款之一。在国际贸易中,买卖双方以一定数量的商品和一定金额的货款互换构成一笔交易,因此,数量条款是买卖双方交接货物的数量依据。按照《联合国国际货物销售合同公约》规定,买方可以收取也可以拒绝收取全部多交货物或部分多交货物,但如果卖方短交,可以允许卖方在规定交货期满之前补齐,但不得使买方遭受不合理的不便或承担不合理的开支,即便如此,买方也保留有要求赔偿的权利。可见,在国际贸易买卖合同中,合理准确规定商品数量具有十分重要的意义。

(二)数量条款的基本内容

在国际货物买卖合同中,数量条款通常包括成交数量、计量单位和计量方法等内容。由于商品种类较多,性质和特点各异,且各国度量衡制度不同,致使计量单位和计量方法也多种多样,因此,数量条款的内容繁简,主要取决于商品的种类和特性。

对于一些大宗商品,由于受商品特征、货源变化、仓储容量、装载技术和包装等因素的影响,难以准确按约定数量交货。此时,为了便于合同的履行,在洽商数量条件时,可以采用数量机动幅度条款。通常,买卖合同中的数量机动幅度条款有以下几种形式:

1.溢短装条款(More or Less Clause)

溢短装条款也称增减条款,是指在合同中明确规定卖方可以多交或少交部分的百分比,交货量在允许增减范围内波动,视为符合合同约定的有关数量规定。一个完整的溢短装条款一般包括机动幅度、机动幅度的选择权和机动幅度作价三个方面。例如,"数量3 000公吨,卖方有权多装或少装5%,超过或不足部分按合同价格计算。"

2.合同中使用约数

为使交货数量具有一定范围的灵活性,有时也在合同中采用大约、近似、左右等具有伸缩性的字眼来描述交易商品的具体数量。由于"约"量在各国解释不一,如2%、5%、10%等,故为避免纠纷,在实际业务中,应尽量避免该种约定数量机动幅度的方式。

(三)订立数量条款应注意的事项

1.数量条款的内容必须明确、具体、完整

合同中对成交数量和计量单位的规定必须具体,如在使用"吨"为计量单位时,必须标明是"公吨""长吨",还是"短吨",以免因采用度量衡制度不同而引起交货数量方面的纠纷。此外,还应明确计重方法。对于那些交货数量难以严格限定的商品,如粮食、矿砂等散装货物,还要正确规定溢短装条款。

2.合理确定数量机动幅度和计价方法

数量机动幅度的大小要适当,应视商品的特性、行业、贸易习惯和运输方式等来确定。选择权规定要合理,一般由履约的一方即卖方选择,但也要注意如果涉及海运船舶的舱容问题,可以由负责安排船只的一方选择。有时为了防止拥有数量增减选择权的一方利用数量机动幅度,根据市场价格波动故意多装或少装货物以获取额外收益,买卖双方可以在合同中规定,多装或少装数量的价格按照装运当天某指定市场价计算。

3.成交数量必须与国内外市场供求相适应

市场供求状况是决定成交数量至关重要的因素,尤其对于数量较大的商品买卖,更要充分进行市场调研,充分了解国内外市场供求、国际市场价格动态变动等情况,以免交易数量因违背市场供求而引起市场价格波动,给当事人造成损失,进而影响合同的顺利履行。

4.成交数量必须与客户资信情况相适应

客户的资信情况是影响成交数量不可忽视的因素。对那些资金状况、经营能力和经营作风均一般的小客户,应避免与其成交大数量的买卖,以规避风险;对资信状况颇佳的大客户也不宜与之洽商小数量的交易,以免因难以吸引对方而徒劳无益。

案例分析9-3

数量与信用证不符引起的拒付案

我国A公司向中亚某国B公司出口冷冻羊肉50公吨,每公吨600美元FOB青岛。合同规定数量可增减5%。国外按时开来信用证,证中规定金额为30 000美元,数量为50公吨。后来,我方按照52公吨发货装运,并持单到银行办理议付,结果遭到银行以"单证不符"为由拒付。

思考:银行拒付是否合理,为什么?

第四节　商品的包装

商品包装是指为了有效地保护商品品质完好和数量完整,按一定的技术方法,采用一定的包装容器、材料及辅料包裹或捆扎货物。经过适当包装的商品,不仅便于运输、装卸、搬运、储存、保管、清点、陈列和携带,而且不易丢失或损坏,为各方面提供了便利。因此,交易双方在签订合同时,一般要对包装问题进行洽商并做出具体规定。包装条款也就成了国际货物买卖合同中的一项主要条款,构成了货物说明的重要组成部分。

一、包装的种类

在国际货物贸易中,商品包装的分类方法很多。通常根据包装在流通中所起作用的不同,将商品包装分为运输包装和销售包装两大类。

(一)运输包装(Shipping Packing)

运输包装又称外包装(Outer Packing),是货物移动时所使用的保护性包装。它是将货物装入特定的容器,或以特定方式成件或成箱地包装。运输包装的作用主要在于保护商品和方便商品的装卸、储存和运输等。因此,外包装要具有抗挤压、通风、防潮、防震、防锈蚀、防失散、防盗等功能。运输包装可以分为单件运输包装和集合运输包装。

1. 单件运输包装

单件运输包装有箱、桶、袋、包、篓、罐、捆等形式,每种形式又可采用木、纸、麻、铁等不同的材质。不同形式的包装有不同的功能,比如:箱(Case)装多用于不能紧压的货物,包(Bale)装多用于不怕挤压的商品,袋(Bag)装多用于颗粒装农产品及化学原料,桶(Drum)装多用于液体、半液体及粉、粒状货物等。

2. 集合运输包装

集合运输包装有集装袋、集装包、集装箱和托盘等形式,其中以集装箱运输为主。常见的集装箱有以下三种:

(1) 20英尺集装箱。20英尺集装箱也称20英尺货柜。它也是国际上计算集装箱的标准单位,英文称为 Twenty-foot Equivalent Unit, TEU。20英尺集装箱的规格为20英尺×8英尺×8英尺,内径尺寸为5.9米×2.35米×2.38米,最大毛重为20吨,最大容积为31立方米,一般可装17.5吨或25立方米。

(2) 40英尺集装箱。40英尺集装箱的规格为40英尺×8英尺×8英尺,内径尺寸为12.03米×2.35米×2.38米,最大毛重为30吨,最大容积为67立方米,一般可装25吨或55立方米。

(3) 40英尺高柜。40英尺高柜的规格为40英尺×8英尺×9英尺,内径尺寸为12.03米×2.35米×2.72米,最大毛重为32吨,最大容积为68立方米。近年来,随着国际贸易的发展,40英尺高柜的使用逐渐增多。

3. 包装箱与集装箱的配合

包装箱的尺寸要与集装箱的载重量和容积结合起来,合理计算内装件数,尽量占满集装箱内空间,防止亏吨。若想简单计算一个货柜的装箱数量(限于单位体积大于单位毛重的货物),可以用"货柜体积÷包装箱体积"得出。例如:25÷0.136=183件,183×12=2 196双,计算出

20英尺货柜能装183箱,共计2 196双。该数量不仅可作为业务人员核算装箱数量使用,也是对外报价的重要依据。而在实际业务中,可以由专业人员设计包装箱体积和装柜数量。

(二)销售包装(Selling Packing)

销售包装又称内包装(Inner Packing),是直接接触商品,随着商品进入零售环节,与消费者直接见面的包装。除了保护商品的作用外,销售包装还可以起到美化和宣传商品、吸引消费者、争夺市场和扩大销路的作用。

1.销售包装的种类

常见的销售包装有挂式包装、堆叠式包装、便携式包装、易开包装、一次性包装、复用包装、喷雾包装、配套包装、礼品包装等多种形式。具体材质可以使用塑料袋、纸盒、玻璃瓶、陶瓷罐、布袋、竹筒等。

2.条形码(Barcode)

条形码是将宽度不等的多个黑条和空白,按照一定的编码规则排列,用以表达一组信息的图形标识符。它是利用光电扫描阅读设备为计算机输入数据的特殊的代码语言。只需要将光标扫描器对准条形码,计算机就能自动识别条形码信息,确定商品的品名、品种、数量、厂商、产地、生产日期和进货日期等信息。

因此,条形码具有可靠性、效率性、成本低、易于制作、易于操作和灵活实用等特点。目前,多数国家的企业和超市都使用条形码技术进行自动扫描,这就使条形码成为商品销售包装的一个重要组成部分。

二、包装标志

包装标志是为了方便装卸储存货物、识别货物、防止货物损坏或便于检查单证而在包装上刷写的标记。按照包装标志作用的不同,可将其分为运输标志、指示性标志、警告性标志等。

(一)运输标志(Shipping Mark)

运输标志俗称唛头,是印在外包装明显部位的数字、字母以及简单文字的集合。唛头是唯一体现在装运单据上的包装标志。国际标准化组织和国际货物装卸协会推荐的标准唛头由四个要素构成:收货人名称缩写、参考号码、目的地、件数号码。例如:

ABC Co.(收货人名称)

94LA0602(合同号、信用证号、发票号码等)

New York(通常为港口或转运地)

CTN/NOS. 1-500(说明本件货物与整批货物的关系)

在国际贸易中,唛头一般由卖方确定,无须在合同中规定,但是使用前要和客户确认,因为很多客户不希望唛头上出现供货商的名称,或原产地字样;如果买方要求特定唛头,可在合同中列明或明确指定最后期限,若到时仍未收到买方指定唛头的通知,卖方可自行决定唛头,以便卖方及时刷唛、备货、组织装运。

(二)指示性标志(Indicative Mark)

指示性标志又称安全标志、保护标志,用来提示商品在装卸、运输和保管过程中需要注意的问题,一般以简单、醒目的图形和文字在包装上标出。

(三)警告性标志(Warning Mark)

警告性标志又称危险品标志,是指在装有易燃易爆、有毒品、腐蚀性物品、放射性物品等危险品的包装上,清楚而明显地刷制出来,用于提醒和警告人们注意的图案、文字等。

三、定牌、无牌和中性包装

在国际贸易中,由于特殊的原因和经营意图,往往在商品包装上做一些特殊处理,其中定牌、无牌和中性包装已成为国际贸易中的普通做法。

(一)定牌和无牌

定牌是指卖方按照买方的要求在其生产出售的商品或包装上标明买方指定的商标或品牌。目前,世界上许多国家的超级市场、大型百货公司和专业商店,都要求在其出售的商品或包装袋上标有该市场、公司或商店的商标或品牌,以扩大该店的知名度和显示该商品的身价。许多国家的出口商为了利用买方的经营能力、商业信誉、品牌声誉,提高商品售价和销售量,也愿意接受定牌生产。

无牌是卖方按照买方的要求在其生产出售的商品或包装上不注明任何商标或品牌,这主要用于尚待加工的半制成品,以降低成本,避免浪费。

(二)中性包装(Neutral Packing)

中性包装是指在商品上和内外包装上都不注明生产国别或地区的包装,可以分为定牌中性包装和无牌中性包装两种。其中定牌中性包装是指在商品或包装上使用买方所指定的商标或品牌,但不注明生产国别或地区。无牌中性包装是指在商品和包装上既不使用任何商标或品牌,也不注明生产国别或地区。

目前世界上大多数国家对进口商品都规定了必须在内外包装上标明产地,甚至在商品上标明产地,因此,在国际贸易中采用中性包装的交易越来越少。

四、买卖合同中的包装条款

(一)合同中列明包装条款的意义

在国际货物贸易中,包装是货物的重要组成部分,包装条款被视为买卖合同中的一项主要交易条款。按照《联合国国际货物销售合同公约》规定,卖方交付的货物必须按照同类货物通用的方式装箱或包装,如果没有此种通用方式,则按照足以保全和保护货物的方式装箱和包装,否则即可认为与合同不符。可见,在国际买卖合同中合理、准确规定商品包装条款,并切实按约定的包装条件与行业习惯进行包装,具有十分重要的意义。

(二)包装条款的基本内容

国际货物买卖合同中的包装条款,一般包括包装方式、包装材料、包装规格、运输标志和包装费用等内容,其中包装方式和包装费用为包装条款的首要内容。包装方式一般是指包装用料、尺寸、数量/重量、填充物和加固物等。例如:麻袋装,每袋净重 25 千克(packed in gunny bags of 25kg net)。当交易双方约定由卖方提供包装时,包装连同商品一起交给买方,包装费用通常包括在货价之内,不另外计收,在这种情况下,包装费用实际上是由卖方负担。若买方要求采用特殊包装,其额外的包装费用应由买方负担。另外,在现实贸易中,也存在着卖方供应包装并交货后,要求收回原包装的情况,此时关于原包装返回给卖方的运费由何方负担,也应在包装条款中一并明确。

(三)订立包装条款应注意的事项

1. 包装条款应当明确、具体

为方便履行合约,包装条款应明确规定包装材料、造型和规格。一般不宜采用习惯包装(Customary Packing)、标准出口包装(Standard Export Packing)、适合海运包装(Seaworthy Packing)等笼统的包装条款。

2. 考虑商品的特点和不同运输方式的要求

国际货物贸易所涉及的商品种类繁多,商品的特性、形状和使用的运输方式各不相同,对包装的要求也不一样,因此,在订立包装条款时,应根据商品的特点和运输方式的要求来确定采用何种包装方式、包装材料、包装规格和包装标志等内容。

3. 考虑有关国家的法律规定

许多国家对市场销售的商品规定了有关包装和标签管理条例,其内容十分繁杂和具体,违反相关法律规定的商品将不准进口或在市场上销售。因此,交易双方应在订立包装条款时予以考虑。

4. 正确运用中性包装和定牌生产

中性包装和定牌生产是国际货物贸易的做法,正确运用这些贸易习惯做法,可以打破某些国家的关税和非关税壁垒,发展转口贸易和扩大出口。因此,在我国对外贸易中,可酌情考虑采用这类做法。

本章小结

1. 商品的品名是指能使某种商品区别于其他商品的一种称呼或概念。国际货物买卖合同中的品名条款虽然并无统一格式,但合同中的品名条款必须明确、具体;商品品名必须能够反映商品的实际情况;尽可能使用国际上通用的名称;同时还要兼顾自身利益。

2. 商品的品质是商品外观形态和内在质量的综合指标。表示商品品质的方法主要有用实物表示和用文字说明表示两种。在凭样品成交时,要分清买方样品和卖方样品、确认样品、参考样品等概念的不同,学会灵活运用各种样品进行交易。在凭文字说明进行买卖时,要清楚规格、登记、标准、牌号或商标、说明书和图样以及凭产地名称买卖等方式的内涵与运用。

3. 商品的数量是指以一定的度衡量单位表示商品的重量、个数、长度、面积、体积和容积等,是国际货物买卖合同不可缺少的主要条款之一。针对国际货物贸易,目前国际上常用的度量衡制度主要有公制、英制、美制及国际单位制。我国采用的是以国际单位制为基础的法定计量单位。常用的计量单位和计量方法主要包括重量单位、数量单位、长度单位、面积单位、体积单位、容积单位等。而在国际贸易中,很多商品采用重量计量的方法,具体又可以分为毛重、净重、法定重量、实物净重、理论重量、公量等。

4. 受商品特性、生产加工条件、运输等条件的限制,在约定商品品质和数量时,通常要加入品质和数量机动幅度条款,以保证交易的顺利开展,防止争议的发生。

5. 经过适当包装的商品,不仅便于运输、装卸、搬运、储存、保管、清点、陈列和携带,而且不易丢失或损坏,为各方面提供了便利。因此,交易双方在签订合同时,一般要对包装问题进行洽商并做出具体规定。国际货物买卖合同中的包装条款,一般包括包装方式、包装材料、包装规格、运输标志和包装费用等内容,其中包装方式和包装费用为包装条款的首要内容。除此之外,由于特殊的原因和经营意图,定牌、无牌和中性包装已成为国际贸易中的普遍做法。

思考题

1. 规定商品品名条款应注意哪些问题？
2. 表示商品品质的方法有哪些,如何进行选择？
3. 凭卖方样品成交的出口商品提供样品时应注意什么问题？
4. 买卖合同中规定数量机动幅度时应注意哪些问题？
5. 简述包装条款的内容及订立包装条款应注意的问题。
6. 我国北方某公司与丹麦 Codan Co. 签订一份布鞋出口合同,共计 2 500 件,合约号为 95BF01DK03,价格条款 CIF 哥本哈根。请根据以上资料制作一个标准唛头。
7. 南方某公司与美国某客商成交达成一笔出口镰刀的交易。合同中规定复验有效期为货物到达目的港后 90 天。货物到达目的港经美商复验后,未提出任何异议。但事隔半年,美商来电称:全部镰刀生锈,只能降价出售,美商因此要求我方按成交价的 40% 赔偿损失。我方接电后立即查看我方留存的复样,也发现了类似情况。问:我方应否同意对方的要求？为什么？
8. 国内某公司出口大豆,合同中规定数量为 1 000 公吨,用麻袋装。装运中由于麻袋数量不足,有 100 公吨改用了塑料袋包装。试分析,若进口方收到货后发现这一情况,应如何处理？
9. 我国北方某出口公司与日本一公司签订了一份 200 公吨羊毛出口合同,合同中规定以公量来计算商品的重量,商品的公定回潮率是 10%,货物到达目的港后抽样检测所得的实际回潮率是 8%。试计算该批商品的公量。

第十章 货物的价格

知识目标

1. 了解有关国际贸易术语的国际贸易惯例。
2. 熟练掌握《2020 年国际贸易术语解释通则》中的各种国际贸易术语。
3. 熟练掌握商品的定价方法和成本核算。
4. 了解佣金和折扣的运用。
5. 掌握如何订立国际贸易合同价格条款。

能力目标

1. 能够运用所学知识，完成买卖合同价格条款的制定。
2. 提升出口商品成本核算能力。

思政目标

1. 通过国际惯例学习，培养诚实守信的能力。
2. 通过核算成本，提高出口创汇能力。

本章导读

在国际货物买卖中，确定进出口商品价格并制定合同中的价格条款，是交易双方最为关心的一个重要问题，因为价格条款不仅关系到买卖双方的利益，而且与合同中的其他条款有着密切的联系。因此，在进出口业务中，讨价还价往往成为交易磋商的焦点，价格条款也成为买卖合同中的核心条款之一。

通过本章的学习，读者将了解到《2020 年国际贸易术语解释通则》各种国际贸易术语及其解释、商品的定价、佣金和折扣等内容。

第一节 国际贸易术语

一、国际贸易术语的含义和作用

由于国际贸易的买卖双方处于不同的国家，相距甚远，因此，在卖方交货和买方接货的过程中,就会涉及许多问题。例如:由何方承租运输工具、装货、卸货、办理货运保险、申领进出口许可证以及报关纳税等进出口手续,由何方支付运费、装卸费、保险费、税费和其他杂项费用,由何方负担货物在运输途中可能发生的损坏和灭失的风险。如果每笔交易都要求买卖双方对上述手续、费用和风险逐项反复洽商,将耗费大量的时间和费用,并影响交易的达成。为此,在长期的国际贸易实践中,逐渐形成了各种贸易术语。

(一)国际贸易术语的含义

贸易术语(Trade Terms)又称贸易条件、价格术语,是进出口商品价格的重要组成部分。其具体含义是:"用一个简短的概念或英文缩写字母来表示商品价格构成,说明交货地点,确定买卖双方的责任、费用、风险划分等问题的专门用语。"这里的"责任"主要是租船订舱、装卸货物、投保、申请许可证、报关等事宜;"费用"主要包括运费、保险费、仓储费等;"风险"主要是运输途中货物遭受自然灾害和意外事故,以及因战争、罢工、被盗、串味、锈蚀、灭失等造成损失的危险。例如:FOB Shanghai,表明按该贸易术语成交,卖方负责在上海港装上船之前的风险和费用,买方负责租船订舱、购买货运保险、办理进口报关手续等。

(二)国际贸易术语的作用

贸易术语在国际贸易中的作用,可以概述为以下几个方面:

1.有利于买卖双方洽商交易和订立合同

由于每种贸易术语都有其特定的含义,因此,买卖双方只要确定按何种贸易术语成交,即可明确彼此在交接货物方面所应承担的责任、费用和风险,这就简化了交易手续,缩短了洽谈的时间,有利于买卖双方迅速达成交易和订立合同。

2.有利于买卖双方核算价格和成本

由于贸易术语是表示商品价格构成的因素,买卖双方在确定成交价格时,必然要考虑所采用的贸易术语包含哪些从属费用,这有利于买卖双方进行比价和加强成本核算。

3.有利于买卖双方解决履约当中的争议

买卖双方签订合同时,某些合同条款可能规定得不够明确,致使履约当中产生的争议不能依据合同的规定来解决。在此情况下,可以援引有关贸易术语的一般解释来处理,因为贸易术语的一般解释已成为国际惯例,它是大家所遵循的一种类似行为规范的准则。

二、有关国际贸易术语的国际惯例

早在19世纪初,在国际贸易中已经开始使用贸易术语。最初各种行业对贸易术语都有各自的解释和规定,因此,在使用贸易术语时,容易出现矛盾和分歧。为解决这个问题,便于国际贸易的发展,国际商会、国际法协会等国际组织以及美国一些著名的商业团体经过长期的努力分别制定了解释国际贸易术语的规则,这些规则在国际上广泛使用,就成为有关国际贸易术语的国际惯例。简言之,国际惯例是指在国际贸易的长期实践中逐渐形成的一些有较为明确和固定内容的贸易习惯和一般做法。国际惯例不是法律,它对合同当事人没有普遍的强制性,只有当事人在合同中规定加以采用时,才对合同当事人具有法律约束力。但是,国际惯例可以弥补法律的空缺和立法的不足,起到稳定当事人的经济关系和法律关系的作用。

目前,在国际上有较大影响的有关贸易术语的国际惯例主要有以下三种:

(一)1932年华沙-牛津规则

《1932年华沙-牛津规则》(Warsaw-Oxford Rules 1932)是国际法协会专门为解释CIF合

同而制定的。19世纪中叶,CIF贸易术语开始在国际贸易中广泛采用,但是对使用这一术语时买卖双方各自承担的具体义务,并没有统一的规定和解释。为此,国际法协会于1928年在波兰首都华沙开会,制定了关于CIF合同的统一规则,称之为《1928年华沙规则》,共包括22条。其后,将此规则修订为21条,并更名为《1932年华沙-牛津规则》,沿用至今。这一规则对于CIF的性质、买卖双方所承担的风险、责任和费用的划分以及所有权转移的方式等都做了比较详细的解释。

(二)1990年美国对外贸易定义修订本

《美国对外贸易定义修订本》是由美国几个商业团体制定的,它最早于1919年在纽约制定,原名为《美国出口报价及其缩写条例》,后来于1941年在美国第27届全国对外贸易会议上做了修订,命名为《1941年美国对外贸易定义修订本》。1990年,根据形势发展的需要,该条例再次修订,命名为《1990年美国对外贸易定义修订本》(Revised American Foreign Trade Definitions 1990)。《美国对外贸易定义修订本》不同版本对比见表10-1。

表10-1 《美国对外贸易定义修订本》不同版本对比

《1941年美国对外贸易定义修订本》			《1990年美国对外贸易定义修订本》		
术语	全称	解释	术语	全称	解释
Ex	Poit of Origin	原产地交货	EXW	Ex Works	工厂交货
FOB	Free on Board	运输工具上交货	FOB	Free on Board	运输工具上交货
FAS	Free Alongside	运输工具边交货	FAS	Free Alongside	运输工具边交货
C&F	Cost and Freight	成本加运费	CFR	Cost and Freight	成本加运费
CIF	Cost, Insurance and Freight	成本、保险费加运费	CIF	Cost, Insurance and Freight	成本、保险费加运费
Ex Dock	Named Port of Importation	目的港码头交货	DEQ	Delivered Ex Quay	目的港码头交货

《1941年美国对外贸易定义修订本》中的原产地交货、成本加运费和目的港码头交货术语在表达形式上从Ex、C&F、Ex Dock分别变为《1990年美国对外贸易定义修订本》中的EXW、CFR、DEQ,但是它们在意义上没有什么变化。

《1990年美国对外贸易定义修订本》主要在北美国家采用。由于它对贸易术语的解释与《国际贸易术语解释通则》有明显的差异,所以在同北美国家进行贸易时应加以注意。然而,自20世纪以来,美国商界开始积极倡导采用由国际商会制定的《国际贸易术语解释通则》。

(三)《2020年国际贸易术语解释通则》

《国际贸易术语解释通则》是由国际商会制定的,并进行过多次修订。国际商会是一个促进国际贸易的国际民间团体,成立于1919年,总部设在法国巴黎。早在1936年,国际商会就制定了一个惯例,作为贸易条件的解释规则,当时定名为《国际贸易术语》(International Commercial Terms,简称INCOTERMS 1936)。自此以后,为了适应国际贸易的发展,先后于1953年、1967年、1976年、1980年、1990年、2000年、2010年、2020年进行过8次修订。《2020年国际贸易术语解释通则》(简称INCOTERMS 2020)于2020年1月1日生效。该惯例对包括EXW、FCA、CPT、CIP、DAP、DPU、DDP、FAS、FOB、CFR、CIF在内的11种贸易术语做了解释。

相对于《2010年国际贸易术语解释通则》,《2020年国际贸易术语解释通则》做出了如下改动:

1. FCA 中已装船批注提单的规定

在 FCA 贸易术语中,如果货物以海运方式运输,卖方或买方可能需要已装船批注提单。但是现在面临的情况是,FCA 术语下的交货是在货物装船之前已经完成的,无法确定卖方是否能从承运人处获得已装船提单。因为根据运输合同,只有在货物实际装船后,承运人才可能有义务并有权签发已装船提单。

为解决这一情况,INCOTERMS 2020 提供了一个附加选项:买方和卖方可以约定,买方将指示其承运人在货物装船后向卖方签发已装船提单,然后卖方有义务,通常通过银行,向买方提交该提单。

2. CIF 和 CIP 中保险险别的规定

《2010年国际贸易术语解释通则》规定,在 CIF 和 CIP 两种贸易术语中,卖方有义务自付费用取得货物保险,该保险需至少符合《协会货物保险条款》(简称 ICC)条款(C)或类似的最低险别的条款。但《2020年国际贸易术语解释通则》对此做了修改,对于 CIF 术语,仍维持《协会货物保险条款》条款(C)作为默认立场的现状;但对于 CIP 术语,规定卖方必须取得《协会货物保险条款》条款(A)的保险险别。

3. 关于在 FCA、DAP、DDU、DDP 使用卖方或买方自己运输工具运输的问题

在《2010年国际贸易术语解释通则》中始终规定,在货物由卖方运往买方的情况下,卖方或买方要雇佣第三方承运人运输。但现实情况是,货物从卖方运往买方,仍然可以在根本不需要雇佣第三方承运人的情况下进行。为此,《2020年国际贸易术语解释通则》不仅明确规定可以允许订立运输合同,而且也允许仅安排必要的运输。

4. 将 DAT 三个首字母改为 DPU

在《2010年国际贸易术语解释通则》中,DAT 与 DAP 之间唯一的区别在于:在 DAT 术语下,当货物从到达的运输工具卸载到"运输终端"时,卖方即完成交货;而在 DAP 术语下,当将到达的运输工具上可供卸载的货物交由买方处置时,卖方即完成交货。而《2020年国际贸易术语解释通则》对此做了修改:首先,二者的顺序被颠倒过来,交货发生在卸货之前的 DAP 现在出现在 DAT 之前;其次,DAT 术语的名称被改为 DPU,强调了目的地可以是任何地方,而不仅仅是"运输终端",如果该地点不在"运输终端",卖方应确保其打算交付货物的地点是能够卸货的地点。

三、适用于水上运输方式的术语

(一) FAS

FAS 是 Free Alongside Ship(…named port of shipment)的缩写,意思为装运港船边交货(……指定装运港)。它是指当卖方在指定的装运港将货物交到买方指定船的船边(如码头或驳船)后,即完成交货。当货物运至船边时,货物灭失或损坏的风险发生转移,买方自那时起,承担一切费用。

在进出口贸易中,使用 FAS 贸易术语应注意以下问题:

1. 不同惯例对 FAS 的不同解释

《2020年国际贸易术语解释通则》对 FAS 的解释与《1990年美国对外贸易定义修订本》不

同。按《2020年国际贸易术语解释通则》,FAS只适用于水上运输,交货地点在装运港船边。按照《1990年美国对外贸易定义修订本》的解释,FAS是Free Alongside的缩写,是指在运输工具旁边交货。该运输工具不仅包括船舶,还包括车辆、航空器等其他运输工具。因此,在同北美地区进行交易时,如果交货地点在装运港船边,应在FAS后面加上Vessel字样,以表示"装运港船边交货"。

2.关于船货衔接问题

FAS术语要求买方订立从装运港至目的港的运输合同,因此买方需要将船名、航次以及具体的装货时间通知卖方,以便卖方顺利交货。卖方也应将货物交至船边的情况及时通知买方,以利于买方办理装船和保险事宜。如果买方未能及时派船接货,由此产生的风险和损失均由买方承担。

(二)FOB

FOB是Free on Board(⋯named port of shipment)的缩写,意思为装运港船上交货(⋯⋯指定装运港)。它是指卖方必须在合同规定的期限,在指定的装运港将合同项下的货物交至买方指定的船上,并负担货物装上船为止的一切货物灭失或损坏的风险,才算完成交货。当货物已装运至船上时,货物灭失或损坏的风险发生转移。买方自那时起,承担一切风险和费用。按照此贸易术语成交的合同,买方负责运输,派船到装运港接运货物,并承担货物进口手续及相关费用。卖方则负责办理出口手续,其中包括办理出口许可证和其他官方证件,并负责货物装上船之前的一切费用和风险。

在实际业务中,使用FOB时应注意:

1.风险的转移问题

《2020年国际贸易术语解释通则》下,FOB的风险转移点是"装运港货物装上船",即卖方把货物装到买方指定的船上才算完成交货,所以卖方承担是货物装上船之前而非越过船舷的风险和费用,这避免了吊钩在装货过程中的风险划分而引起的纠纷问题。

2.船货衔接问题

使用FOB贸易术语时,应当注意船货衔接不当而引起的责任和费用问题。FOB贸易术语下,买方负责租船订舱并支付运费,买方需要把船名、船期及时通知给卖方。如果买方未就指定的船只给予卖方相应通知,或买方指定的船只未能按时到达或未能接收货物,或按照通知的时间提早停止运输货物,买方应承担货物灭失或损坏的一切风险。如果船只按时到港,而卖方未能及时装运,则卖方应承担由此产生的风险和费用,如空舱费、滞期费等。

3.装船费的负担问题

在国际贸易中,如果成交的是大宗货物,通常采用租船运输,船方并不负担装船费用,这就要明确装船费用是由卖方还是由买方负责。为此,买卖双方在订立合同时,要在FOB贸易术语后加列附加条件,以明确装船费用的负担问题,这就是贸易术语的变形,此变形并不改变贸易术语的性质。

(1)FOB班轮条件(FOB Liner Terms),指装货费按班轮办法处理,即卖方不负担。

(2)FOB吊钩下交货(FOB under Tackle),指卖方负责将货物交到船舷吊钩所及之处,即卖方不负担装货费用。

(3)FOB包括理舱(FOB Stowed),指卖方负担货物装船和理舱的费用。

(4)FOB包括平舱(FOB Trimmed),指卖方负担货物装船和平舱的费用。

(5)FOB包括理舱和平舱(FOB Stowed and Trimmed),指卖方负担货物装船、理舱和平舱的费用。按惯例：凡FOB后未加"理舱"或"平舱"字样，卖方不负担理舱或平舱的费用。

4. 与《1990年美国对外贸易定义修订本》的区别

《1990年美国对外贸易定义修订本》把FOB分为六种，其中只有第五种FOB Vessel（装运港船上交货）与《2020年国际贸易术语解释通则》的解释是相同的。FOB Vessel风险划分的界限同样是在装运港船上。但是，出口手续的办理方不同。《1990美国对外贸易定义修订本》认为，出口手续由买方办理。只有在买方请求并负担费用的情况下，卖方才可以协助买方办理出口手续。因此，在从事与美国等北美国家的贸易时，需要在合同中明确FOB所适用的国际惯例。

（三）CFR

CFR是Cost and Freight(…named port of destination)的缩写，意思为成本加运费(……指定目的港）。在CFR贸易术语下，当卖方将货物运至船上或取得已按此送交的货物，即完成交货。当货物已运至船上时，货物灭失或损坏的风险转移到买方。与FOB相比，风险转移界限是相同的，但费用承担不同。卖方必须在合同规定的装运期内负责租船订舱，在装运港将货物装上船，支付货物运到指定目的港所需费用，并及时通知买方。卖方负责运费以及装上船之前的一切费用和风险，取得出口许可证和其他官方证件，并办理出口清关手续。而买方则负责交货后的各项手续及相关费用，如办理进口海关手续，并承担货物装上船之后的一切损失和风险。CFR不适用于货物在装船之前移交给承运人的情况，在这种情况下，应使用CPT术语。

在实际进出口业务中，使用CFR时应注意以下几个问题：

1. 租船订舱

在CFR贸易术语中，卖方负责安排运输，指的是卖方只要安排了通常的船只和惯常的行驶航线，就尽到了自己的责任。买方若提出超出这一范围的要求，卖方有权拒绝。当然，卖方也可接受，但这不是卖方必须履行的责任和义务。

2. 装船通知

因为CFR贸易术语下，卖方负责提供装船通知，所以应事先与买方就如何发送装船通知商定具体做法，或根据双方已经形成的习惯做法，或根据订约后装船前买方提出的具体要求，及时向买方发出装船通知。如果因为卖方的原因未及时发出装船通知，导致买方未能及时办理投保手续，未能将风险及时转移给保险公司，风险依然由卖方承担。当然，在CFR术语下，办理进口保险时，为避免漏保，买方也可以先与保险公司签订预约保险合同。

3. 卸货费用的负担

（1）CFR班轮条件（CFR Liner Terms），指卸货费按班轮办法处理，即买方不负担卸货费。

（2）CFR卸到岸上（CFR Landed），指由卖方负责卸货费，其中包括驳运费在内。

（3）CFR吊钩下交货（CFR Ex Tackle），指卖方负责将货物从船舱吊起卸到船舱吊钩所及之处（码头上或驳船上）的费用，在船不能靠岸的情况下，租用驳船的费用和货物从驳船卸到岸上的费用由买方负担。

（4）CFR舱底交货（CFR Ex Ship's Hold），指货物运到目的港后，由买方自行卸货，并负担货物从舱底卸到码头的费用。

（四）CIF

CIF是Cost, Insurance and Freight(…named port of destination)的缩写，意思为成本、保险费加运费(……指定目的港）。即当卖方将货物运至船上或取得已按此送交的货物，则完成交货。当货物装运至船上时,货物灭失或损坏的风险发生转移。风险转移与 FOB、CFR 相同。卖方负责租船订舱,支付到目的港的运费,办理保险手续并支付保险费,同时负责办理出口清关手续,提供各类出口证件及官方许可证件,卖方承担货物装上船之前的一切费用和风险。买方负责办理进口手续,并承担货物装上船之后的一切风险和费用。CIF 术语并不适用于货物在装上船以前就转交给承运人的情况,例如,通常运到终点站交货的集装箱货物。在这样的情况下,应当适用 CIP 术语。

在进出口实际业务中,使用 CIF 时应注意以下几个问题:

(1) CIF 合同中卖方办理海上运输保险属于代办的性质。因为货物在装运港装上船后的风险由买方承担,所以 CIF 下卖方办理保险是为买方的利益而办的。虽然卖方负责办理海上运输保险,但不等于卖方要承担海上运输过程中的风险。买方需要知晓在 CIF 规则下卖方有义务投保的险别仅是最低保险险别。如买方希望得到更为充分的保险保障,则需与卖方明确地达成协议或者自行做出额外的保险安排。

(2) 象征性交货问题。交货按照方式不同分为象征性交货和实际交货。象征性交货是指卖方只要按期在约定地点完成装运,并向买方提交合同规定的包括物权凭证在内的有关单据,就算完成了交货义务,而无须保证到货;实际交货是指卖方要在规定的时间和地点将符合合同规定的货物提交给买方或指定人,而不能以交单代替交货。

根据 CIF 贸易术语,卖方负责按照合同规定将货物交到指定装运港船上,办理运结、保险等一切出口手续,即取得全套交货单据。卖方向买方提交约定的代表物权的装运单据及其他证明文件的单据即完成了交货义务,无须保证到货。即卖方只要按合同规定提交了有关单据,买方就需要按合同规定支付货款。即使货物在卖方交单时已经灭失或受损,买方仍要凭合格的单据付款。因此,CIF 是典型的象征性交货的术语。

(3) 租船订舱。卖方应租船订舱,办理从装运港到目的港的运输事项。按照《2020 年国际贸易术语解释通则》规定,卖方必须按照惯常条款订立运输合同,由卖方承担费用,经由通常航线,用通常用于运输该类所售货物的船舶运送货物。买方超出此范围的要求,卖方可拒绝。但卖方若能办到并不增加额外费用情况下,也可接受。

(4) 卸货费用的负担。关于 CFR 贸易术语为解决卸货费负担而产生的变形,完全适用于 CIF 贸易术语。

在《2020 国际贸易术语解释通则》规定的这四种适用水上运输的贸易术语中,由于 FOB、CFR 和 CIF 这三种贸易术语的交货地都在装运港口,风险转移都是以货装船上为界,都需要卖方办理出口报关、出口报检等手续,买方办理进口报关、报检等手续,而且买卖双方也无须承担在对方国家产生的风险和费用,因此成为我国企业在外贸实践中使用最普遍、最广泛的贸易术语。

案例分析 10-1

CIF 术语下货物损失的归属问题

美国某贸易公司(进口方)与我国某进出口公司(出口方)签订了一份购买日用陶瓷品的合同,价格条件为 CIF,支付条件为不可撤销的跟单信用证,信用证规定出口方需提交清洁已装船提单等有效单证。我国进出口公司随后与某运输公司(承运人)签订了运输合同。出口方将货物备妥,装上承运人派来的货车。途中由于驾驶员的过失发生了车祸,耽误了时间,错过了信用证规定的装船日期。最终出口方做出让步,受震荡的两箱降价2.5%,其余降价1.5%,为此受到货价、利息等有关损失共计15万美元。事后,出口方作为委托人又向承运人就有关所示提出赔偿。对此,承运人同意承担有关仓储费用和两箱震荡货物的损失,利息损失只赔50%,但对于货价损失不予赔偿,认为这是由于出口方单方面与进口方的协定所致,与自己无关。出口方却认为货物降价及利息损失的根本原因都在于承运人的过失,坚持要求其全部赔偿。后经过多方协商,承运人最终赔偿各方面损失共计5.5万美元,出口方实际损失9.5万美元。

思考:CIF术语下,买卖双方应承担什么样的责任?

四、适用于任何运输方式的术语

(一)EXW

EXW是Ex Works(…named place of delivery)的缩写,意思为工厂交货(……指定地点)。它是指当卖方在其所在地或其他指定的地点(如工场、工厂成仓库)将货物交给买方处置时,即完成成交货,卖方不需要将货物装上任何买方指定的运输工具,也不需要办理出口清关手续。EXW贸易术语下,买方办理出口清关手续,并安排运输工具到交货地点接收货物。该术语是《2020年国际贸易术语解释通则》中卖方承担责任最小的术语。

在进出口中,使用EXW贸易术语时需注意以下几点:

(1)卖方没有义务为买方装载货物,即使卖方负责装载货物,仍由买方承担所需费用和风险。

(2)根据EXW对出口的相关规定,卖方可以在买方需要办理出口手续时提供帮助,但没有义务为其办理出口清关手续。当应买方要求并由其承担风险和费用,在需要办理出口清关手续时,卖方必须给予买方一切协助,以协助买方取得为货物出口所需的出口许可证或其他官方许可证件。同时,卖方必须提供由其占有的对办理货物安全许可必需的信息。

(3)卖方对向买方提供货物出口的相关信息承担有限责任。

(二)FCA

FCA是Free Carrier(…named place of delivery)的缩写,意思为货交承运人(……指定地点)。它是指卖方将货物在其所在地或指定交货地点交给买方指定的承运人,即完成交货。卖方负责办理出口清关手续,提供出口许可或其他官方授权,并负责货交承运人之前的一切费用和风险。买方负责运输,指定承运人,并向承运人支付货到目的地的运费,办理保险,支付保险费,承担货交承运人之后的一切费用和风险。

在进出口贸易中,使用FCA应注意以下几个问题:

1.交货地点及装卸责任的问题

如果双方约定的交货地点是卖方所在地,则卖方需要负责将货物装上买方指定的承运人提供的运输工具;如果交货地点不在卖方所在地而是其他的地方,则卖方只需要雇用运输工具,将货物运至交货地点,就完成了交货义务,不需要将货物卸下或者装上承运人的运输工具。

2.风险转移的问题

FCA术语下,风险和费用通常是一起转移的,但也可提前转移。如买方的责任导致卖方无法按时交货,只要货物已经特定化,则风险提前转移。

(三)CPT

CPT 是 Carriage Paid to(…named place of destination)的缩写,意思为运费付到(……指定目的地)。卖方在约定地点向其指定的承运人或其他人交货,卖方还必须订立货物运至指定目的地的合同并支付运费。与 FCA 不同,卖方负责运输,指定承运人,并支付从装运地到目的地的运输费用。除此之外,卖方还负责办理出口清关手续,提供各种出口证件及官方许可证件,承担将货物交付指定承运人之前的所有风险和费用。买方则负责办理保险,支付保险费,并承担货交承运人之后的一切费用和风险。

在进出口业务中,使用 CPT 贸易术语需要注意以下问题:

1. 风险划分与费用划分相分离

风险转移先于费用转移。即风险在货交承运人时由卖方转移至买方,而卖方仍需支付从交货地至目的地的运费。

2.CPT 与 FCA 的异同点

二者的风险转移点都是在指定地点货交承运人,且都是适用于各种运输方式。不同之处在于 FCA 术语下,卖方不负责办理从交货地点到目的地的运输;而在 CPT 下,卖方需要负责订立运输合同,并支付运费。

3.CPT 与 CFR 的异同点

CPT 与 CFR 的相似之处主要体现在它们都是风险转移在先、责任费用转移在后。卖方承担的风险都在交货地点随着交货义务的完成而转移。但卖方都要安排从交货地到目的地的运输,并承担运费。这两个术语下的合同都属于装运合同,卖方只需保证按时交货,并不保证按时到货。

CPT 与 CFR 的不同之处在于 CFR 只适用于水上运输,而 CPT 则适应于各种运输方式。

(四)CIP

CIP 是 Carriage and Insurance Paid to(…named place of destination)的缩写,意思为运费、保险费付到(……指定目的地)。CIP 贸易术语下,卖方除了承担 CPT 贸易术语下同样的义务外,还需要为货物办理保险,并支付保险费。卖方承担货交承运人之前的一切费用和风险。买方负责办理进口手续,承担货交承运人之后的一切风险。

在进出口业务中,使用 CIP 需要注意以下几个问题:

1.风险与保险

CIP 贸易术语下卖方负责办理保险,并支付保险费。但保险属于代办性质,买方仍要承担货物在运输途中可能存在的风险。一般情况下,双方应在合同中约定保险的险别,卖方按照合同要求投保。如果合同中没有规定投保的险别,则根据《2020 年国际贸易术语解释通则》,卖方投保的险别要符合《协会货物保险条款》条款(A)或任何适于货物运输的类似条款。保险应与信誉良好的承保人或保险公司订立,并应使买方或任何其他对货物具有可保利益的人有权直接向保险人索赔。最低保险金额应为合同规定金额另加 10%(110%),并应采用合同货币。

2.CIP 与 CIF 的异同

CIP 与 CIF 有很多相同点。它们的价格构成中都包括了从启运地至目的地的运费和约定的保险费,而且这些费用都是由卖方承担的。另外,两个贸易术语下的合同都属于装运合同,风险转移点和责任转移点是相分离的。

CIP 与 CIF 的不同点主要是在于:第一,运输方式不同,CIF 仅仅适用于水上运输,而 CIP

适用于各种运输方式;第二,投保险别不同。根据《2020年国际贸易术语解释通则》,在CIF贸易术语下,卖方投保的险别应符合《协会货物保险条款》条款(C)或任何适于货物运输的类似条款;而在CIP贸易术语下,卖方投保的险别应符合《协会货物保险条款》条款(A)或任何适于货物运输的类似条款。

(五)DAP

DAP是Delivered at Place(…named place of destination)的缩写,意思为地点交货(……指定目的地)。它是指当卖方在指定目的地将运输工具上准备卸载的货物交给买方处置时,即完成交货。卖方承担将货物运送到指定地点之前的一切风险,并负责办理出口清关手续,提供出口许可或其他官方授权,负责运输及支付相关费用。卖方必须给予买方必要的通知,以便买方能够为受领货物采取相应措施。买方负责办理进口清关手续,承担货物运送到指定地点之后的一切费用和风险。

在DAP贸易术语下,买卖双方必须明确交货地或目的地。这基于几个原因:第一,货物灭失或损坏的风险在交货地或目的地转移给买方;第二,该交货地或目的地之前的费用由卖方承担,此后费用由买方承担;第三,卖方必须订立运输合同或安排运输到约定的交货地或目的地。此外,货物到达目的地后,卖方不需要将货物从抵达的运输工具上卸载。但是,如果卖方按照运输合同在交货地或目的地发生了卸货相关的费用,除非双方另有约定,卖方无权另行向买方追偿该费用。

(六)DPU

DPU是Delivered at Place Unload(…named place of destination)的缩写,意思为目的地卸货后交货(……指定目的地)。它是指当卖方在指定目的地将已从运输工具上卸载下来的货物交给买方处置时,即完成交货。卖方承担将货物运送到目的地以及卸载货物的一切风险,并负责办理出口清关手续,提供出口许可或其他官方授权,负担运输及支付相关费用。除此之外,卖方必须给予买方必要的通知,以便买方能够为受领货物采取相应措施。买方负责办理进口清关手续,承担在目的地卸载货物之后的一切费用和风险。

根据《2020年国际贸易术语解释通则》,DPU和DAP最大的区别在于DAP贸易术语下,卖方无须承担卸货费用,而DPU贸易术语要求卖方承担卸货的风险和费用。

(七)DDP

DDP是Delivered Duty Paid(…named place of destination)的缩写,意思为完税后交货(……指定目的地)。它是指当卖方在指定目的地将已办理进口清关手续的在运输工具上尚未卸下的货物交给买方处置时,即完成交货。卖方承担将货物运送到指定地点的一切费用和风险,负责办理货物出口和进口清关,承担出口和进口关税及一切相关海关手续。

在《2020年国际贸易术语解释通则》中,DDP贸易术语是卖方承担风险、责任、费用最大的术语。对买方而言,采用DDP术语,相当于在国内采购。在DDP术语下,由于卖方要负责将货物从启运地运至进口国国内指定地点,并交至买方手中,才算完成交货,所以,卖方承担了较大的风险。一般情况下,卖方应从自身利益出发,办理货运保险。

综合上述内容,选用不同的贸易术语,进出口双方在交接货物过程中所承担的风险、费用以及手续是不同的。表10-2简要列出了《2020年国际贸易术语解释通则》11种贸易术语交货地点、风险划分、手续划分等内容。需要注意的是,由于风险划分及手续划分较为均衡,FCA、CPT、CIP、FOB、CFR、CIF这6种贸易术语在实践中被广泛使用。

表 10-2　　　　　　　　《2020 年国际贸易术语解释通则》11 种贸易术语的比较

贸易术语	英文全称	中文名称	交货地点	风险转移点	运输	投保	出口手续	进口手续	适应运输方式
EXW	Ex Works（…named place of delivery）	工厂交货（……指定地点）	出口商工厂所在地	货交买方处置	买方	买方	买方	买方	任何方式
FCA	Free Carrier（…named place of delivery）	货交承运人（……指定地点）	出口国指定地点	货交承运人	买方	买方	卖方	买方	任何方式
CPT	Carriage Paid to（…named place of destination）	运费付到（……指定目的地）	出口国指定地点	货交承运人	卖方	买方	卖方	买方	任何方式
CIP	Carriage and Insurance Paid to（…named place of destination）	运费、保险费付到（……指定目的地）	出口国指定地点	货交承运人	卖方	卖方	卖方	买方	任何方式
DAP	Delivered at Place（…named place of destination）	地点交货（……指定目的地）	进口国目的地	货交买方	卖方	买方	卖方	买方	任何方式
DPU	Delivered at Place Unload（…named place of destination）	目的地卸货后交货（……指定目的地）	进口国目的地	货交买方	卖方	买方	卖方	买方	任何方式
DDP	Delivered Duty Paid（…named place of destination）	完税后交货（……指定目的地）	进口国目的地	货交买方	卖方	买方	卖方	卖方	任何方式
FAS	Free alongside Ship（…named port of shipment）	装运港船边交货（……指定装运港）	装运港	装运港船边	买方	买方	卖方	买方	水上运输
FOB	Free on Board（…named port of shipment）	装运港船上交货（……指定装运港）	装运港	货装船上	买方	买方	卖方	买方	水上运输
CFR	Cost and Freight（…named port of destination）	成本加运费（……指定目的港）	装运港	货装船上	卖方	买方	卖方	买方	水上运输
CIF	Cost, Insurance and Freight（…named port of destination）	成本、保险费加运费（……指定目的港）	装运港	货装船上	卖方	卖方	卖方	买方	水上运输

五、贸易术语的选用

（一）贸易术语和合同的关系

一般情况下，贸易术语决定了合同的性质。采用何种贸易术语成交，则买卖合同的性质也相应可以确定。如：采用 FOB 术语成交的合同一般称为 FOB 合同，采用 CIF 术语成交的合同称为 CIF 合同。

贸易术语是确定买卖合同性质的重要因素,但并不是决定合同性质的唯一因素。还要看买卖合同中的其他条件。如,买卖双方在签订合同时使用了 CIF 术语,但同时约定"货物需要安全到达目的港,买方才支付货款"。结果,货物在途中遭遇海难,不能安全到达目的港,买方拒绝支付货款。双方产生争议。法院审理后认为,按此条件成交的合同不是装运合同,而是到达合同,故买方有权拒绝付款。

(二)选用贸易术语需要考虑的因素

1.运输方式

由于不同的贸易术语适用的运输方式不同,买卖双方采用哪一种贸易术语时,首先要考虑采用何种运输方式,根据货物的运输方式选择贸易术语。

2.货源情况

国际贸易中的货物品种很多,不同的货物对运输方式有不同的要求,因此,要根据货物的特点,安排适合的运输方式。

3.运费和附加费的变动趋势

运费是货价的构成因素之一,在选用贸易术语时,应考虑货物运输路线的运费收取状况和运价的变动趋势。一般情况下,当运费和附加费看涨时,应尽量争取由对方安排运输;在运费和附加费看跌时则相反。

4.货物的控制权

一般来说,为了避免进口方因行情变化等原因不派船或不指派承运人,出口时鼓励采用由卖方安排运输的方式成交,如 CFR、CIF、CPT 和 CIP 等;反之,为了避免出口方和船方勾结诈骗,进口时鼓励采用买方安排运输的方式成交,如 FCA、FOB 和 FAS。

5.运输途中的风险

在国际贸易中,成交的商品一般要经过长途运输。货物在运输途中可能会遇到各种意外事故和自然灾害。因此,买卖双方在交易磋商阶段,必须根据不同时期、不同地区、不同运输路线和运输方式的风险情况,并结合购销意图来选定合适的贸易术语。

6.进出口手续的办理有无困难

在国际贸易中,关于进出口货物的通关手续,有些国家规定只能由结关所在国的当事人安排或代为办理,有些国家则没有限制。因此,当某出口国政府规定,买方不能直接或间接办理出口通关手续时,则不宜按照 EXW 术语成交,可以选用 FCA 或其他贸易术语。若进口国政府规定,卖方不能直接或间接办理进口通关手续,则此时不宜采用 DDP。

第二节　商品的作价

商品价格如何确定是国际货物买卖中交易双方最为关心的一个问题,关系到贸易利益的最终实现。对于进出口业务人员而言,掌握商品的价格是一项复杂而又十分艰巨的工作,为了做好这项工作,必须充分考虑影响国际贸易商品价格的各种因素,选择合适的计价货币和作价方法,熟悉主要贸易术语的价格构成与换算方法,适当运用与价格有关的佣金与折扣,合理制定国际贸易买卖合同中的价格条款。

一、影响商品价格的因素

在进出口业务中对进出口商品作价,首先要充分了解影响价格的主要因素,选择有利的计价货币,再根据国际市场行情,用适当的作价方法来确定价格。

国际贸易中影响商品成交价格的因素有很多,综合起来主要有以下几种:

(一)商品品质

价格的确定首先要考虑商品本身的品质情况。和国内市场一样,国际市场上也是秉承按质论价的原则,即品质优者高价,品质次者低价。品质的优劣、档次的高低、包装的好坏、式样的新颖、商标和品牌的知名度等因素,都会影响货物的价格。

(二)运输距离

运输距离是影响价格不可忽视的一个因素,运输距离的远近决定了运输费用的高低。尤其在一些附加值较低、运输距离较远的商品贸易中,运输费用甚至成为商品价格的重要组成部分。

(三)交货条件

交货条件主要由交易双方所选择的贸易术语来决定。按照哪种贸易术语成交,即表明买卖双方需承担哪些风险、责任和费用。例如,CFR 术语的卖方要比 FOB 的卖方多承担海洋运费,CIF 术语的卖方又要比 CFR 术语的卖方多承担保险费用。因此,贸易术语是核算报价的基础。

(四)支付方式

支付方式的不同,也会给交易双方带来不同的费用和风险。例如,选用信用证方式支付时,由于卖方面临风险较小而买方需要支付一定的保证金,因而买方会压低价格;选用汇付、托收等方式支付时,由于卖方收取货款要依赖于买方的商业信用,因而面临的风险较大,尽管银行费用比信用证方式要低,但卖方应把增大的风险考虑到货价中去,可据此适当抬高商品价格。此外,在定价和报价时还应将汇率变动的风险、远期收汇的垫款成本等因素也要考虑到货价中去。

此外,诸如成交数量的大小、季节性需求的变化、交易双方谈判实力的强弱、企业的经营意图和市场战略等也都会对商品价格的最后确定产生一定的影响。

二、计价货币

计价货币是指在国际贸易货物买卖合同中规定用来计算价格的货币。计价货币不同于支付货币,后者是指用来清算债权债务的货币,通常与计价货币是同一种,也可以另行规定。在国际贸易中,计价货币的确定十分重要。

(一)在选择计价货币时,应尽量采用可自由兑换的货币

根据贸易双方的协商,在不与双方国家相关规定冲突的情况下,合同的计价货币可以选择出口国货币、进口国货币或第三国货币。被用来计价的货币一般都是可以在国际外汇市场上自由买卖的可自由兑换货币,如美元(USD)、欧元(EUR)、英镑(GBP)、瑞士法郎(CHF)、日元(JPY)等。

(二)计价货币的选择

对于可自由兑换货币的币值而言,存在硬币与软币之分。所谓硬币,是指币值较稳定且趋于升值的货币,而软币是指汇价较疲软且趋于贬值的货币。从理论上讲,出口采用硬币计价较有利;而进口采用软币计价较有利。在不得不使用某种货币计价时,应订立外汇保值条款,汇率变动时重新折算,以减少汇兑损失。

三、商品的作价原则及方法

(一)商品的作价原则

在确定进出口商品成交价格时,需要注意坚持以下原则:

1.按照国际市场价格水平作价

国际市场价格是以商品的国际价值为基础并在国际市场竞争中形成的,它是交易双方都能接受的价格,是我们确定进出口商品价格的客观依据。因此,我国对外成交的价格,一般都参照国际市场价格水平来确定。

2.要结合国别、地区政策作价

在参照国际市场价格水平的同时,也可适当考虑国别、地区政策,即在平等互利的基础之上,双方约定按比较优惠的价格成交。

3.要结合购销意图作价

进出口商品价格在国际市场价格水平的基础上,可根据购销意图来确定,即可略高或略低于国际市场价格。

(二)商品作价的方法

1.固定价格

固定价格是指在交易磋商过程中,买卖双方将价格确定下来之后,任何一方不得擅自改动。这是业务中常见的做法,它意味着双方都要承担从订约到交货付款期间国际市场价格变动的风险。

2.非固定价格

在国际货物贸易中,为了减少价格变动的风险、促成交易和提高履约率,在合同价格的规定方面,往往采用一些灵活变通的做法,即按非固定价格成交,这种定价办法可分为以下几种方式:

(1)待定价格。

待定价格有两种做法,一是规定定价时间和定价方法(例如:装运月份前45天,参照当地及国际市场价格水平,确定正式价格);二是只规定作价时间(例如,由双方在×年×月×日协商确定价格)。

(2)暂定价格。

在合同中先约定一个初步价格,作为开立信用证和初步付款的依据。待双方确定最后价格后,再进行最后清算,多退少补。例如:"单价暂定 CIF 纽约,每公吨 1 000 美元,定价方法:按装船月份月平均价加 5 美元计算。"

(3)部分固定价格,部分非固定价格。

近期交货的商品采取固定价格,远期交货的商品采取非固定价格。正式价格可以在交货前一定期限内由双方另行商定。这种方法由于是先签约后定价,不可避免地会给合同带来较大的不稳定性,存在着双方在定价时不能达成一致意见而使合同无法执行的可能。

3.价格调整条款

在国际货物贸易中,有的合同除规定具体价格外,还规定有各种不同的价格调整条款。例如:如卖方对其他客户的成交价高于或低于合同价格5%,对本合同未执行的数量,双方协商调整价格。这种做法的目的是,把价格变动的风险限定在一定范围之内,以增强客户经营的信心。

四、价格的换算

(一)进出口商品的价格构成

1.进口商品的价格构成

进口商品的价格构成主要包括以下部分:进口货物的FOB价、运费、保险费、进口税费、目的港码头捐税、卸货费、检验费、仓储费、国内运杂费、其他杂费、佣金和预期利润等。

2.出口商品的价格构成

出口商品的价格构成主要包括以下部分:采购成本、包装费、国内运输费用、仓储费、检验费、运费、出口税费、装船费、银行费用、其他杂费、佣金和预期利润等。

(二)不同贸易术语间的价格换算

出口商品价格具体包括哪些部分,取决于国际货物买卖合同中所采用的贸易术语。贸易术语反映了交货条件,不同的交货条件下出口商所承担的费用不同。在合同的磋商过程中,经常出现买方要求卖方按照不同贸易术语报价的情况,为了做到准确快速地报价,就必须了解贸易术语之间的价格换算问题。需要说明的是,要在学习国际货物运输和保险以后,对这些公式才会有完全的理解。

1.FOB、CFR和CIF三种价格的换算

(1)FOB换算为其他价格:

$$CFR = FOB + F$$

$$CIF = \frac{FOB + F}{1 - (1 + 投保加成率) \times 保险费率}$$

(2)CFR换算为其他价格:

$$FOB = CFR - F$$

$$CIF = \frac{CFR}{1 - (1 + 投保加成率) \times 保险费率}$$

(3)CIF换算为其他价格:

$$FOB = CIF \times [1 - (1 + 投保加成率) \times 保险费率] - F$$

$$CFR = CIF \times [1 - (1 + 投保加成率) \times 保险费率]$$

2.FCA、CPT和CIP三种价格的换算

(1)FCA换算为其他价格:

$$CPT = FCA + F$$

$$CIP = \frac{FCA + F}{1 - (1 + 投保加成率) \times 保险费率}$$

(2)CPT 换算为其他价格：

$$FCA=CPT-F$$

$$CIP=\frac{CPT}{1-(1+投保加成率)\times 保险费率}$$

(3)CIP 换算为其他价格：

$$FCA=CIP\times[1-(1+投保加成率)\times 保险费率]-F$$

$$CPT=CIP\times[1-(1+投保加成率)\times 保险费率]$$

(三)不同计价货币间的价格换算

计价货币的选择也是贸易双方磋商的一个重要内容。因此，在发盘、还盘的过程中不仅有不同贸易术语间的价格换算，也常常出现不同计价货币间的价格换算。

1.底价为人民币改报外币

以我国中国人民银行公布的人民币的买价进行折算，即：

$$外币价格=\frac{人民币底价}{人民币对外币买价}$$

例如：甲公司出口某商品以人民币对外报价：CNY 2 000 per M/T CIF NewYork。若改报美元价应该是多少？（当天人民币对美元的买入汇率为：USD 100＝CNY 676.32)

根据公式可以算出：

$$2\,000\div 676.32\times 100=297.718(美元)$$

所以改报的价格为 297.718 美元。

2.底价为外币改报人民币

以我国中国人民银行公布的人民币的卖价进行折算，即：

$$人民币价格=外币价格\times 人民币对外币的卖价$$

例如：某公司出口商以英镑对外报价：GBP 15 per dozen CIF London。若以人民币报价，应报多少？（当天人民币对英镑的卖出汇率为：GBP 100＝CNY 993.5)

根据公式可以算出：

$$15\times 993.5\div 100=149.025(人民币元)$$

所以改报的价格为 149.025 元。

五、佣金和折扣

佣金和折扣是国际贸易中用以促进交易达成的重要手段。在各国的进出口业务中，进口方为了购买某种商品和出口方为了推销库存的商品、减少积压、争取最大的交易量或者鼓励对方经营某种商品等，有时会利用佣金和折扣这两种办法。佣金和折扣直接关系到国际贸易商品的价格，因此，在国际贸易中正确运用佣金和折扣，对扩大国际贸易商品的成交数量、确保国际贸易收入的稳定增长具有重要的意义。

(一)佣金

1.佣金的含义

佣金(Commission)是指中间代理商因介绍生意或代买代卖而收取的酬金。它具有劳务费的性质。佣金直接关系到商品的价格，货价中是否包括佣金以及佣金比例的大小，都影响着商品的价格。

2.佣金的分类

佣金可以分为明佣和暗佣两类。买卖双方在洽谈交易时,如果将佣金明确表示出来并写入价格条款中,被称为"明佣"。如果买卖双方对佣金虽然已经达成协议,但约定不在合同中表示出来,约定的佣金由一方当事人按约定另行支付,被称为"暗佣"。国外中间商为了赚取"双头佣"(中间商从买卖双方都获取佣金),或为了达到逃汇或逃税的目的等,往往要求采取"暗佣"的做法。

3.佣金的规定方法

在价格条款中,对佣金的规定,有下列几种方法:

(1)价格中包括佣金的,即为"含佣价"。例如:USD 1 000 per M/T CIF London including 3% commission(每公吨1 000美元,CIF伦敦,包括佣金3%)。

(2)用英文字母"C"代表佣金,并注明佣金的百分比。例如:USD 1 000 per M/T CIFC3% London(每公吨1 000美元,CIF3%伦敦)。

(3)用绝对数表示。例如:每公吨支付佣金30美元。

4.佣金的计算方法

常见的佣金计算方法是以买卖双方的成交额或发票金额为基础进行计算的。佣金的计算公式为

$$单位货物佣金额 = 含佣价 \times 佣金率$$

净价的计算公式为

$$净价 = 含佣价 - 单位货物佣金额$$

依据以上两个公式,如果已知净价,则含佣价的计算公式可推导为

$$含佣价 = \frac{净价}{1 - 佣金率}$$

例如:我方公司向外商报价每公吨1 000美元CFR曼谷,而外商来电要求改报CIF曼谷含5%佣金价。我方应报的CIFC 5%曼谷是多少?(注:保险费率合计为0.85%)

参考答案:

$$CIF = \frac{CFR}{1 - (1 + 投保加成率) \times 保险费率}$$

$$= \frac{1\ 000}{1 - (1 + 10\%) \times 0.85\%}$$

$$= 1\ 010.1(美元)$$

$$CIFC5\% = \frac{净价}{1 - 佣金率}$$

$$= \frac{1\ 010.1}{1 - 5\%}$$

$$= 1\ 063.26(美元)$$

5.佣金的支付

佣金的支付要根据中间商提供服务的性质和内容而定,通常有三种支付方法:

(1)出口企业收到全部货款后再支付佣金给中间商或代理商。

(2)中间商在付款时直接从货价中扣除佣金。

(3)买卖双方达成交易后就支付佣金给中间商。

我国出口业务中通常采用第一种方法支付佣金。第二种方法通常是在货款经中间商结算时使用。第三种方法由于不能保证交易的顺利履行而较少使用。

(二)折扣

1.折扣的含义

折扣(Discount)是指卖方给予买方一定的价格减让。从性质上看,它是一种价格上的优惠。在我国对外贸易中,使用折扣主要是为了照顾老客户、确保销售渠道与扩大销量。

2.折扣的分类

折扣也有明折和暗折之分。一般来说,在合同的价格条款中对折扣加以明确规定,即所谓的明折。但也有交易双方私下就折扣问题达成协议而不在合同中表示出来的做法,即所谓的暗折或回扣。

3.折扣的表示方法

(1)用百分比表示折扣。

例如:"USD 1 000 per M/T CIF New York including 3% discount(每公吨 1 000 美元 CIF 纽约,折扣 3%)"。

(2)用绝对数表示折扣。

例如:"per M/T less USD 30 discount(每公吨折扣 30 美元)"。

4.折扣的计算与支付方法

折扣通常是以成交额或发票金额为基础计算出来的。其计算方法如下:

$$单位货物折扣额 = 原价(含折扣额) \times 折扣率$$
$$卖方实际净收入 = 原价 - 单位折扣额$$

折扣一般在买方支付货款时预先予以扣除。也有的折扣金额不直接从货价中扣除,而按双方当事人暗中达成的协议,由卖方以给"暗扣"或"回扣"的方式另行支付给买方。这种做法在实际业务中也常被采用。

六、作价的经济核算

在商品的作价上,加强经济核算是一个非常重要的环节,尤其在出口方面:

1.出口总成本

出口总成本是指出口商品的购货成本加上出口前的一切费用和税金,即

出口总成本＝进货成本＋国内运费＋加工整理费＋商品损耗费＋经营管理费＋税金

2.出口销售净收入

出口销售净收入分为出口销售外汇净收入和出口销售人民币净收入。出口销售外汇净收入是指出口商品按 FOB 价出售所得的外汇净收入。出口销售人民币净收入是指出口商品的 FOB 价按当时的汇率折算成的人民币数额。

$$出口销售人民币净收入 = 外汇销售净收入(FOB) \times 外汇牌价(买入价)$$

3.出口商品盈亏率

出口商品盈亏率是指出口盈亏额与出口总成本的比例。出口盈亏额是指出口销售的人民币净收入与出口总成本的差额。如果差额是正数,则为盈利;如果是负数,就是亏损。它是衡

量出口盈亏程度的一项重要指标。

$$出口商品盈亏率 = \frac{出口销售人民币净收入 - 出口总成本}{出口总成本} \times 100\%$$

例题：某企业向新加坡某公司出售一批货物，共计500套，出口总价为10万美元，CIF新加坡，其中从大连港运至新加坡的海运运费为4 000美元，保险按CIF总价的110%投保一切险，保险费率为10‰。这批货物的出口总成本为72万元人民币。结汇时，银行外汇买入价为1美元折合人民币8.3元。试计算这笔交易的盈亏额、盈亏率。

参考答案：

$$FOB = CIF - 运费 - 保险费$$
$$= 100\ 000 - 4\ 000 - 100\ 000 \times 110\% \times 10‰$$
$$= 94\ 900(美元)$$

出口销售人民币净收入 = 外汇销售净收入(FOB) × 外汇牌价(买入价)
$$= 94\ 900 \times 8.3$$
$$= 787\ 670(元)$$

出口盈亏额 = 出口销售人民币净收入 − 出口总成本
$$= 787\ 670 - 720\ 000$$
$$= 67\ 670(元)$$

$$出口商品盈亏率 = \frac{出口销售人民币净收入 - 出口总成本}{出口总成本} \times 100\%$$
$$= \frac{67\ 670}{720\ 000}$$
$$\approx 9.4\%$$

4. 出口商品换汇成本

出口商品换汇成本是指出口商品总成本与出口销售外汇净收入之比，表示用多少人民币换取一单位外汇，其计算公式为

$$出口商品换汇成本 = \frac{出口总成本}{出口销售外汇净收入}$$

出口商品换汇成本是反映出口商品盈亏的一项重要指标，出口商品换汇成本高于结汇时的汇率，则出口为亏损；反之，则说明出口盈利。

例题：出口某商品一批，出口总价为75 000美元CIF旧金山，其中运费为1 500美元，保险费440美元。国内进价总计450 000元人民币。当时的外汇牌价为1美元折6.62元人民币，试计算该批货物的换汇成本是多少，出口该批货物是否盈利。

参考答案：

$$出口商品换汇成本 = \frac{出口总成本}{出口销售外汇净收入}$$
$$= \frac{450\ 000}{75\ 000 - 1\ 500 - 440}$$
$$= 6.16(人民币/美元)$$

该商品的出口换汇成本是6.16人民币/美元；当时外汇牌价为1美元折6.62元人民币，所以出口该批货物有利润，能够盈利。

第三节　合同中的价格条款

一、价格条款的主要内容

进出口合同中的价格条款,一般包括商品的单价和总值两项。商品的单价通常由计量单位(吨、长吨或短吨等)、单位价格金额、计价货币(美元、日元、人民币等)和贸易术语(FOB、CFR、CIF 等)四个部分组成,例如:

USD　　　500　　　per M/T　　CIF New York
货币名称　单位金额　计量单位　贸易术语

总值也就是一批货物的总价,是单价同数量的乘积。

二、订立价格条款应注意的问题

(一)价格水平要适中

价格水平要适中,防止出现过高或过低,要争取合理利润但不能扰乱正常的国际市场价格。要在充分调查研究的基础上,根据国际市场供求状况和价格走势,并遵循我国进出口商品作价原则和每笔交易的经营意图,合理确定适当的成交价格,防止盲目定价导致成交价格偏离国际市场价格的情况出现。

(二)选用适当的价格术语

贸易术语是商品单价中的组成部分,且与交易双方有直接利害关系,因此,应根据运输、市场情况、运价水平等实际情况,并结合自身条件和经营意图,酌情选择对自己有利的贸易术语。

(三)选择对自己有利的计价货币

要根据金融货币市场情况,选择对自己有利的计价货币。一般来说,出口选硬币,进口选软币,必要时可酌情增加外汇保值条款,以免承担汇率变动的风险。

(四)价格条款要明确、具体

价格条款所涉及的各项内容应力求准确、完整,避免争议。对单价中所牵涉的计量单位、计价货币、装卸港名称,必须书写正确、清楚;对数量机动幅度部分、品质公差和包装费用等问题对价格的影响,应明确约定,如未约定则按默认条件处理。

(五)灵活运用佣金与折扣

在实际操作中,要参照国际贸易的习惯做法,注意佣金与折扣的合理运用,以便有效地利用中间代理商的购销渠道,进而扩大交易。

本章小结

1.合同价格条款与贸易术语有着密不可分的关系。国际贸易术语是用一个简短的概念或英文缩写字母来表示商品价格构成、说明交货地点、确定买卖双方的责任、费用、风险划分等问

题的专门用语。目前,在国际上有较大影响的有关贸易术语的国际惯例主要有《1932年华沙-牛津规则》《1990年美国对外贸易定义修订本》《2020年国际贸易术语解释通则》。

2.《2020年国际贸易术语解释通则》规定了11种贸易术语,其中FAS、FOB、CFR、CIF四种贸易术语适用于水上运输方式;EXW、FCA、CPT、CIP、DAP、DPU、DDP七种贸易术语适用于一切运输方式。在实际业务中,FCA、CPT、CIP、FOB、CFR、CIF使用较为广泛。

3.商品的质量、运输距离、交货条件、支付方式是影响商品价格的重要因素。商品作价主要有固定价格和非固定价格两种方法。在商品作价中,不仅要选择有利于自己的支付货币,而且要明白进出口商品的价格构成,学会FOB、CFR、CIF,以及FCA、CPT、CIP两组贸易术语间价格的换算。

4.佣金和折扣是国际贸易中用以促进交易达成的重要手段,因此,在国际贸易中正确运用佣金和折扣,对扩大国际贸易商品的成交数量、确保国际贸易收入的稳定增长具有重要的意义。

思考题

1.贸易术语的含义及作用是什么?

2.《2020国际贸易术语解释通则》与《2010国际贸易术语解释通则》相比有什么不同?

3.试述FOB、CFR和CIF三种贸易术语之间的异同。

4.在进出口贸易中应该如何选择贸易术语?

5.简述进出口商品作价的方法。

6.在订立价格条款时应注意哪些问题?

7.上海A公司与荷兰B公司以CIF条件成交一笔货物,合同规定以信用证方式结算。卖方收到买方开来的信用证后,及时办理完装运手续,并制作好一整套结汇单据。在卖方准备到银行办理议付手续时,收到买方来电,得知载货船舶在运输过程中遭遇意外事故,大部分货物受损,据此,买方表示将等到具体货物情况确定后,才同意银行向卖方支付货款。请问,卖方能否及时收回货款,为什么? 买方该如何处理此事?

8.我方以FCA贸易术语从意大利进口布料一批,双方约定最迟的装运期为4月12日。由于我方业务员疏忽,导致意大利出口商在4月15日才将货物交给我方指定的承运人。当我方收到货物后,发现部分货物有水渍,据查是货交承运人前两天大雨淋湿所致。据此,我方向意大利出口商提出索赔,但遭到拒绝。试问我方索赔是否有理,为什么?

9.某公司向香港客户出口水果罐头1 000箱,每箱22美元FOB广州,客户要求改报CIFC5%香港,假设运费为每箱1美元,保险费为CIF加成10%,投保一切险,保险费率为0.8%,在保持原价不变的情况下,试求:CIFC5%香港价应报价多少?

第十一章　货物的运输

知识目标

1. 了解各种运输方式及特点。
2. 重点掌握班轮运输的特点及运费的计算方法。
3. 熟悉海运提单的各项内容。
4. 掌握海洋货物运输条款的订立及需要注意的问题。

能力目标

1. 能够运用所学知识，完成买卖合同货物运输条款的订立。
2. 熟悉各种运输方式的优劣，提高货物周转速度。

思政目标

通过知识拓展，培养爱国情怀。

本章导读

　　国际货物运输是实现进出口商品、邮件、国际捐赠和援助物资、加工装配所需物料等从一国向另一国运送的物流活动，它是一笔交易能否完成的关键所在。利用合适的运输工具，选择适当的运输方式和路线，及时准确地实现货物由卖方向买方的转移，是交易双方都期盼的事情。由于国际货物运输的运作环境相对比较复杂，时间和空间距离较大，气候条件较为复杂，因此，物品在不同国家之间的流动和转移往往需要不同运输方式的承运人参与和相互协作，甚至要经过多次转运或转载才能完成。

　　通过本章的学习，读者将了解到：国际贸易中使用的各种运输方式、合同中的装运条款以及运输过程中使用的各种运输单据。

第一节　运输方式

　　国际货物运输方式包括海洋运输、铁路运输、航空运输、公路运输、管道运输、集装箱运输、国际多式联运、大陆桥运输等。本节重点介绍海洋运输、铁路运输、航空运输、集装箱运输和国际多式联运。

一、海洋运输

海洋运输(Ocean Transport)是国际货物贸易中最主要的运输方式。目前国际货物运输总量的80%以上是由海洋运输来完成的。我国绝大部分的货物是通过海洋运输来完成的。

(一)海洋运输的特点

海洋运输之所以被广泛使用,是因为它与其他运输方式相比,具有以下突出的优点:通航能力强、运量大、运费相对较低。海洋运输拥有四通八达的天然航道,不受轨道和道路的限制,通过能力很大。如遇政治、经济、军事等突发状况,可随时改变航线驶往便于装卸的目的港。此外,由于船舶的大型化发展,海洋运输船舶的载运能力远远大于火车、汽车和飞机,它是载运能力最大的运输工具。由于海运量大、航程远,分摊下来的单位运输成本也就相对较少。

海洋运输虽具有上述优点,但也存在不足之处。例如:船舶体积大,受水流阻力和风力影响,运输速度慢;船舶在海上航行时,受气候和自然条件影响较大,因而遇险的可能性也较大;航行日期不如陆运、空运准确。同时,海洋运输也存在着诸如战争、罢工和贸易禁运等社会风险。

(二)海洋运输的分类

按照船舶经营方式的不同,海洋运输可分为班轮运输和租船运输。

1.班轮运输

班轮运输(Liner Transport),也称定期船运输,指船舶按照预定的航行时间表,在固定的航线和港口往返航行,从事客货运输业务,并按事先公布的费率收取运费的运输。

(1)班轮运输的特点

①班轮运输具有"四固定"的特点,即固定的航线、固定的港口、固定的船期、固定的运费率,这是班轮运输的基本特点;

②由船方负责配载装卸,装卸费包括在运费中,货方不再另付装卸费,船货双方也不计算滞期费和速遣费;

③船货双方的权利、义务与责任豁免,以船方签发的提单条款为依据;

④班轮承担货物运输的品种、数量比较灵活,而且一般在码头船舱交接货物,给货主提供了便利条件。

(2)班轮运输的费用

班轮运输的费用一般按货物分级表、各航线费率表、附加费率表、冷藏货及活牲畜费率表计算。我国海洋班轮运输公司使用的是"等级运价表",即将承运的货物分成若干等级(一般为20个等级),每一个等级的货物有一个基本费率。

班轮运费包含基本运费和附加运费两部分。基本运费是指货物运往班轮航线上固定停靠的港口,按照运价表内货物划分的等级所收取的运费,是构成全程运费的主要部分。而附加运费是指班轮公司除收取的基本运费之外应收取的其他运费,主要有超重附加费、超长附加费、直航附加费、转船附加费、港口拥挤费、港口附加费、燃油附加费、选港附加费和绕航附加费等。

在班轮运价表中,对运费的计收标准,通常采用以下方式:

①按货物的毛重计收,在运价表内用字母"W"表示。一般以每公吨为计算单位,称为重量吨。

②按货物的体积或容积计收,在运价表内用字母"M"表示。一般以立方米为计算单位,称为尺码吨。

重量吨和尺码吨统称为运费吨(Freight Ton,缩写为 F.T.),是运费的一个特殊计算单位,是按每一种货物的重量或体积(尺码)计算运费的单位。国际上一般都采用国际单位制(公制),其重量单位为公吨,尺码单位为立方米。计算运费时,1立方米或1公吨作为1尺码吨。

③按货物的毛重或体积计收,由船公司选择其中收费较高的一种计收运费,在运价表中用"W/M"表示。

④按货物的价格计收,又称从价运费。在运价表内用"A.V."或"Ad. Val."表示,其费率一般按货物 FOB 价格的百分比收取。一般适用于贵重货物或高价货物,如金、银、精密仪器和手工艺品等。

⑤选择货物的重量、体积或价值三者中较高的一种计算运费,在运价表中用"W/M or Ad. Val."表示。

⑥选择货物的毛重或体积中计价最高的一种,然后再加收一定百分比的从价运费,在运价表中"W/M plus Ad. Val."表示。

⑦按每件货物作为一个计费单位收费,如活牲畜按"每头",车辆按"每辆"收费。

⑧按议价运费(Open Rate)计算。对大宗低值、装卸容易和装卸速度快的货物,如农副产品和矿产品,采用船货双方临时议定运价的办法,通常运费较低。

⑨起码费率(Minimum Rate)。其是指按每提单上所列的重量或体积所计算出的运费,尚未达到运价表中规定的最低运费额,则按最低运费计收。

班轮运费的具体计算步骤如下:
①选择相关的船公司运价表。
②根据货物的英文名称从货物分级表中查出有关货物的计费等级和计费标准。
③在等级费率表的基本运费率部分,找出相应的航线、起运港和目的地,按等级查询基本运价。
④从附加费部分查出所有应收的附加费项目和数额及货币种类。
⑤根据基本运价和附加费算出实际运价。
⑥用运费吨乘以实际运价得出班轮运输的总运费。

根据以上部分,总结出班轮运费的计算公式如下:

$$F = Fb \times (1 + \sum s) \times Q$$

式中,F 为班轮运费;Fb 为基本运费率;$\sum s$ 为附加费率之和;Q 为总运费。

例如,江苏某公司出口货物一批,计 400 箱,每箱重 50 公斤,体积为 60 cm × 40 cm × 30 cm,由上海港装船,目的地为伦敦,求该批货物的运费。

首先,按货物的英文名称,查阅货物分级表,该货为 8 级,计费标准为 W/M;从上海到西欧航线等级费率表中查出基本费率为 60 美元/运费吨;再从附加费率表中查得,伦敦港要收燃油附加费 20%、港口附加费 10%。

根据以上内容可知:

该批货物总体积 = (0.6 × 0.4 × 0.3) × 400 = 28.8(m³)

该批货物总重量 = 0.05 × 400 = 20(t)

由于 28.8 > 20,故按照体积作为计算运费的标准。

$$F = Fb \times (1 + \sum s) \times Q$$
$$= 60 \times (1 + 20\% + 10\%) \times 28.8$$
$$= 2\,246.4(美元)$$

即该批货物的总运费为 2 246.4 美元。

2. 租船运输

租船运输(Shipping by Chartering)又称不定期船运输。它与定期船运输不同,船舶没有预订的船期表、航线、港口,船舶按租船人和船东双方签订的租船合同规定的条款行事。也就是说,根据协议,船东将船舶出租给租船人使用,以完成特定的货运任务,并按商定运价收取运费。在租船的条件下,船舶的所有权没有转移,只有使用权发生转移,所以租船也是一种无形贸易。

(1)租船运输的特点

①以运输货值较低的大宗货物为主,如粮谷、饲料、矿砂、煤炭、石油、化肥、木材及水泥等,而且一船都是整船装运。

②无固定航线、固定的装卸港口和固定的船期,而是根据租船人的需要,由双方洽商租船运输条件,并以租船合同形式加以约定,作为双方权利与义务的依据。

③租船运价受租船市场供求法则的制约,船多货少时运价就低;反之则高。与商品市场价格一样,租船运价经常变动。因此,对租船市场行情的调查与研究具有重要意义。

(2)租船运输的方式

目前国际上使用较广泛的租船方式主要有三种:定程租船、定期租船和光船租船。

定程租船(Voyage Charter),又称程租船或航次租船,是指由船舶所有人负责提供船舶,在指定港口之间进行一个航次或数个航次,承运指定货物的租船运输。定程租船就其租借方式的不同可分为:单程租船、来回航次租船、连续航次租船。

定期租船(Time Charter),是指由船舶所有人将船舶出租给承租人,供其使用一定时期的租船运输。承租人也可将此期租船充作班轮或程租船使用。

光船租船(Bare Boat Charter)又称净船租船,是指船舶所有人将船舶出租给承租人使用一定期限,船舶所有人提供的是光船,承租人要自己任命船长、配备船员,负责船员给养和船舶经营管理所需的一切费用。这种租船方式往往是卖船先兆。光船租赁方式实际上属于财产租赁。因此,光船租船合同是财产租赁合同而不是海上运输合同。

就外贸企业来说,使用较多的租船方式是程租船,主要用于运输量较大的大宗初级产品,如粮食、油料、矿产品和工业原料等。

(3)定程租船与定期租船的主要区别

①对船舶的经营管理不同:定程租船情况下,租船人对船舶不负责经营管理;定期租船情况下,租船人对船舶负责经营管理。

②对船舶的调度权限不同:在定程租船情况下,租船人无权调度船舶;定期租船情况下,租船人有权调度船舶(包括选择航线、港口和所载货物等)。

③计算和支付运费的方法不同:定程租船的运费按装运货物的数量计算;定期租船的租金按租期每月每吨若干金额计算。近年来,国际上发展起了一种介于定程租船和定期租船之间的租船方式,即航次期租,这是以完成一个航次运输为目的,按完成航次所花的时间、按约定的租金率计算租金的方式。

(4)定程租船的运费、装卸费

定程租船运费的计算方法有两种:一种是按规定运费率,即按每单位重量或单位体积规定的运费额计算;另一种是整船包租,即按船东保证船舶能提供的载货重量或容积,按规定的运费率计算一笔整船运费,不管租船人实际装货多少,一律按整船运费支付。运费是预付或到付,需要在合同中具体订明。租船市场的运费水平、承运货物的价格、装卸货物所需设备和劳动力、运费的支付时间、装卸费的负担方法、港口费用高低以及船舶经纪人的佣金高低等都会影响定程租船运费率的高低。

定程租船装卸费由租船人和船东协商确定后在定程租船合同中做出具体规定。具体有以下几种计算方法:

①船方负担装货费和卸货费条件(Liner Terms),又称班轮条件。
②船方不负担装船费(Free in,简写为FI)。
③船方不负担卸货费(Free out,简写为FO)。
④船方不负担装卸费(Free in and out,简写为FIO)
⑤船方不负担装卸费、不负担理舱、平仓费(Free in and out, Stowed and Trimmed,简写为FIOST)。

(5)定程租船的装卸时间

采用定程租船运输方式,货物在装卸港口装卸时间长短直接关系到船舶的使用周期和船方的利益。租方在和船方签订租船合同时,要就船舶在港装卸的时间做出具体的规定。

装卸时间的规定方法有以下几种:

①按日或连续日。所谓日或连续日,是指午夜至午夜连续24小时的时间,也就是日历日数。以"日"表示装卸时间时,从装货开始到卸货结束,整个经过的日数,就是总的装货或卸货的时间。在此期间,即使是实际不能进行装卸作业的时间,也应计为装卸时间。这种规定,对租船人不利。

②累计24小时晴天工作日。这是指在好天气情况下,不论港口习惯作业为几小时,均以累计24小时为一个工作日。如港口规定每天作业8小时,则一个工作日便跨越几天时间。这种规定对租方有利,而对船方不利。

③连续24小时晴天工作日。这是指在好天气情况下,连续24小时为一个工作日,中间因恶劣天气影响不能作业的时间应予扣除。这种方法一般适用于昼夜作业的港口。由于这种方法对船、租双方公平合理,被广泛采用。我国一般也采用此种规定办法。

④"一旦滞期,永远滞期"。滞期后,不论是否遇到节假日及雨天,均计为滞期时间。此处涉及滞期费、速遣费的概念。在定程租船合同规定的装卸时间内,如果租船人未能完成装卸作业,则应在许可装卸时间截止后到实际装卸完毕的时间,向船方支付一定的罚金,这项罚金叫滞期费。相反,租船人在合同规定的时间内提前完成了装卸任务,给船方节约了船期、港口开支,船方向租方支付一定的奖金,就称之为速遣费。按照国际惯例,速遣费是滞期费的一半。

案例分析 11-1

一起滞期费引起的纠纷案

2013年10月9日,中国A公司(买方)与美国B国际有限公司(卖方)签订一项买卖合同。合同约定买方从美国进口24 755.5万吨废钢铁,按成本加运费计价;由卖方租船,从美国东海岸港口装货,装运期自2013年10月20日至11月30日,卸货港为中国大连。合同附加条款的第6条第1款规定:"卸货港每连续24小时晴天工作日应卸货1 500公吨(节假日除外)。滞期费为4 500美元/日,滞期时间连续计算。"2013年11月9日,卖方同巴拿马玛丽娜维法航运公司签订租船合同,租用该公司所属"凯法劳尼亚"轮。租船合同约定,滞期费按每日4 600美元计算;"凯法劳尼亚"轮在美国罗德岛普维斯和波士顿港将买方购买的24 755.5吨货物装船后,分别于2013年11月29日、12月6日签发了以中国对外贸易运输公司为通知人的指示提单。该轮于2013年12月7日从波士顿起航,2014年1月18日到达卸货港大连港,提交了《准备就绪通知书》,停泊在锚地等待卸货,但港口一直未予卸货。此后,大连外轮代理公司通知该轮移往青岛港卸货。该轮于2月13日到达青岛,直至3月14日才开始卸货。2014年5月9日,该轮船向青岛海事法院申请留置收货人在船上的待卸货物,并要求收货人立即支付已到期的39.56万美元的滞期费和预计至卸货完毕可能产生的滞期费。青岛海事法院认为:原告所主张的货物留置权是由船舶滞期引起的,租船合同中有留置权条款,被告虽不是租船合同的当事一方,但被告所持有的收取该轮载运货物的凭证,是租船合同项下签发的提单,而该提单条款中附有"所有其他条件和除外事项依据租船合同"的"合并条款",所以租船合同中的滞期条款对提单持有人具有约束力,被告应向原告支付该项滞期费。原告为了保全其请求权的行使,申请留置在船货物是正当的。

(资料来源:锦程物流网)

思考:你从本案例中得到哪些启示?

二、铁路运输

铁路运输是指利用铁路进行国际贸易货物运输的一种方式,也是国际货物运输中一种主要的运输方式。铁路运输拥有运量大、不受气候条件影响、运输准确、风险较小以及连续性强等优点,发货人与收货人可在就近地点发货与取货。在国际货运总量中,铁路货运总量仅次于海洋运输。铁路运输可分为国际铁路货物联运和国内铁路货物运输两部分。

(一)国际铁路货物联运

凡是使用一份统一的国际联运票据,由铁路负责经过两国或两国以上铁路的全程运送,并在一国铁路向另一国铁路移交货物时,不需要发货人和收货人参加的这种运输称国际铁路货物联运。

国际铁路货物联运免除了货物在过境站重新办理托运的手续,火车可以直接过轨运输;有利于各国之间的国际贸易和经济交往,加速了经济一体化的发展。

(二)国内铁路货物运输

国内铁路货物运输是指仅在本国范围内按《国内铁路货物运输规程》的规定办理的货物运输。我国出口货物经铁路运至港口装船以及进口货物卸船后经铁路运往各地,均属于国内铁路运输的范畴。供应港、澳地区的物资经铁路运往香港九龙,也属于国内铁路运输的范围。它的全过程由两部分组成,即境内段铁路运输和港段铁路运输。货车到达深圳后,要过轨至香港,继续运送至九龙车站,内地铁路与香港铁路不办理直通联运。因此,就形成了现行的这种运输方式:发送地以国内运输形式向铁路部门办理托运至深圳北站,收货人为深圳外运分公司,深圳外运分公司作为各外贸发货单位的代理与铁路部门办理租车手续,并付给租车费,然后租车去香港,货车过轨后,香港中国旅行社则作为深圳外运分公司的代理在港段重新起票托运至九龙。

由此可见,对香港地区的铁路运输的特色是租车方式两票运输。内地运单不能作为对外结汇的凭证,由各地外运公司以运输承运人的身份向外贸单位提供经深圳中转香港货物的承运货物收据,作为向银行结汇的凭证。

三、航空运输

航空运输的优点主要有交货速度快、时间短、安全性能高、货物破损小、节省包装与保险费用等。在国际运输中,航空运输主要适用于急需货物、鲜活商品、精密仪器及贵重商品的运输等。

1. 航空运输的方式

(1) 班机运输(Scheduled Airline)。与班轮运输相似,班机运输是指在固定时间、固定航线、固定始发站和目的站运输的航空运输方式,其适用于运送急需的货物、鲜活商品以及季节性商品等。

(2) 包机运输(Chartered Carrier)。包机运输是指包租整架飞机或由几个发货人(或航空货运代理公司)联合包租一架飞机来运送货物。包机分为整包机和部分包机两种方式。前者适用于运送数量较大的商品;后者适用于多个发货人,且到达同一地点的货物运输。

(3) 集中托运方式(Consolidation)。集中托运方式是指航空货运代理公司把若干批单独发运的货物组成一批向航空公司办理托运,填写一份总运单将货物发运到同一目的站,由航空货运代理公司在目的站的代理人负责收货、报关并将货物分别拨交予各收货人的一种运输方式。集中托运方式拥有运费较低的优点,在航空运输中使用较为普通。

(4) 航空急件运送方式(Air Express Service)。航空急件运送方式是指由一个专门经营此业务的机构与航空公司密切合作,设专人用最快的速度在货主、机场、收件人之间传送急件,其适用于急需的药品、医疗器械、贵重物品、图纸资料、货样及单证的传送,因此又被称为"桌到桌运输"。

2. 航空运输的承运人

(1) 航空运输公司。航空运输公司是航空货物运输中的实际承运人,负责办理从启运机场至到达机场的运输,并对全程运输负责。

(2) 航空货运代理公司。航空货运代理公司作为货主的代理,负责办理航空货物运输的订舱、在始发机场和到达机场的交接货与进出口报关等事项。同时,航空货运代理公司也可以是航空公司的代理,办理接货并以航空承运人的身份签发航空运单,对运输过程负责。

3. 航空运价

航空运价是指从出发机场至到达机场的运价,不包括提货、报关、仓储等其他费用。航空运价仅适用于单一方向。航空运价一般按照货物的实际重量和体积两者之间较高者为准,业内人士称为"运费公斤"。空运货物按一般货物、特种货物和货物的等级规定运价标准。

四、集装箱运输和国际多式联运

(一)集装箱运输

集装箱运输(Container Transport)是以集装箱作为运输单位进行货物运输的一种现代化

运输方式。它适应于海洋运输、铁路运输、航空运输、公路运输及国际多式联运等多种运输方式。

1. 集装箱运输的特点

集装箱运输可以从发货人仓库运到收货人仓库,实现门到门的运输。集装箱具有坚固、密封和反复使用的优越性。因此,集装箱运输具有装卸效率高、减少货损货差、提高货运质量、降低货运成本、简化手续、可连续运输的优点。

2. 集装箱的种类

(1) 干货集装箱

干货集装箱也称杂货集装箱,这是一种通用的集装箱,用以装载除液体货、需要调节温度的货物及特种货物以外的一般件杂货。这种集装箱使用范围非常广泛。常用的有 20 英尺和 40 英尺两种,其结构特点常为封闭式,一般在一端或侧面设有箱门。

(2) 开顶集装箱

开顶集装箱也称敞顶集装箱,这是一种没有刚性箱顶的集装箱,但有可折式顶梁支撑的帆布、塑料布或涂塑布制成的顶篷,其他构件与干货集装箱类似。开顶集装箱适于装载较高的大型货物和需吊装的重货。

(3) 台架式及平台式集装箱

台架式及平台式集装箱是没有箱顶和侧壁,甚至有的连端壁也去掉,而只有底板和四个角柱的集装箱。

(4) 通风集装箱

通风集装箱一般在侧壁或端壁上设有通风孔,适于装载不需要冷冻而需通风、防止汗湿的货物,如水果、蔬菜等。如将通风孔关闭,可作为杂货集装箱使用。

(5) 冷藏集装箱

冷藏集装箱是专为运输要求保持一定温度的冷冻货或低温货而设计的集装箱。它分为带有冷冻机的内藏式机械冷藏集装箱和没有冷冻机的外置式机械冷藏集装箱,适于装载肉类、水果等货物。冷藏集装箱造价较高、营运费用较高,使用中应注意冷冻装置的技术状态及箱内货物所需的温度。

(6) 罐式集装箱

罐式集装箱是一种专供转运液体货而设置的集装箱,如酒类、油类及液状化工品等货物。它由罐体和箱体框架两部分组成,装货时货物由罐顶部装货孔进入,卸货时则由排货孔流出或从顶部货孔吸出。

3. 集装箱运输货物的交接

集装箱运输有整箱货(Full Container Load, FCL)和拼箱货(Less than Container Load, LCL)两种。整箱货是指货主自行将货物装满整箱后,以箱为单位向承运人进行托运。这种情况是货主有足以装满一个或几个整箱的货源时所采用的装箱方式。除有些较大的货主自己备有集装箱外,一般都是货主向承运人或集装箱租赁公司租用一定数量的集装箱,当空箱运到货主的工厂或仓库后,在海关人员的监督下,由货主把货物装入箱内,加锁铅封后运到集装箱堆场(Container Yard, CY)交给承运人并取得场站收据,凭此换取提单或运单。拼箱货是指承运人(或其代理人)接受货主托运的数量不足装满整箱的小票货运,根据货物性质和目的地进行分类整理,把去同一目的地的货物,集中到一定数量,拼装入箱。由于箱内不同货主的货物拼装在一起,所以叫拼箱货。这种方式是在一个货主的货物不足装满整箱的情况下采用的。拼箱货的分类、整理、集中、装箱(拆箱)、交货等均由承运人在码头集装箱货运站(Container Freight Station,CFS)或内陆集装箱转运站进行。

4.集装箱运输的费用

集装箱海运运费基本上分为两大类：一类是拼箱货，仍沿用班轮运输规定的货物等级、计算标准，按运费吨计算运费；另一类是整箱货，按包箱费率计算运费，既不分货物种类，也不计货量，只规定统一的每个集装箱收取的费率。

(二)国际多式联运

国际多式联运(Multi-modal Transport Operator,MTO)是在集装箱运输的基础上发展起来的一种综合性的连贯运输方式，它把过去的那种海、陆、空、公路、江河等互不关联的单一运输有机地结合起来，以完成一票进口或出口货物在国际之间的运输。

《联合国国际货物多式联运公约》中对国际多式联运的定义是："国际多式联运是指按照多式联运合同，以至少两种不同的运输方式，由多式联运经营人把货物从一国境内接运货物的地点运至另一国境内指定交付货物的地点。"由此可见，构成多式联运应具备的条件如下：

(1)必须有一份多式联运合同。
(2)必须是国家间两种或两种以上不同运输方式的连贯运输。
(3)必须使用一份包括全程的多式联运单据，并由多式联运经营人对全程运输负责。
(4)必须是国家间的货物运输。
(5)必须由一个多式联运经营人对全程运输负总的责任。
(6)必须是全程单一运费率，其中包括全程各段运费的总和、经营管理费用和合理利润。

第二节　国际货物买卖合同中的装运条款

在国际贸易中装运条款的订立、合同性质与运输方式密切相关，我国贸易中广泛使用适用于海洋运输的 FOB、CFR、CIF 贸易术语。因此，本节将重点结合海洋运输，来研究一下国际货物买卖合同中的装运条款。一般来说，国际货物合同的装运条款应列明装运时间、装运港和目的港、分批装运和转运、装运通知、装卸条款等内容。

一、装运时间

装运时间(Time of Shipment)又称装运期，是指卖方将合同规定的货物装上运输工具或交给承运人的时间。需要注意的是，装运时间和交货时间是两个不同的概念，但在 FOB、CFR、CIF(也包括 FCA、CPT、CIP)等贸易术语中，两者是一致的。装运时间是买卖合同中的重要条款，卖方必须严格按照装运期的要求装运，一旦超过该期限，即视为违约；买方有权利撤销合同，并要求赔偿。

(一)装运时间的规定

1.明确规定装运时间

明确规定装运时间一般不是指将装运时间确定在某个具体日期上，而是规定在一段时间内。这种规定方法在国际货物买卖合同中较为普遍，一般有以下几种规定方法：

(1)规定某年某月装运，如：Shipment during July,2020.

(2)规定某年某月月底前装运,如:Shipment before the end of July,2020.

(3)规定某年某月某日前装运,如:Shipment before 20th July,2020.

(4)规定跨月装运,如:Shipment during July/August,2020.

2.规定收到信用证后若干天装运

当在使用信用证支付时,为了降低收款风险,卖方一般是在收到信用证后才安排发货的。因此,收到信用证的日期是确定装运时间的必要前提。采用这种规定装运期的办法时,还要同时规定相应信用证的开立期限或开立日期。目的是防止买方拖延或者拒绝开证而使卖方无法及时安排生产、包装及装运。例如:Shipment within 45 days after receipt of L/C. The buyer must open the relative L/C to reach the seller before June 15th 2020.(收到信用证后45天装运。买方必须在2020年6月15前将有关信用证开抵卖方。)

3.规定电汇或汇票后装运

使用FOB术语电汇货款时,常常使用这种装运规定。例如,Shipment will be effected within 30 days after receipt of your 30% deposit of the total amount by T/T.(收到你方30%电汇货款后30天内装运。)

4.规定近期装运

不规定具体的装运时间,笼统地规定近期装运、立即装运等。例如:Shipment as soon as possible.(立即装运。)由于各国或各行业对这类词语的解释不尽一致,容易产生分歧。因此,使用这种规定办法需谨慎。

(二)规定装运时间应注意的问题

1.考虑货源与船源的实际情况

不同商品有不同的生产周期,要事先估算好生产周期,以便于及时与船公司取得联系,衔接好承运日期,避免出现有货无船或有船无货的被动局面。

2.装运期限应当适度

装运期的长短要根据商品和租船订舱的实际情况而定。装运期过短,会给船货安排带来困难;装运期过长,特别是在收到信用证后若干天装运的情况下,会影响买方的资金周转。为避免遇到实际装船日期与装运期仅相差几天而需要改证的麻烦,一般应在合同中注明卖方有权自动延长若干天装运的条款。例如:In case shipment cannot be effected as stipulated in the L/C, shipment and validity date will be automatically extended for ×××days.

3.规定装运期的同时,考虑开证日期的规定是否合理

在信用证支付方式下,如果装运期与开证日期是相互关联的,为保证按期装运,装运期和开证日期应该互相衔接起来。一般来说,开证日期要比装运期提前30~45天(具体可视不同商品而定)。例如:Shipment should be effected not later than the end of Dec. 2020. The L/C should be opened before Nov. 20th 2020.(2020年12月月底前完成装运,信用证应在11月20日前开立。)

二、装运港和目的港

装运港(Port of Shipment)是指货物起始装运的港口。目的港(Port of Destination)是指最终卸货的港口。在国际贸易中,装运港一般由卖方根据自身的便利条件先提出来,经买方同意后确认;而目的港一般是先由买方提出来,经卖方同意后确认。

（一）装运港和目的港的规定方法

1. 规定一个装运港或目的港

一般情况下，只明确规定一个装运港或目的港。例如，Port of shipment：Qingdao（装运港：青岛）；Port of destination：London（目的港：伦敦）。

2. 规定两个或两个以上的装运港或目的港

如货物数量大或货物来源分散，集中在一个港口装运有困难，可规定两个或两个以上的装运港。例如，Port of shipment：Qingdao and Shanghai（装运港：青岛和上海）。

3. 采用选择港方法

在磋商交易时，如果明确规定装运港和目的港有困难，可采用选择港的方法。规定选择港有两种方式：一种是在两个或两个以上的港口中选择一个，如 CIF London/Hamburg/Rotterdam Optional（CIF 伦敦、汉堡、鹿特丹供选择）；另一种是笼统地规定某一航区为装运港或目的港，如 European Main Port（欧洲主要港口）。不管选择哪种方式，买方要在货轮驶抵第一个备选港口前，按船运公司规定的时间，将最后确定的卸货港口通知给船运公司或其代理人，以便船方负责按通知的卸货港卸货。

（二）规定装运港和目的港应注意的问题

（1）必须明确具体。忌用诸如"欧洲主要港口（European Main Port）"这样的笼统用语，因为究竟哪些是"主要港口"，在国际上并无统一解释。所以应尽量避免使用，以免引起误会。

（2）不要接受内陆城市为装运港或目的港。因为如果接受，出口方则要承担从港口到内陆城市这段路程的运费和风险。

（3）注意港口的装卸条件。在选用装运港和目的港时，也要注意港口的装卸条件，诸如港口泊位情况、是否适合远洋货轮、是否有直达班轮、冬季港口是否有冰封期等。

（4）注意港口有无重名。世界各国港口重名的很多，如维多利亚港，美国、英国、中国香港都有此港口。因此，在签订装运条款时，一定要在港口名称后注明国别。

（5）选择港不宜太多。原则上，买卖合同中规定选择港的数目一般不超过三个。在确定选择港时，要考虑备选的港口是否在同一航次、同一航线上，并应在合同中规定，如所选目的港要增加运费、附加费，应由买方承担。

三、分批装运和转运

（一）分批装运

分批装运（Partial Shipment）是指将一个合同项下的货物分为若干批装运。在大宗货物或成交量很大的贸易中，买卖双方可根据货物的数量、运输条件和市场因素等，在合同中规定分批装运。对于分批装运的规定方法有：

（1）不允许分批装运。

（2）允许分批装运。即允许卖方进行分批装运，条件是卖方要在规定装运期内完成所有货物的装运。该方式对卖方有利，卖方应争取采用此种方式。

（3）限时、限批、限量装运。例如，在合同中规定"5—8月，分四批，每月平均装运。"

按照某些国家的合同法规定，如合同中未对分批装运做出规定，买卖双方事先也没有特别约定或习惯做法，则卖方不得分批装运。但国际商会制定的《跟单信用证统一惯例》

(UCP600)规定：

①除非信用证另有规定，允许分批装运。

②装于同一运输工具、同一航次，并且目的地相同的多次装运货物，即使运输单据上标明不同的装运时间及不同的装运港口，也不视为分批装运。

③如果合同和信用证中规定了分批的批次、数量、时间，则卖方应严格按照合同和信用证规定办理。对于分批装运中明确规定的分批数量，只要其中任何一批次没有按时、按量装运，则本批次和以后各批次均告失效。

（二）转运

转运（Trans Shipment）是指货物从装运港或发货地到目的港或目的地的运输过程中，从一种运输工具卸下，再装上同一运输方式的另一个运输工具，或在不同运输方式情况下，从一种运输工具卸下，再装上另一种运输工具的行为。

随着运输工具的不断改进和大型化、集装箱化，集装箱船、滚装船、母子船的出现和广泛使用，以及各种新的运输方式，尤其是多式联运方式日益广泛运用，转运在实际业务中几乎已成为经常发生甚至不可避免的事。根据《UCP600》的规定：除非信用证禁止转运，否则是可以转运的，银行将接受表明货物被转运的运输单据。为了明确责任和便于安排装运，买卖双方是否同意转运以及有关转运的办法和转运费的负担等问题，应在买卖合同中具体明确，以利于合同的履行。

四、装运通知

装运通知（Shipping Advice）是出口商向进口商发出货物已于某个时间或者将于某个时间装船的通知。装船通知的作用在于方便买方购买保险或准备办理提货手续，其内容通常包括货名、装运数量、船名、装船日期或信用证号码等。出口商发出装运通知时，有时还需附上或者另外寄送货运单据副本，以便进口商了解装货内容。若碰到货运单据迟到的情况，进口商可及时办理担保提货。

装运通知一般是在两种情况下进行的。一种是在FOB条件下，卖方应在规定的装运期前30～45天向买方发出货物备妥通知，以便买方派船接货。买方接到通知后，也应将确定的船名、抵港受载日期告知卖方，以便装货。另一种是在货物装船后，卖方在约定时间，将合约号、品名、件数、重量、金额、船名和装船的日期等告知买方，以便买方做好报关接货的准备。特别是按CFR或CPT条件成交时，卖方交货后，更应及时向买方发出装运通知，以便买方及时安排投保事宜。

第三节　运输单据

运输单据是指承运人在收到待运的货物之后签发托运人的单据，是交接货物、处理索赔与理赔以及向银行结算货款或进行议付的重要单据之一。根据运输方式的不同，运输单据可以分为海运提单、铁路运单、航空运单和邮包收据等。

一、海运提单

海运提单(Bill of Lading, B/L)简称提单,是目前海运业务使用最为广泛和主要的运输单据。它是由船长或船公司或其代理人签发的,证明已收到特定货物,允诺将货物运至指定的目的港,并交付给收货人的凭证。海运提单也是收货人在目的港据以向船公司或其代理提取货物的凭证。

(一)海运提单的作用

(1)它是承运人或其代理人签发的货物收据,证明承运人已按提单所列内容收到货物。

(2)它是代表货物所有权的物权凭证。收货人或提单的合法持有人,有权凭提单向承运人提取货物。由于提单是一种物权凭证,因而在国际市场上,提单可以在载货船舶到达目的港交货之前办理转让,或凭其向银行办理押汇、议付或抵押贷款等。

(3)它是托运人和承运人之间运输契约的证明。海运提单是承运人和托运人之间运输合同的证明。提单的背面条款规定了双方的权利、义务和责任,作为双方处理纠纷的依据。

(二)海运提单的内容

提单内容有正面事实记载和背面条款两部分组成。虽然各船公司所制定的提单格式不一样,但主要内容大致相同。

1.提单正面内容

提单的正面内容主要包括:托运人、收货人、通知人、收货地或装货港、目的地或卸货港、船名及航次、唛头及件号、货名及件数、重量和体积、运费已付或运费到付、正本提单的份数、船公司或其代理人的签章、提单签发地点及日期。

2.提单背面内容

提单背面主要规定了承运人与托运人之间的权利、义务与责任豁免,是双方当事人处理争议时的主要法律依据。各航运公司的提单大都规定按承运人所在国家法律处理。由于承运人包括船东和租船人,因此签发提单时使用法律条款都应具体规定国名。

(三)海运提单的种类

1.按货物是否已装船,分为已装船提单和备运提单

(1)已装船提单(On Board B/L)是指承运人已将货物装上指定船舶后所签发的提单,其特点是提单上必须以文字表明货物已装××船,并记载装船日期,同时还应由船长、船东、承运人或其代理人签字。在国际贸易中,一般都要求卖方提供已装船提单。

(2)备运提单(Received for Shipment B/L)又称收讫待运提单,是指承运人已收到托运货物等待装运期间所签发的提单。买方一般不愿意接受备运提单,因货尚未装船,无法估计货到目的港的具体日期。一般做法是:待货物装船后,可凭备运提单调换已装船提单,或由承运人在备运提单上加注已装××船字样和装船日期,并签字盖章使之成为已装船提单。在国际贸易中,备运提单通常是不能结汇的。

2.按提单抬头分为记名提单、不记名提单和指示提单

(1)记名提单(Straight B/L)指在提单上收货人一栏内具体填写某一特定的人或公司名称的提单。根据此种提单,承运人只能将货物交给提单上所指定的收货人。托运人原则上不得将记名提单背书转让。但提单指定的收货人有时可通过办理类似财产转让手续进行转让。

有些国家准许记名提单的收货人凭担保提货,从而使银行及托运人都失去安全收汇的保障。因此,银行一般不愿接受这种提单,故在国际贸易中不经常使用,一般多用于展览品或贵重物品。

(2)不记名提单(Bearer B/L)指提单上未指明具体收货人,仅写明"货交提单持有人",或不填写任何内容。承运人交付货物仅凭提单不凭人,任何持有提单的人均可提货。不记名提单不加背书即可转让,手续简便。但由于对买卖双方的风险都比较大,因此在国际贸易中较少使用。

(3)指示提单(Order B/L)指在提单上收货人一栏内只填写"To order"(凭指示)或"To order of …"(凭××指示)字样的提单。其中,"凭××指示"的提单又有"To the order of shipper"(凭托运人指示)、"To the order of consignee"(凭收货人指示)和"To the order of ××bank"(凭进口方银行指示)等几种。指示提单是一种可转让单据。提单持有人可以用背书方式将其转让给第三者,而无须取得原单签发人的认可。

指示提单的背书有"空白背书"和"记名背书"之分。"空白背书"由背书人(提单转让人)在提单背面签字盖章,但不注明被背书人的名称;记名背书除了背书人签字盖章外,还要注明被背书人的名称。如再行转让可再加背书。目前业务中使用最多的是凭指示并经空白背书的提单,习惯上称其为"空白抬头""空白背书"提单。

3.按提单上有无对货物外表状况的不良批注,可分为清洁提单和不清洁提单

(1)清洁提单(Clean B/L)是指在装船时货物外表状况良好,承运人在签发提单时未加"货损"或"包装不良"等情况批注的提单。依据《国际商会跟单信用证统一惯例》(UCP600)第27条规定,银行只接受清洁提单。清洁提单也是提单转让时所必备的条件。

(2)不清洁提单(Unclean B/L 或 Foul B/L)是指承运人在装船时,发现货物存在包装不牢、破残、渗漏、玷污、标识不清等现象时,从而加注包装不良或存在其他缺陷批语的提单。为此,托运人应把外表状况有问题的货物进行修补或更换。但有时托运人向承运人出具"保函",要求承运人签发清洁提单。这种做法是不可取的,承运人和托运人对此要承担相关的责任。

4.按运输方式分为直达提单、转船提单和联运提单

(1)直达提单(Direct B/L)指由同一船舶将货物从起运港运达目的港所签发的提单。凡信用证规定不准转运者,必须出具中途不转船的直达提单。直达提单上不得有"转船"或"在××港转船"的批注。但如果提单条款内印有承运人有权转船的"自由转船条款",而无转船批注,这种提单也被视为直达提单。

(2)转船提单(Transshipment B/L)指货运全程至少两艘轮船承运。就是说,从装运港装货的轮船,不直接驶往目的港,需要在中途港换装另一艘船运往目的港,甚至不止一次换船。在这种情况下,就要签发转船提单。

(3)联运提单(Through B/L)指货物经海陆、海空或海河联运,承运人出具一张包括运输全程的提单。在国际多式联运中所使用的"多式联运提单",就是由船运公司或其代理人签发的、涉及两种或两种以上不同运输工具的联运提单。

5.按使用效力的不同,可分为正本提单和副本提单

(1)正本提单(Original B/L)是指提单上有承运人、船长或其代理人签名盖章并注明签发日期的提单。这种提单在法律上是有效的单据。正本提单上必须标明"Original"(正本)字样。正本提单一般签发一式两份或三份,凭其中的任何一份提货后,其余的即作废。

(2)副本提单(Copy B/L)是指与正本提单相对的提单,即提单上没有承运人签字盖章,仅供参考使用。副本提单上一般都印有"Copy"或"Non-negotiable"字样,以示与正本提单的区别。

6. 按提单内容繁简,分为简式提单和全式提单

(1)简式提单(Short Form B/L)指提单上只有正面必要的项目和条款而无背面条款的提单。这种提单多用于租船合同下的货物运输。此类提单上往往注明"All Terms and Conditions as Per Charter Party Dated ××"(所有条款与条件按照×月×日签订的租船合同)字样。如果是在班轮运输条件下签发简式提单,一般在提单上加注"Subject to the Terms and Conditions, Provisions and Exceptions as Contained in the Carriers Regular Long Form B/L"(各项条款及例外条款以本公司正规的全式提单内所印的条款为准)。简式提单与全式提单在法律上具有同等效力,按惯例可被银行接受。

(2)全式提单(Long Form B/L)指不仅提单正面,而且在提单背面详细列有承运人和托运人的权利、义务条款的提单。国际贸易业务中经常使用的是全式提单。

7. 其他提单

(1)过期提单(Stale B/L)是指错过规定的交单日期或者晚于货物到达目的港日期的提单。前者是指卖方超过提单签发日期后21天才交到银行议付的提单,后者是指货物已到而提单还未到。根据《UCP600》规定,如信用证无特殊规定,银行将拒绝接受在运输单据签发日后超过21天才提交的单据。后者是在近洋运输时容易出现的情况。故在近洋国家间的贸易合同中,一般都订有"Stale B/L is Acceptable"(过期提单可以接受)的条款。

(2)倒签提单(Back Dated B/L)是指货物实际装船的日期晚于信用证上规定的装运日期,但仍在信用证有效期内,如按实际装船的日期签署提单,势必不能议付。为了使提单日期与规定的装运日期相符,承运人应托运人的请求,便按信用证上规定的装运日期签署提单,这就是倒签提单。这对承运人来说有很大的风险。特别是在货价下跌时,收货人可以"伪造提单"为由拒绝提货,并向法院起诉。在国际航界常因船舶脱期而倒签提单,但我们不能以此为据而无所顾忌,理应慎重行事,方保无虞。因为这也是一种隐瞒迟期交货的侵权行为。

二、其他运输单据

(一)铁路运单

铁路运单(Railway bill)是铁路和货主间缔结的运输契约。铁路运单只是运输合约和货物收据,不是物权凭证,但在托收或信用证支付方式下,托运人可凭运单副本办理托收和议付。因为铁路运输分为国际铁路货物运输和国内铁路货物联运,所以使用的运单格式和内容有所不同。前者使用国际铁路货物联运运单,后者使用承运货物收据。

1. 国际铁路货物联运运单

国际铁路货物联运运单是国际铁路联运的主要运输单据,它是参加联运的发送国铁路与发货人之间订立的运输契约,其中规定了参加联运的各国铁路和收发货人的权利和义务,对收发货人和铁路都具有法律约束力。当发货人向始发站提交全部货物,并付清应由发货人支付的一切费用,经始发站在运单和运单副本加盖始发站承运日期戳记,证明货物已被接管承运后,即认为运输合同已生效。

2. 承运货物收据

承运货物收据是在港澳铁路运输中使用的一种结汇单据。该收据包括大陆段和港澳段两段运输,是代办运输的外运公司向出口人签发的货物收据,也是承运人与托运人之间的运输契约,同时还是出口人办理结汇手续的凭证。

(二)航空运单

航空运单(Airway Bill)是承运人与托运人签订的运输契约,是承运人或其代理人签发的货物收据,并作为承运人核收运费的依据。航空运单不同于海运提单,它不是代表货物所有权的凭证,不能背书转让,卖方也不能凭此向银行或买方交单议付。收货人提货不是凭航空运单,而是凭航空公司的提货通知单。在航空运单的收货人栏内,必须详细填写收货人的全称和地址,而不能做成指示性抬头。每份航空运单有三份正本,每份都印有背面条款。其中一份交发货人,是承运人或其代理人接收货物的依据;第二份由承运人留存,作为记账凭证;最后一份随货同行,在货物到达目的地,交付给收货人时,作为核收货物的依据。

(三)邮包收据

邮包收据是邮局收到寄件人的邮包后所签发的凭证,也是收件人提取邮件的凭证。当邮包发生损坏或丢失时,其可以作为索赔和理赔的依据。同航空运单与铁路运单一样,邮包收据也不能作为物权凭证。

(四)国际多式联运单据

国际多式联运单据是适应广泛开展集装箱运输的需要而产生的,在使用多种运输方式联合运送货物时使用。就其在联运时使用而言,与上述联运提单有共同之处,但性质上却有较大的区别。两者的主要区别在于:

(1)联运提单限于在由海运与其他运输方式所组成的联合运输时使用,多式联运单据使用范围较联运提单更广,它既可用于海运与其他运输方式的联运,也可用于不包括海运的其他运输方式的联运,但仍必须是至少两种不同运输方式的联合。

(2)联运提单由承运人、船长或承运人的代理人签发。多式联运单据则由多式联运经营人或经其授权的人签发。它可以做成可转让的,也可做成不可转让的。多式联运经营人也可以完全不掌握运输工具,如无船承运人。

(3)联运提单的签发人仅对第一程运输负责,而多式联运单据的签发人(多式联运经营人)则要对全程运输负责,无论货物在任何地方发生属于承运人责任范围的灭失和损坏,都要对托运人负责。

《联合运输单据统一规则》(国际商会第298号出版物)和1980年5月通过的《联合国国际货物多式联运公约》规定,国际多式联运所使用的多式联运单据既可以是可转让的(做成"凭指示"或"凭来人"抬头,即列明按指示或向持单人交付货物),也可以是不可转让的(表面注明"不可转让"并做成记名抬头,即指明记名的收货人)。

目前在航运界,一些船公司如中国远洋运输公司制定了一种"联合运输提单",既可以用于一般港到港的运输,也可用于海运与其他运输方式的联运。

本章小结

1.国际货物运输是国际物流的基础手段和实现途径,包括海洋运输、铁路运输、航空运输、公路运输、管道运输、集装箱运输、国际多式联运、大陆桥运输等。其中海洋运输使用最为广泛。这些运输方式各具特点,运作程序各异,应在实践中熟练把握。

2.合同中的装运条款是对何时交货和如何交货等问题的规定,它的订立与合同性质与运输方式密切相关。一般来说,国际货物合同的装运条款应列明装运时间、装运港和目的港、分批装运和转运、装运通知、装卸条款等内容。买卖双方应根据各自的实际情况,实事求是地做出安排。

3.运输单据是指承运人在收到待运的货物之后,签发托运人的单据,是交接货物、处理索赔与理赔以及向银行结算货款或进行议付的重要单据之一。海运提单是目前海运业务使用最为广泛和主要的运输单据。它不仅是一种货物收据,而且是代表货物所有权的物权凭证,同时也是托运人和承运人之间运输契约的证明。海运提单有已装船提单和备运提单;指示提单、记名提单和不记名提单;清洁提单和不清洁提单;直达提单、转船提单和联运提单;正本提单和副本提单等类型。

思考题

1.国际货物运输方式包括哪几种?为什么海洋运输是国际货物运输的主要方式?

2.班轮运输有什么特点?

3.班轮运输的计费标准有哪些?

4.规定装运时间的方法有哪些?

5.海运提单的性质和作用是什么?

6.清洁提单和不清洁提单的区别是什么?为什么买方要求卖方提供清洁提单?

7.某食品进出口公司出口一批冷冻食品,信用证规定:900公吨,其中包括A级300公吨、B级300公吨、C级300吨,装运必须分等量两批分船装。该公司根据上述信用证条款的规定和库存情况,决定安排这样两批装运:第一批装450公吨,其中包括A级140公吨、B级160公吨、C级150吨;第二批也装450公吨,其中包括A级160公吨、B级140公吨、C级150吨。银行以货物未分等量两批装运导致单证不符为由拒付。请分析原因。

8.我方出口商品共100箱,每箱的体积为30cm×60cm×50cm,毛重为40千克,查运费表得知该货为9级,计费标准为W/M,基本运费为每运费吨109港元,另外加收燃油附加费20%、港口拥挤费20%、货币贬值附加费10%。试计算该批货物的运费是多少。

专栏11-1

中欧班列

中欧班列(英文名称China-Europe Railway Express,缩写CR Express)是由中国铁路总公司组织,按照固定车次、线路、班期和全程运行时刻开行,运行于中国与欧洲以及"一带一路"沿线国家间的集装箱等铁路国际联运列车,是深化我国与沿线国家经贸合作的重要载体和推进"一带一路"建设的重要抓手。中欧班列通道不仅连通欧洲及沿线国家,也连通东亚、东南亚及其他地区;不仅是铁路通道,也是多式联运走廊。

中欧班列自2011年3月19日开始运行,首列中欧班列由重庆开往德国杜伊斯堡,当时称作"渝新欧"国际铁路。2016年6月8日,中国铁路正式启用"中欧班列"品牌,按照"六统一"(统一品牌标志、统一运输组织、统一全程价格、统一服务标准、统一经营团队、统一协调平台)的机制运行,集合各地力量,增强市场竞争力。来自国铁集团的数据显示,截至2020年,中欧班列年开行数量由最初不到 20 列发展到 2020 年的 1.24 万列,年均增速达 108%,累计开行达 3.36 万列,运送集装箱近 300 万标箱,运送货物货值超过 1 600 亿美元。

目前,中欧班列已可通达至 21 个国家的 92 个城市。国内运行中欧班列的城市已达 29 个,并逐渐构成了以西安、成都、重庆、郑州、乌鲁木齐为代表的五大枢纽地区。以 2020 年中欧班列的开行量为例,西安始发的中欧班列最多,达 3 670 列。紧随其后的是成都,为 2 800 列、重庆 2 177 列、郑州 1 106 列,以及乌鲁木齐 1 068 列。其中,西安、重庆、成都三地的中欧班列年开行量均超过 2 000 列,合计占全国开行总量的 58%。

作为连接中国与欧洲的国际铁路联运网络,中欧班列还在 10 年间陆续铺设了西中东 3 条通道运行线:

——西通道。一是由新疆阿拉山口(霍尔果斯)口岸出境,经哈萨克斯坦与俄罗斯西伯利亚铁路相连,途经白俄罗斯、波兰、德国等,通达欧洲其他各国。二是由霍尔果斯(阿拉山口)口岸出境,经哈萨克斯坦、土库曼斯坦、伊朗、土耳其等国,通达欧洲各国;或经哈萨克斯坦跨里海,进入阿塞拜疆、格鲁吉亚、保加利亚等国,通达欧洲各国。三是由吐尔尕特(伊尔克什坦),与规划中的中吉乌铁路等连接,通向吉尔吉斯斯坦、乌兹别克斯坦、土库曼斯坦、伊朗、土耳其等国,通达欧洲各国。

——中通道。由内蒙古二连浩特口岸出境,途经蒙古国与俄罗斯西伯利亚铁路相连,通达欧洲各国。

——东通道。由内蒙古满洲里(黑龙江绥芬河)口岸出境,接入俄罗斯西伯利亚铁路,通达欧洲各国。

上述陆路出境口岸也见证了中欧班列 10 年间的迅猛发展。结合中国海关与国铁总局的数据,2020 年,中国主要口岸接运出入境的中欧班列数量也创新高。其中,作为中国与蒙古国接壤的最大陆路口岸,2020 年,二连浩特铁路口岸接运出入境中欧班列 2 279 列,同比增长 53.3%,满载 35 万标准箱,同比增长 32.0%。自 2014 年中欧班列首次通过二连浩特口岸以来,6 年间,该口岸已累计接运 6 000 余列中欧班列。最早通行中欧班列的阿拉山口国境站在 2020 年开行的中欧班列数量突破 5 000 列,同比增长 41.8%。10 年来,该口岸已累计通行中欧班列 1.6 万列。

资料来源:中国一带一路网

第十二章　国际货物运输保险

知识目标

1. 理解并掌握海运货物保险的风险与损失。
2. 掌握我国海运货物保险条款的各种险别及其承保范围。
3. 掌握如何在货物买卖合同中签订保险条款。
4. 了解保险单的种类和作用。

能力目标

1. 能够运用所学知识,完成买卖合同运输保险条款的制定。
2. 熟悉不同险别,合理对进出口货物投保。

思政目标

认识保险,增强风险防控意识。

本章导读

在国际货物买卖中,货物由卖方所在地运到买方所在地的整个运输、装卸和储存过程中,可能会因遇到各种难以预料的风险而遭受损失。为了在货物遇险受损时能得到一定的经济补偿,买方或卖方就需要事先办理货物运输保险。被保险人按保险金额、投保险别及保险费率,向保险人支付保险费并取得保险单据。被保险货物若在运输过程中遭受保险事故造成损失,则保险人负责对保险险别责任范围内的损失,按保险金额及损失程度赔偿保险单据的持有人。

通过本章的学习,读者将了解到:货物运输保险的基本原则、货物运输保险的承包范围、海洋货物运输保险条款以及合同中保险条款的订立。

第一节　货物运输保险概述

一、货物运输保险的概念

货物运输保险是指被保险人为应付各种自然灾害和意外事故,对一批或若干批货物向保险人(保险公司)按一定的金额投保一定的险别,并缴纳保险费的行为。保险人承保后,如果所承保的货物在运输过程中发生约定范围内的损失,保险人就应当按保险合同的规定给予被保险人适当的经济补偿。它属于财产保险类,是以在运输过程中的各种货物作为保险标的的保险。

二、货物运输保险的基本原则

(一)保险利益原则

保险利益原则是指投保人对保险标的应当具有法律上的保险利益。投保人对保险标的不具有保险利益的,保险合同无效,这就是保险利益原则。

国际货运保险同其他保险一样,要求投保人必须对保险标的具有保险利益,但国际货运保险不像有的保险(如人身保险)那样要求投保人在投保时便具有保险利益,它仅要求在保险标的发生损失时投保人必须具有保险利益。这种特殊规定是由国际贸易的特点所决定的。

(二)最大诚信原则

最大诚信原则也称最高诚信原则,是指保险合同的签订和履行过程中,双方均应本着绝对的诚意办事,恪守信用,互不隐瞒和欺骗,特别是在签订保险合同时,无论是否被问及,双方当事人均应自动地把与投保标的有关的重要情况向对方做充分、正确的披露。

(三)补偿原则

补偿原则是指当保险标的遭受保险责任范围内的损失时,保险人应当依照保险合同的约定履行赔偿义务。但保险人的赔偿金额不得超过保险单上的保险金额或被保险人遭受的实际损失。保险人的赔偿不应使被保险人因保险赔偿而获得额外利益。

(四)代位追偿原则

代位追偿权原则是指保险人在赔付被保险人之后,被保险人应把保险标的损失的权利转让给保险人,使保险人取代被保险人地位,以被保险人的名义向第三者进行追偿。由于国际贸易货物运输保险一般都是定值保险,保险人已按保险金额赔付,保险人行使代位追偿所得多少已同被保险人无关,即使追偿所得超过原赔偿金额,超过部分仍归保险人所有。

(五)近因原则

近因原则是指保险人只对承保风险与保险标的损失之间有直接因果关系的损失负赔偿责任,而对保险责任范围外的风险造成保险标的的损失,不承担赔偿责任。近因是指导致损失发生的最直接、最有效、起决定性作用的原因,而不是指时间上或空间上最接近的原因。例如,雷击折断大树,大树压坏房屋,房屋倒塌致使家用电器损毁,则家用电器损毁的近因就是雷击。

第二节 货物运输保险承保范围

在国际贸易运输中,可能由于各种原因遭遇不同风险而遭受不同的损失。为了减少损失,除了采取预防措施外,还应该重视对货物进行投保,以确保得到损失的赔偿。在所有运输方式中,海洋运输使用最为广泛,因此海上货物运输保险已成为主要的保险内容。海上货物运输保险的承保范围,主要是由于海上风险所导致的损失及费用。

一、海上货物运输保险承保的风险

(一)海上风险

海上风险又称海难,是指船舶或货物在海上运输过程中所遇到的自然灾害和意外事故。

1. 自然灾害

自然灾害是指不以人的意志为转移的自然界的力量所引起的灾害,如恶劣气候、雷电、海啸、洪水、火山喷发等。

2. 意外事故

意外事故是指由于遭受到外来的、突然的、非意料之中的原因所造成的事故,如船舶搁浅、触礁、沉没、碰撞、倾覆、失踪以及火灾、爆炸等。

需要注意的是,按照国际保险市场的一般解释,海上风险并非局限于海上,与海上航行有关的,但发生在陆上或海陆、海河或与驳船相连接之处的灾害和事故,也属于海上风险,如地震、洪水、火灾、爆炸、海轮与驳船或码头碰撞等。

(二)外来风险

外来风险是指除海上风险以外的其他原因所造成的风险。但货物本身的自然损耗和品质缺陷等属于自然发生的损失,不属于外来风险。外来风险的特点是意外,是事先难以预料的外来因素。外来风险又可分为两类:

1. 一般外来风险

一般外来风险是指偷窃、短少和提货不着、渗漏、短量、碰损、破碎、钩损、淡水雨淋、锈损、玷污、受热、受潮、串味等原因所造成的风险。

2. 特殊外来风险

特殊外来风险是指由于军事、政治、国家政策法令以及行政措施所造成的风险,包括战争、罢工、交货不到、拒收等。

二、海上货物运输保险承担的损失

海上损失简称海损,指被保险货物在海运过程中,由于海上风险和外来风险造成的全部或部分损失。

(一)全部损失

全部损失简称全损,是指运输过程中的整批货物或不可分割的一批货物全部损失。全部损失又分为实际全损和推定全损两种。

1. 实际全损

实际全损是指被保险货物在运输途中完全灭失,或受到严重破坏完全失去原有的形态、效用,或不能再归被保险人所拥有。被保险货物遭到实际全损时,被保险人可按其投保的保险金额获得保险公司的全部赔偿,保险公司赔偿后可行使代位求偿权。构成实际全损一般有以下几种情况:

(1)保险标的灭失。例如,保险货物被大火焚烧,全部烧成灰烬。

(2)保险标的受损严重,已完全丧失原有的形态和使用价值。例如,水泥被海水浸湿后结成硬块而失去原有的属性和用途。

(3)保险标的丧失已无法挽回,即被保险人不可弥补地失去对保险标的的实际占有、使用、受益和处分等权利。例如,战时货物被敌对国捕获并作为战利品分发。

(4)船舶航行失踪。船舶在航行期内,从被获知最后消息的地点算起,满六个月后仍没有获知其下落的视为失踪。船舶失踪视为实际全损,必须具备三个条件:一是船舶在航行中失踪;二是船员和船舶同时失踪;三是失踪满六个月以上。

2.推定全损

推定全损是指被保险货物的实际全损已经不可避免,或者恢复、修复受损货物以及运送货物到原定目的地所花费的费用超过该货物运往目的地的货物的价值。有下列情况之一,即推定全损:

(1)被保险货物遭受严重损害,完全损失已不可避免。

(2)被保险货物受损后,修理费用估计要超过货物修复后的价值。

(3)被保险货物遭受严重损害后,继续运抵目的地的运费已超过残存货物的价值。

(4)被保险货物遭受保险责任范围内的事故,使被保险人失去被保险货物所有权,而收回这一所有权所需花费的费用,将超过收回后被保险货物的价值。

当被保险货物发生推定全损时,被保险人可以要求按照部分损失赔偿,也可以要求按照全部损失赔偿。如果要求按照全部损失赔偿,被保险人必须向保险人发出委付通知。委付是指被保险人表示愿意将保险标的的权利和义务转移给保险人,并要求保险人按全部损失赔偿的一种行为。委付必须经保险人同意后才生效,但是保险人应当在合理时间内将接受委付或不接受委付的决定通知被保险人。委付一旦经被保险人接受不得撤回。

(二)部分损失

部分损失是指被保险货物的一部分损毁或灭失,没有达到全部损失的程度。部分损失按照其损失性质的不同,可以分为共同海损和单独海损。

1.共同海损

共同海损是指载货船舶在海运途中遇到危险,船长为了维护船舶和所有货物的共同安全或使航程得以继续完成,有意地并且合理地做出的某些牺牲或支出的特殊费用。

构成共同海损的条件包括:

(1)船方在采取紧急措施时,必须确有危及船、货共同安全的危险存在。

(2)船方所采取的措施必须是有意识的、合理的。所谓有意识,是指共同海损的发生必须是人为的、意识行为的结果,而不是一种意外的损失。

(3)所做出的牺牲或支出的费用必须是非常性质的。所谓非常性质,是指这种牺牲或费用不是通常业务中所必然会遇到或支出的。

(4)构成共同海损的牺牲和费用支出,最终还必须是有效的。共同海损的牺牲和费用应由船舶、货物、运费三方按最后获救的价值共同按比例分担,即为共同海损的分担。对个别有关的当事人来说,分摊到的金额均小于船、货、运费的本身价值。从这个意义上说,共同海损属于部分损失。

2.单独海损

单独海损是指在海运中,由于保单承保风险直接导致的船舶或货物本身的损失。因为单独海损只危害到某个或某些当事人的利益,对其他人利益不构成威胁,所以单独海损由受损方或者其保险人承担。

共同海损和单独海损的主要区别在于:

(1)造成海损的原因不同。单独海损是承保风险所直接导致的船、货损失。共同海损是为了解除或减轻共同危险,人为造成的一种损失。

(2)承担损失的责任不同。单独海损的损失一般由受损方自行承担,而共同海损的损失,由受益各方按照受益大小的比例共同分摊。

三、海上货运保险承担的费用

保险货物遭受保险责任范围内的事故,除了使货物本身遭受损失外,还会产生费用方面的损失,保险人也应该予以赔偿。海上货物运输保险承担的费用包括施救费用和救助费用两种。

(一)施救费用

施救费用是指保险标的在遭遇保险责任范围内的灾害事故时,被保险人或其代理人、雇用人、保险单的受让人对保险标的所采取的各种抢救、防止或减少货损的措施而支出的合理费用。保险人对此做出赔偿。一般来说,施救费用不包括第三者救助而产生的费用,属于自救费用。

(二)救助费用

救助费用是指被保险货物遭受承保责任范围内的灾害事故时,除保险人和被保险人以外的第三方采取救助措施,获救成功,而向救助的第三方支付的报酬。救助费用获得赔偿的前提条件是救助成功,在国际上,一般也称之为"无效果—无报酬"。

第三节 海上货物运输保险条款

在我国的对外贸易中,进出口货物的保险,一般都采用中国保险条款(C.I.C)。但也可应对方的要求,使用国际上通用的伦敦保险协会条款(I.C.C)。因此,本节除介绍中国人民财产保险公司的海洋货物运输保险条款外,也对英国伦敦保险协会的货物条款进行介绍。

一、中国海洋货物运输保险条款

中国人民财产保险公司根据我国保险业务的实际需要,并参考国际保险市场的习惯做法制定了各种不同运输的货物运输保险条款以及附加险条款,总称"中国保险条款"(China Insurance Clause,C.I.C)。其中现行的《海洋运输货物保险条款》(Ocean Marine Cargo Clauses)于2009年1月1日修订实施,主要包括保险险别及责任范围、除外责任、保险期限、被保险人义务及索赔期限等内容。

(一)保险险别及责任范围

我国海洋运输货物保险的险别分为基本险和附加险两类,其具体的责任范围如下:

1.基本险

基本险又称主险,是可以单独投保的险别,主要包括平安险、水渍险和一切险三种。

(1)平安险(Free from Particular Average,F.P.A)。其英文含义为"单独海损不赔"。我国保险公司对平安险的承保责任范围包括:

①被保险货物在运输途中由于恶劣气候、雷电、海啸、地震、洪水自然灾害造成整批货物的

全部损失或推定全损。

②由于运输工具遭受搁浅、触礁、沉没、互撞、与流冰或其他物体碰撞,以及失火、爆炸意外事故造成货物的全部或部分损失。

③在运输工具已经发生搁浅、触礁、沉没、焚毁等意外事故的情况下,货物在此前后又在海上遭受恶劣气候、雷电、海啸等自然灾害所造成的部分损失。

④在装卸或转运时由于一件或数件整件货物落海造成的全部或部分损失。

⑤被保险人对遭受承保责任内危险的货物采取抢救、防止或减少货损的措施而支付的合理费用,但以不超过该批被救货物的保险金额为限。

⑥运输工具遭遇海难后,在避难港由于卸货所引起的损失以及在中途港、避难港由于卸货、存仓以及运送货物所产生的特别费用。

⑦共同海损的牺牲、分摊和救助费用。

⑧运输契约订有"船舶互撞责任"条款,根据该条款规定应由货方偿还船方的损失。

(2)水渍险(With Particular Average, W.P.A 或 W.A)。其英文含义是"单独海损要赔"。水渍险的责任范围除包括"平安险"的各项责任外,还负责被保险货物由于恶劣气候、雷电、海啸、地震、洪水自然灾害所造成的部分损失。

(3)一切险(All Risks)。一切险的责任范围除包括平安险和水渍险的各项责任外,还负责被保险货物在运输途中由于外来原因所致的全部或部分损失。

案例分析 12-1

平安险所引起的赔偿案

某外贸公司按 CIF 术语出口一批货物,装运前已向保险公司投保了平安险。载货船舶在海上遇到暴风雨,致使一部分货物受到水渍,损失价值达到 3 000 美元。数日以后,该轮船又在航行途中突然触礁,致使该批货物又遭到部分损失,价值达 8 000 美元。根据中国人民财产保险公司《海运货物保险条款》平安险的责任范围第二条和第三条的规定,触礁受损的 8 000 美元,是运输工具遇到意外事故造成的部分损失,保险公司负责赔偿。遭遇暴风雨受损的 3 000 美元,是在运输过程中由于自然灾害造成的部分损失,但因该货物是在触礁意外事故发生之前造成的,因此,保险公司对该批货物的上述两项损失都负赔偿责任。

2.附加险

我国海运货物的附加险包括一般附加险和特殊附加险两种。

(1)一般附加险

一般附加险主要承保由一般外来风险引起的被保险货物损失。一般附加险共有 11 种险别,具体如下:

①偷窃、提货不着险(Theft, Pilferage and Non-delivery, TPND)。它是承保由于偷窃及买方提不到货所发生的损失。

②淡水、雨淋险(Fresh Water Rain Damage, FWRD)。它是对被保险货物因直接遭受雨淋或淡水所致的损失负责赔偿,但包装外部应有雨水或淡水痕迹或有其他适当的证明。

③短量险(Risk of Shortage)。它是对被保险货物在运输过程中,因外包装破裂或散装货物发生数量散失和实际重量短缺的损失负责赔偿,但正常的途耗除外。

④混杂、玷污险(Risk of Intermixture&Contamination)。它是对被保险货物在运输过程中因混杂、玷污所致的损失负责赔偿。

⑤渗漏险(Risk of Leakage)。它是对被保险货物在运输过程中，因容器损坏而引起的渗漏损失，或用液体储藏的货物因液体的渗漏而引起的货物腐败等损失，负责赔偿。

⑥碰损、破碎险(Risk of Clash&breakage)。它是对被保险货物在运输过程中因震动、碰撞、受压造成的破碎和碰撞损失负责赔偿。

⑦串味险(Risk of Odor)。它是对被保险食物、中药材、化妆品原料等货物在运输过程中因受其他物品的影响而引起的串味损失，负责赔偿。

⑧受潮受热险(Risk of Damage Caused by Heating & Sweating)。它是对被保险货物在运输过程中因气温突然变化或由于船上通风设备失灵致使船舱内水汽凝结、发潮或发热所造成的损失负责赔偿。

⑨钩损险(Risk of Hook Damage)。它是对被保险货物在装卸过程中因遭受钩损而引起的损失，以及对包装进行修补或调换所支付的费用，均负责赔偿。

⑩包装破裂险(Risk of Damage Caused by Breakage of Packing)。它是对被保险货物，在运输过程中因搬运或装卸不慎，包装破裂所造成的损失，以及为继续运输安全所需要对包装进行修补或调换所支付的费用，均负责赔偿。

⑪锈损险(Risk of Rust)。它是对被保险货物在运输过程中发生的锈损，负责赔偿。

上述的一般附加险，若投保人投保的基本险为平安险或水渍险，可根据需要加保。但若投保了一切险。一般附加险的责任已包含在一切险的范围内，就不用再加保一般附加险了。

(2)特殊附加险

特殊附加险主要承保由于军事、政治、国家政策、法令及行政措施等特殊外来风险所造成的全部或部分损失。我国保险业的特殊附加险一般包括如下几种：

①战争险(War Risk)。它主要承保战争或类似战争行为所造成的被保险货物的损失，如直接由于战争、类似战争行为和敌对行为、武装冲突或海盗行为所致的损失；以及由此引起的捕获、拘留、扣留、禁制、扣押所造成的损失；各种常规武器，包括水雷、鱼雷、炸弹所致的损失。同时，战争险还承保由上述原因所引起的共同海损的牺牲、分摊和救助费用。但是，由于敌对行为使用原子或热核制造的武器所致的损失和费用，以及根据执政者、当权者或其他武装集团的扣押、拘留引起的承保航程的丧失和挫折而提出的任何索赔，这两项内容战争险不承担赔偿责任。

②罢工险(Strikes Risk)。罢工险对被保险货物由于罢工者、被迫停工工人或参加工潮、暴动、民众斗争的人员的行动，或任何人的恶意行为所造成的直接损失和上述行动或行为所引起的共同海损的牺牲、分摊和救助费用负赔偿责任。但在罢工期间由于劳动力短缺或不能履行正常职责所致的保险货物的损失，包括因此而引起的动力或燃料缺乏使冷藏机停止工作所致的冷藏货物的损失，罢工险不承担赔偿责任。

③进口关税险(Import Duty Risk)。进口关税险是指被保险货物到达目的港后，因遭受保险单责任范围以内的损失，而被保险人仍需要按完好货物完税时，保险人对该项货物损失部分的进口关税负赔偿责任。

④舱面货物险(On Deck Risk)。舱面货物险承保的是被保险货物存放舱面时，因被抛弃或风浪冲击落水而造成的损失。海运货物一般情况下都是存放在船舱内的，但某些体积较大或有污染性的货物按航运习惯会被装载在甲板上，相比舱内的货物其面临的风险更大，因此投

保时通常可在基本险的基础上加保舱面货物险。

⑤拒收险(Rejection Risk)。如果投保拒收险,保险人对被保险货物由于在进口港被进口国的政府或有关当局拒绝进口或没收予以负责,那么会按照被拒绝进口或没收货物的保险价值赔偿。但是,在被保险货物起运后,进口国宣布实行任何禁运或禁止,保险人仅负责赔偿运回到出口国或转口到其他目的地而增加的运费,最多不得超过该批货物的保险价值。需要注意的是,在投保拒收险时,必须保证被保险货物的生产、质量、包装和商品检验符合产地国和进口国的有关规定,且被保险货物备有一切必需的有效的进口特许证或许可证。

⑥黄曲霉素险(Aflatoxin Risk)。黄曲霉素险对被保险货物,在保险责任有效期内,在进口港或进口地经当地卫生当局检验证明,因含有黄曲霉毒素,并且超过了进口国对该毒素的限制标准,必须拒绝进口、没收或强制改变用途时,保险人按照被拒绝进口或被没收部分货物的保险价值或改变用途所造成的损失,负责赔偿。这种保险常用于花生、谷物等易于产生黄曲霉素的产品。

⑦交货不到险(Failure to Deliver)。交货不到险自货物装上船舶开始,不论由于何种原因,如货物不能在预定抵达目的地的日期起六个月以内交讫,保险人同意按全损予以赔付,但该货物的全部权益应转移给保险人,被保险人保证已获得一切许可证。

⑧出口货物到香港(包括九龙在内)或澳门存仓火险责任扩展条款。这个条款主要针对出口到港澳地区的货物。该条款规定:所保货物,经运抵目的地香港(包括九龙在内)或澳门,卸离运输工具后,如直接存放于本保险单载明的过户银行所指定的仓库,本保险单对存仓火险的责任,自运输责任终止时开始,特予继续负责,直至上述银行收回押款解除对货物的权益终止为止,或自运输险责任终止时起计满三十天为止,如被保险人在期满前,用书面申请延长并交付所需的保险费后,得予继续延长。

(二)除外责任

除外责任是指保险公司明确规定不予赔偿的损失和费用范围。除外责任中各项致损原因,一般是非意外的、偶然性的,或者是比较特殊的风险,是保险公司的一种明确免费规定。根据中国人民财产保险公司《海洋运输货物保险条款》,基本险规定了以下除外责任:

(1)被保险人的故意行为或过失所造成的损失。

(2)属于发货人责任所引起的损失。

(3)在保险责任开始前,被保险货物已存在的品质不良或数量短差所造成的损失。

(4)被保险货物的自然损耗、本质缺陷、特性,以及市价跌落、运输延迟所引起的损失或费用。

(5)海洋运输货物战争险条款和货物运输罢工险条款规定的责任范围和除外责任。

(三)保险责任起讫期限

责任起讫又称保险期间或保险期限,是指保险人承担责任的起讫时间。

1.基本险的起讫期限

根据我国保险条款的规定,基本险适用的是"仓至仓条款"。具体而言,就是指保险条款自被保险货物运离保险单所载明的起运地仓库或储存处所开始运输时生效,包括正常运输过程中的海上、陆上、内河和驳船运输在内,直至该项货物到达保险单所载明目的地收货人的最后仓库或储存处所或被保险人用作分配、分派或非正常运输的其他储存处所为止。如未抵达上述仓库或储存处所,则以被保险货物在最后卸载港全部卸离海轮后满六十天为止。如在上述六十天内被保险货物需转运到非保险单所载明的目的地时,则以该项货物开始转运时终止。

同时,我国保险条款也规定:由于被保险人无法控制的运输延迟、绕道、被迫卸货、重新装载、转载或承运人运用运输契约赋予的权限所做的任何航海上的变更或终止运输契约,致使被保险货物运到非保险单所载明的目的地时,在被保险人及时将获知的情况通知保险人,并在必要时加缴保险费的情况下,保险仍继续有效。如果被保险货物在非保险单所载明的目的地出售,保险责任至交货时为止,但不论任何情况,均以被保险货物在卸载港全部卸离海轮后满六十天为止。

2. 战争险、罢工险的起讫期限

按照国际惯例,战争险的责任起讫期限以"水面危险"为限。保险责任自被保险货物装上保险单所载起运港的海轮或驳船时开始,到卸离保险单所载明的目的港的海轮或驳船时为止。如果被保险货物不卸离海轮或驳船,保险责任最长期限以海轮到达目的港的当日午夜起算满十五天为限。海轮到达上述目的港是指海轮在该港区内一个泊位或地点抛锚、停泊或系缆,如果没有这种泊位或地点,则指海轮在原卸货港或地点或附近第一次抛锚、停泊或系缆。如在中途港转船,不论货物在当地卸载与否,保险责任以海轮到达该港或卸货地点的当日午夜起算满十五天为止,等货物再装续运海轮时恢复有效。如运输发生绕道,改变航程或承运人运用运输契约赋予的权限所做的任何航海上的改变,在被保险人及时将获知情况通知保险人,并在必要时加缴保险费的情况下,保险仍继续有效。

罢工险的责任起讫期限采用"仓至仓条款"。如货物运输已经投保战争险,加保罢工险一般无须加缴保险费。

(四)被保险人义务条款

我国海洋运输货物保险条款中也对被保险人的相关义务做了规定,被保险人如因未履行规定的义务而影响了保险人的利益时,保险人对有关损失有权拒绝赔偿。被保险人的义务具体有以下各项:

1. 防止延迟的义务

当被保险货物运抵保险单所载明的目的港以后,被保险人应及时提货。当发现被保险货物遭受任何损失,应立即向保单上所载明的检验代理人申请检验。如果发现被保险货物整件缺失或有明显残损痕迹应立即向承运人、受托人或有关当局(海关、港务当局)索取货损货差证明。

2. 减少损失的义务

对遭受损失的货物,被保险人和保险人都可迅速采取合理的抢救措施,防止或减少货物的损失。如果货损货差是由于承运人、受托人或其他有关方面的责任所造成的,被保险人应以书面方式向他们提出索赔,必要时还需取得延长时效的认证。

3. 告知义务

当遇航程变更或发现保险单所载明的货物、船名或航程有遗漏或错误时,被保险人应在获悉后立即通知保险人,并在必要时加缴保险费,保险才会继续有效。在获悉"船舶互撞责任"条款的实际责任后,应及时通知保险人。

二、伦敦保险协会海运货物条款

在国际货物保险市场上,各国保险组织都分别订立了自己的保险条款,其中影响最大的是英国伦敦保险协会制定的《协会货物条款》(Institute Cargo Clause,I.C.C)。伦敦保险协会货物条款最早制定于1912年,经过多次修订,现在世界上多数国家使用的该条款是于2009年1月1日实施的。我国进出口公司在采用CIF或CIP贸易术语时,有时也会应客户的要求,按伦敦协会货物保险条款投保。

(一)伦敦保险协会海运货物保险条款种类

《协会货物条款》共有6种险别,它们是:

(1)协会货物条款(A)(Institute Cargo Clause(A)),简称ICC(A);
(2)协会货物条款(B)(Institute Cargo Clause(B)),简称ICC(B);
(3)协会货物条款(C)(Institute Cargo Clause(C)),简称ICC(C);
(4)协会战争险条款(货物)(Institute War Clause-Cargo),简称IWCC;
(5)协会罢工险条款(货物)(Institute Strike Clause-Cargo),简称ISCC;
(6)恶意损害险(Malicious Damage Clause)。

以上六种险别中,ICC(A)、ICC(B)、ICC(C)为主险,可以单独投保;战争险和罢工险也可以单独投保,但是恶意损害险不能单独投保。

(二)伦敦保险协会海运货物保险承保范围和除外责任

1. ICC(A)条款的承保范围和除外责任

(1)承保范围。ICC(A)所具体承保的风险如下:①承保除"除外责任"各条款规定之外的一切风险所造成的保险标的的损失;②承保共同海损和救助费用;③根据运输契约订有"船舶互撞责任"条款应由货方偿还船方的损失。

(2)除外责任包含四种。①一般除外责任。如被保险人故意的不法行为造成的损失或费用;保险标的内在的缺陷或特征造成的损失和费用;直接由于延迟所引起的损失或费用;由于使用原子或热核武器造成的损失或费用等。②不适航、不适货除外责任。船舶、运输工具、集装箱或大型海运箱不适宜安全运载保险标的的情况(不适货);如果保险标的在装载时,被保险人已经知道这种不适航和不适货的情况。③战争除外责任。④罢工除外责任。

但是,ICC(A)的除外责任不包括"海盗行为"和"恶意损害险"。

2. ICC(B)条款的承保范围和除外责任

(1)所承保的风险包括火灾或爆炸;船舶或驳船遭受搁浅、触礁、沉没或倾覆;陆上运输工具的倾覆或出轨;船舷、驳船或运输工具同除水以外的任何外界物体碰撞;在避难港卸货;地震、火山爆发或雷电;共同海损的牺牲;抛货或浪击落海;海水、湖水或河水进入船舶、驳船、运输工具、集装箱、大型海运箱或储存场所;货物在船舷或驳船装卸时落海或跌落造成的整件全损。

(2)除外责任。ICC(B)的除外责任是ICC(A)的除外责任,再加上"海盗行为"和"恶意损害险"。

3. ICC(C)条款的承保范围和除外责任

(1)承保范围。ICC(C)承保范围比ICC(B)的条款少,只承保"重大意外事故",其内容如下:火灾、爆炸;船舶或驳船触礁、搁浅、沉没或倾覆;陆上运输工具倾覆或出轨;出避难港卸货;共同海损的牺牲;抛货。

(2)除外责任:与ICC(B)相同。

由此可以看出,从承保范围来看,ICC(A)险相当于中国保险条款中的一切险,ICC(B)险大体上相当于水渍险,ICC(C)险相当于平安险。

4. 战争险的承保风险和除外责任

(1)战争险主要承保由于下列原因造成保险标的损失:战争、内战、革命、叛乱、造反或由此引起的内乱或交战国的任何敌对行为;捕获、拘留、扣留、管制或扣押,以及这些行为行动的后果或这方面的企图;遗弃的水雷、鱼雷、炸弹或其他遗弃的战争武器;上述原因导致的共同海损和救助费用。

(2)战争险的除外责任与ICC(A)的除外责任基本相同。

5. 罢工险的承保范围和除外责任

(1)罢工险主要承保以下原因所引起的损失:罢工者、被迫停工工人或参与工潮、暴动或民变的人所致的损失;恐怖主义者或任何出于政治目的采取行动的人所致的损失;为避免或有效避免以上承保风险所造成的共同海损或救助费用。

(2)罢工险的除外责任与ICC(A)的除外责任基本相同。

6. 恶意损害险的承保范围

恶意损害险所承保的是被保险人以外的其他人(如船长、船员)的故意伤害、破坏行为所致的保险货物的灭失或损害。但是,恶意损害如系出于政治动机的人的行动,便不属于恶意损害险的承保范围,而属于罢工险的承保风险。

恶意伤害的风险除了在ICC(A)中被列为承保风险外,在ICC(B)和ICC(C)中都被列为"除外责任"。因此,在投保ICC(B)和ICC(C)时,如果被保险人需要对这种风险取得保险,就需另行加保恶意损害险。

(三)伦敦保险协会海运货物保险的责任起讫

英国伦敦保险协会海运货物保险条款的基本险的责任起讫,同我国海运货物保险条款基本的规定大体相同,即均采用"仓至仓条款",但其规定比我国有关条款的规定更为详细。

第四节　合同中的保险条款

保险条款是合同中的主要条款之一,它涉及买卖双方的利益。保险条款的主要内容包括:保险的金额、保险的险别、保险费、保险单据以及保险适用条款等内容。

一、进出口合同中的保险条款

进出口合同中的保险条款,因采用不同的贸易术语而有所不同。如按FOB、CFR、FCA和CPT条件成交,合同中只需规定:"Insurance to be covered by the buyers"(保险由买方办理)。如按CIF、CIP术语成交,出口合同则需具体规定保险金额、保险险别。

例如:"Insurance is to be covered by the sellers for 110% of the Invoice Value against All Risks and War Risk as per Ocean Marine Cargo Clauses of the People's Insurance Company of China dated Jan.1,2009."(由卖方按发票金额的110%投保一切险和战争险,以2009年1月1日中国人民保险公司海洋货物运输保险条款为准。)

二、保险险别的选择

保险险别中关于保险人与被保险人之间的权利与义务的规定,是保险公司所负赔偿责任的主要依据。险别不同,保险公司的责任范围各异,收取的保险费也不相同。因此,如何适当地选择险别是个十分重要的问题。一般说来,对保险险别的选择,必须根据货物的种类、性质及特点,货物的包装情况,货物的运输方式、航线、港口和装卸货的损耗情况等,目的地的货物市场价格变动趋势,季节、气候以及安全等具体情况全面考虑,做到既要使货物得到充分的保险保障,又要注意保险费用开支。买卖双方约定的险别通常为平安险、水渍险、一切险三种基本险别中的一种。但有时也可根据货物特性和实际情况加保一种或若干种附加险。如约定采用英国伦敦保险协会条款,也可根据货物特性和实际情况需要选择该条款的具体险则。因此,如买方要求加保,则费用应由买方负担。易碎的玻璃制品要保一切险,而笨重不易短失、损坏的钢制品就不必投保一切险,散装的粮食等要加保短量险;当货物出口到经常下雨的地区,除非货物已投保了一切险,否则就应加保"淡水雨淋险"等。

三、保险金额和保险费的确定

我国的出口货物办理保险时,一般用逐笔投保的办法。虽然对于按照 FOB 或 CFR 术语成交的货物,卖方无义务办理保捡,但卖方由于保险承保起讫时间的限制,在履行交货之前,货物自仓库到装船的时间区间内,货物的意外损失,卖家仍要承担。所以卖家需要自行安排这段时间内的相关保险。对于按照 CIF 或 CIP 术语成交的货物,卖方本身负有办理保险的责任,一般在货物从装运仓库运往码头或车站之前就已经办理完了相关的保险。为了避免对业务逐笔进行保险的烦琐程序及可能发生的遗漏,我国进口货物时大多办理预约保险。预约保险是指投保双方约定总的保险范围并签订预约保险合同的长期保险。

(一)保险金额的确定

保险金额(Insured Amount)又称投保金额,它是被保险人对保险标的的实际投保金额,是保险人承担保险责任的标准和计算保险费的基础,在被保险货物发生保险责任范围内的损失时,保险金额就是保险人赔偿的最高限额。按照国际惯例,保险金额应按发票上的 CIF 或 CIP 价另加 10% 计算。这增加的 10% 叫作保险加成率,也就是买方进行这笔交易所付的费率和预期利润。当然,投保加成率也可以由双方视交易的风险和具体情况协商决定。

因此,保险金额的计算公式是:

$$保险金额 = CIF(或 CIP)价 \times (1 + 投保加成率)$$

(二)保险费的计算

保险费(Premium)是保险公司经营业务的基本收入,是损失赔偿的主要来源,它是保险人因承担特定的赔偿或给付责任而向投保人或被保险人收取的费用。保险人缴纳保险费的多少取决于保险金额和保险费率。保险费率(Premium Rate)是保险公司在一定时期内,按照保险货物的种类、保险的险别、风险的大小、损失率的高低制定的。

因此,保险费的计算公式是:

$$保险费 = 保险金额 \times 保险费率$$

例题:某出口公司按 CIF 条件向国外出口一批玩具,成交金额为 200 000 美元,买卖双方同意按 CIF 加成 10% 投保一切险,假设运至目的地的该货物海运一切险的保险费率为 0.5%,试计算该批货物的保险费是多少。

解答:

该批货物的保险金额:

$$保险金额 = CIF(或 CIP)价 \times (1 + 投保加成率)$$
$$= 200\,000 \times (1 + 10\%)$$
$$= 220\,000(美元)$$

该批货物应缴保费:

$$保险费 = 保险金额 \times 保险费率$$
$$= 220\,000 \times 0.5\%$$
$$= 1\,100(美元)$$

四、保险单据

(一)保险单据的定义

保险单据是保险公司在接受投保后签发的承保凭证,是保险人和被保险人之间订立的保险合同。在被保险货物遭受保险合同责任范围内的损失时,它是被保险人索赔和保险人理赔的主要依据。在 CIF、CIP 合同中,保险单据是卖方必须向买方提供的主要单据之一。保险单是可以背书转让的。根据《UCP600》的规定:"保险单据日期不得晚于发运日期,除非保险单据表明保险责任不迟于发运日前生效。"

(二)保险单据的种类

1. 保险单

保险单(Insurance Policy)也叫大保单、正式保单,主要应用于承保一个指定的船舶和航次承运的货物在运输途中的风险,货物安全抵达目的地,保险单的效力即告终止。它是保险人与投保人订立的正规保险合同,是完整独立的保险文件。除载明保险人名称、保险货物名称、数量或重量、唛头、运输工具、保险的起讫地点、承保险别、保险金额、期限和索赔地点等项目之外,背面还列有被保险人的责任范围以及保险人与被保险人各自的权利、义务等方面的详细条款。将来如有保险事故的发生,可根据其所承保的范围予以理赔。同海运提单一样,保险单可由被保险人背书转让。

2. 保险凭证

保险凭证(Insurance Certificate)也叫小保单,是一种简化的保险单,一般只有正面条款,而无背面条款。保险凭证与保险单一样,都可以转让,且具有与保险单同等的效力,但在信用证规定提交保险单时,一般不能用保险单的简化形式。

3. 预约保险单

预约保险单(Open Policy)又称预约保险合同,它是被保险人(进口人)与保险人之间订立的总合同。它一般适用于经常有相同类型货物需要陆续装运进口货物的保险。它是保险公司与投保人双方,在没有确定船名、航次的条件下,预先签订的不规定保险总金额,只规定其他一些保险条件的保险合同。订立这种合同是为了简化保险手续,使货物一经装运,保险公司即自动按预约保险单所订立的条件承保。

4.联合凭证

联合凭证(Combined Certificate)又联合发票,是一种发票和保险相结合的单证,是比保险凭证更为简化的保险单据。保险人将承保的保险险别、保险金额等加注在出口公司签发的出口发票上或承运机构的运单上,并加盖保险人的印章来证明保险人承保并按有关的险别承担保险责任。联合凭证不能转让,目前只限于在我国对某些特定国家或地区的出口业务中使用。

5.保险批单

保险批单(Endorsement)是指保险单开立后,投保人如需补充或者变更保险内容,可根据保险公司的规定,向保险公司提出修改申请,保险公司同意后开立批单,注明更改或补充的内容。批单是变更保险合同内容的一种书面证明,一般附贴在原保险单或保险凭证上。保险单一经批改,保险公司即按批改后的内容承担责任。

本章小结

1.货物运输保险是指被保险人为应付各种自然灾害和意外事故,对一批或若干批货物向保险人(保险公司)按一定的金额投保一定的险别,并缴纳保险费的行为。保险人承保后,如果所承保的货物在运输过程中发生约定范围内的损失,保险人就应当按保险合同的规定给予被保险人适当的经济补偿。

2.海上货物运输保险承保的范围包括海上风险、海上损失与费用,以及海上风险以外的其他外来原因所造成的风险与损失。海上风险又包括自然灾害和意外事故,而外来风险则包括一般外来风险和特殊外来风险。海上损失按其损失程度的不同,可分为全部损失和部分损失。海上风险所造成的费用主要包括施救费用和救助费用两种。

3.在我国的对外贸易中,进出口货物的保险,一般都采用中国保险条款(C.I.C)。但也可应对方的要求,使用国际上通用的伦敦保险协会条款(I.C.C)。我国海洋运输货物保险的险别分为基本险和附加险两类。基本险是可以单独投保的险别,主要包括平安险、水渍险和一切险三种;附加险是投保人在选择一种基本险之后根据具体情况加保的一种险别,不能单独投保,它主要包括一般附加险和特殊附加险两种。

4.伦敦保险协会制定的《协会货物条款》共有 6 种险别,分别是协会货物条款(A)、协会货物条款(B)、协会货物条款(C)、协会战争险条款、协会罢工险条款、恶意损害险。以上六种险别中,ICC(A)、ICC(B)、ICC(C)为主险,可以单独投保;战争险和罢工险也可以单独投保,但是恶意损害险则不能单独投保。

5.保险条款是合同中的主要条款之一,它涉及买卖双方的利益。保险条款的主要内容包括:保险的金额、保险的险别、保险费、保险单据以及保险适用条款等内容。

思考题

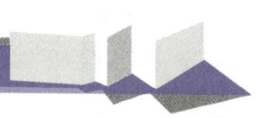

1.在海洋运输保险中,保险公司承担哪些风险、损失和费用?
2.什么是实际全损和推定全损?试举例说明。
3.共同海损和单独海损的区别是什么?
4.我国海洋货物运输保险的基本险有哪些?其中平安险的责任范围是什么?
5.我国海洋货物运输保险的附加险有哪些?

6.某轮船载货后,在航行途中不慎发生搁浅,事后反复开倒车,强行起浮,造成船上轮机受损且船底划破,致使海水渗入货仓,造成船货部分损失。该船行驶至邻近的一港口船坞修理,暂时卸下大部分货物,前后花了10天时间,增加各项费用支出,包括船员工资。当船修复后装上原货起航不久,A舱起火,船长下令对该舱灌水灭火。A舱原有文具用品、茶叶等。灭火后发现文具用品一部分被焚毁,另一部分文具用品和全部茶叶被水浸湿。试分析以上各项损失的性质,并指出在投保C.I.C何种险别时,保险公司才负责赔偿。

7.我国向国外出口一批货物,对外按照CFR报价250 000美元,现客户要求改报CIF价加两成投保海运一切险,我方同意照办。如果一切险的保险费率为0.6%,我方应支付多少保险费?

第十三章　国际货款的收付

知识目标

1. 了解各种国际货款支付工具及其应用。
2. 掌握汇付、托收和信用证结算方式性质、特点及业务流程。

能力目标

能够使用汇付、托收进行国际贸易结算,掌握审核信用证的方法。

思政目标

培养严谨细致及负责的工作态度。

本章导读

在国际贸易中,货款的收付是一个非常重要的环节,直接关系到买卖双方的利益。因此,买方在何时、何地、以何种方式付款就成了买卖双方共同关心的问题。在合同磋商过程中,必须就以上问题取得一致意见,并做出明确规定,形成合同中的支付条款。

通过本章的学习,读者可以了解到支付工具、支付方式的相关内容。

第一节　国际货款的支付工具

在国际贸易货款的收付中,采用现金结算的较少,大多使用非现金结算,即使用票据代替现金作为流通手段和支付手段来结算国际间的债权和债务。票据是国际通行的结算工具和信用工具,是可以流通转让的债权凭证,是以无条件支付一定金额为目的的有价证券。国际贸易中常见的票据有汇票、本票和支票,其中以汇票的使用最为广泛。

一、汇票

(一)汇票的含义

汇票(Bill of Exchange,简称 Draft、Bill)是出票人签发的,委托付款人在见票时,或者在指定日期无条件支付确定的金额给收款人或者持票人的票据。汇票是一种无条件支付的委托，有三个当事人：出票人、受票人、收款人。

（二）汇票的主要内容

各国票据法对汇票内容的规定不尽相同，一般应包括：(1)票据名称。汇票必须明确标明"汇票"字样，以区别于其他票据或凭证。(2)汇票的金额。(3)无条件的支付命令。(4)受票人(Drawee)。它是接受汇票支付命令的人，即付款人(Payer)。在国际贸易中，往往是进口商或其往来银行。(5)受款人(Payee)。它是指有权凭汇票取得规定金额的人。在国际贸易中，受款人往往是出口商或其往来银行。(6)出票人(Drawer)签字。汇票只有经有权签发的人签字才生效。(7)付款日期或期限。常见的有即期付款、定期付款和延期付款。(8)出票日期与出票地点。(9)付款地点。一般是指付款人所在地。汇票示例如图13-1所示。

```
                    BILL OF EXCHANGE
No. _____
For _____                          _____
    (amount in figure)                       (place and date of issue)
At _____ sight of this  FIRST  Bill of exchange (SECOND being unpaid)
pay to _____ or order the sum of
_____
                         (amount in words)
Value received for _____ of _____
                    (quantity)              (name of commodity)
Drawn under _____
L/C No. _____ dated _____
To:                                  For and on behalf of

                                     _____
                                           (Signature)
```

图13-1　汇票示例

（三）汇票的种类

根据不同的分类标准，通常可以将汇票分为以下几类：

(1)按出票人的不同，可以分为银行汇票(Banker's Draft)和商业汇票(Commercial Draft)。前者由银行签发，主要用于银行的票汇业务；后者由工商企业签发，常用于托收和信用证业务。

(2)按收款人的不同，可以分为限制性抬头汇票、指示式抬头汇票和来人抬头汇票。

①限制性抬头汇票。如"付给A公司，不准转让"(Pay A Co., not transferable)或"仅付给A公司"(Pay A Co. Only)，这种汇票不能以背书方式进行转让。

②指示式抬头汇票。如"付给A公司或其指定的人"(Pay A Co. or order；Pay to the order of A Co.)。这种载有指示性抬头的汇票可以经过背书转让。

③来人抬头汇票。即在汇票上不指定收款人名称，而仅载明"付给来人"(Payable to bearer)或"付给持票人"(Pay to holder)，这种汇票仅凭交付汇票本身即可转让，而无须持票人

背书。

(3)按汇票承兑人的不同,可分为银行承兑汇票和商业承兑汇票。银行承兑汇票是指由银行承兑、并承担到期付款责任的汇票;商业承兑汇票是指由个人或工商企业承兑、并承担到期付款责任的汇票。

(4)按有无附属单据,可分为跟单汇票和光票。跟单汇票(Documentary Draft)是指附有运输单据的汇票;光票(Clean Draft)是指不附带运输单据的汇票。

(5)按付款时间的不同,可以分为即期汇票(Sight Draft、Demand Draft)和远期汇票(Time Draft、Usance Draft)。前者是见票立即付款的汇票,后者是规定付款人于将来的指定日期或可以确定的日期付款的汇票。具体规定方法一般有:见票后若干天付款(At ××Days after Sight)、出票后若干天付款(At ××Days after Date)、汇票载明的日期后若干天付款(At ××Days after a Stated Date)、在固定的将来日期付款(At a Fixed Date)。

(四)汇票的使用

1.出票(Issue)

它是指出票人在汇票上填写付款人、付款金额、付款日期和地点以及受书人名称等内容并签字后交给受款人的行为。

2.提示(Presentation)

它是指收款人或持票人将汇票提交付款人要求其付款或承兑的行为。提示可分为两种:提示承兑(Presentation for Acceptance)和提示付款(Presentation for Payment)。

3.承兑(Acceptance)

它是指远期汇票的付款人在汇票上签字,承诺将按出票人的命令,在汇票到期时履行付款责任的行为。承兑的手续是由付款人在汇票正面写上"承兑"(Accepted)字样,加注承兑日期并签名。付款人在承兑汇票后便成为承兑人,不得以任何理由否认汇票的效力,拒绝对该汇票付款。履行承兑的日期就是见票日期。

4.付款(Payment)

它是指付款人向持票人按汇票金额支付票款的行为。汇票由付款人足额付款后,汇票上的一切债权债务关系即告结束。

5.背书(Endorsement)

它是转让汇票的法定手续,是指持票人以转让其权利为目的而在汇票背面签字的一种行为。

背书的方式主要有以下几种:

(1)空白背书(Endorsement in Blank),是指背书人(Endorser)只需在票据背面签字即可交付转让,而不记载被背书人(Endorsee)名称的背书方式,也称无记名背书、不记名背书。这是国际贸易结算中最为常见的一种票据背书方式。

(2)特别背书(Special Endorsement),是指写明向某人或某人的指定人付款,再加上签名的背书方式,又称记名背书、正式背书和完全背书。如"付给 BCD 公司的指定人,张三(背书人张三的签名)"(Pay to the order of BCD Co. zhangsan)。

(3)限制性背书(Restrictive Endorsement)。是指背书人对支付给被背书人的指示带有限制性的词语。如"只付给 A"(Pay A Only)、"付给 AB 银行,不可转让"(Pay to AB Bank, not transferable)、"付给 ABC 银行,不可流通"(Pay to ABC Bank, not negotiable)等。由于经过限制性背书的票据几乎没有流通性,因此,在国际贸易结算中较少使用。

6.保付(Per Aval)

它是指由汇票责任当事人以外的第三者对汇票的部分或全部金额保证付款的一种从属票据行为。汇票经过保付,可提高汇票的信誉度,有利于汇票的流通和转让。

7.贴现(Discount)

它是指汇票的受让人(一般为银行或贴现公司)根据票面金额扣除贴息(转让日起到汇票付款日止的利息)后,将票款付给持票人的票据行为。

8.拒付(Dishonor)

它是指持票人向付款人提示汇票要求承兑或要求付款时遭到拒绝,或是由于付款人破产、死亡等原因使承兑或付款实际上成为不可能的票据行为。

9.追索(Recourse)

它是指汇票遭拒付后,持票人可以向其所有的前手追索,持票人这种在汇票遭拒付后,具有的对其前手要求偿还汇票金额及费用的权利,称为"追索权"(Right of Recourse)。持票人可以向所有在汇票上的签字人,或选择任一前手签发书面通知行使追索权。被追索人支付票款后,可向自己的前手再进行追索,直至追索到出票人为止。

二、本票

(一)本票的定义和内容

本票(Promissory Note)是出票人对受款人承诺无条件支付一定金额的票据。由于本票的付款人就是出票人自己,因此,本票的当事人只有两个,即出票人和收款人。本票的出票人在任何情况下均是主债务人。

本票一般应具有以下内容:(1)表明"本票"字样;(2)无条件的支付承诺;(3)确定的金额;(4)收款人名称;(5)出票人签章。

(二)本票的种类

按出票人不同,本票可分为商业本票和银行本票。前者指由工商企业签发的本票,后者指由银行签发的本票。商业本票有即期和远期之分,银行本票都是即期的。在国际贸易结算中使用的本票,大多数是银行本票。

(三)本票与汇票的区别

本票与汇票的主要区别见表 13-1:(1)本票有两个当事人,即出票人与收款人。汇票则有三个当事人,即出票人、付款人与收款人。(2)本票的出票人即是付款人,远期本票无须办理承兑手续,而远期汇票则要办理承兑手续。(3)本票在任何情况下,出票人都是绝对的主债务人,一旦拒付,持票人可以立即要求法院裁定,命令出票人付款。而汇票的出票人在承兑前是主债务人,在承兑后,承兑人是主债务人,出票人则处于从债务人的地位。

表 13-1　　　　　　　　　　本票与汇票的区别

项目	支票	汇票
性质不同	无条件支付承诺	无条件支付命令
基本当事人不同	出票人与收款人	出票人、付款人与收款人
有无承兑行为	没有	有
提示的形式不同	只有提示承兑	有提示承兑和提示付款两种形式

(续表)

项目	支票	汇票
主债务人不同	出票人始终是主债务人	承兑前是出票人,承兑后是承兑人
开出的张数不同	一张	一套,即一式两份或数份

三、支票

(一)支票的定义和内容

支票(Cheque)是出票人签发的,委托办理支票存款业务的银行或者其他金融机构在见票时无条件支付确定的金额给收款人或者持票人的票据。支票的主要当事人和汇票相同,共有三个:出票人、付款人和收款人。支票的出票人必须在银行开有往来账户(Current Account),付款人为银行或者其他金融机构。支票的实质是存款人用以向存款银行支取存款而开立的票据。因此,支票的收款人可以与出票人相同。

一般地,支票必须记载以下事项:(1)表明"支票"字样;(2)无条件的支付委托;(3)确定的金额,支票上的金额可以由出票人授权补记,未补记的支票不得使用;(4)付款人的名称;(5)出票日期;(6)出票人签章,出票人的签章应与其在付款人处所预留的签名式样相符。

(二)支票的种类

根据不同的标准,支票大体上可分为以下几种:

1.记名支票(Check Payable to Order)

记名支票是指票面记载收款人名称的支票。如"付给A公司"(Pay to A Co.)、"付给A公司的指定人"(Pay to the Order of A Co.)等。持记名支票取款时,须由载明的收款人在背面签章。

2.不记名支票(Check Payable to Bearer)

不记名支票是指票面不具体记载收款人名称的支票,也称来人支票或空白抬头支票。持不记名支票取款时,无须收款人签章。持票人可仅凭交付将支票权利转让。

3.划线支票(Crossed Cheque)

划线支票是指票面划有二道平行横线的支票。这种支票只能委托银行收款入账,不能由持票人自行向付款人支取现金。而一般的未划线支票,持票人既可以委托银行收款入账,又可向付款人支取现金。使用划线支票的主要目的是防止支票在遗失时被人冒领。

4.保付支票(Certified Cheque)

保付支票是指银行签注了"保付"(Certified to Pay)字样的支票。支票经签注保付后,签署保付的银行成为主债务人,必须付款,支票的信誉大大提高,支票的流通性随之增强。

5.旅行支票(Traveler's Cheque)

旅行支票是由银行或其他金融机构印发的一种定额支票,专供旅行者在旅途中购买物品、支付旅途费用的票据。它实质上是购票人在出票银行或其他金融机构的无息存款,旅行者兑付旅行支票,其实就是在异地提取此笔存款。

此外,在我国,还有专门用于支取现金的现金支票。现金支票只能用于支取现金,不能做转账使用。

(三)支票与汇票的区别

支票与汇票的区别见表13-2:

表 13-2　　　　　　　　　　　　支票与汇票的区别

项目	本票	汇票
性质不同	出票人对受票行的付款委托书	出票人对受票人的付款命令或委托书
出票人、受票人身份是否受限制	出票人仅限于银行的存款客户 受票人仅限于吸收存款的银行	出票人、付款人与收款人
有无承兑行为	没有	有
提示的形式不同	只有提示承兑	有提示承兑和提示付款两种形式
主债务人不同	出票人始终是主债务人	承兑前是出票人,承兑后是承兑人
付款期限不同	只有即期付款	有即期和远期之分
能否止付	能止付	不能止付,在被承兑后,承兑人必须付款

第二节　国际货款的支付方式——汇付

一、汇付的含义

汇付(Remittance),又称汇款,是指付款人主动通过银行或其他途径将款项汇交收款人。在国际贸易中使用汇付方式结算货款,银行只提供服务。从性质上来看,汇付是一种以商业信用为基础的支付方式。在汇付业务中,资金和结算工具的流动方向均从进口商流到出口商处,两者方向一致,因此,汇款属于顺汇。在国际贸易中,由于汇付特别是电汇,具有速度快捷、手续简便的特点,因而成为重要的国际结算方式之一。

在汇付业务中,通常有四个当事人:汇款人(Remitter)、汇出行(Remitting Bank)、汇入行(Paying Bank)、收款人(Payee 或 Beneficiary)。汇款人即汇出款项的人,在国际贸易中,通常为进口方付款人。汇出行是指接受汇款人的委托,办理汇出汇款业务的银行,在国际贸易中,通常为进口地银行。汇入行是指接受汇出行的委托,将汇款解付给收款人的银行,也称为解付行。收款人即收取款项的人,通常为国际贸易中的出口方。

二、汇付的种类及其流程

根据支付工具传递的方式不同,汇付方式可以分为三种:电汇、信汇、票汇。

(一)电汇(Telegraphic Transfer,简称 T/T)

电汇是指汇款人将款项和电汇申请书交给汇出行,请汇出行以电报、电传或 SWIFT 方式通知汇入行解付一定金额的款项给收款人的方式。采用电汇方式,资金转移的速度快、效率高,收款人可以迅速收到款项。随着电信技术的发展,电信成本的逐步降低,汇款业务绝大部分均使用电汇方式。

(二)信汇(Mail Transfer,简称 M/T)

信汇是指汇款人将款项及信汇申请书交汇出行,请汇出行用信函格式开立汇款通知书并航邮(By Airmail)给汇入行的方式。采用信汇方式,资金转移速度较电汇慢,但费用相对低廉,因此,一般在汇款金额较小、不需要快速到达的汇款中使用。

电汇和信汇的业务流程如图 13-2 所示。

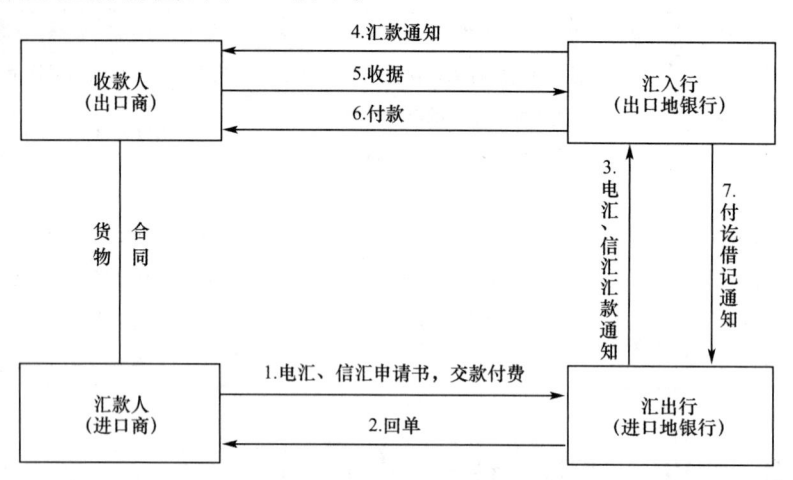

图 13-2 电汇和信汇的业务流程图

(三)票汇(Remittance by Bank's Demand Draft,简称 D/D)

票汇是指汇款人将款项及票汇申请书交汇出行,请汇出行开立以汇入行为受票人的银行即期汇票(或银行本票)后将票据交给汇款人的汇款方式。在票汇中,汇款人可自行交给或通过邮局将票据寄往收款人,同时,汇出行将票据通知书(票根)寄给汇入行,在收款人(或持票人)凭票据到汇入行取款时,汇入行经核对票据及票根相符后,即解付票款,并相应通知汇出行。票汇由于采用票据航邮的方式,其安全性较差,资金转移的速度也较慢,因此,在国际结算实务中,贸易项下使用票汇的不多,在小额的非贸易中使用较多。

票汇的业务流程如图 13-3 所示。

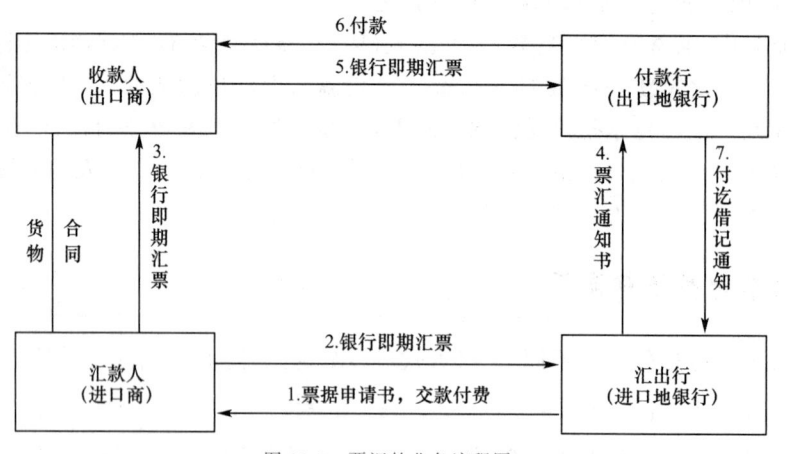

图 13-3 票汇的业务流程图

三、汇付在国际贸易中的应用

在国际贸易中使用汇付方式结算货款,银行只提供服务,因此使用汇付方式完全取决于买卖双方的信任。卖方交货出单据后,买方是否按时付款,则取决于买方的信用。据此,汇付方式的性质属于商业信用。

在国际贸易中,汇付方式通常用于预付货款(Payment in Advance)、订货付现(Cash with Order)和赊销(Open Account)等业务。采用预付货款和订货付现,对卖方来说,就是先收款后交货,资金不受积压,对卖方最为有利;反之,采用赊销时,对卖方来说,就是先交货后收款,卖方不仅要占压资金,并且还要承担买方不付款的风险,因此对卖方不利,而对买方最为有利。此外,汇付方式还用于支付订金、分期付款、货款尾数以及佣金等费用。

第三节 国际货款的支付方式——托收

一、托收的含义

托收(Collection)是指出口商为了收取货款,出具以进口商为付款人的汇票,委托当地银行通过其国外分支或代理行向进口商收取货款的方式。托收一般通过银行办理,故又称为银行托收。

在托收业务中,通常有四个当事人:委托人(Principal,Consignor)、托收银行(Remitting Bank)、代收银行(Collecting Bank)、付款人(Payer)。委托人是指委托银行办理托收业务的客户,通常为出口商。托收银行是指接受委托人委托办理托收业务的银行,通常为出口地银行。代收银行是指接受托收银行的委托向付款人收取票款的银行,通常是进口地的银行。付款人是指出口商出具汇票的受票人,通常是进口商。

二、托收的种类及其流程

托收分为光票托收(Clean Collection)和跟单托收(Documentary Collection)。光票托收是指不附商业单据的金融单据的托收。跟单托收是指附带商业单据的金融单据的托收和不附带金融单据的商业单据的托收。国际贸易中货款的收取大多采用跟单托收。在跟单托收情况下,根据交单条件的不同,又可分为付款交单和承兑交单两种。

(一)付款交单(Documents against Payment,简称 D/P)

付款交单是指委托人指示托收行、代收行在付款人付清托收款项后方能将单据交予付款人的方式。付款交单按付款时间不同,又可分为即期付款交单和远期付款交单。

1. 即期付款交单(D/P at Sight)

即期付款交单是付款交单中最常见的方式。出口方按合同规定发运货物后,开具即期汇票(或不开汇票),连同全套商业单据,通过银行向付款人(进口方)提示,进口方见票(或见单),审单无误后立即付款,银行交出全套单据。

其业务流程如图 13-4 所示:
① 贸易双方约定,采用即期付款交单方式支付货款。
② 出口商按合同规定装运货物后,开具即期汇票,并填写托收委托书,连同全套货运单据交托收行代收票款。
③ 托收行将汇票连同货运单据寄交代收行。
④ 代收行收到汇票及货运单据后,向进口商做出付款提示。
⑤ 进口商审核单据后,付清货款赎取单据。
⑥ 代收行通知托收行,货款已收妥转账。
⑦ 托收行将货款结汇给出口商。

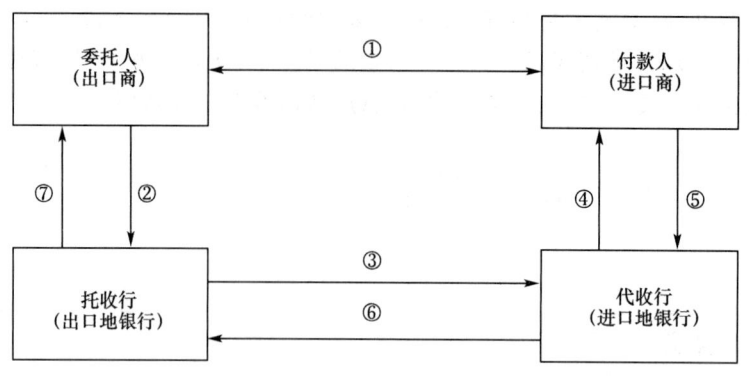

图 13-4 即期付款交单的业务流程图

2.远期付款交单(D/P after Sight)

出口方发货后开具远期汇票,连同全套商业单据,委托银行向进口方提示,进口方审单无误后在汇票上承兑,汇票和单据由代收行保管并于汇票到期日提示付款,进口方付清货款后取得单据。

其业务流程如图 13-5 所示:

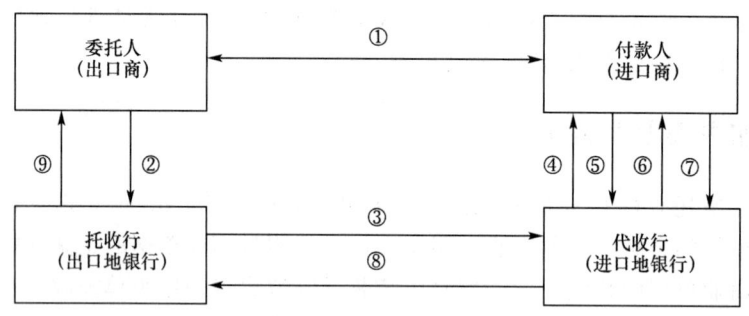

图 13-5 远期付款交单的业务流程图

①贸易双方约定,采用远期付款交单的方式支付货款。

②出口商按合同规定装运货物后,开具远期汇票,并填写托收委托书,连同全套货运单据交托收行代收票款。

③托收行将汇票连同货运单据寄交代收行。

④代收行收到汇票及货运单据后,向进口商做出承兑提示。

⑤进口商在远期汇票上做出承兑表示,代收行收回汇票及全套货物单据。

⑥在远期汇票到期日,代收行向进口商做出付款提示。

⑦进口商付清货款赎取单据。

⑧代收行通知托收行,货款已收妥转账。

⑨托收行将货款结汇给出口商。

(二)承兑交单(Documents against Acceptance,简称 D/A)

出口方发运货物后开具远期汇票,连同全套商业单据,委托银行向进口方提示,并明确指示银行,进口方承兑汇票后,即可得到全套商业单据,待汇票到期日再向银行付清货款。

其业务流程如图 13-6 所示:

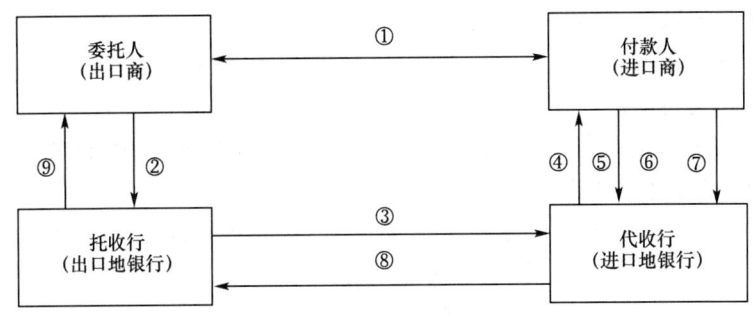

```
         委托人 ①────────→ 付款人
        (出口商) ←──────── (进口商)
           │  ↑              ↑ │ ↑ │
          ⑨  ②              ④ ⑤ ⑥ ⑦
           ↓  │              │ ↓ │ ↓
         托收行 ③────────→ 代收行
        (出口地银行) ←──── (进口地银行)
                    ⑧
```

图 13-6 承兑交单的业务流程图

①贸易双方在合同中约定,采用承兑交单的方式支付货款。

②出口商按合同规定装运货物后,开具远期汇票,并填写托收委托书,声明"承兑交单",连同全套货运单据交托收行代收票款。

③托收行将汇票连同货运单据寄交代收行。

④代收行收到汇票及货运单据后,向进口商做出承兑提示。

⑤进口商承兑远期汇票后,取得全套货运单据,代收行保留承兑后的汇票。

⑥在远期汇票到期日,代收行向进口商做出付款提示。

⑦进口商付清货款。

⑧代收行通知托收行,货款已收妥转账。

⑨托收行将货款结汇给出口商。

三、托收的性质和特点

(一)托收是一种以商业信用为基础的结算方式

托收业务本身,是利用银行间的联行或代理行的关系和资金划拨渠道,使两头客户间的债权、债务得以清偿,它依靠委托人与付款人之间的信用以完成偿债关系。与信用证结算方式比较,缺少了银行信用的重要保证,银行参与其间,仅仅是提供完善的服务,并无非收妥不可的保证,因此它的实质是建立在商业信用基础上的一种结算方式。

(二)出口方承担了较大的风险

托收属于商业信用,对出口商来说,有一定的风险,但如果运用得当,可以增强外销商品的竞争能力,扩大出口。为避免风险发生,使用托收时必须注意以下问题:(1)必须了解买方的资信情况和经营作风。(2)要了解进口国外汇管制和贸易管制方面的规定以及当地的商业习惯。(3)为避免托收方式下货款遭拒付时货物无人照料,卖方可在托收申请书中预先指定一个忠实、可靠的进口地代理人。(4)出口托收方式下,应尽量争取以 CIF 或 CIP 成交,自办出口保险,以避免由买方办理货运保险而带来的风险。如不采用 CIF 条件,应投保卖方利益险。(5)办理托收业务,要定期检查,及时了解情况,催收清理,以避免可能发生的损失。

在托收业务中,进口方承担了一定的风险。如,由于货物单据化,在按合同规定对出口方收款人通过银行提示的单据付款或承兑后,凭单据提取的货物与合同不符。在远期付款交单项下,承兑了汇票,到期不能从代收行处取得单据,而自己却承担了到期付款的责任。出口商可能伪造单据进行诈骗,导致进口商钱货两空。在托收业务中提供融资服务时,银行也有可能面临进出口商的信用风险。但出口商承担的风险相对较大,常见的出口方收款人的风险有:

①进口方付款人破产、倒闭或失去偿付能力。

②进口地货物价格下跌或产生不利于货物的其他情形,进口方付款人借口拒付或承兑,甚至承兑到期后仍拒绝付款。

③进口方付款人承兑提货后,称出口方收款人交付货物质量、数量、包装、时间等不符合买卖合同规定,拒绝履行付款义务,或要求降低价格,甚至索赔。

④进口方付款人进口所在地国家限制或"有条件进口"的产品,需要凭"进口许可证"或类似的特别证明才能进口该类产品,但在货到目的地、单据到达或付款到期时,还未取得该类证明文件,使货物到达目的地时被禁止进口或被处罚,或在外汇管制国家,进口方付款人未能及时申请到外汇,不能按时付款取货。

(三)进出口双方的资金负担不平衡

在跟单托收业务中,出口方收款人在订立合同后,就需垫付自己的资金进行备货、装运,然后通过银行收款。有的出口商尽管可以要求银行进行出口融资,但一方面,银行较少做托收项下的出口押汇,即使有此种服务,一般仅有不超过80%的融资;另一方面,出口方收款人还承担了融资利息。而进口方付款人,在即期付款交单项下,只要付款便可得到单据并凭之提货,"一手交钱,一手取货";在承兑交单项下,在承兑后即可取得单据并凭以提货,并往往在付款到期前完成了货物的销售或转卖,取得了货款,最后才向代收行付款,等于是借出口方收款人的资金做了"无本的买卖"。

四、跟单托收的风险防范

1.事先调查进口方付款人的资信状况和经营作风

跟单托收业务中,出口方收款人能否顺利收回货款,完全依赖于进口方付款人的信誉,因此,出口方必须认真地调查进口方付款人的资信情况,而且,企业或个人的信用状况不是一成不变的,也要及时了解进口商的动态信息,防患于未然。通过资信调查以决定是否采用托收的支付方式、交单的方式,或分批付款分批放单,或部分信用证部分托收等。

2.了解出口商品在进口国的市场"行情"

出口方收款人贸易前,必须了解该出口商品在进口国的市场"行情",根据不同的情况,做出决策。如:当出口的商品在进口国家属于滞销商品,出口商又急于使商品进入进口国市场,在进口商资信和经营作风良好的条件下,为了鼓励进口方付款人经营该商品,给予进口商一定的优惠,可考虑使用承兑交单;反之,如果出口的商品在进口国家属于畅销商品,进口方付款人又急于要货,在进口商资信和经营作风一般的条件下,可考虑使用即期付款交单。

3.熟悉进口国的贸易管制和外汇管理法规

应熟悉进口国的贸易管制和外汇管理法规。避免进口商事先未得到进口许可证或未申请到外汇,不能发货,以免货到目的地被禁止进口或被没收处罚,或由于缺乏外汇额度,进口方付款人无法付出外汇。

4.了解进口国银行的习惯做法

在远期付款交单项下,各当事人对各自应承担的义务和责任、具体的业务操作均有较大的分歧,银行,特别是代收行往往喜欢按自己的习惯操作业务。例如,一些南亚和拉美国家的代收行,基于当地的法律和习惯,对来自别国的远期付款交单方式的托收业务,通常在进口方付款人承兑汇票后就立即将单据交给进口商,即把远期付款交单擅自改为按承兑交单处理。若进口方付款人信誉不佳、市场疲软,或遇进口方付款人居心不良甚至心存欺诈,出口方收款人就可能"钱货两空"。

5.使用适当的价格术语,争取出口方收款人办理保险

在出口托收业务中,出口方应争取按 CIF 或 CIP 条件签订合同,由出口商负责办理货物运输。因为,在托收方式下,进口商拒付毁约较为容易。在货物装运后、进口商付款前,货物可能遇到各种风险。如果以 CIF、CIP 作为价格条件,由出口商自己办理保险,万一货物遇险,又遇进口商拒付,由于出口商掌握保险单,就可以据此向保险公司索赔;而如果采用如 FOB、FCA、CFR、CPT 等价格条件,若商品行情下跌,进口商早就有毁约的打算,在货物装运时,进口商可能不办理投保手续。即使进口商已办理了保险,但往往在这时,双方关系已经破裂,进口商能否合作转让保险单给出口商很成问题。

6.办理出口信用保险

出口信用保险是我国政府为了推动、鼓励出口贸易,保障出口企业的收汇安全而制定的一项由国家财政提供保险准备金的政策性保险业务,一般适用于付款期限不超过180天的承兑交单(D/A)、赊销(O/A)等结算方式项下的保险。出口信用保险可承担如下风险:

(1)商业风险。包括买方无力偿还债务或破产、买方拒收货物并拒付货款以及买方拖欠货款。

(2)政治风险。包括买方国家禁止或限制汇兑,买方国家进口管制,买方国家撤销进口许可证,买方所在国或货款须经过第三国颁布延期付款令,买方国家发生战争、暴乱或革命,被保险人和买方均无法控制的非常事件等。

第四节 国际货款的支付方式——信用证

信用证(Letter of Credit,L/C)支付方式是随着国际贸易的发展,在银行与金融机构参与国际贸易结算的过程中逐步形成的。信用证支付方式把由进口人履行付款责任,转为由银行付款。因此,在一定程度上解决了进出口人之间互不信任的矛盾,同时也为进出口双方提供了资金融通的便利。所以,信用证付款已成为国际贸易中普遍采用的一种支付方式。

一、信用证的含义

信用证是指由银行(开证行)依照买方(申请人)要求和指示或自己主动,在符合信用证条款的条件下,凭规定单据向卖方(受益人)或其指定方进行付款的书面文件。信用证是一种银行开立的有条件的承诺付款的书面文件,它是一种银行信用。

根据《跟单信用证统一惯例》(UCP600)第2条的解释,信用证不论如何命名与描述,意指一项不可撤销的安排,据此构成开证行在相符交单下的确定的承付责任。承付是指:

(1)即期付款信用证项下,即期付款;

(2)迟期付款信用证项下,承担迟期付款责任并到期付款;

(3)承兑信用证项下,承兑由受益人出具的汇票并到期付款。

二、信用证的特点

(一)开证行负第一性付款责任

信用证是以银行信用为基础的一种结算方式,开证行以自己的信用做出有条件的付款保证。一般担保业务是被担保人不履约时,担保人承担付款义务,而信用证业务是开证行首先承担付款义务。所以说,开证行负有第一性付款责任。

(二)信用证是独立文件

信用证虽然以销售合同为基础,但一经开立,就成为独立于销售合同以外的一项契约,信用证业务的一切当事人只受信用证条款的约束。例如,合同规定货物名称为"MP4",信用证的货物描述规定为"MP3,details as percontract 1234"。受益人所提交的单据显示,货物为"MP4",虽然货物名称与合同相符,但开证行可以以单证不符为由拒付。

(三)信用证处理的是单据

信用证是纯粹的单据交易,银行只凭单据付款而不管货物。银行不是销售合同的当事人,只要求受益人提交的单据表面上与信用证条款相符。例如,L/C规定"禁止分批",载货飞机到达目的地后,不见部分货物,几天后余下的货物才随另一飞机而达,明显发生了分批,但运输单据表面并未显示货物由两架飞机分别装运,开证行仍应付款。

三、信用证的内容

信用证的开证方式可分为信开和电开。各国银行使用的格式不尽相同,语句表达也有些差别,但基本内容大致相同,主要包括以下几个方面:

1.信用证本身的说明

包括信用证的类别、号码、开证日期、到期日和到期地点、是否经另一家银行保兑、兑付方式等。

2.信用证的当事人

如开证行、开证申请人、受益人、通知行,有时还有开证行的指定银行、偿付行、议付行等。

3.信用证的金额和汇票条款(如果需要)

包括开证金额、汇票付款期、受票人、金额上下浮动的幅度等。

4.货物描述

包括货物名称、规格、数量、包装,通常在这一栏里还包括货物的单价、总价、贸易术语、合同号码等。

5.运输条款

包括起运港、目的港、转运港、最终目的地、最迟装运期、可否分批装运、可否转运等。

6.单据条款

说明要求受益人提交的单据种类、份数,以及对单据内容的一些特殊要求。通常要求提交商业发票、装箱单、运输单据、产地证明、保险单或投保通知、受益人证明等。

7.其他规定

如交单期、银行费用、寄单方式等。

8.开证行保证付款的责任文句

通常说明根据《跟单信用证统一惯例》(UCP600)开立,并受 UCP600 约束,凭受益人相符交单付款。

信用证内容例示:

APPLICATION HEADER　　　　　700 UNITED OVERSEAS BANK PHILIPPINES MANILA

(MT700 格式　开证行:大华银行菲律宾分行　马尼拉)

SEQUENCE OF TOTAL　　　　　27:1/1(信用证页数:全套1份)

FORM OF DOC CREDIT　　　　　40:IRREVOCABLE(信用证类型:不可撤销)

DOC CREDIT NUMBER　　　　　20:18LC04/10359(信用证号码:18LC04/10359)

DATE OF ISSUE　　　　　　　　31C:100315(开证日期:2010年3月15日)

EXPIRY　　　　　　　　　　　 31D:DATE100430　PLACE / CHINA

(有效期:2010 年 4 月 30 日;有效地:中国)

APPLICANT　　　　　　　　　　50:TBCD ELECTRONIC CO LTD
　　　　　　　　　　　　　　　　　N2036 FEATI CTREET PAMPANGA
　　　　　　　　　　　　　　　　　PHILIPPINES

(开证申请人:TBCD ELECTRONIC CO LTD N2036　FEATI CTREET PAMPANGA PHILIPPINES)

BENEFICIARY　　　　　　　　　59:BEIJING LONGTAIDA CO LTD
　　　　　　　　　　　　　　　　　NO 123　ZHONGGUANCUN
　　　　　　　　　　　　　　　　　SOUTH ROAD
　　　　　　　　　　　　　　　　　HAIDIAN DISTRICT BEIJING PRC

(受益人:北京龙泰达公司 中国北京海淀区中关村南路 123 号)

AMOUNT　　　　　　　　　　　32B:CURRENCY USD　AMOUNT36,432.30

(信用证币种和金额:36,432.30 美元)

AVAILABLE WITH/BY　　　　　 41D:ANY BANK BY NEGGOTIATION

(此证为自由议付信用证)

DRAFTS AT……　　　　　　　 42C:SIGHT FOR 100 PERCENT
　　　　　　　　　　　　　　　　　INVOICE VALUE

(汇票金额为 100%发票金额)

DRAWEE　　　　　　　　　　　42A:UOVBPHMM
UNITED OVERSEAS BANK PHILIPPINES
MANILA

(汇票付款人:大华银行菲律宾分行——开证行)

PARTIAL SHIPMENTS　　　　　 43P:PERMITTED(分批装运:允许)

TRANSHIPMENT 43T:PERMITTED(转运:允许)

LOADING IN CHARGE　　　　　 44A:ANY PORT IN CHINA(装运港:中国任何港口)

FOR TRANSPORT TO　　　　　 44B:MANILA PHILIPPINES(卸货港:菲律宾马尼拉)

LATEST DATE OF SHIP.　　　　44C:100412　(最迟装运日期:2010 年 4 月 12 日)

DESCRIPT. OF GOODS　　　　　45A:730 PCS. 60 CRT

AS PER PROFORMA INVOICE NO.PO0601

DATED FEB 29,2010

P.S.C.C.:776.10.00

FOB DALIAN CHINA

（货物描述：730 件 60 CRT

根据 2010 年 2 月 29 日号码为 PO0601 的形式发票

P.S.C.C.:776.10.00

FOB 中国大连）

DOCUMENTS REQUIRED 46A:（所需单据）

1. FULL SET OF 3/3 CLEAN ON BOARD OCEAN BILL OF LADING ISSUED TO THE ORDER OF UNITED OVERSEAS BANK PHILIPPINES MARKED"FREIGHT COLLECT" NOTIFY APPLICANT.

（全套 3/3 清洁已装船提单，作成以大华银行菲律宾分行为抬头，注明"运费待付"，通知开证申请人）

2. SIGNED COMMERCIAL INVOICE IN TRIPLICATE.

（经签署的商业发票 3 份）

3. PACKING LIST IN TRIPLICATE.

（箱单 3 份）

4. BENEFICIARY'S CERTIFICATE THAT ONE(1)SET OF NON-NEGOTIABLE SHIPPING DOCUMENTS HAVE BEEN FORWARDED DIRECTLY TO APPLICANT VIA COURIER WITHIN FIVE（5）WORKING DAYS AFTER SHIPMENT.

（受益人证明要说明全套——1 套不可转让单据已在装运后 5 个工作日内以快递的方式径寄开证申请人）

ADDITIONAL COND. 47A：（其他条款）

1. ALL COPIES OF SHIPPING DOCUMENTS SUCH AS BUT NOT LIMITED TO BILL OF LADING(B/L)，AIR WAYBILL(AWB)OR POSTAL RECEIPT MUST LEGIBLY INDICATE THE L/C NUMBER REGARDING THE SHIPMENT.

（全套单据，包括但不限于提单、空运单据或邮寄收据，必须显示与本次装运有关的信用证号码）

2. BILL OF LADING MUST SHOW ACTUAL PORT OF LOADING AND DISCHARGE.

（提单必须显示实际装货港和卸货港）

3. IN CASE OF PRESENTATION OF DISCREPANT DOCUMENTS AND SUBJECT TO THE ISSUING BANK'S ACEPTANCE，A DISCREPANCY FEE OF USD40.00 FOR ACCOUNT OF BENEFICAIRY SHALL BE LEVIED.

（若所提示的有不符点的单据被开证行接受，受益人要承担 40 美元的不符点费）

4. UNLESS OTHERWISE STIPULATED,ALL DOCUMENTS SHOULD

BE ISSUED IN ENGLISH LANGUAGE.
(除非另有规定,所有单据都必须以英文出具)
DETAILS OF CHARGES 71B:ALL BANK CHARGES OUTSIDE
PHILIPPINES ARE FOR BENEFICAIRY'S ACCOUNT.
(费用细节:菲律宾以外的所有银行费用都由于受益人承担)
PRESENTATION PERIOD 48:ALL DOCUMENTS SHOULD BE
PRESENTED WITHIN 15 DAYS AFTER
SHIPPING DATE.
(所有单据都必须在装运日后 15 天内提交)
CONFIRMATION 49:WITHOUT (保兑要求:无)
INSTRUCTIONS 78:(指示)
1. UPON RECEIPT OF DOCUMENTS WITH ALL TERMS AND CONDITIONS
COMPLIED WITH,WE WILL REMIT THE PROCEEDS TO THE
NEGOTIATING BANK ACCORDING TO THEIR INSTRUCTIONS.
(一旦收到与信用证条款相符的单据,我们——开证行将按照议付行的指示付款)
2. DOCUMENTS TO BE MAILED DIRECTLY TO UNITED OVERSEAS BANK
PHILIPPINES,LOCATED AT 17TH FLR,PACIFIC STAR BLDG,SEN GIL
PUYAT AVE, COR, MAKATI AVE, MAKATI CITY, PHILIPPINES IN ONE(1)
LOT VIA COURIER.(单据直接一次快递给大华银行菲律宾分行,地址为 17TH FLR,
PACIFIC STAR BLDG,SEN GIL PUYAT AVE,COR,MAKATI AVE,MAKATI CITY,
PHILIPPINES)
3. REIMBURSEMENT,IF APPLICABLE,IS SUBJECT TO ICC URR 525.
(如有偿付,遵循《国际商会银行间偿付统一规则》)
4. THIS CREDIT IS SUBJECT TO ICC UCP 600.
(本信用证遵循《国际商会跟单信用证统一规则》)

四、信用证的当事人

信用证涉及的基本当事人有:开证申请人、开证行、通知行、受益人。其他当事人包括:付款银行、议付银行、保兑行。

(一)开证申请人(Applicant)

开证申请人又被称为"开证人"(Opener),是指申请开立信用证的一方,通常是国际贸易中的买方或进口方。开证申请人需向开证行提交开证申请书、合同及其他开证行要求的资料,按规定交纳一定比例的保证金。在单证相符的情况下,及时到银行付款赎单,在单证不符的情况下,有权拒付,但必须及时向开证行提供单据的处理意见。

(二)开证行(Opening Bank/Issuing Bank)

开证行是指应申请人的请求或代表其自身开立信用证的银行,一般为进口商所在地的银行。开证行通过开立信用证,承担第一性的付款责任。在"单证相符"的情况下,必须承担承付的责任。不能无理拒付,或以"非实质性"的不符点拒付。开证行审单付款后没有追索权。

(三)通知行(Advision Bank/Notifying Bank)

通知行是指应开证行的请求对信用证进行通知的银行。通知行一般由出口方所在地、与开证行有代理关系的银行担任。通知行有权决定是否接受开证行关于通知信用证或修改的委托,当它决定通知信用证或信用证修改时,应合理审慎地核验所通知信用证的表面的真实性,如不能核验所通知信用证或修改的表面的真实性,应毫不延误地告知开证行。

(四)受益人(Beneficiary)

受益人是指信用证以其为受益者而开立的一方,通常是国际贸易中的卖方或出口商。受益人收到信用证后,审证无误,应在规定的期限内装运货物,并按信用证的规定缮制由自己出具的单据和备妥由有关各方出具的单据。在单证相符的情况下,有权取得货款。

(五)其他当事人

信用证其他当事人包括:付款银行(Paying Bank)、议付银行(Negotiating Bank)、保兑行(Confirming Bank)。付款银行是指信用证上指定的付款银行,通常是开证银行,也可以是其他银行,根据信用证条款的规定而定。议付银行是指愿意买入或贴现受益人提交的符合信用证规定的单据的银行。受益人通常愿意选择通知行作为议付银行,有时也选择其他非指定银行。保兑行是指接受开证银行的请求,在信用证上加具保兑的银行。它承担与开证银行相同的付款责任,一般由通知行兼任。

五、信用证的一般业务流程

采用信用证方式结算货款,要经过许多环节,办理各种手续。其基本的业务程序主要经过九个环节,如图13-7所示:

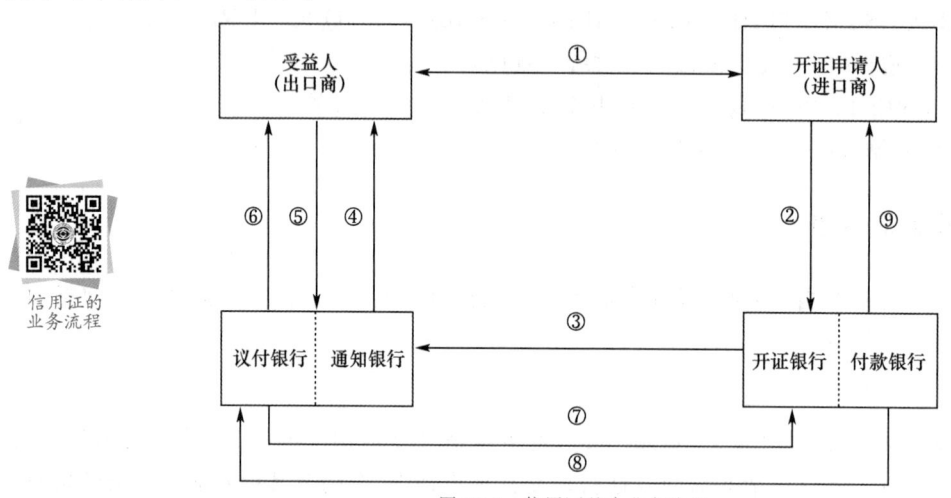

图 13-7 信用证基本业务流程

①贸易双方在合同中约定,采用信用证方式支付货款。
②进口商向当地银行申请,填写开证申请书,并缴纳若干押金和手续费请求开证。
③开证银行接受申请,并根据申请书内容开具信用证,寄交出口地通知银行。
④通知银行接到信用证审核无误后转交受益人。
⑤受益人审核信用证无误后,按信用证规定条件装运货物,并备齐各种货运单据,开具汇票,在信用证有效期之内向议付银行交单请求议付。

⑥议付银行按信用证条款审核无误后,按汇票金额,扣除押汇利息,把货款垫付给出口商。
⑦议付银行将汇票和货运单据寄交开证银行(或其指定的付款银行)索偿。
⑧开证银行(或其指定的付款银行)核对单据无误后,付款给议付银行。
⑨开证银行(或其指定的付款银行)通知开证申请人付款赎取单据。

六、信用证的种类

(一)光票信用证和跟单信用证

依据信用证项下是否附有货运单据划分,信用证可分为光票信用证和跟单信用证。

1. 光票信用证(Cash/Clean Credit)

光票信用证是指不随附货运单据的信用证,其主要用于非贸易项下,如个人消费、旅游、使领馆经费等。目前已经很少见到。

2. 跟单信用证(Documentary L/C)

跟单信用证是指开证行凭跟单汇票或仅凭货运单据付款的信用证。国际贸易结算中使用的信用证绝大多数都是跟单信用证。开证行通过控制代表物权的单据来控制物权,以降低风险。

(二)保兑信用证和不保兑信用证

依据信用证是否有另一银行加以保证兑付,可分为保兑信用证和不保兑信用证。

1. 保兑信用证(Confirmed L/C)

保兑信用证是指除开证行以外,还有另一家银行对信用证承担保证兑付责任的信用证。这家参加保兑、承担保证兑付责任的银行称为保兑行(Confirming Bank)。保兑行通常是通知行,但也可以是其他银行。

按《UCP600》第8条的规定,保兑行自对信用证加具保兑之时起便不可撤销地承担承付或议付的责任。即信用证一经保兑,即构成保兑行在开证行以外的一项确定承诺,保兑行与开证行一样承担第一性付款责任。简而言之,银行一旦对信用证加具保兑,其地位即相当于一个开证行,但其不仅负有与开证行相同的责任,同时也享有要求开证行偿付,若开证行倒闭或无力支付则向申请人索偿的权利。

2. 不保兑信用证(Unconfirmed L/C)

不保兑信用证是指没有另外一家银行加以保证兑付的信用证。只要开证行信誉好,在国际上使用的信用证中绝大多数是不保兑信用证。

(三)即期付款信用证、延期付款信用证、承兑信用证和议付信用证

《UCP600》第6条B款规定:信用证必须规定其是即期付款、延期付款、承兑还是议付信用证。

1. 即期付款信用证(Sight Payment L/C)

即期付款信用证是指开证行或被指定银行收到符合信用证条款的单据及即期汇票后(如果有的话)立即履行付款义务的信用证。这种信用证对出口方有利、收款较早,且被指定付款与开证行的付款一样是终局性,对出口方没有追索权。

2. 延期付款信用证(Deferred Payment L/C)

延期付款信用证是指开证行在信用证中规定货物装船后若干天付款,或开证行收单后若

干天付款的信用证。延期付款信用证不要求出口商开立汇票,所以出口商不能利用贴现市场资金,只能自行垫款或向银行借款。

3.承兑信用证(Acceptance L/C)

承兑信用证是指付款行在收到符合信用证规定的远期汇票和单据时,先在汇票上履行承兑手续,待汇票到期日再行付款的信用证。按《UCP600》规定,开立信用证时不应以申请人作为汇票的付款人。承兑信用证的汇票付款人可以是开证行或其他指定的银行,不论由谁承兑,开证行均负责该出口方汇票的承兑及到期付款。由于承兑信用证以开证行或其他银行为汇票付款人,故这种信用证又被称为银行承兑信用证(Banker's Acceptance L/C)。

4.议付信用证(Negotiation L/C)

议付信用证是指包括议付条款的信用证,规定其他银行可以用与信用证规定完全相符的单据买入跟单汇票,然后按规定索偿票款及有关费用,包括公开议付信用证(Freely Negotiation Credit)和限制议付信用证(Restrict negotiation credit)。公开议付信用证没有规定必须由哪个银行议付,可由任何银行自由议付。限制议付信用证规定只有一家银行(往往是信用证的通知行并且是开证行的分行)可以议付,其他银行不得议付。议付信用证的有效地点一般在出口商所在地。不论限制议付还是公开议付,议付行对出票人都有追索权。

(四)即期信用证、远期信用证和假远期信用证

依据付款时间的不同可分为即期信用证、远期信用证和假远期信用证。

1.即期信用证(Sight L/C)

即期信用证是指受益人交单后可以即期得款的信用证,包括即期付款信用证和即期议付信用证。

2.远期信用证(Usance L/C)

远期信用证是指受益人交单后一段时间才能得款的信用证,包括延期付款信用证、承兑信用证和远期议付信用证。

3.假远期信用证(Usance Credit Payable at Sight)

假远期信用证是指要求受益人出具远期汇票,但可以即期收汇的信用证。即在远期信用证项下,尽管受益人开立的是远期汇票,但议付行可为受益人即期索偿,受益人如同履行即期信用证一样,可以在提交与信用证条款相符的单据后立即取得款项。它的实质是开证行对进口商提供的融通资金便利。

(五)可转让信用证和不可转让信用证

依据受益人对信用证的权利是否可转让,可分为可转让信用证和不可转让信用证。

1.可转让信用证(Transferable L/C)

可转让信用证是指特别注明"transferable"(可转让)字样的信用证。可转让信用证可应受益人(第一受益人)的要求全部或部分地转让给另一受益人(第二受益人)。可转让信用证一般用于第一受益人为中间商,与进口商签订了出口合同,而第二受益人则是实际供应商的情况。中间商通过转让信用证,把开证行所给予的有条件的付款保证转让给实际供货商,后者得以凭规定单据向银行要求付款。

2.不可转让信用证(Non-Transferable L/C)

不可转让信用证是指信用证项下的权利只能是受益人本人享有,不能以转让形式给他人使用的信用证。如受益人不能执行信用证条件,信用证只能过期作废。凡信用证未注明"可转

让"字样的都是不可转让信用证。

(六) 背对背信用证 (Back to Back L/C)

背对背信用证又称从属信用证或转开信用证,是中间商在收到以其为受益人的信用证后,以该证为担保,请求通知行或其他银行开出的、以信用证项下货物的真正供货人为受益人的新的信用证。开出背对背信用证的银行也被称为第二开证行。

背对背信用证的开出及使用与可转让信用证很相似。它们的区别在于:背对背信用证毕竟是独立于原证的新的信用证,第二开证行对供货人要承担第一性的付款责任,信用证的表面也不注明"背对背信用证"字样。实际上,这笔交易中的供货人、进口商及原证的开证行很可能都不知道中间商会背对背开出信用证。因为,中间商为了保住商业秘密,不愿将货源或商业渠道予以公开,以赚取其中间的利润。

(七) 循环信用证 (Revolving L/C)

循环信用证是指信用证被全部或部分使用后,仍可恢复原金额再使用的信用证。它与一般信用证的根本区别在于:一般信用证在全部使用后,若没有以信用证修改形式增加信用证金额,则该信用证即可被视为已执行完毕而注销;而循环信用证可多次反复使用,直到规定的次数或总金额被用完为止。

循环信用证适用于买卖双方订立长期合同,并准备均衡地分批交货的情况,进口方开出此种信用证可节省手续费、邮电费、保证金等,降低业务费用和成本;而出口方也可省去等待进口方开证或催证的麻烦。但目前,由于国际电信的发展和银行费用的降低,循环信用证已不多见。

(八) 对开信用证 (Reciprocal L/C)

对开信用证是指两张信用证的开证申请人互以对方为受益人而开立的信用证。对开信用证的特点是第一张信用证的受益人(出口人)和开证申请人(进口人)就是第二张信用证的开证申请人和受益人,第一张信用证的通知行通常就是第二张信用证的开证行。两张信用证的金额相等或大体相等,两证可同时互开,也可先后开立。对开信用证多用于对销贸易或加工贸易。

七、信用证的利弊

信用证方式在国际贸易结算中的有利作用主要表现在以下两个方面:一是安全保证。通过信用证方式可以缓解买卖双方互不信任的矛盾,而且可以使本来彼此不熟悉或并不了解的买卖双方,以及资历和声誉一般的中小企业,只要采用信用证方式结算货款,也能顺利地进行交易。二是资金融通作用。在信用证业务中,银行不仅可以提供信用和服务,而且可以通过打包贷款、出口押汇向出口商融通资金,还可以通过信托收据借款、进口押汇向进口商进行融资。

但是,信用证方式在国际贸易结算中也存在各种问题与风险。例如,出口商面临的风险有:买方不按时开证、不按照合同规定条件开证或故意设下陷阱使卖方无法履行合同,或履行交货、交单后因不符信用证规定被拒付等。进口商面临的风险有受益人变造单据使之与信用证条款相符,甚至制作假单据,也可从银行取得款项,从而使进口商受害。此外,相比汇付和托收,信用证方式手续烦琐,费用较多,成本较高。

第五节　其他支付方式

在国际贸易业务中,除了汇付、托收与信用证外,银行保函和国际保理也是比较常见的支付方式。

一、银行保函

银行保函(Letter of Guarantee,L/G)又称银行保证书,是银行应申请人的要求向受益人开立的,担保申请人一定履行某种义务,并在申请人未能按规定履行其责任或义务时,由担保行代其支付一定金额,或做出一定经济赔偿的书面文件。它属于银行信用。在实际业务中,保函既可以由银行开出,也可以由保险公司、担保公司、其他机构或个人开出。

银行保函的当事人主要有三个:委托人、受益人和保证人。委托人是指要求银行开立保证书的一方;受益人是指收到保证书并凭以向银行索偿的一方;保证人是指开立保证书的银行。非银行保证书也可由担保公司、保险公司、个人等开立。

银行保函并没有统一格式,在内容上应力争做到清晰、准确、简洁。保函中最重要的是责任条款(承诺条款),说明担保行在何种条件下、凭何种单据或文件对受益人予以偿付。除此之外,保函中还应规定受益人向担保行要求偿付的方式及路线、保函的金额与所用货币、保函的有效期、各当事人的名称与地址、与保函有关的文件以及货物或工程项目的情况以及各种特殊条款。

二、国际保理

信用证属于银行信用,目前是一种较为安全的支付方式,因而受到出口方的欢迎,尤其是在我国对外贸易中使用最多。但是,这种方式对进口商收取货物风险较大,进口商在申请开证时要缴纳手续费,往往还要提供押金或其他担保。信用证从开立到最终付款通常需要相当长的一段时间,就造成了进口方相当数量的资金被占用,影响其资金周转和正常经营。为克服信用证的上述缺陷,近年来,在国际贸易结算中出现了一种更为灵活的付款方式,这就是国际保理业务。

国际保理(International Factoring)是指出口商以挂账、承兑交单等方式销售货物时,保理商买进出口商的应收账款,并向其提供资金融通、进口商资信评估、销售账户管理、信用风险担保、账款催收等一系列服务的综合金融服务方式。根据这一安排,供应商售出货物后,将以发票形式表示的应收账款的债权以无追索权方式卖断给保理商,即可获得保理商提供的货款催收、贸易融资、坏账担保、账务管理等多项服务。

国际保理具有资信调查与银行信用的双重功能。首先,保理公司一般都是国际上知名的商业银行或银行的附属机构,保理业务的操作受国际保理商联合会(FCI)《国际保理通则》的规范。在商品与合同相符的条件下保理商将承担付款责任。这对出口商来说就有了支付保障,如果国外进口商到期无法支付货款,责任就由保理商承担。其次,由于保理商向出口商提供的是进口商的信用风险担保,为了使得自身风险最小化,其势必要利用自身在金融行业的优势,事先对进口商进行资信评估,了解其资信状况、清偿能力和财务状况,确保出口商的出口有所依据,进口商的进口有偿付能力。银行信用的介入,使得出口商一方面无须花费过多精力对进口商的资信状况进行调查,同时又获得了银行的支付保障。

国际保理与信用证、付款交单以及承兑交单付款方式的比较见表 13-3：

表 13-3　　　国际保理与信用证、付款交单以及承兑交单付款方式的比较

项目	出口保理	信用证	付款交单	承兑交单
信用种类	银行	银行	商业	商业
出口商费用	有	有	有	有
进口商费用	无	有	有	有
进口商财务灵活性	极高	极低	一般	极高
收汇风险	几乎无	极低	较高	极高
出口商竞争力	极高	极低	较高	极高

第六节　各种支付方式的结合使用

一、三种主要结算方式的比较

从资金占用、费用负担、手续繁简等方面比较,几种主要的结算方式有如下特点：

(一)汇款

1. 预付货款

手续简单,银行费用最少。资金负担极不平衡,进口方风险大,出口方风险小。

2. 货到付款

手续简单,银行费用最少。资金负担极不平衡,进口方风险小,出口方风险大。

(二)托收

1. 付款交单

手续稍多,银行费用稍多,出口方资金负担较大,进口方负担较小,出口方风险较大。

2. 承兑交单

手续较多,银行费用稍多,出口方资金负担较大,进口方风险小,出口方风险比付款交单大。

(三)信用证

手续最繁,银行费用最多,进口方资金负担较大,出口方风险小。

二、选择结算需要考虑的因素

选择结算方式除了要考虑上述资金占用、费用负担、手续繁简等因素外,还要考虑客户资信、进口国国情、产品销路、贸易术语、运输单据等因素。

(一)进口商资信

不管采用哪种结算方式,出口方都会面临一定的收汇风险,所以,在磋商谈判,甚至是寻找

客户阶段就要尽量了解客户的资信,决定采用哪种结算方式。

(二)进口国国情

进口国的外汇管制、贸易管制情况,以及进口国的政治状况,经济、金融运行状况都会影响到出口方收汇的安全性。

(三)货物销路

在采用以商业信用为基础的结算方式时,如果货物销路不好,进口方很可能不付款,不及时付款或不足额付款。而当采用信用证结算方式时,如果货物销路不好,进口方也可能授意开证行严格审核单据,甚至无理挑剔单据。

(四)贸易术语

如果采用货到付款或托收的结算方式,应尽量使用 CIF 或 CIP 术语,由出口方负责办理货物的运输和保险以减小风险。

(五)运输单据

如果采用货到付款或托收的结算方式,应使用能代表物权的海运提单。

三、不同结算方式的组合使用

(一)信用证与汇付相结合

在同一笔交易中,部分货款以汇款方式,部分货款以信用证方式结算。例如,进口商在合同签订后几日内或者在出口商发货前几日先支付一部分货款,一般数目为货物来回的运费;或当进口大宗货物,如小麦、矿产品、煤炭等,对有效成分、水分含量、杂质等难以把握,待验收后才能确定准确的计价数量,此时可将 90% 的货款作信用证结算,余额收货验收后作汇款处理。

(二)信用证与托收相结合

出口商有了信用证可降低收款风险,而进口商可以减少开立信用证的保证金。一般做法是信用证部分的货款凭光票付款,而全套单据附在托收部分汇票项下,按即期付款交单方式托收。这种做法,对进口商而言,可减少开证金额,少付开证押金,少垫资金。对出口商而言,托收部分虽然有一定风险,但因为有部分信用证的保证,而且货运单据在信用证内规定跟随托收汇票,开证行需等全部货款付清后才能向进口商交单,因而,收汇较为安全。

(三)汇付与银行保函相结合

银行保函通常在商品赊销中作为付款的一种保证。保函中通常规定凭发票、提单、保险单等商业单据远期付款,若未在规定期限内付款,则在保函有效期内启动保函有程序进行索汇。

(四)托收与银行保函相结合

托收与汇付相反,是逆汇,出口商先交货后收款,从而要负担进口商收到货物后拒付而造成的货款两空的风险。因此,采取托收方式对出口商不利。为了使货款收取有保障,可以让进口商申请开立保证托收付款的保函。一旦进口商没有在收到单据后的规定时间内付款,出口商有权向开立保函的银行索取出口货款。

(五)信用证与银行保函相结合

在大型仪器设备的引进中,由于涉及从设备安装、调试、保养到操作人员的培训等一系列的售后服务问题,就需要通过这种结算方式的组合来平衡交易各方的权利与义务,从而保证合作的圆满成功。例如,在进口开证中,可将总金额分为两部分,90%在跟单信用证项下支付,剩下的10%凭出口方银行出具的保函,以及最终用户与买卖三方对售后服务的认可书上的签字为基础才支付。

本章小结

1. 在国际贸易货款的收付中,采用现金结算的较少,大多使用非现金结算,即使用票据代替现金作为流通手段和支付手段用来结算国际间的债权和债务。所谓票据,是以支付货币为目的的特殊证券,是由出票人签名于票据上,约定由自己或另一人无条件地支付确定金额的、可流通转让的证券。国际贸易中使用的票据主要有汇票、支票和本票,其中以使用汇票为主。

2. 根据支付工具传递的方式不同,汇付方式可以分为三种:使用电信方式通知的电汇、航空信件方式通知的信汇及票据通知的票汇。在国际贸易中,汇付方式通常是用于预付货款和货到付款。

3. 国际结算中,托收是较为常用的结算方式之一。在托收业务中,由于票据或单据的传递方向与资金的流动方向相反,因此属于逆汇。跟单托收根据交单条件的不同,分为付款交单和承兑交单。

4. 信用证是指开证行应开证申请人的要求并按其指示,或因其自身需要,向受益人开立的、载有确定金额的、在规定期限凭符合信用证条款规定的单据付款的书面保证文件。信用证的基本特点是:(1)开证行负第一性付款责任;(2)信用证是独立文件;(3)信用证处理的是单据。

5. 在国际贸易中,根据业务的需要,不同结算方式可以灵活地组合使用,如信用证与汇付相结合、信用证与托收相结合、汇款与银行保函相结合、托收与银行保函相结合、信用证与银行保函相结合等。

思考题

1. 简述汇票与本票的区别。
2. 简述汇票与支票的区别。
3. 什么是托收?跟单托收有几种交单条件?
4. 简述汇付、托收的使用程序及特点。
5. 简述信用证的特点。
6. 简述信用证的使用程序。
7. 简述信用证的利弊。
8. 什么是银行保函?什么是国际保理?
9. 比较分析汇付、托收和信用证三种主要的结算方式。
10. 在国际贸易中,各种结算方式如何组合使用?

第十四章 商品的检验、索赔、不可抗力和仲裁

知识目标

1. 掌握商品检验条款、索赔条款、不可抗力条款和仲裁条款的主要内容。
2. 理解商品检验的程序、解决争议的方法、仲裁程序。
3. 了解不可抗力事故的范围、承认与执行外国仲裁裁决公约。

能力目标

采用商品检验、索赔、不可抗力和仲裁等相关知识,分析国际贸易中的相关案例。

思政目标

了解我国的相关法律法规,提高法制意识与契约精神。

本章导读

在进出口贸易中,买卖双方在履行合同中发生争议是经常的、不可避免的。为了防止争议的发生,也为了在争议发生后能够获得妥善的处理,买卖双方往往需要在进出口合同中订立有关防止和处理争议的条款。

通过本章的学习,读者可以了解到:商品检验条款、索赔条款、不可抗力条款和仲裁条款等相关内容。

第一节 商品检验

一、商品检验的含义及作用

商品检验(Commodity Inspection),简称商检,是指商品检验机构对卖方拟交付货物的品质、规格、数量、包装、卫生、安全及装运条件等项目所进行的检验、鉴定和管理工作。商品检验是国际贸易发展的产物,是买卖双方交接货物过程中必不可少的重要业务环节。

商品检验的作用主要有三个:

(一)保障人民健康和安全,维护国家信誉和利益

在现代国际贸易中,各种有关商品质量的贸易事件层出不穷,严重损害了国家和消费者的利益。例如,出口商品质量不高,竞争力不强,少数人甚至弄虚作假,放松质量管理,遭受国外买方索赔,给国家造成不应有的经济损失;进口商品以次充好、以旧充新、以伪乱真、投机诈骗等时有发生;由于路途遥远,环节众多,货物难免发生品质变化和残损等。因此,把好进出口商品质量关,确保人类健康和安全,保护环境,维护国家信誉,促进对外贸易的快速发展,就成为商检工作的首要任务。

(二)明确贸易各方的责任,保护贸易各方的合法权益

目前的商检机构既不从属于买方、卖方,也不从属于生产、保险、运输等部门,作为公正的第三方,根据对外贸易合同、信用证、有关标准规定的质量指标进行检验和鉴定,提供证明,供贸易有关各方交接、计费、索赔、理赔、免责之用。商检机构这一技术和劳务相结合的服务工作,能够真正做到公正地维护对外贸易有关各方的合法权益,保障国际经济贸易活动的有序进行。

(三)促进商品质量的提高,防止不合格商品的进出口

当今国际市场的竞争,说到底是产品质量的竞争,只有质量上乘,才能在激烈的国际竞争中立于不败之地。商检机构通过品质管制,可以把好进出口商品的质量关,防止不合格的伪劣商品进出口,督促买卖双方采取措施,提高产品质量。

二、商品检验机构

(一)中国的商检机构

根据2019年修订的《中华人民共和国进出口商品检验法实施条例》,进出口药品的质量检验、计量器具的量值检定、锅炉压力容器的安全监督检验、船舶(包括海上平台、主要船用设备及材料)和集装箱的规范检验、飞机(包括飞机发动机、机载设备)的适航检验以及核承压设备的安全检验等项目,由有关法律、行政法规规定的机构实施检验。海关总署主管全国进出口商品检验工作,海关总署设在省、自治区、直辖市以及进出口商品的口岸、集散地的出入境检验检疫机构,管理所负责地区的进出口商品检验工作。中国商检机构的基本任务有下述三项:

1. 法定检验

法定检验是指商品检验机构根据国家法律法规的规定,对关系到国计民生的重点商品、容易发生质量问题的商品、涉及安全卫生的商品以及国家指定由商品检验机构统一执行检验的商品等,实施强制性的检验或检疫,未经检验或检验不符合法律法规规定要求的,不准输入输出。属于法定检验的出口商品,未经检验合格的,不准出口;属于法定检验的进口商品,未经检验的,不准进口销售、使用。

2. 公证鉴定

公证鉴定是应国际贸易关系人的申请,商检机构以公证人的身份,办理规定范围内的进出口商品的检验鉴定业务,出具证明,作为当事人办理有关事务的有效凭证。例如,品质和数量证明、残损鉴定和海损鉴定,车、船、飞机和集装箱的运载鉴定,普惠制产地证。公证鉴定不同于法定检验,主要表现在:公证鉴定是凭申请办理的,是非强制性的,而法定检验则是根据国家法律法规,对进出口商品实施强制性检验;公证鉴定业务中,商检机构与申请人之间是平等的

民事主体,而不是管理与被管理的关系;鉴定业务所出具的检验证书不具有强制力,其效用的大小取决于证书的合法性与准确性,取决于国际社会对其信任的程度。

3.监督管理

监督管理是指商检机构通过行政手段对进出口商品的收货人、发货人及生产、经营、储运单位以及商检机构指定或认可的检验机构、检验人员的检验工作实施监督管理。监督管理与法定检验一样是商检机构强制实施的行政管理行为,二者的区别在于管理的对象不同。法定检验的对象是进出口商品,而监督管理的对象是进出口商品检验工作,其主要目的是保证进出口经营单位及生产加工企业的产品质量保证体系的健全完善,保证出口产品的质量及生产环境。

(二)国外的商检机构

国外有官方的、私人的或同业公会的商检机构,官方的有国家设立的检验机构,私人或同业公会开设的检验机构有各种公证人、公证行,还有工厂企业、用货单位设立的化验室、检验室等。目前国际上比较著名的商检机构有美国粮谷检验署(FGES)、美国食品药物管理局(FDA)、法国国家实验室检测中心、日本通商产业检查所等官方所设立的检验机构,以及美国保险人实验室(UL)、瑞士通用公证行(SGS)、英国劳氏公证行(Loyd's Surveyor)、日本海事检定协会(NKKK)等民间或社团检验机构。

三、商品检验的程序

办理进出口商品检验是国际贸易中的一个重要环节。进出口商品的检验程序包括四个步骤:

(一)申请检验

申请检验包括报检和商检机构受理报检两个部分。报检是指对外贸易关系人向商检机构报请检验,首先由报检人填写"进(出)口检验申请书",填明申请检验、鉴定项目和要求,并提供有关的单证和资料,如外贸合同、信用证、厂检结果单正本及其他必要的资料等。商检机构在审查上述单证符合要求后,受理该批商品的报检,如发现有不符合要求之处,可要求申请人补充或修改有关条款。

(二)抽样

商检机构接受报检之后,由商检机构派员及时赴货物堆存地点进行现场检验鉴定。抽样时,采取随机取样方式,在货物的不同部位抽取一定数目、能代表全批货物质量的样品供检验之用。报检人应提供存货地点情况,并配合商检人员做好抽样工作。

(三)检验

检验部门可以使用从感官到化学分析、仪器分析等各种技术手段,对进出口商品进行检验。检验的形式有商检自验、共同检验、驻厂检验和产地检验等。

(四)签发证书

在出口方面,商检机构对检验合格的商品签发检验证书,或在"出口货物报关单"上加盖放行章。出口企业在取得检验证书或放行通知单后,在规定的有效期内报运出口。在进口方面,进口商品经检验后,分别签发"检验情况通知单"或"检验证书",供对外结算或索赔用。凡由收、用货单位自行验收的进口商品,如发现问题,应及时向商检机构申请复验并出证,以便向外商提出索赔。对于验收合格的,收、用货单位应在索赔有效期内把检验结果报送商检机构。

四、合同中的商品检验条款

商品检验条款一般包括以下五方面的内容:

(一)检验时间和地点

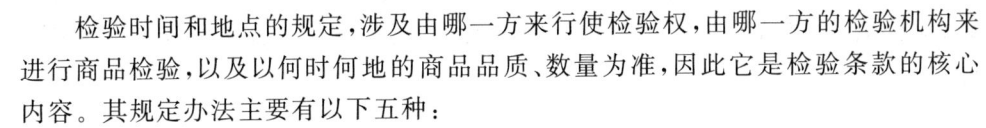

检验时间和地点的规定,涉及由哪一方来行使检验权,由哪一方的检验机构来进行商品检验,以及以何时何地的商品品质、数量为准,因此它是检验条款的核心内容。其规定办法主要有以下五种:

1.在出口国装船前检验

此种方法又包括产地检验和装运港(地)检验两种。

(1)产地检验是指货物在出口商产地发货前,由卖方检验部门或买方的验收人员或前两者委托的检验机构人员在产地进行检验和验收,并由买卖合同中规定的检验机构出具检验证书,卖方只承担货物离开产地或工厂前的责任。这种方法主要适用于大型成套设备和重要商品的检验,如船舶的检验。

(2)装运港(地)检验,也称离岸品质、离岸重量(Shipping Quality and Weight),指货物在装运港(地)交货前,由买卖合同中规定的检验机构对货物的品质、数量等方面进行检验,并以该机构出具的检验证书作为最后依据。

采用上述两种方式,实际就是规定了卖方检验权,即使买方自行委托当地检验机构对货物进行复验,买方也已无权拒收或提出异议和索赔,除非买方能证明他所收到的与合同规定不符的货物是由于卖方的违约或货物固有的瑕疵所造成的,因此这两种方式对买方不利。

2.在进口国卸货后检验

此种方式又分为在目的港(地)检验和买方营业处所(最终用户所在地)检验。

(1)目的港(地)检验。即"到岸品质、到岸数量"(Landed Quality and Weight),指货物运达目的港(地)时,由合同规定的检验机构在合同规定的时间内对货物进行检验,并出具检验证书作为卖方交货品质、数量的最后依据。

(2)买方营业处所(最终用户所在地)检验。货物在买方营业处所(最终用户所在地),由合同规定的检验机构对货物进行检验,并由该机构出具检验证书作为最后依据。该方式适用于需要安装调试进行检验的成套设备、机电产品以及在口岸开件检验后难以恢复原包装的商品。

采用上述两种方式时,实际上是买方享有最终检验权。卖方实际需承担到货品质、数量的责任,买方可据当地商检证明书就商品的质量、数量向卖方提出异议和索赔。若确由卖方责任所致,卖方不得拒绝,因此这两种方式对卖方不利。

3.出口国检验、进口国复验

出口国检验、进口国复验是指卖方在出口国装运货物时,以合同规定的检验机构出具的检验证书作为向银行收取货款的凭证之一,但该检验证书不是最后的依据。货物运抵目的港(地)后,买方有复验权。经过买方复验后,若货物与合同规定不符并且确由卖方责任所致,买方有权凭双方都同意的复验机构所出具的复验证书向卖方提出异议和索赔,卖方不得拒绝。由于这种做法兼顾了买卖双方的利益,较为公平合理,所以是国际货物买卖中最常见的一种方法。

4.装运港(地)检验重量、目的港(地)检验品质

即离岸重量、到岸品质(Shipping Weight and Landed Quality),是指在装运港(地)由当地

检验机构检验货物重量,并出具重量检验证书,作为卖方所交货物重量的最后依据。货抵目的港(地)后,由买方检验机构检验货物品质,并出具品质检验证书,作为货物品质的最后依据。若货物与合同规定的品质和重量不符,买方可凭品质检验证书就货物品质向卖方进行索赔,但买方无权对货物的重量提出异议。该方法一般用于对大宗商品的检验。

5. 出口国装运前预检验、进口国最终检验

即在合同中规定货物在出口国装运前由买方派员自行或委托检验机构人员对货物进行预检验,货物运抵目的港(地)后,买方有最终检验权和索赔权,并以最终检验所出具的检验证书为最后依据。

(二)检验或复验机构

中国的检验机构一般规定为海关总署下设的出入境检验检疫机构,国外的检验或复验机构必须是办事公正、有技术能力和信誉的机构,检验机构的选定一般是与检验的时间和地点联系在一起的。在我国的出口合同中,如允许买方有复验权,我方最好规定在政治上对我国友好、在业务上有能力的商检或公证机构作为复验机构。

(三)检验证书

检验证书(Inspection Certificate)是商检机构对进出口商品检验、鉴定后所出具的证明文件。常见的检验证书有:

1. 品质检验证书(Inspection Certificate of Quality)

品质检验是运用各种检验手段,包括感官检验、化学检验、仪器分析、物理测试、微生物学检验等,对进出口商品的品质、规格、等级等进行检验,确定其是否符合外贸合同(包括成交样品)、标准等规定。品质检验证书是出口商品交货结汇和进口商品结算索赔的有效凭证。

2. 重量或数量检验证书(Inspection Certificate of Weight and Quantity)

重量或数量检验是商检机构检验卖方所交货物的重量、数量,确定其是否符合合同规定。重量或数量检验证书是出口商品交货结汇、签发提单和进口商品结算索赔的有效凭证。出口商品的重量证书也是国外报关征税和计算运费、装卸费用的证件。

3. 包装检验证书(Inspection Certificate of Packing)

包装检验证书是用于证明进出口商品包装情况的证书。进出口商品包装检验一般列入品质检验证书或重量(数量)检验证书中,但也可以根据具体需要单独出具包装检验证书。

4. 兽医检验证书(Veterinary Inspection Certificate)

兽医检验证书是证明出口动物产品经过检疫合格的证件,适用于冻畜肉、冻禽、禽畜肉、罐头、冻兔、皮张、毛类、绒类、猪鬃、肠衣等出口商品。

5. 卫生检验证书(Sanitary Inspection Certificate)

即健康检验证书,是证明可供人类食用或使用的出口动物产品、食品等经过卫生检验或检疫合格的证件,适用于肠衣、罐头、冻鱼、冻虾、食品、蛋品、乳制品、蜂蜜等。

6. 消毒检验证书(Disinfection Inspection Certificate)

消毒检验证书是证明出口产品经过消毒处理,保证卫生安全的证件,适用于猪鬃、马尾、皮张、山羊毛、羽毛、人发等商品,其证明内容也可在品质检验证明书中附带。

7. 熏蒸证书(Inspection Certificate of Fumigation)

熏蒸证书是证明出口粮谷、油籽、豆类、皮张等商品以及包装用木材、植物性填充物等,已经经过熏蒸灭虫的证件。如国外不需要单独出证,可将其内容列入品质检验证书中。

8. 残损检验证书（Inspection Certificate on Damaged Cargo）

残损检验证书是证明进口商品残损情况的证书，主要内容为确定商品的受损情况和对使用、销售的影响，估定损失程度，判断致损原因，作为向发货人或承运人、保险人等有关责任方索赔的有效证件。

9. 船舱检验证书（Inspection Certificate on Tank/Hold）

船舱检验证书是证明承运出口商品的船舱清洁、牢固、冷藏效能及其他装运条件是否符合保护承载商品的质量和数量完整与安全要求的证书。

10. 货载衡量检验证书（Inspection Certificate on Cargo Weight & Measurement）

亦称衡量检验证书，是证明进出口商品的重量、体积吨位的证明书，它是计算运费和制订配载计划的依据。

11. 价值证明书（Certificate of Value）

价值证明书是商检机构对国内卖方出具的发票上开列商品名称、数（重）量、单价和总值进行核实后签发的证书，以证明发票上开列的商品单价和总值真实准确，该证书是买卖双方交换货物、贸易结算和通关计税的凭证。

12. 原产地证书（Certificate of Origin）

原产地证书是用于证明出口商品原生产地的证书，通常包括普通原产地证书、普惠制原产地证书和野生动植物产地证。

（四）检验标准

检验标准是指对进出口商品实施检验所依据的标准，其具体内容视商品的种类、特性及进出口国家相关法律法规和签约双方的意思而定。实际业务中有时会出现由于两地商检机构采用的标准不同而产生的异议，为了避免这种现象出现，业务人员应仔细研究贸易两国采用的标准，并在合同中加以确定。

（五）检验方法

有的商品由于检验方法不同，其结果不同，容易引起争议。为避免争议，必要时应在合同检验条款中列明检验的方法。实际业务中检验方法主要有化学分析检验法、仪器分析检验法、感官检验法、物理检验法、微生物检验法等。

第二节　争议与索赔

一、争议

（一）争议的含义

争议（Dispute）是指交易的一方认为另一方未能全部或部分履行合同规定的责任而引起的业务纠纷。在国际货物买卖中，买卖双方因各自的权利、义务问题而引起的争议屡见不鲜。双方发生争议的原因很多，主要有以下五种情况：

(1) 关于合同是否成立的问题。双方国家法律和国际贸易惯例解释不一，容易引发争议。

(2) 卖方不履行或不完全履行合同规定的义务。如卖方不按时交货，不按合同规定的品质、数量、包装交货,卖方不提供合同和信用证规定的单据等。

(3)买方不履行或不完全履行合同规定的义务。如买方不按时派船,不按时开证,不按时赎单付款,无理拒收货物等。

(4)合同条款规定不明确。双方对合同条款解释不一致,或从本身利益出发各执一词。

(5)在履行合同时产生了双方不能预见和无法控制的情况,导致合同无法履行或无法按时履行,但双方对发生的不可抗力的法律后果解释不一致。

(二)解决争议的方法

一旦产生争议,双方均应本着诚实与信用的原则,采取适当的方法予以解决。解决争议的方法主要有四种:

1.友好协商

友好协商(Consultation)是指争议双方本着互相谅解的精神自行协商解决争议的一种方法,是实践中最常用的争议解决方法。

2.调解

调解(Conciliation)是指当事人自愿将争议提交给一个双方均能接受的调解人,在查清事实的基础上,该调解人分清是非,分清责任,对所发生的争议予以调解解决。

3.仲裁

仲裁(Arbitration)是指当事人之间达成协议,自愿将有关争议提交双方均同意的仲裁机构进行裁决的一种方式。

4.诉讼

诉讼(Litigation)是指一方当事人向法院起诉,控告另一方有违约行为,要求法院依法给予救济或惩处另一方当事人。

二、索 赔

(一)索赔的概念

索赔(Claim)是指遭受损害的一方在争议发生后,向违约方提出赔偿要求的行为。索赔在法律上是指主张权利,在实际业务中,通常是指受害方因对违约方违约而根据合同或法律提出予以补救的主张。一方提出索赔后,违约方受理对方的赔偿要求,称作理赔(Settlement of Claim)。索赔与理赔是一个问题的两个方面,对受害方来说是索赔,对违约方就是理赔。

(二)合同中的索赔条款

在国际货物买卖合同中,对索赔条款有两种规定方式:一种是异议与索赔条款(Discrepancy and Claim Clause),另一种是罚金条款(Penalty Clause)。一般货物买卖合同大多只规定异议和索赔条款,大宗货物买卖,如机械设备一类商品的合同,除订有异议与索赔条款外,还要另订罚金条款。

1.异议与索赔条款

一般货物买卖合同中只订立此条款,主要适用于交货的品质和数量等方面的违约行为。该条款的内容有索赔权、索赔依据、索赔期限、处理索赔的办法和索赔金额等。

(1)索赔权。就是要明确规定交易的一方如违反合同,另一方有权提出索赔。

(2)索赔依据。主要是规定合同当事人在提出索赔时,必须提供的证据和出具证据的机构。索赔依据包括法律依据和事实依据两方面。法律依据是指当事人在提出索赔时,必须以与买卖合同有关的国家法律规定为确定违约行为的依据;事实依据是指当事人在提出索赔时,必须提供对方违约的事实真相、充分的书面证明等,以证明违约的真实性。

(3)索赔期限。索赔期限指索赔方向违约方提出索赔要求的有效期限。按照国际惯例,受害方必须在一定时期内提出索赔要求,逾期提出索赔,违约方有权拒绝受理。因此,关于索赔期限的规定必须慎重、合理,应根据不同货物的具体情况做出不同的规定。

除一些特殊货物(如机械设备)外,索赔期限一般不宜过长,以免使一方承担过重的责任,也不宜过短,以免使一方无法行使索赔权,而应根据货物性质及检验所需时间的多少等因素而定。

应该注意的是,如果买卖合同未规定具体的索赔期限,在发生争议时,受害方可以援引某种法律或惯例所规定的期限进行索赔,这样将会延长另一方承担责任的期限。例如,《联合国国际货物销售合同公约》规定:"如果买方不从实际收到货物之日起两年内将货物不符合合同的情形通知卖方,他就丧失了声称货物不符合合同的权利,除非这一时限与合同规定的保证期不符。"

规定索赔期限时,需对索赔期限的起算时间做出具体规定,通常有以下几种起算方法:

①货物经检验后××天起算。
②货物到达目的港后××天起算。
③货物到达目的港、卸离海轮后××天起算。
④货物到达买方营业或用户所在地后××天起算。

索赔依据和索赔期限在异议和索赔条款中要明确地加以规定,并与检验条款相结合。

(4)处理索赔的办法和索赔金额。因为在实际业务中,违约行为发生的原因很多,具体情况复杂,在磋商交易和订立合同时很难预见到将来在履约过程中,哪些环节上会发生违约,违约的程度有多大。因此,除个别情况外,通常在买卖合同中只做一般、笼统的规定。如果将来发生违约行为,将根据货损、货差的实际情况来确定赔偿的金额和索赔的办法。根据以往的法院判例,索赔的金额一般包括实际损失加上预期的利润。

2.罚金条款

罚金条款在买卖合同中不能独立订立,它必须在订立了"异议和索赔条款"之后,而且只是在大宗货物的交易中订立。罚金条款主要适用于卖方延期交货、买方延期接货、迟期开立信用证等行为,罚金条款的主要内容是规定罚金金额与罚金的起算日期。

(1)罚金金额。罚金就是违约金,针对一方发生了合同中列明的违约行为,应向对方支付载明于合同中的一定金额的约定罚金,以补偿对方的损失。

在买卖合同中,双方应协商规定罚金的百分率或罚金金额,并且同时规定罚款的最高百分率或最高的罚款金额。罚金百分比的大小或罚金金额的多少,视违约时间的长短而定。例如,实际业务中有的合同规定:除本合同第×条所列举的不可抗力原因外,如卖方不能按期交货,每延误7天,买方应收取0.5%的罚金,不足7天则按7天计算;如卖方不能按合同规定的装运期交货,延期10周时,买方有权撤销合同,并要求卖方支付上述延期交货罚金。但是,延期交货的罚金,不得超过延期交货那部分货物总金额的5%。

应该注意,当违约方支付罚金之后,并不能因此解除继续履行合同的义务。因此违约方支付罚金外,仍应履行合同义务。如因故不能履约,则另一方在收受罚金之外,仍有权索赔。

(2)罚金的起算日期。罚金的起算日期,一般有两种规定方法,一种是以合同规定的交货期或者信用证开证期限终止后立即起算,另一种是规定一个优惠期,即在合同规定的交货期或开证期限终止以后,再宽限一定期限,即优惠期,在这段期限内,免于罚款,等到优惠期届满后才开始计算罚金。

关于罚金条款,各国在法律上有不同的解释和规定。大陆法系国家的法律承认并执行合同中的罚金条款,它们认为若一方不履行或不如实履行合同条款,另一方可以要求其支付一定金额作为处罚。而英美法系国家的法律认为,对于违约行为,只能要求赔偿损失,而不能予以惩罚。英美法系国家的法律,只承认损害赔偿,不承认带有惩罚性的罚金。所以在与英国、美国、澳大利亚、新西兰等国贸易时,应注意约定的罚金金额的合法性。

第三节　不可抗力

一、不可抗力的定义

不可抗力(Force Majeure)是指货物买卖合同或服务贸易合同签订后,由于发生了合同当事人无法预见、无法预防、无法避免和无法控制的事故,以致合同不能履行或不能如期履行,发生意外事故的一方可以免除履行合同的责任或推迟履行合同。因此,不可抗力是一项免责条款。

二、不可抗力事故的范围

不可抗力事故的范围较广,通常分为两种情况,一种是由于自然力量引起的事故,如水灾、旱灾、地震、暴风雪等;另一种是政治或社会原因引起的事故,如战争、罢工、政府禁令等。但不是所有的自然原因或社会原因引起的意外事故都属于不可抗力,对哪些属于不可抗力,哪些不属于不可抗力,国际上也没有一个统一的解释。一般认为构成不可抗力事故应具备三个条件,一是意外事故是在签订合同之后发生的,二是并非由于任何一方当事人的过失或疏忽造成的,三是意外事故是当事人不能预见和预防,又无法避免和克服的。

三、合同中的不可抗力条款

国际货物买卖合同中的不可抗力条款涉及以下四方面的内容:

(一)不可抗力事故的范围

不可抗力事故范围的规定办法主要有以下三种:

1.概括式

即不列明具体的不可抗力事故,只是笼统地规定"由于公认的不可抗力原因,致使一方不能履行合同或不能如期履行合同,得以免除责任。"这种规定的缺点是过于笼统,易产生纠纷,应尽量少使用。

2.列举式

即把可能的不可抗力事故逐一列出,凡是合同履行中发生了所列举的事故,则按不可抗力原则处理。这种形式虽然比较明确具体,但容易遗漏,如采用这种规定方式必须注意这一点。

3. 综合式

即先列举出若干可能发生的不可抗力事故,再附加"以及公认的不可抗力原因,致使不能全部或部分履行合同,得以免除责任。"这种方式既避免过于笼统,又可避免遗漏的缺陷,一般使用较多。

(二)不可抗力事故的通知和证明

不可抗力事故发生后,不能按规定履约的一方当事人要取得免责的权利,必须及时通知另一方,并提供必要的证明文件,而且在通知中应提出处理意见。我国一般由中国国际贸易促进委员会或其设在口岸的贸促分会出具证明,也可由公证机构出具。一方接到对方关于不可抗力事故的通知和证明文件后,无论同意与否都应及时答复,否则,按有些国家的法律如《美国统一商法典》将被视作默认同意。

(三)不可抗力事故的法律后果及处理原则

不可抗力所引起的后果有两种,一是解除合同,二是变更合同,包括替代履行、减少履行或推迟履行。至于什么情况下可解除合同,什么情况下可变更合同,应视事故的原因、性质、规模及其对履行合同所产生的实际影响程度而定。发生不可抗力事故后,应按合同约定的处理原则和办法及时进行处理。如果合同没有明确的规定,一般来说,若不可抗力事故的发生使合同的履行成为不可能,如特定标的物的灭失,或者非短期内能复原的,则可解除合同;若不可抗力事故只是部分地或暂时地阻碍了合同的履行,则发生事故的一方只能采用变更合同的方法,以减少另一方的损失。

(四)不可抗力事故发生后通知对方的期限与方式

在不可抗力条款中要具体规定事故发生后通知对方的期限与方式。例如:一方遭受不可抗力事故后,应以电报或电传方式,并应在15天内以航空挂号信提供事故的详细情况及其对合同履行影响程度的证明文件。

案例分析 14-1

不可抗力事实性证明助力企业纾解疫情之困

易瑞国际电子商务有限公司(以下简称"易瑞国际"),是我国首家油气能源垂直领域的工业品跨境产业互联网平台。受新冠肺炎疫情影响,国际班列停运,易瑞国际无法根据合同约定按期向俄罗斯客户交付货物,涉及货物金额约1 400万元人民币。此外,根据双方合同条款,如易瑞国际不能按时或按量供应货物,每日需缴付未供货物或不足货物金额罚金最高达70万元,并且超期一个月后采购方有权单方面取消合同,易瑞国际必须退还所有已付款项。易瑞国际第一时间与俄罗斯客户沟通,解释疫情期间交通受阻情况,并希望可以保留订单、延迟交付货物。俄方了解情况后,要求提供第三方部门出具的证明文件。2020年2月5日,中国国际贸易促进委员会了解到易瑞国际的需求后,立即为企业开通绿色通道,指导企业上传资料,及时审核,快速出具了新冠肺炎疫情有关的不可抗力事实性证明。该公司收到证书后第一时间将电子版发给俄方客户,得到客户的理解和认可,同意在疫情好转后延期交付。

思考: 不可抗力事实性证明有何作用?

(资料来源:中国经济网.不可抗力事实性证明助力企业纾解疫情之困,2020.02.16)

第四节 仲裁

一、仲裁的含义与特点

仲裁（Arbitration）又称"公断"，是指买卖双方在争议发生之前或之后，签订书面协议，自愿将争议提交双方所同意的第三者予以裁决（Award），以解决争议的一种方式。由于仲裁是依照法律所允许的仲裁程序裁定争端，因而其裁决具有法律约束力，当事人双方必须遵照执行。

仲裁与诉讼是我国解决商事纠纷的两大主要途径。与诉讼相比，仲裁具有四个特点：

(1)仲裁机构属于民间性质，不具有强制管辖权，对争议案件的处理以当事人自愿为基础；而诉讼是一种强制性的解决争议的办法，当事人一方无须征得另一方的同意即可向有管辖权的法院起诉，另一方则无权拒绝。

(2)当事人双方通过仲裁解决争议时，必须先签订仲裁协议，双方都有在仲裁机构中选择仲裁员的自由；而诉讼中法官是由法院指定的，争议双方无权选择法官。

(3)仲裁时间短，程序简便，费用低；而诉讼程序相对复杂，处理问题慢且费用较高。

(4)仲裁机构之间无隶属关系，各自独立实行一裁终局，即仲裁机构的裁决一般是终局性的，已生效的仲裁裁决对双方当事人均有法律约束力；而诉讼的法院判决则允许上诉，变更判决结果。

二、仲裁协议

（一）仲裁协议的形式

在国际货物贸易中，仲裁协议是指合同当事人或争议双方达成的有关解决彼此争议的一种书面协议。它主要包括两种形式，一种是在争议发生之前订立的，形式是合同中的仲裁条款（Arbitration Clause），另一种是在争议发生之后订立的，形式是提交仲裁的协议（Arbitration Agreement）。

（二）仲裁协议的法律效力

上述两种形式的仲裁协议，其法律效力是相同的，而且它们都具有独立性。根据中国国际经济贸易仲裁委员会仲裁规则，合同中的仲裁条款应视为与合同其他条款分离的、独立存在的条款，附属于合同的仲裁协议也应视为与合同其他条款分离的、独立存在的一个部分。合同的变更、解除、终止、转让、失效、无效、未生效、被撤销以及成立与否，均不影响仲裁条款或仲裁协议的效力。

（三）仲裁协议的作用

(1)约束当事人双方只能将争议交由仲裁机构来裁决，不得向法院起诉。

(2)排除法院对争议案件的管辖权，绝大多数国家的法律都规定法院不受理争议双方订有仲裁协议的争议案件。

(3)使仲裁机构取得对争议案件的管辖权，任何仲裁机构都无权受理没有仲裁协议的案件。

三、仲裁程序

根据中国国际经济贸易仲裁委员会仲裁规则,仲裁程序自仲裁委员会仲裁院收到仲裁申请书之日起开始。

(一)申请仲裁

当事人申请仲裁时应提交由申请人或申请人授权的代理人签名及(或)盖章的仲裁申请书,附具申请人请求所依据的证据材料以及其他证明文件。

(二)受理案件

仲裁委员会根据当事人在争议发生之前或在争议发生之后达成的将争议提交仲裁委员会仲裁的仲裁协议和一方当事人的书面申请,受理案件。仲裁委员会仲裁院收到申请人的仲裁申请书及其附件后,经审查,认为申请仲裁的手续完备的,应将仲裁通知、仲裁委员会仲裁规则和仲裁员名册各一份发送给双方当事人。

(三)组成仲裁庭与指定仲裁员

除非当事人另有约定或本规则另有规定,仲裁庭由三名仲裁员组成。仲裁委员会制定统一适用于仲裁委员会及其分会、仲裁中心的仲裁员名册,当事人从仲裁委员会制定的仲裁员名册中选定仲裁员。仲裁员不代表任何一方当事人,应独立于各方当事人,平等地对待各方当事人。

(四)审理案件

仲裁庭应开庭审理案件,但双方当事人约定并经仲裁庭同意或仲裁庭认为不必开庭审理并征得双方当事人同意的,可以只依据书面文件进行审理。除非当事人另有约定,否则仲裁庭可以根据案件的具体情况采用询问式或辩论式的庭审方式审理案件。当事人应对其申请、答辩和反请求所依据的事实提供证据加以证明,对其主张、辩论及抗辩要点提供依据。开庭审理的案件,证据应在开庭时出示,当事人可以质证。对于书面审理的案件的证据材料,或对于开庭后提交的证据材料且当事人同意书面质证的,可以进行书面质证。书面质证时,当事人应在仲裁庭规定的期限内提交书面质证意见。仲裁庭认为必要时,可以调查事实,收集证据。

(五)裁决

仲裁庭应在组庭后6个月内做出裁决书。经仲裁庭请求,仲裁委员会仲裁院院长认为确有正当理由和必要的,可以延长该期限。仲裁庭应当根据事实和合同约定,依照法律规定,参考国际惯例,公平合理、独立公正地做出裁决。仲裁庭在裁决书中应写明仲裁请求、争议事实、裁决理由、裁决结果、仲裁费用的承担、裁决的日期和地点。当事人协议不写明争议事实和裁决理由的,以及按照双方当事人和解协议的内容做出裁决书的,可以不写明争议事实和裁决理由。仲裁庭有权在裁决书中确定当事人履行裁决的具体期限及逾期履行所应承担的责任。裁决是终局的,对双方当事人均有约束力。任何一方当事人均不得向法院起诉,也不得向其他任何机构提出变更仲裁裁决的请求。仲裁庭有权在裁决书中裁定当事人最终应向仲裁委员会支付的仲裁费和其他费用。当事人应依照裁决书写明的期限履行仲裁裁决,裁决书未写明履行期限的,应立即履行。一方当事人不履行裁决的,另一方当事人可以依法向有管辖权的法院申请执行。

四、合同中的仲裁条款

国际货物买卖合同中,仲裁条款一般应包括仲裁地点、仲裁机构、仲裁规则、仲裁裁决的效力及仲裁费用的负担等内容。

(一)仲裁地点

仲裁地点是仲裁条款的核心内容,一般而言,在哪个国家仲裁就适用哪个国家的法律和仲裁法规。由此可见,仲裁地点不同,所适用的法律可能不同,对双方当事人的权利、义务的解释也会有差异,仲裁结果也就可能不同。因此,买卖双方当事人在协商仲裁地点时,都力争在自己国家或比较了解和信任的地方仲裁。

(二)仲裁机构

国际贸易中的仲裁机构有两类,即常设仲裁机构和临时仲裁机构。国际上许多国家、地区和一些国际组织都设有专门从事处理商事纠纷的常设仲裁机构。在我国的外贸业务中,经常遇到的国外常设仲裁机构有瑞典斯德哥尔摩商会仲裁院、英国伦敦仲裁院、瑞士苏黎世商会仲裁院、日本国际商事仲裁协会、美国仲裁协会、意大利仲裁协会及设在巴黎的国际商会仲裁院等。我国常设涉外商事仲裁机构是设在北京的中国国际经济贸易仲裁委员会,该委员会在深圳、上海、天津、重庆、杭州、武汉、福州、西安、南京、成都、济南、海口分别设有华南分会、上海分会、天津国际经济金融仲裁中心(天津分会)、西南分会、浙江分会、湖北分会、福建分会、丝绸之路仲裁中心、江苏仲裁中心、四川分会、山东分会和海南仲裁中心,在香港特别行政区设立香港仲裁中心,在加拿大温哥华设立北美仲裁中心,在奥地利维也纳设立欧洲仲裁中心。

临时仲裁机构是专为审理某一争议案件而由双方当事人指定的仲裁员组成的,争议案件处理完毕即自动解散,因而双方当事人须在仲裁协议中明确规定指定仲裁员的办法、人数、如何组建仲裁庭以及仲裁程序规则等内容。

(三)仲裁规则

仲裁规则即进行仲裁的手续、步骤和做法,各仲裁机构都有自己的仲裁规则。按国际仲裁的一般做法,原则上采用仲裁所在地的仲裁规则,但经仲裁机构同意,也允许按双方当事人的约定,采用仲裁地点以外的其他仲裁机构的仲裁规则进行仲裁。

(四)仲裁裁决的效力

一般而言,仲裁裁决是终局性的,对争议双方都有约束力,任何一方都不允许向法院起诉要求变更。

(五)仲裁费用的负担

合同中应明确规定仲裁费用的负担问题,一般规定由败诉方承担,也有的规定由仲裁庭酌情决定。

五、仲裁裁决在国际间的承认与执行

为使仲裁裁决能够顺利执行,国际上曾签订一些国际仲裁公约。其中最有影响力的是1958年6月10日在纽约召开的联合国国际商事仲裁会议上签署的《承认与执行外国仲裁裁决公约》(Convention on the Recognition and Enforcement of Foreign Arbitral Awards,简称

"1958年纽约公约"），目前已有一百多个国家和地区加入了该公约。该公约于1987年4月22日对我国生效。公约规定，一个缔约方应该承认和执行在另一缔约方做出的仲裁裁决，对于在非缔约方做出的仲裁裁决亦应给予承认和执行，但允许缔约方做出"互惠保留"和"商事保留"。我国在批准加入该公约时，做了"互惠保留"和"商事保留"，前者是指我国对在另一缔约方领土内做出的仲裁裁决的承认和执行适用该公约，后者是指我国仅对按照我国法律属于契约性和非契约性商事法律关系所引起的争议适用该公约。

本章小结

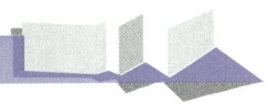

在履行合同过程中，卖方交付的货物一般须经合同规定的商品检验机构检验出证。发生争议后，买卖双方应本着重合同、守信用的原则，按合同中的索赔条款及其他条款公平合理地处理争议，争取通过友好协商来解决争议。如果不能通过友好协商来解决争议，可按合同的规定提交仲裁。如果合同中没有仲裁条款而双方又不同意订立提交仲裁的协议，一方可向法院提起诉讼。如果一方的违约是由于不可抗力事故造成的，违约的一方可免除部分责任或全部责任。

思考题

1. 中国商检机构的基本任务是什么？
2. 商品检验条款一般包括哪些内容？
3. 解决争议的方法有哪些？
4. 不可抗力条款一般包括哪些内容？
5. 仲裁条款一般包括哪些内容？
6. 巴西A公司向我国B公司出口一批农产品，合同签订日期为2020年9月1日，合同规定装船日期为2020年10—12月。9月中旬以后，巴西该农产品价格上涨，A公司因亏损过高不愿出口。经查该农产品价格上涨的原因是7、8月产地遭受过严重水灾。在此情形下，巴西A公司可否以不可抗力为由免除交货责任？为什么？

第十五章　交易磋商与合同的订立

知识目标

1. 掌握交易磋商的整个流程。
2. 理解交易磋商的成立条件。
3. 了解合同的订立。

能力目标

能够分析国际贸易交易磋商的具体案例。

思政目标

具有遵守合约、诚实守信的意识。

本章导读

在国际贸易中，交易双方通过反复磋商就各项交易条件取得一致协议后，交易即告达成，一般来说，就可以正式签订书面合同了。交易磋商的过程是合同成立的过程，交易磋商是签订合同的依据，合同是交易磋商的结果。

第一节　交易磋商的形式与内容

交易磋商（Business Negotiation）又称合同磋商（Contract Negotiation），是买卖双方就买卖某种货物的各项交易条件进行洽商，最后达成协议、签订合同的过程。一旦买卖双方就各项交易条件达成一致，合同即告成立，对双方都有约束力。因此交易磋商既是商务活动，又是法律行为，是一项政策性、策略性和技术性都很强的工作，要求从事此项工作的人员具有良好的专业素质和业务水平。

一、交易磋商的形式

商务合同的磋商有四种方式,即口头磋商、书面磋商、无纸贸易和行为表示。

1. 口头磋商

口头磋商方式即面对面的洽谈方式,也包括通过国际长途进行的电话联系和磋商。在交易会、洽谈会、出国推销、采购及客户前来时,通常是当面洽谈,达成交易后订立书面合同。口头磋商方式由于是面对面直接交流,便于及时了解对方的诚意和态度,针对性地采取对策,并可根据进展情况及时调整谈判的策略,争取达到预期的目的。这对于谈判内容复杂、涉及问题多的交易尤为适合。

2. 书面磋商

书面磋商方式是通过信件、电报、电传和传真往来进行磋商。随着现代通信技术的发展,书面洽谈也越来越简便易行,而且费用比口头谈判要低廉得多,它是日常业务中的通常做法。目前,较多企业使用传真进行洽谈。由于传真会褪色,不能长久保存,所以如通过传真达成交易,必须补寄正本文件或另行签订销售合同和确认书。

3. 无纸贸易

无纸贸易方式即通过电子数据交易(Electronic Data Interchange,EDI)系统的磋商。也就是按照协议,通过具有一定结构的标准信息在计算机网络中进行交易。根据需要,它可以转变成书面形式。

4. 行为表示

行为表示方式即通过行为进行交易磋商,最典型的例子就是在拍卖市场的拍卖和购进。

二、交易磋商的内容

交易磋商的内容,即订立货物买卖合同条款的具体内容,也称交易条件。根据贸易习惯中交易条件内容的变动性大小,又可以分为一般交易条件和个别交易条件。个别交易条件是重点磋商的交易条件,其变动性大,在每笔交易中都可能发生变化,如品质、数量、包装、价格、交货时间与地点以及货款的支付方式等。一般交易条件比较固定,在每笔交易中内容都基本一致,如商品的检验时间、地点与方法、索赔、仲裁和不可抗力等。在实际业务中,并非每次磋商都要对所有条款逐一商讨,洽谈的往往只是个别交易条件。由于长期的贸易习惯,为了节约时间,交易双方一般使用固定格式的合同,一般交易条件都列在其中,只要对方没有提出异议,这些条款就不用重新协商,也就成为双方交易的基础。

但关于商品的质量、数量、价格、交货期和货款支付方式等个别交易条件是成立买卖合同所不可缺少的交易条件,是交易磋商的主要内容。

第二节 交易磋商的程序

在国际贸易中,买卖双方经过交易磋商,签订进出口合同作为约束双方权利和义务的依据,并依照相关法规和国际惯例履行合同,实现国际贸易的最终目的。

交易磋商的程序(订立合同的步骤)可概括为四个环节:询盘、发盘、还盘和接受。其中,只有发盘和接受是交易必不可少的两个基本环节或法律步骤。

一、询盘(Inquiry)

(一)含义

询盘也称询价或邀请发盘,是指交易的一方打算购买或出售某种商品,向对方询问买卖该项商品的有关交易条件,或者就该项交易提出带有保留条件的建议。邀请发盘在通常的交易中并非必不可少的环节,仅仅是对交易进行询问,寻找买主或卖主,是正式进入磋商过程的先导。然而在一些特殊的贸易方式下,如招标投标、拍卖等,邀请发盘则有可能成为必要环节。询盘多由买方做出,也可由卖方做出。

(二)形式

询盘是为了试探对方对交易的诚意和了解其对交易条件的意见。它既没有法律约束力,也没有固定格式。询盘可由买方发出也可由卖方发出;可采用口头方式,亦可采用书面方式。书面方式包括书信、电报、电传、传真、电子邮件等,时常还采用询价单(Inquiry Sheet)格式进行询盘。目前国际贸易业务中采用传真和电子邮件方式进行询盘的较为普遍。随着信息网络技术的发展,利用电子邮件和商务网络询盘已成趋势。按照我国《合同法》中的规定,寄送的价目单、招标公告、拍卖公告、招股说明书和商业广告等都属于邀请发盘。

以下为两则询盘的实例:

买方询盘:"Interested large size Shandong Groundnut Kernels 2000 corp. Please offer lowest price CIF Hamburg shipment Dec.(对 2000 年产山东大粒花生仁有兴趣,请报 CIF 汉堡最低价格 12 月装运。)"卖方询盘:"CAN SUPPLY ALUMINUM INGOT99 PCT JULY SHIPMENT PLSCABLE IFINTERESTED.(可供 99% 铝锭,七月份装运,如有兴趣请电告。)"

(三)法律效力

按照国际商业法律,邀请发盘对交易双方均无约束力。但是如果买卖双方在询价的基础上进行反复磋商并最终签订合同,则一旦发生争议,原询价内容也将作为争议处理的依据。

二、发盘(Offer)

(一)含义

发盘是指交易的一方——发盘人,向另一方——受盘人提出购买或出售某种商品的各项交易条件,并表示愿意按这些条件与对方达成交易,订立合同的行为。发盘在法律上称为"要约"。发盘既是商业行为,又是法律行为,在合同法中称之为要约。由卖方发出的发盘称作售货发盘(Selling offer),若由买方发出,则称作购货发盘(Buying offer)或递盘(Bid)。一项有效的发盘一经成立,如果该项发盘按所适用的法律的规定具有约束力,则发盘人就成为义务方,有义务在对方接受时按发盘中所规定的条件与对方订立合同;而受盘人就成为权利方,有权在发盘的有效期内要求对方按发盘中所规定的条件与之签订合同。

(二)构成发盘的要件

《联合国国际货物销售合同公约》("United Nations Convention on Contracts for the

International Sale of Goods",以下简称《公约》)第14条第一款解释:"向一个或一个以上特定的人提出订立合同的建议,如果十分确定,并且表明发盘人在得到接受时承受约束的意旨,即构成发盘。一个建议如果写明货物并且明示或默示地规定数量和价格,或者规定如何确定数量和价格,即为十分确定。"根据上述解释,构成一项发盘应具备以下条件:

1. 发盘应向一个或一个以上特定的人(Specific Persons)提出

向特定的人提出是指向有名有姓的公司或个人提出。提出此项要求的目的在于,把发盘同普通商业广告及向广大公众散发的商业价目单等行为区别开来。对广大公众发出的商业广告是否构成发盘的问题,各国法律规定不一,须慎重使用。

2. 发盘内容必须十分确定(Sufficient Definite)

根据《公约》规定:发盘应至少包括三项基本要素:①标明货物的名称与质量;②明示或默示地规定货物的数量或规定数量的方法;③明示或默示地规定货物的价格或规定价格的方法。

构成一项发盘应包括的内容,各国法律规定不尽相同。《公约》的规定只是构成发盘的起码要求。在实际业务中,如发盘的交易条件太少或过于简单,会给合同的履行带来困难,甚至容易引起争议。因此,最好将品名、品质、数量、包装、价格、交货时间、地点和支付办法等主要交易条件一一列明。

3. 必须表明发盘人对其发盘一旦被接受即受约束的意思

发盘是订立合同的建议,这个意思应当体现在发盘之中。否则,不能认为是一项发盘。

4. 发盘必须送达受盘人

发盘于送达受盘人(Offeree)时生效。在此之前,即使该受盘人已通过其他途径知道了发盘的内容,也不能主动对发盘表示接受。所谓"送达"对方,是指将发盘的内容通知对方或送交对方来人,或其营业地或通信地址。

以上是构成有效发盘的四个条件,也是考查发盘是否具有法律效力的标准。若不能同时满足这四个条件,即使在发盘上注明"实盘"或类似字样,也不能使发盘具有法律约束力。

案例分析 15-1

发盘要件案例

某中间商 A,就某商品以电传形式邀请我方发盘,我方于 2020 年 7 月 8 日向 A 方发盘并限 7 月 15 日复到有效。12 日我方收到日本 B 商按我方发盘规定的各项交易条件开来的信用证,同时收到中间商 A 的来电称:"你 8 日的发盘已转日本 B 商。"经查该商品的国际市场价格猛涨,于是我方将信用证退回开证银行,再按新价向日本 B 商发盘,而日本 B 商以信用证于发盘有效期内到达为由,拒绝接受新价,并要求我方按原价发货,否则将追究我方的责任。

(资料来源:作者根据资料整理)

思考:对方的要求是否合理?为什么?

(三) 发盘的生效和撤回

1. 生效

按照《公约》第 15 条的解释,"发盘于送达受盘人时生效"。就是说发盘虽已发出,但在到达受盘人之前并不产生对发盘人的约束力,受盘人也只有在接到发盘后,才可考虑接受与否的问题,在此之前凭道听途说表示接受,即使巧合也属无效。《中华人民共和国民法典》(简称《民法典》)规定,要约到达受要约人时生效。采用数据电文形式订立合同,收件人指定特定系统接收数据电文的,该数据电文进入该特定系统的时间,视为到达时间;未指定特定系统的,该数据电文进入收件人的任何系统的首次时间,视为到达时间。

2.撤回

发盘的撤回是发盘人在发盘尚未生效时收回其发盘的意思表示。按照《公约》第15条第二款的规定,"一项发盘,即使是不可撤销的,也可以撤回,如果撤回的通知在发盘到达受盘人之前或同时到达受盘人。"这一规定是基于发盘到达受盘人之前对于发盘人没有产生约束力,所以发盘人可以将其撤回,前提是发盘人要以更快的通信方式使撤回的通知赶在发盘到达受盘人之前到达受盘人,或起码同时到达。反之,如果发盘的通知已先于撤回通知到达受盘人,发盘即已生效,对发盘人产生了约束力。这时,按照《公约》,发盘人不得撤回该发盘,而只能考虑发盘的撤销。

(四)发盘的撤销

发盘的撤销不同于撤回,它是指发盘送达受盘人,即已生效后,发盘人再取消该发盘,解除其效力的行为。撤回和撤销最终都可使发盘失效,但是撤回是要收回尚未生效的发盘,而撤销是要收回已生效的发盘。

《公约》第16条的规定是:

(1)在未订立合同之前,如果撤销通知于受盘人发出接受通知之前送达受盘人,发盘可以撤销。

(2)但在下列情况下,发盘不得撤销:①发盘中写明了发盘的有效期或以其他方式表明发盘是不可撤销的;②受盘人有理由信赖该发盘是不可撤销的,而且受盘人已本着对该发盘的信赖行事。

以上规定表明,发盘在一定条件下可以撤销,其条件是在受盘人发出接受通知之前将撤销的通知传达到受盘人。而在一定条件下又不得撤销,一是发盘中明确规定了接受的有效时限,或者虽未规定时限,但在发盘中使用了"不可撤销"(如"firm""irrevocable"等)的字样,那么在合理时间内也不得撤销;二是受盘人从主观上相信该发盘是不可撤销的,并且在客观上采取了与交易有关的行动,如寻找用户、组织货源等,这时发盘人也不得撤销。因为这种情况下,发盘人再撤销发盘会造成较严重的后果。

《民法典》规定,要约可以撤销,但撤销通知应在受要约人发出承诺通知之前到达受要约人。如果要约人确定了承诺期限或以其他形式表明该要约不可撤销以及受要约人有理由相信该要约是不可撤销的,并已经为履行合同做好准备工作,则该要约不得撤销。

案例分析15-2

发盘的生效和撤回案例

我国某对外工程承包公司于2020年10月3日以电传请法国某供应商发盘出售一批建材。我方在电传中声明:这一发盘是为了计算一项承造一幢大楼的标价和确定是否参加投标之用;我方必须于10月15日向招标人送交投标书,而开标日期为10月31日。法国供应商于10月5日用电传就上述建材向我发盘。我方据以计算标价,并于10月15日向招标人递交投标书。10月20日法国供应商因建材市价上涨,发来电传通知撤销10月5日的发盘。我方当即复电表示不同意撤盘。于是,双方为能否撤销发盘发生争执。及至10月31日招标人开标,我方中标,随即通知法供应商我方接受该商10月5日的发盘。但法商坚持该发盘已于10月20日撤销,合同不能成立。而我方则认为合同已经成立。对此,双方争执不下,随协议提交仲裁。

（资料来源：作者根据资料整理）

思考：若你为仲裁员,将如何裁决？说明理由。

（五）发盘的失效

《公约》第17条规定："一项发盘,即使是不可撤销的,于拒绝通知送达发盘人时终止。"就是说,当受盘人不接受发盘提出的条件,并将拒绝的通知送到发盘人手中时,原发盘就失去效力,发盘人不再受其约束。

除此之外,在以下情况下也可造成发盘的失效：

(1)受盘人做出还盘。
(2)发盘人依法撤销发盘。
(3)发盘中规定的有效期届满。
(4)人力不可抗拒的意外事故造成发盘的失效,如政府禁令或限制措施。
(5)在发盘被接受前,当事人不幸丧失行为能力,或死亡或法人破产等。

三、还盘（Counter-offer）

（一）含义

还盘是指受盘人在接到发盘后,不同意或不完全同意发盘人在发盘中提出的条件,为了进一步协商,向发盘人提出需要变更内容或建议的表示。《公约》规定,对发盘表示接受,但载有添加、限制或者其他更改的答复,即为拒绝原发盘并构成还盘。《民法典》规定,受要约人对要约的内容做出实质性变更的,为新要约。还盘可以用口头方式或书面方式表达出来,一般与发盘采用的方式相符。还盘通常是针对价格、品质、数量、交货时间及地点、支付方式等重要条件提出修改意见。从法律上讲,还盘并非交易磋商的基本环节。

（二）法律效力

还盘是还盘人要求原发盘人答复是否同意还盘人提出修改的交易条件。还盘一经做出,原发盘即失去效力,发盘人不再受其约束。一项还盘等于是受盘人向原发盘人提出的一项新的发盘。原发盘所产生的对发盘人的约束力,同样适用于还盘人。受盘人的答复如果对原发盘的条件做了实质性的变更,则构成还盘,原发盘失效。按照《公约》规定,有关货物价格、付款、货物的质量和数量、交货时间和地点、一方当事人对另一方当事人的赔偿责任范围或解决争端等方面的条件做出了添加或修改,则构成对原发盘内容的实质性变更。《民法典》中也有类似规定,即有关合同标的、数量、质量、价格或报酬、履约期限、履约地点和方式、违约责任和争议的解决办法等方面的变更,构成对要约内容的实质性变更。

还盘做出后,还盘的一方与原发盘的发盘人在地位上发生了变化。还盘者由原来的受盘人变成新发盘的发盘人,而原发盘的发盘人则变成了新发盘的受盘人。新受盘人有权针对还盘的内容进行考虑,决定接受、拒绝或是再还盘。有时,一项交易需经多次还盘,才最后达成协议,订立合同。

还盘不是交易磋商的必经阶段,但多数情况下,一笔交易的达成离不开还盘。

案例分析 15-3

还盘案例一

我国某企业2019年2月25日向意大利某公司发盘:"我方可供货男式内衣20 000套,每套FOB新港180美元,以不可撤销的信用证支付,装运期为2019年9月。本报价有效至2019年3月10日。"3月1日,该企业收到美方回复:"我公司接受你方报盘,装运期需提前到2019年8月。"

(资料来源:作者根据资料整理)

思考:美方的回复是否为还盘?

案例分析 15-4

还盘案例二

A商向B商发盘,发盘中说:"供应100台发动机,每台CIF香港4 500美元,不可撤销信用证付款,收到信用证后20天内付款,请电复。"B商收到发盘后,立即电复说:"我接受你的发盘,在订立合同后立即装船。"但A未做任何答复。

(资料来源:作者根据资料整理)

思考:双方的合同是否成立?为什么?

四、接受(Acceptance)

(一)含义

所谓接受,是指受盘人接到对方的发盘或还盘后,同意对方提出的条件,愿意与对方达成交易,并及时以声明或行为表示出来。接受在法律上称为承诺。接受如同发盘一样,既属于商业行为,也属于法律行为。接受产生的重要法律后果是交易达成,合同成立。

《公约》规定,受盘人声明或做出其他行为表示同意一项发盘,即为接受。《民法典》规定,承诺是受要约人同意要约的意思表示。

(二)构成接受的条件

构成一项有效的接受,必须具备以下条件:

1. 接受必须由受盘人做出

发盘必须向特定的人发出,即表示发盘人愿意按发盘中提出的条件与对方订立合同,但这并不表示他愿意按这些条件与任何人订立合同。因此,接受只能由受盘人做出,才具有效力,其他人即使了解发盘的内容并表示完全同意,也不能构成有效的接受。

2. 接受的内容必须与发盘相符

从原则上讲,接受的内容应该与发盘中提出的条件完全一致,才表明交易双方就有关的交易条件达成了一致意见,即所谓"合意",这样的接受也才能导致合同的成立。而如果受盘人在答复对方的发盘时虽使用了"接受"的字眼,但同时又对发盘的内容做出了某些更改,这就构成有条件的接受(Conditional Acceptance)，而不是有效的接受。

当然，这并不是说受盘人在表示接受时，不能对发盘的内容做丝毫的变更。根据《公约》，"对发盘表示接受但载有添加或不同条件的答复，如所载添加或不同条件在实质上并不改变发盘的条件，除非发盘人在不过分迟延的期间内以口头或书面通知反对其差异外，仍构成接受。""有条件的接受属于还盘，但如果受盘人在表示接受的同时提出某种希望，而这种希望不构成实质性修改发盘条件，应看作是一项有效接受，而不是还盘。""有关货物价格、付款、货物质量和数量、交货地点和时间、一方当事人对另一方当事人赔偿责任范围或解决争端等的添加或不同条件，均视为实质上变更发盘的条件。"

案例分析 15-5

接受案例一

进口商 A 收到出口商 B 就某商品的发盘，其中写明："PACKING IN NEW BAGS。"在发盘有效期内，A 复电称："REFER TO YOUR TELEX FIRST ACCEPTED PACKING IN NEW BAGS"。B 收到复电后，即着手备货。数日后该商品的国际市场价格猛跌。A 又来电称："我方对包装条件做了变更，你方未确认，合同并未成立。"而 B 坚持认为合同已经成立。

按照《公约》的规定，合同已经成立，甲所称对包装条件做了变更，并不属于实质性变更，而是因为价格猛跌会给其造成损失，才以此为由坚持合同并未成立。

（资料来源：作者根据资料整理）

思考：合同是否成立？

案例分析 15-6

接受案例二

我某进出口公司于 2020 年 9 月 10 日向国外某商人询购某商品，不久，我方收到对方 9 月 15 日的发盘，发盘有效期至 9 月 22 日。我方于 9 月 20 日向对方复电："若价格能降至 50 美元/件，我方可以接受。"对方未做答复。9 月 21 日我方得知国际市场行情有变，于当日又向对方去电表示完全接受对方 9 月 15 日的发盘。

（资料来源：作者根据资料整理）

思考：我方的接受能否使合同成立？为什么？

3. 必须在有效期内接受

发盘中通常都规定有效期。这一期限有双重意义：一方面它约束发盘人，使发盘人承担义务，在有效期内不能任意撤销或修改发盘的内容，过期则不再受其约束；另一方面，发盘人规定有效期，也是约束受盘人，只有在有效期内做出接受，才有法律效力。如发盘中未规定有效期则应在合理时间内接受方为有效。在国际贸易中，由于各种原因，导致受盘人的接受通知有时晚于发盘人规定的有效期抵达，在法律上称为"迟到的接受"。迟到的接受不具有法律效力，发盘人一般不受其约束。但《公约》第 21 条规定过期的接受在下列两种情况下仍具有效力：①如果发盘人毫不迟延地用口头或书面形式将表示同意的意思通知受盘人；②如果载有逾期接受的信件或其他书面文件表明,它在传递正常的情况下是能够及时送达发盘人的,那么这项逾期接受仍具有接受的效力,除非发盘人毫不迟延地用口头或书面方式通知受盘人,他认为发盘已经失效。因此,在接受迟到的情况下,不论受盘人有无责任,决定该接受是否有效的主动权都在发盘人。

案例分析 15-7

接受案例三

我某出口企业对意大利某商发盘限 12 日复到有效。11 日意商用电报通知我方接受该发盘,由于电报局传递延误,我方于 13 日上午才收到对方的接受通知。而我方在收到接受通知前已获悉市场价格已上涨。

(资料来源:作者根据资料整理)

思考:对此,我方应如何处理?

(三)接受的方式

按照《公约》的规定,接受必须用声明或行为表示出来。声明包括口头和书面两种方式。一般说来,发盘人如果以口头发盘,受盘人即以口头表示接受;发盘人如果以书面形式发盘,受盘人也以书面形式来表示接受。除了以口头或书面声明的方式接受外,还可以行为表示接受。《公约》中规定:"如果根据该项发盘或者依照当事人之间确立的习惯做法或惯例,受盘人可以做出某种行为,例如与发运货物或支付货款有关的行为,来表示同意。"

(四)接受的生效和撤回

1. 接受的生效

关于接受在什么情况下生效的问题,国际上不同的法律体系存在着明显的分歧。英美法系实行的是"投邮生效原则",这是指在采用信件、电报等通信方式表示接受时,接受的函电一经投邮或发出立即生效,只要发出的时间是在有效期内,即使函电在邮途中延误或遗失,也不影响合同的成立。大陆法中以德国法为代表采用的是"到达生效原则",即表示接受的函电须在规定时间内送达发盘人,接受方生效。因此,函电在邮递途中延误或遗失,合同不能成立。

《公约》采纳的是到达生效的原则,在第 18 条中明确规定"接受发盘于表示同意的通知送达发盘人时生效"。这是针对以书面形式进行发盘和接受时的规定。如果双方以口头方式进行磋商,受盘人如果同意对方的口头发盘,就马上表示同意,接受也随即生效。但如果发盘人有相反的规定,或双方另有约定则不在此限。此外,对于以行为表示接受,《公约》规定:"接受于该项行为做出时生效,但该项行为必须在上一款规定的期限内做出。"

2. 接受的撤回

关于接受的撤回问题,由于《公约》采用的是到达生效原则,因而接受通知发出后,受盘人可以撤回其接受,但条件是他需保证使撤回的通知不晚于接受通知到达发盘人之前送达到发盘人。然而这种可能性仅限于对接受采用"到达生效"原则的国家,因为对于采取"投邮生效"原则的英美法系的国家,接受一经投邮立即生效,合同即告成立,也就无法撤回了。即使在特定情况下,接受可以撤回,也不能撤销。因为所有法律均规定,发盘一经接受,合同即告成立。

第三节　合同的订立

国际货物买卖合同是不同国家的当事人按一定条件买卖商品达成的协议。经过交易磋商后,一方的发盘或还盘被对方有效地接受后,合同即告成立,双方建立了合同关系。

一、合同成立的时间

合同成立的时间是国际贸易中的一项重要内容,它不仅关系到双方当事人正式建立合同关系的起始时间,还影响到诸多合同义务的履行期限。例如,买卖双方在合同中约定"买方须于合同订立后 7 日内向买方电汇 15% 合同金额的预付款。(The buyer should pay by T/T15% of the total contract value to the seller as down payment within 7 days after the signing date of the contract.)"

按照《公约》的规定,接受生效的时间就是合同成立的时间,而接受生效的时间,又以接受通知送达发盘人或按照商业习惯及发盘中的要求做出接受行为时为准。《民法典》规定,"当事人采用书面形式订立合同的,自双方当事人签字或盖章时合同成立。"当签字与盖章不在同一时间时,最后签字或盖章时合同成立。在实际商务来往中,买卖双方有时候也选择将签约当日或其他某个可以确定的时间作为合同成立的时间。

二、合同有效成立的条件

买卖双方意思达成一致,建立起合同关系,但是合同具有法律效力、受法律保护,必须具备下列条件:

(一)当事人必须在自愿和真实的基础上达成协议

各国法律都认为,当事人的意思表示必须真实才能成为一项有法律约束力的合同,否则无效或可以撤销。当事人必须在自愿和真实表示的基础上达成一致,任何一方不得采取欺诈、胁迫的手段使得对方与自己订立合同,也不得使用含糊的词句,使对方在产生重大误解的情况下签订合同。

(二)当事人必须有订立合同的行为能力

签订买卖合同的当事人主要为自然人和法人。自然人订立合同的行为能力,一般是指精神正常的成年人才有资格订立合同。而未成年人、精神病人、禁治产人订立合同则受到限制。法人订立合同时,必须在其经营范围内,通过其代理人签订合同,不得越权。我国《合同法》规定,订立合同的当事人应当具有相应的民事权利能力和民事行为能力。

(三)合同必须有对价(Consideration)和合法的约因(Cause)

对价是英美法中的概念,它是指合同当事人之间所提供的相互给付,即双方互为有偿。约因是法国法中的概念,它是指当事人签订合同所追求的真实目的。合同在具有对价或约因时,才是具有法律效力的合同,否则,订立的合同得不到法律保障。

(四)合同的标的和内容必须合法

合同标的和内容的合法性只是各国法律从广义上的一项基本要求,一般包括三方面的内容,即:合同的标的和内容不得违反法律、不得违反公共秩序或公共政策,以及不得违反善良风俗或道德。按照《民法典》,当事人订立、履行合同应当依照法律、行政法规,尊重社会公德,不得扰乱社会经济秩序、损害社会公共利益。

(五)合同的形式必须符合法律规定的要求

按照世界上多数国家的法律,除少数合同外,一般对合同的形式原则上不加以限制。例如,大陆法中通常对商事合同采用"不要式原则",即对合同形式无特定要求。《公约》中也明确规定,国际货物销售合同无须以书面形式订立,在形式方面不受任何其他条件的限制,买卖合同可以包括人证在内的任何方法证明。《民法典》规定,当事人订立合同可以采用书面形式、口头形式或其他形式。法律、行政法规规定采用书面形式的,应当采用书面形式。当事人约定采用书面形式的,应当采用书面形式。

三、合同的形式

合同的形式指的是合同当事人达成协议的表现形式,是合同内容的载体。在国际商务中,合同的形式有书面形式、口头形式和其他形式。

(一)书面形式

书面形式是指合同书、信件和数据电文(包括电报、电传、传真、电子数据交换和电子邮件)等可以有形地表现所载内容的形式。它是使用最为广泛的合同形式。由于国际货物买卖金额大、周期长、内容复杂且买卖双方相距遥远,采用书面形式订立合同可以提供合同订立的证据,为买卖双方履行合同提供依据,并为未来可能发生的争议提供参考。此外,书面形式还是许多国家规定的国际货物买卖合同的唯一有效形式。

(二)口头形式

采用口头形式订立合同是指当事人之间通过面谈或电话方式达成协议、订立合同。由于无书面凭证,在合同订立后需要确认双方的权利、义务、风险和费用承担时很难找到有力证明和依据,特别是在发生争议时往往产生对合同内容理解的不一致,影响合同的履行。但是,在买卖双方较为熟悉、买卖交易简单、金额小的情况下,采用口头形式订立合同可以节省时间、简化手续,还可以快速成交、抓住市场机会。国际贸易中,有时候,买卖双方在口头订立合同后,还会补签一份书面合同,作为双方履约的依据。

(三)其他形式

除了书面形式和口头形式外,合同还有其他形式。例如,当买卖双方当事人在建立长期的贸易往来后,形成了一定的交易习惯,可以直接以某种特定的行为方式表示接受而与对方订立合同。或者发盘中已经明示受盘人可以以做出某种行为表示接受,而无须发出接受通知,则受盘人以行为方式接受、订立合同。

四、合同的种类

常见的国际货物买卖合同有两种:

(一)销售合同(Sales Contract)

其内容比较全面、完整,合同中主要包括品名、规格、数量、包装、价格、运输、交货期、付款方式、商品检验、争议的解决以及不可抗力等条件,对于买卖双方的权利和义务进行全面、明确的规定,因而在大宗商品和成交额较大的贸易中得到普遍应用。

销售合同的基本条款包括:

(1)合同书的性质——"销售合同(Sales Contract)"的字样。一般出现在合同书的开头。

(2)合同编号(Contract No.)、签约日期(Date)和地点(Place)。合同编号是管理合同和在交易往来中的重要标识。签约地点牵扯到争议解决的适用法律问题,特别是合同条款中无特别说明时,因此非常重要。

(3)买卖双方名址(The Buyers & The Sellers)。

(4)双方表示共同订立合同的意愿。

(5)品名、品质、规格、数量、单价和合同金额(Description of Goods, Quantity, Unit Price and Amount)。当产品的规格较为复杂时,可以将此项要求体现在合同附件(有时也叫"技术附件", Appendix, Annex or Technical Attachment)。注意标注所采用的价格术语(如"INCOTERMS 2000")。合同金额应用大写来表示(Say US Dollar…Only)。合同金额是支付货款的依据。

(6)制造商与原产国(Manufacturer and Country of Origin)。

(7)包装(Packing)。应详细规定包装的种类、物料及责任。如无特别指明,包装费用应包含在合同价款中。

(8)保险条款(Insurance)。此条款中依照合同的价格术语、国际惯例和买卖双方的约定规定投保的责任方、保险金额、险种和赔付方法。

(9)装运期(Date of Shipment)。

(10)启运港与目的港(Port of Shipment & Port of Destination)。

(11)是否允许分批装运和转运(Partial Shipment & Tran shipment, Allowed or Not)。

(12)支付条件(Terms of Payment)。

(13)单据(Documents)。指的是合同项下卖方应向买方提供的单据。在 L/C 方式下,它指议付单据。

(14)装船通知(Shipping Advice)。卖方在装运后的指定时间内应将装运细节通知收货人(买方)。

(15)检验与索赔(Inspection & Claims)。包括检验的机构、内容、方式和效力。索赔提出的期限和条件(对随附证明的要求),和卖方应采取的态度和承担的责任。

(16)不可抗力(Force Majeure)。按照国际惯例,因不可抗力事故,卖方无法正常交货时,可以延期交货或解除交货义务,但需在规定时间内出具指定机构的证明。

(17)仲裁或其他解决争议的方法(Arbitration or Disputes)。争议的解决可以通过友好协商、仲裁或提交法院三种方式进行,如果双方签订了仲裁条款,则仲裁结果是终局的,排除任何法律诉讼的做法。仲裁条款中应说明仲裁的机构、地点和效力。

(18)对合同生效的说明(The Effectiveness of The Contract)。如合同在买卖双方授权代表签字时生效。

(19)买卖双方代表签字(盖章)(Signature)。

(20)合同附件(Appendix, Annex)。由于合同主页为主要商务条款的基本格式,当交易标的在技术方面十分复杂或产品品种或型号较多时,通常采用合同附件的形式加以具体说明。合同附件是合同不可分割的部分,与合同具备同样的法律效力。

(二)售货确认书(Sales Confirmation)

售货确认书属于简式合同的一种,主要包括品名、规格、数量、价格、包装、装运、保险和付款方式等条件。虽然它所包括的条款较为简单,但与进口或出口合同具有同等法律效力,适用于金额不大,批数较多的土特产和轻工产品,以及已订有代理、包销等长期协议的交易。

五、合同的内容

书面合同的内容一般由下列三部分组成:

(一)约首

约首是指合同的序言部分,包括合同的名称、订约双方当事人的名称和地址以及双方订立合同的意愿和执行合同的保证。序言对双方均具约束力。

(二)合同正文

这是合同的主体部分,具体列明各项交易的条件或条款,如品名、品质规格、数量、单价、包装、交货时间与地点、运输与保险条件、支付方式以及检验、索赔、不可抗力和仲裁条款等,明确了双方当事人的权利和义务。

(三)约尾

一般列明合同的份数、使用的文字及其效力、订约的时间和地点及生效的时间(有时订约时间和地点也列在约首)。合同的订约地点往往要涉及合同准据法的问题,因此交易中双方往往都力争将签约地点定在本国。

本章小结

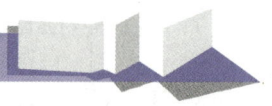

交易磋商是买卖双方就买卖某种货物的各项交易条件进行洽商,最后达成协议、签订合同的过程。交易磋商包括:询盘、发盘、还盘和接受。其中,发盘和接受是交易必不可少的两个基本环节。经过交易磋商后,一方的发盘或还盘被对方有效地接受后,合同即告成立,双方建立了合同关系。

思考题

1. 一份具有法律效力的合同应具备哪些条件?
2. 合同成立的要件有哪些?
3. 发盘应具备的条件有哪些?
4. 什么是接受?构成有效接受的条件是什么?
5. 合同成立的条件是什么?

案例思考

某进出口公司向国外某商人发出询盘,询购某商品,不久我方收到对方发盘,发盘日期为2020年8月15日,发盘有效期为8月22日。我方于8月20日回复发盘:"若商品能在12月交货,我方就能接受。"对方未做答复,8月21我方又得知商品国际市场价格变化,于当日表示能接受对方8月15日的发盘,我方的接受能否表示合同成立?为什么?

第十六章 国际货物买卖合同的履行

知识目标

1. 掌握出口、进口合同履行的整个流程。
2. 理解出口、进口合同履行中的注意点。

能力目标

能够分析出口、进口合同中的具体案例。

思政目标

具有遵守合约、国际惯例、法律法规，以及诚实守信的意识。

本章导读

在国际贸易中，国际货物买卖合同一旦依法有效成立，双方当事人必须各自履行合同规定的权利和义务。对出口贸易合同的签订和履行，有国际性的章程可循：如根据《联合国国际货物合同销售公约》的规定，卖方必须按合同和公约，交付货物，移交一切与货物有关的单据并转移货物所有权。履行合同是一项极为严肃的工作，必须谨慎对待，因为任何一方违反了合同中的某一条款，违约方就要承担相应的经济责任和法律责任。与此同时，履行合同还是衡量企业资信状况的一个重要指标。如果依法订立了合同却不履约，势必带来信誉上的损失。此外，在履约过程中，还必须严格地贯彻我国的对外贸易方针政策，在平等互利的基础上，做到"重合同，守信用"，确保我国的对外贸易信誉。由此可见，严格履行合同具有十分重要的意义。

第一节 出口合同的履行

目前，我国的出口交易大多采用CIF或CFR贸易术语，并且一般凭信用证支付方式付款。履行这类合同时的主要环节包括备货、报检、催证、审证、改证、办理货运、报关、投保（CFR条件下省略此环节）、制单结汇等。概括起来就是货（备货、报检）、证（催证、审证和改证）、船（租船订舱、报关、投保)、款(制单结汇)四个环节。在这一错综复杂的过程中,还要及时解决履约中所发生的各种问题,若处理不当,就会造成违约行为,从而造成经济上的重大损失。因此,卖方应做好出口合同的科学管理,力争各环节环环相扣,以提高履约率和经济效益。

下面以按 CIF 成交、凭信用证方式付款的合同为例,从货、证、船、款四个环节,将出口合同履行所涉及的各项业务分述如下:

一、备货、报检

(一)备货

备货是卖方根据合同规定与生产、供货部门联系安排货物的生产、加工、收购和催要,核实、检查应收货物的品质、包装和数量进行验收的过程。有的尚需再次进行整理、加工、包装和刷制唛头等工作。

1. 出口备货的流程

出口交易中,出口方的主体不同,出口备货的流程也有所不同。如果出口方是进出口公司或个人,则需要与国内生产供货企业签订采购合同;如果出口方是进出口经营权的生产企业,则应及时安排好出口商品的生产;如果出口方是通过进出口公司代理出口的生产企业,则应该与代理公司密切合作,按时完成出口商品的生产。相对来说,进出口公司或个人的备货流程环节最多,而有进出口经营权的生产企业的备货比较简便。

备货一般在合同签订后开始进行,生产企业首先向自己的生产加工或仓储部门下达联系单(有些企业称其为加工通知单、备货单等),要求按联系单的内容进行生产加工或者要求仓储部门按联系单的内容对货物进行清点、整理、包装和刷制唛头,使货物符合合同中规定的要求;然后填制货物出仓申请单,待得到储运部门货物出仓通知单后,即可办理其他手续。如果是进出口公司和个人,要先与国内有关生产企业联系货源,按照进出口合同有关货物品质、数量等要求订立国内采购合同;工厂交货前,外贸公司应提前做好准备,包括确定进货的存放地点、堆码垛型、保管方法以及必要的材料与检验工具等;工厂交货时,进出口公司或个人应认真核对承运单位的运货记录、供货单位提供的产品质量合格证明、发票,对货物实体进行严格的鉴定,严把进货质量,保证出口货源的数量精准、质量完好;商品验收合格即可填写商品购进入库单并入库存仓,准备办理其他手续。

2. 出口备货的基本要求

(1)货物的品质、规格必须与出口合同的规定相一致。

(2)货物的数量必须符合合同规定。为此,备货数量应适当留有余地。需要注意的是,凡按重量计数而在合同中又未明确是按何种方式计数的,按惯例应以净重计算。

(3)货物的包装和唛头必须符合信用证和合同的规定以及运输的要求:如果信用证和合同未做具体规定,应按同类货物通用的方式装箱或包装;如无这种通用方式,则应按照足以保全和保护货物的方式处理;如发现包装有不良或破损,应及时修整或更换,以免在装运后取不到清洁运输单据而造成收汇困难。

(4)货物的备妥时间,应严格按照合同和信用证的装运期限并结合船期进行安排,而在时间掌握上,一般还应适当留有余地。

(5)凡合同规定收到信用证后一段时期交货的,如客户资信不明或欠佳,商品规格、花色特殊且又不易他售,应在收到信用证并经审核无误后再行投产,以防对方违约而造成积压等损失。

(6)根据《中华人民共和国进出口商品检验法》的规定,凡属法定检验的进出口商品,检验合格后才能装运出口。

此外,货物必须是第三方不能提出任何权利或要求的。卖方应保证对所售货物享有合法的完全所有权,应有权出售该项货物,并保证买方能占有和支配该货物而不受任何第三方的侵扰。

(二)报检

凡属国家规定,如据《中华人民共和国进出口商品检验法》,列入《商检机构实施检验进出口商品种类表》的进出口商品,或合同规定必须经中国出入境检验检疫局检验出证的商品,在货物备齐后,应向检验检疫局申请报验,只有取得检验检疫局发给的合格检验证书,海关才准放行。而经检验不合格的货物,一律不得出口。

我国出口商品检验的程序,主要包括3个环节:申请报检、检验、签证与放行。

1.申请报检

准备申请单、有关单证和资料进行报检。

(1)应施行出口检验的商品,报检人应于出口前,详细填写出境货物检验检疫申请(Application for Certificate of Export Inspection),每份出境货物检验检疫申请仅限填报一个合同、一份信用证的商品。对同一合同、同一信用证,但标记号码不同者,应分别填写相应的申请单。

(2)除了申请单,还应同时提交有关的单证和资料,如双方签订的外贸合同与合同附件、信用证、商业发票、装箱单以及厂检单、出口商品运输包装性能检验等必要的单证,向商品存放所在地的检验机构申请检验,缴交检验费。

2.检验

检验机构在审查上述单证符合要求后,受理该批商品的报检。

(1)抽样:检验机构接受报检之后,及时派员赴货物堆存地点进行现场检验、鉴定。现场检验一般采取国际贸易中普遍使用的抽样法(个别特殊商品除外),抽样时,要根据不同的货物形态,按照规定的方法和一定的比例,在货物的不同部位抽取一定数量的、能代表全批货物质量的样品(标本)供检验之用。报验人应提供存货地点情况,并配合检验人员做好抽样工作。

(2)检验:检验机构首先应当认真研究申报的检验项目,确定检验内容,仔细审核合同(信用证)中关于品质、规格、包装的规定,弄清检验的依据,确定检验标准、方法;然后使用从感官到化学分析、仪器分析等各种技术手段,对出口商品进行检验。检验的形式有商检自验、共同检验、驻厂检验和产地检验等。

3.签证与放行

海关对检验合格的商品签发相应的检验检疫证书,出口企业即凭此在规定的有效期内报关出口。

二、催证、审证和改证

(一)催证

催证是指以某种通信方式催促买方办理开证手续,以便卖方履行交货义务。按合同规定及时开证本是买方的主要义务,因而在正常情况下无须催证。但由于种种原因,买方不按时开证的情况时有发生,为保证按时交货,提高履约率,卖方有必要在适当时候提醒和催促买方依约办理开证手续。在下列情况下,卖方有必要提醒或催促买方开立信用证。

(1)当进口方未按合同规定的时间开立信用证时,如卖方不希望中断交易,可在保留索赔权的前提下,催促对方开证。

(2)合同内规定的装运期距合同签订的日期较长,或合同规定买方应在装运期前一定时间开出信用证。

(3)出口方根据货源和运输情况可能提前装运时,通过信函、电报、电传或其他方式催促进口方迅速开出信用证。

(4)对于签约时间过早的合同,去信表示对该笔交易的重视,并提醒对方及时开证。

(5)对于资信欠佳的客户,在开证时间到来之前,必须向其催开信用证。

(二)审证

信用证是一种银行出具的有条件的付款保证文件。用这种方式进行国际贸易结算,出口人的收汇比较有保障。但能否取得货款,还要取决于开证行的资信和出口人所交单据是否符合信用证的规定。因此,卖方在收到信用证后,不应急着发货,而应该对其内容进行审核,以确保信用证条款与合同条款一致,信用证各项要求卖方都能够满足。卖方审核信用证的主要内容如下:

1.对信用证本身的审核

(1)信用证的页码是否齐全。

(2)金额、币种是否与合同相符;大小写是否一致;溢短(More or Less)是否适用金额。

(3)是否按照合同规定的期限开出信用证。

(4)装运期是否与合同规定的相符。

(5)信用证有效期和到期地点是否符合合同规定。

(6)信用证交单期一般在装船后10~15天。

(7)信用证开证申请人和受益人的名称和地址是否有误。

(8)通知行是否与受益人在同一地点。

2.对信用证汇票条款的审核

(1)付款人是否为信用证中的开证行或指定的付款行。

(2)付款期限是否与合同中的付款期限相符。

3.对信用证单据条款的审核

(1)信用证项下要求受益人提交议付的单据通常包括商业发票、海运提单、保险单、装箱单、检验证书及其他证明文件。要注意单据由谁出具、信用证对单据是否有特殊要求、单据的规定是否与合同条款一致等。

(2)信用证中有无影响收款的软条款。

4.对信用证中货物描述的审核

(1)信用证中商品的品名、规格、包装、数量、贸易术语是否与销售合同一致。就数量而言,对于大宗散装货物,除非信用证规定数量不得有增减,否则在支付金额不超过信用证的情况下,货物数量可以允许有5%的增减,但不适用于以包装单位或以个体为计算单位的货物。

(2)唛头是否对应合同中的唛头。

(3)"详细资料参照……"所引用的合同是否与买卖双方签订的合同相符。

5.对信用证装运条款的审核

(1)装运港与目的港是否与合同相符。若存在重名港问题,其后应加国别。

(2)装运时间是否恰当,若到证时间与装运期太近,无法如期装运,就应及时与开证申请人联系修改。逾期装运的运输单据将构成单证不符,银行有权不付款。

(3)货物是否允许转运,除非另有规定,货物是允许转运的。

(4)货物是否允许分批出运,若信用证中没有明确规定,应理解为货物是允许分批装运的。并且如果信用证中明确规定每一批货物出运的确切时间,则应注意能否悉数办到,如无法做到,则应立即要求修改。

6.对信用证其他条款的审核

(1)信开/电开信用证是否有银行保证付款的责任文句,如:Undertaking clause of opening bank.

(2)信用证对费用的规定是否可接受。

(3)信用证是否受《UCP600》的约束。

(三)改证

改证是对已开立的信用证进行修改的行为。在审证时,如发现有卖方不能接受的条款,应及时向开证申请人提出要求进行修改,但对更改信用证应持慎重态度。一般来说,非改不可的应坚决要求改正,可改可不改的,或适当努力可以做到而又不增加太多费用负担,则可酌情处理;或不做修改按信用证规定办理,或同时提请申请人今后注意。

在办理改证时,应及时,如果同一张信用证上有多处需要修改,则应一次性地向国外客户提出,避免多次提出修改要求。否则,不仅增加双方的手续和费用,而且对外造成不良影响。对通知行转来的修改通知书内容,经审核不能接受时,应表示拒绝。同一份修改书包括有两项或多项内容时,要么全部接受,要么全部拒绝,不能接受一部分,而拒绝其他部分。需要特别注意的是,卖方在收到信用证修改通知书后,在确保无误的情况下,才可以发货。

三、租船订舱、装运、报关和投保

(一)租船订舱和装运

租船订舱是卖方的主要职责之一。如出口货物数量较大,需要整船载运的,则要对外办理租船手续;如出口货物数量不大,无须整船装运的,可由外运公司代为洽订班轮或租订部分舱位运输。

租船、订舱和装运的一般程序如下。

(1)进出口公司委托外运公司办理托运手续,填写托运单(Shipping Note),亦称"订舱委托书"递送外运公司作为订舱依据。

(2)外运公司收到托运单后,审核托运单,确定装运船舶后,将托运单的配舱回单退回,并将全套装货单(Shipping Order)交给进出口公司填写,然后由外运公司代表进出口公司作为托运人向外轮代理公司办同物托运手续。

(3)货物经海关查验放行后,即由船长或大副签收"收货单"(又称大副收据,Matereceipt)。收货单的船公司签发给托运人表明货物已装妥的临时收据。托运人凭收货单向外轮代理公司交付运费并换取正式提单。

（二）报关

货物在装运出口前，必须向海关申报，习称"报关"，经海关检验后同意放行才能装运出口。在申报时，出口企业需缴验出口货物报关单、发票、装箱单或重量单，必要时还需要提供出口许可证、出口合同、商品检验证书（指属于法定检验范围的出口商品）及其他证件，如产地证明书、卫生证明书、品质或数量证明书等。经海关核对查验无误，并在装货单上盖章放行后，船方才可接受装货。应缴纳关税的商品，还需另行办理纳税手续。

案例分析 16-1

报关案例

A公司在2020年委托其客户指定的船公司出口近100万美金的货物，涉及50多万的出口退税。具体情况是，由于A公司采购时是以"盒"为单位采购的，A公司提供的报关单上也是注明"206 000 BOXES"，所以工厂的增值税发票开的单位也是以"206 000 盒"为单位。由于船公司在重新填写报关单时却将"BOXES"漏打，只标明"6 000 KG"，因此海关计算机上该产品的数量为"6 000 千克"，导致报关单上的内容与发票上的数量和单位不同，A公司不能正常退税。A公司要求船公司办理改单（修改报关单据），就是要在品名下注明"206 000 BOXES"，但是由于船公司的一再拖延，导致A公司无法办理退税手续。A公司不断催促船公司办理改单，考虑到手续麻烦需要较长时间，要求对方必须在3个月内将改后的单据退还给A公司，否则要其承担由于不能正常退税造成的相关经济损失。3个月后，总算了解此案。

（资料来源：作者根据资料整理）

思考： 本案可以吸取哪些教训？

（三）投保及发装船通知

货物装运前，应及时办理投保手续。投保时需填具投保单交中国人民保险公司，保险公司接受保险后，即签发保险单。保险费按保险公司的规定或出口企业和保险公司共同商定的办法结算。货物装运完毕，应及时发出装船通知（Shipping Advice）。发装船通知的目的是使买方了解装运情况并做好收货付款的准备，以及办理保险或加保险别的手续。通知的对象可以是中间商，也可以是实际买方，在少数情况下，也可以是信用证的开证行，视客户要求以及合同和信用证条款而定。通知的内容，最主要的是合同号码、货物名称、数量、船名和装运日期。通知的方法，一般使用电报或电传，而且必须及时发出。

四、信用证下制单结汇

货物装运后，买方应按信用证等要求，正确缮制各种规定的单据，并在信用证规定的有效期和交单期内开具汇票，填写"出口结汇申请书"，连同全套货运单据（正本），送交当地银行（议付行）办理结汇手续。

（一）出口结汇的办法

目前出口结汇的方式有三种：收妥结汇、定期结汇和出口押汇。

1. 收妥结汇

收妥结汇又称"先收后付",是指议付行收到出口公司的出口单据后,经审查无误,将单据寄交国外付款行索取货款,待收到付款行将货款拨入议付行账户通知书时,即按当时外汇牌价,折成人民币拨给出口公司。我国银行一般采用收妥结汇方式,尤其是对可以电汇索汇的信用证业务。因为在电汇索汇时,收汇较快,一般都短于规定的押汇时间。

2. 定期结汇

定期结汇是指议付行根据向国外付款行索偿所需时间,预先确定一个固定的结汇期限(7到14天不等),到期后主动将票款金额折成人民币拨交出口企业。

3. 出口押汇

出口押汇也称"买单结汇"或"议付",是指议付行在审单无误的情况下,按信用证条款买入受益人(出口公司)的汇票和单据,从票面金额中扣除从议付日到估计收到票款之日的利息,将余款按议付日牌价,折成人民币拨给出口公司。议付行向受益人垫付资金,买入跟单汇票后,即成为汇票持有人,可凭票向付款行索取票款。银行同意做出口押汇,是为了对出口公司提供资金融通,有利于出口公司的资金周转。

出口押汇方式下,出口地银行买入跟单汇票后,面临开证行自身的原因或单据的挑剔而拒付的风险。因此,我国银行只对符合以下条件的出口信用证业务做押汇:

(1)开证行资信良好。
(2)单证相符的单据。
(3)可由议付行执行议付、付款或承兑的信用证。
(4)开证行不属于外汇短缺或有严重政治经济危机的国家和地区。

(二)出口结汇手续和要求

具体而言,出口结汇手续和要求有以下三方面:

(1)出口企业必须填写"出口结汇申请书",开具汇票连同信用证所要求的各项单据,送交当地中央银行审核。
(2)必须单证相符,单单相符,中央银行才可办理结汇。
(3)必须办理外汇核销手续。

由国家外汇管理局制定了《出口外汇核销管理办法及其实施细则》。《细则》规定出口货物报关时,出口单位必须向海关出示有关外汇核销单。凭有外汇管理部门加盖"监督收汇"章(有核销单编号)的报关单办理手续,货物报关后,海关在核销单和有核销编号的报关单上加盖"放行"章或"验讫"章。出口单位在货物出口后,将海关退交的核销单、报关单及有关单据送银行收汇。银行收汇后,出口企业将银行确认的核销单送交外汇管理局,由其核销该笔收汇。出口单位到外汇管理部门办理出口收汇核销手续,不论采用何种方式收汇,必须在最迟收款日期30个工作日内办理。

(三)处理单证不符情况的方法

在进行国际贸易货款支付的过程中,有时会遇到单证不符的情况,在处理单证不符的情况时,通常采用"凭保议付"与"跟单托收"的方法。

凭保议付(Negotiation Against Indemnity)是指由外贸企业对单据中的"不符点"出具保函(Letter of Indemnity),请求议付行给予融通议付,并保证自己承担可能遭到开证行拒付的责任和损失。跟单托收(Collection on Documents),如单证不符情况严重,"凭保议付"无法采用时,凭信用证付款实际上已经失效,只有改用托收方式,委托银行代收货款,在此情况下,原开证行已不再承担保证付款责任。

应该指出的是,无论是"凭保议付"或"跟单托收",实际上都已失去了信用证支付方式的银行保证付款的作用,出口收汇已从银行信用转变为商业信用,风险增大,应慎重处理。

由此可见,正确完整地制单是安全收汇的关键。值得注意的是,在实际业务中,出口企业在向银行办理议付时,往往由于单证不符而遭到银行拒付。制单人员对这种"不符点"事故,应在信用证规定的交单议付期内,尽快更正单据,使之与信用证规定的条款相符。如果确已无法更正,可选择采用"凭保议付"或"跟单托收"的办法加以处理。

第二节 进口合同的履行

进口合同经过买卖双方磋商取得协议、依法成立后,买方应恪守合同,履行买方的义务,即按合同规定办理付款和接货等一系列手续。同时,还应注意督促国外客户履行其义务。

我国进口货物大多是以 FOB 条件成交和信用证方式付款的,其履行程序主要包括开立信用证、派船接货、办理保险、审单付款、提货、报关、报验和索赔等环节,下面就各个环节的内容和做法予以简要介绍。

一、开立信用证

进口合同签订后,我外贸企业应负责按合同规定的时间和内容向当地银行申请开立信用证。银行审查外汇有保证后即可对外开证。开证时间不宜过迟或过早。过迟开证,不仅要承担违约责任,而且可能影响卖方交货和到货时间,造成企业声誉和经济损失。过早开证,不仅要增加费用支出,而且会造成虚占用汇额度。分批装运合同,原则上应分批开证。合同中如订有卖方须呈验出口许可证或提供履约担保的,则应在卖方履行了上述义务后方可开证。申请开证的具体做法,是由进口企业填具开证申请书,随附进口合同副本送当地银行,要求其按合同内容对外开证;也可由进口企业根据合同条款自行缮制信用证一式数联送交中央银行,经银行审核签字后寄一联往通知行转交受益人。其中,部分联退进口企业,部分联由银行存查。

信用证开出后,有时需做修改。修改信用证不仅增加费用支出,有时还会直接影响合同的全面履行,故应力求避免。对于对方的改证要求,应视其是否合理,对我有无不利和不利的程度考虑是否接受。对于不能接受的要求,应及时予以拒绝。如同意修改信用证,则应及时向开证行办理申请改证手续。

二、租船或订舱与催船

FOB 进口合同由我方负责租船或订舱。一般手续是,外贸企业在接到国外卖方的备货通知后,填写进口租船订舱联系单,连同合同副本送交外运公司或其他运输公司,委托其安排船只或舱位。有时外贸企业也可直接向国外租船订舱。我方办妥租船订舱手续后,应及时将船名、船期通知卖方,以便准备装货。同时我方还应注意检查督促,做好催船工作。货物装船后,卖方还应给我方发装船通知。

三、办理保险

在 FOB 或 CFR 进口合同中,由我方办理保险。我外贸企业在收到国外客户的装运通知后,应立即向当地保险公司办理投保手续。为了简化投保手续,并保证进口货物能够及时投保或不至于漏保,许多公司都采用预约保险的做法。凡与中国人民保险公司签订有海运进出口货物运输预约保险合同的,外贸企业收到国外装船通知后,应将进口货物的名称、数量、船名、装运港、装船日期、目的港等有关情况通知保险公司,即作为办妥保险手续。

四、审单付款

货物装运后,卖方即凭单据向当地银行办理议付。我国开证银行收到议付行寄来的单据后立即进行审核,如无误,应及时通知进口企业付款赎单。在审单过程中,银行和外贸企业应密切配合,发现单、证或单、单有不符点,应立即区别情况进行处理:或拒付;或相符部分付款,不符部分拒付;或货到检验后合格再付款;或卖方或议付行出具担保付款;或付款的同时向开证行提出保留索赔权。审核和决定接受还是拒收单据应在开证银行收到单据次日起的 7 个银行工作日内通知单据的提交人。

五、报关接货与纳税

进口企业付款赎单后,应立即着手准备接货。等货物运抵目的地后,必须及时向海关办理申报,经海关查验有关单据、证件和货物认可后,在提单上签章放行,即可凭以提货。

外贸企业在提货时,如发现货物有短缺,应立即会同港务局填制短缺报告,并交船方签认。如发现货物有残损,应将其存放于海关指定的仓库,并通知保险公司、检验检疫局等有关单位进行检验,明确残损程度和原因,以便向责任方索赔。

按照规定,收货人或其代理人提货后必须向海关办理进口货物的报关完税手续。外贸企业在向海关申报时,应提交"进口货物报关单",随附发票、进口许可证等必要单据。海关依法对单证和货物进行查验,并按规定征税放行。

六、检验与拨交

进口货物到达后,均需及时进行检验,并应迅速取得有效的检验说明,以便发现货物质量不符、数量短缺时能及时向有关责任方提出索赔。凡属法定检验商品,必须向到货口岸或到达站的商检机构申报检验或检疫,未经检验的不准销售与使用。为防止超过时效,失去对外索赔权,在这样一些情况下,均须在卸货港口向检验机构报验,如凡合同中订明需要在卸货港检验的,货到检验合格后付款的,合同规定的索赔期限较短,以及卸离海轮时已发现残损或有异状或提货不着等情况,和其他按规定应在卸货港检验的货物,均须在卸货港口向检验机构报验。不属上述情况,而用货单位又不在港口的,可将货物运至用货单位所在地由其自行验收,发现问题时,就近向商检机构或有关机构申请检验。但必须注意,应在对外索赔有效期内检验完毕。货物进口后,应立即由用货单位办理拨交手续。如用货单位在卸货港口所在地则就地拨交,并由外贸企业向用货单位结算。如用货单位不在卸货地区,则可委托货运代理机构代为安排将货物转运内地,并拨交给用货部门,有关费用由外贸企业先与货运代理机构结算。在货物拨交后,外贸企业再与用货部门进行结算。

本章小结

1.出口贸易合同的签订和履行,有国际性的章程可循,卖方必须按合同和公约交付货物,移交一切与货物有关的单据并转移货物所有权。出口合同的主要环节:货(备货、报验)、证(催证、审证和改证)、船(租船订舱、报关、投保)、款(制单结汇)四个环节。

2.进口合同经过买卖双方磋商取得协议、依法成立后,买方应恪守合同,履行买方的义务,即按合同规定办理付款和接货等一系列手续。我国进口货物程序主要包括开立信用证、派船接货、办理保险、审单付款、提货、报关、报验和索赔等环节。

思考题

1.采用CIF条件和信用证支付方式的出口合同履行过程中一般包括哪些环节?
2.出口企业在备货过程中应注意哪些事项?
3.请写出进口交易的合同履行全过程,贸易条件为FOB条件和即期信用证付款。

案例思考

某公司以CIF德班出口食品4 000箱,即期信用证付款。货物装运后,凭已装船清洁提单和已投保一切险和战争险的保险单,向银行收妥货款。货到目的港后经进口人复验,发现下列情况:

(1)该批货物共有10个批号,抽查40箱,发现其中2个批号涉及400箱内含沙门氏细菌超过进口国标准。

(2)收货人共收3 990箱,短少10箱。

(3)有25箱货物外表状况良好,但箱内共短少货物60公斤。

试分析以上情况,进口商应分别向谁索赔,并说明理由。

第十七章　国际贸易方式

知识目标

1.掌握经销、代理、寄售、展卖、招投标、拍卖、商品期货交易、对销贸易、加工贸易、跨境电子商务等国际贸易方式的含义。
2.理解开展包销、展卖、招投标、加工装配等业务应注意的问题。
3.了解代理协议、寄售协议、对外加工装配业务合同的主要内容。

能力目标

能够区分各种国际贸易方式的优缺点,并结合实际灵活运用各种国际贸易方式。

思政目标

了解我国的相关法律法规,提高法制意识与契约精神。

本章导读

国际贸易方式是指国际贸易中买卖双方所采用的各种交易的具体做法。20世纪60年代,特别是80年代以后,由于发达国家贸易保护主义重新抬头,发展中国家普遍外汇短缺,对外支付能力明显下降。另外,世界经济重心已从工业转向服务业,促进了服务的跨国界流动。于是,实践中人们根据交易商品、交易对象、交易习惯、支付方式等的不同,本着扩大交易、建立长期稳定的客户往来关系的目的,逐渐形成了各种不同的灵活的国际贸易方式。

通过本章的学习,读者可以了解到:经销、代理、寄售、展卖、招投标、拍卖、商品期货交易、补偿贸易、加工贸易、跨境电子商务等国际贸易方式的相关内容。

第一节　经销与代理

经销与代理是国际贸易中常用的贸易方式,有利于交易双方建立长期稳定的购销关系。采用经销方式,进出口双方要先签订书面经销协议,然后进口商向出口商支付货款进口其货物。经销可分为一般经销和独家经销。独家经销方式有利亦有弊。代理方式下,代理商则无须运用自己的资金进行业务活动,代理可分为总代理、独家代理和一般代理。为避免代理方式对委托人的不利影响,委托人在与代理商签订代理协议前应做好充分的准备工作。

一、经 销

经销方式在我国使用已久,早在20世纪50年代,我国在港澳市场就开始采用这种方式推销土特产品、食品和轻工产品,60年代又开始用这种方式向国际市场推销工业原料和土特产品。

(一)经销的含义

经销(Distribution)是指供货商(Supplier)即出口商与国外的经销商(Distributor)即进口商达成书面经销协议(Distributorship Agreement),以达到在一定时间和一定地区范围内稳定双方的购销关系、扩大商品销售的目的。

采用经销方式,供货商和经销商之间是买卖关系,属售定性质,经销商需要自己垫付资金,从供货商进口商品,在一定市场范围内销售,市场风险完全由经销商独家承担。按经销商权限的不同,经销分为一般经销和独家经销。一般经销指供货商在一定时期、一定地区内把出口商品的经营权授予多个经销商,独家经销指供货商只授予一家经销商独家经营其产品。

(二)独家经销的含义

独家经销(Exclusive Distribution)又称包销(Exclusive Sales),指出口人通过签订包销协议(Exclusive Sales Agreement,Exclusive Distributorship Agreement)把一种或某一类出口商品在某一时间、某一地区的经营权利,单独给予包销人,由包销人定期或不定期同出口人签订具体的买卖合同,并在约定的期限和地区内,有独家经营或专营的权利。也就是说,在约定的期限和地区内,出口人只能通过包销人出售指定商品,不得向其他商人发盘成交,而包销人也不得经营其他来源的同类商品,并承担一定数额的购货义务。

(三)包销协议

采用包销方式,买卖双方的权利和义务由包销协议确定。包销协议一般包括以下内容:
(1)包销协议的名称、签约日期与地点。
(2)包销协议双方的关系,即买卖关系。
(3)包销商品的范围。出口企业经营商品种类繁多,即使同一类或同一种商品,其中也有不同牌号与规格,因此,在包销协议中,双方当事人必须对包销商品范围做出规定。
(4)包销地区。包销地区指包销商行使经营权的地理范围。包销地区的约定方法通常有以下几种:
①确定一个国家或几个国家。
②确定一个国家中几个城市。
③确定一个城市。
确定包销地区的大小,应考虑下列因素:
①包销商的规模及能力。
②包销商所能控制的销售网络。
③包销商品的性质及种类。
④市场的差异程度。
(5)包销期限。包销协议中应规定包销的具体期限以及期满后续约或提前终止的办法。

例如:本协议期满前一个月,如一方提出,并经双方协商同意,可以延长一年,否则,本协议自期满日止自动失效。

(6)专营权。专营权指包销商行使专卖和专买的权利。专卖权是指出口人将指定的商品在规定的地区和期限内给予包销商独家销售的权利,出口人负有不向该区域内的客户直接售货的义务。专买权是指包销商承担向出口人购买该项商品而不得向第三者购买的义务。

(7)包销数量或金额。包销的数量与金额对协议双方均有同等约束力,有时在协议中规定最低数量和金额。包销商必须承担向出口人购买规定数量和金额的义务,而出口人必须承担向包销商出口上述数量和金额的责任。

(8)作价方法。一般有两种作价办法,一种是固定价格,是出口人在包销期限内以某种确定的价格向包销商销售商品,无论在此期间这种商品的国际市场行情如何,均以包销协议中所规定的价格为准。另一种是分批作价,在规定的包销期限内分别订立若干包销合同,每一个包销合同都按当时的国际市场价格作价。由于国际市场价格变化莫测,为使双方尽可能减少风险,分批作价的方法应用较普遍。

(9)其他规定。即对广告、宣传、市场报导和商标保护等方面的规定。

(四)包销方式的利弊

由于交易双方在一定期限内确定了较稳定的供销关系,双方利益紧密联系在一起,这就克服了逐笔分散交易方式下,买方不愿承担售前宣传推广和售后服务工作,卖方不愿帮助和培养买方的弊端,有利于双方的互利合作。由于只有一家经销商经销出口产品,避免了同一地区多头经营产生的自相竞争和其他同类商品生产者的竞争,有利于出口人有计划地组织生产和供货,也有利于调动包销商经营的积极性,达到巩固、扩大市场的目的。但如果包销商经营能力差,会出现包而不销或包而少销的情况,有时包销商还可能利用其垄断地位,操纵价格和控制市场,使出口商蒙受损失。

(五)采用包销方式应注意的问题

1.慎用包销方式

由于包销方式对出口商存在一定的风险,出口商应对拟出口市场做充分的调查,研究出口货物是否适于包销。

2.慎重选择包销商

要调查包销商的资信情况、开拓市场的能力、销售渠道和其以往的经营经历。

3.慎重确定包销的商品范围、时间和地区

如授权包销商经营过多种类的商品,容易造成包销商垄断市场,也容易分散其精力。包销期限过短、地区范围太窄,不利于调动包销商的积极性,期限过长、地区范围太宽,出口商承担的风险就过大。

4.规定终止或索赔条款

为防止包销商包而不销或包而少销、垄断市场、操纵价格等情况的出现,在包销协议中应规定终止或索赔条款。

二、代 理

(一)代理的含义及特点

代理(Agency)是指委托人(Principal),即出口商,与国外的中间商,即代理商(Agent),签订代理协议,授予其在特定地区和一定期限内,享有代销指定商品的权利,被授权代理的中间商代表出口商向第三方招揽生意,办理与交易有关的一些事宜,由此而产生的权利和义务则直接对出口商产生效力的贸易方式。

代理方式与包销方式相比较具有下列基本特点:

(1)代理商与委托人之间的关系属于委托买卖关系,代理商本身并不作为合同的一方参与交易,而出口人与包销商是一种买卖关系。

(2)代理商通常运用委托人的资金进行业务活动,而包销商是利用自有资金进行活动。

(3)代理商一般不以自己的名义与第三者签订合同,而包销是由包销商与第三者订立合同。

(4)代理商赚取的报酬是佣金,而包销商获得的是商品的购销差价。

(二)代理的种类

按委托人授权的大小,销售代理可分为以下三种:

1.总代理(General Agent)

总代理是指代理商在指定地区内不仅有权独家代销指定的商品,还有代表委托人从事商务活动和处理其他事务的权利。在我国的进出口业务中,通常指定驻外的贸易机构作为我国进出口公司的总代理。

2.独家代理(Exclusive Agent,Sole Agent)

独家代理是指在特定地区、特定时期内享有代销指定商品的专营权,同时不得再代销其他来源的同类商品。凡是在规定地区和规定期限内做成该项商品的交易,除双方另有约定外,无论是由代理商做成,还是由委托人直接同进口商做成,代理商都有获取佣金的权利。

3.一般代理(Agent)

一般代理又称佣金代理(Commission Agent),是指在同一地区、同一时期内,委托人可以选定多个客户作为代理商,根据推销商品的实际金额支付佣金,或者根据协议规定的办法和百分率支付佣金。如委托人另有直接与该地区的买主达成交易的,则无须向一般代理支付佣金。在我国的出口业务中,运用此类代理的比较多。

(三)代理协议

代理协议(Agency Agreement)是明确协议双方即委托人与代理商之间权利和义务的法律文件。其主要内容包括下列几项:

(1)协议双方。即委托人和代理商双方的全称、地址、法律地位、业务种类及注册日期和地点等。

(2)指定的代理商品。协议明确说明代理商品的品名、规格等。

(3)指定的代理地区。代理地区是指代理商有权开展代理业务的地区,这种地区规定方法与前面所述包销协议规定的方法相同。

(4)授予代理的权利。如果是一般代理协议,委托人应该在协议中规定,在代理商未参与的情况下,委托人有权在代理商的代理地区直接同买主进行谈判和成交。独家代理协议通常要规定提供专营权的条款,对于独家代理协议这一条款有两种规定方法:一是委托人向代理商提供绝对代理权,出口商不保留在该地区同一定买主进行交易的权利;二是委托人授权代理商有限绝对代理权,即委托人保留对一定的买主直接供货的权利,不过在这种情况下,委托人对代理人计付佣金。

(5)协议有效期及中止条款。按照国际贸易中的习惯做法,代理协议既可以规定固定期限,也可以不规定具体期限。固定期限长的可以达到五年及以上,短的一般为一年。如不规定期限,双方当事人可以在协议中规定如其中一方不履行协议,另一方有权终止协议。

(6)代理人佣金条款。佣金是代理商为出口企业推销商品所得的报酬,在代理协议中要对佣金率、佣金的计算方法、佣金的支付时间和支付方法等做出规定。

(7)代理数量或金额。此项数量或金额既是代理商应代销的数量或金额,也是出口商应供应的数量或金额,对双方都有同等的约束力。协议中一般还规定超额代销奖励条款和不能履约的罚金条款。

(8)代理商向委托人提供市场情报、广告宣传和保护商标等条款。

(四)代理方式的优缺点

(1)由于双方有代理协议的保证,有利于双方进行长期、积极、稳定的合作。

(2)由于代理商不承担交易的盈亏,无须垫付资金,其获取佣金的多寡取决于推销商品的数量,有利于调动代理商利用其销售渠道扩大产品销售的积极性。

(3)出口商可以从代理商不断获取当地市场信息,有利于统筹安排出口,避免盲目性。代理还有利于避免出口产品的自相竞争,也节省了在出口市场设立分支机构的费用,降低了经营风险。

但是,代理方式也存在代理商开拓市场能力较弱、垄断市场、代而不理等缺点。

(五)采用代理方式应注意的问题

(1)慎重选择代理商,签订代理协议前,应调查其资信、经营能力和所在地区的商业地位。

(2)综合考虑出口企业的经营目的、代理商的经营能力和市场供求情况来决定代理商品的种类、代理期限和代理地区范围等。

第二节 寄售与展卖

一、寄售

(一)寄售的概念

寄售(Consignment)是一种委托他人代为销售的贸易方式,出口商即寄售人(Consignor)同国外客户即代销人(Consignee)签订寄售协议,出口商先将寄售商品运送给国外代销商,代销商按照协议规定的条件和办法,代替货主在当地市场上进行销售。货物出售后,代销商扣除佣金及其他费用,将货款按合同规定的办法汇交寄售人。寄售是一种先出口后售货的贸易方式,寄售货物装运出口后,在到达寄售地前,也可先行销售,即当货物尚在运输途中,由代销商寻找买主出售。

(二)寄售的特点

与包销、代理方式相比,寄售有以下特点:

(1)寄售人先与商品出口市场的代销商签订有关协议,再将货物运至代销商所在地即寄售地,然后代销商在寄售地把货物直接销售给买主。因此,它是凭实物进行买卖的现货交易。但是在代理方式下,出口商并不一定先将货物运到销售市场。

(2)寄售人与代销商之间是委托代售关系,而非买卖关系,代销商只能根据寄售人的指示处置货物,货物的所有权在寄售地售出之前仍属寄售人,但是包销商与出口商之间是买卖关系。

(3)寄售与代理一样,货物在售出之前,包括运输途中和到达寄售地后的一切费用和风险,均由寄售人承担。但是包销方式下,货物在运输途中的风险划分和费用的承担取决于贸易术语。

(4)寄售方式下的代销商与代理方式下的代理商获取的都是销售佣金,而包销商获取的是进销差价。

(三)寄售协议

寄售协议(Consignment Agreement)是寄售人和代销商之间为了明确双方的权利、义务而签订的契约。其主要内容包括:

(1)寄售协议的名称、当事人的名称、协议签订的时间和地点。

(2)寄售权限。规定代销商的代销性质,寄售商品在未出售前,所有权归寄售人,风险和费用由寄售人负担,并规定寄售商品售出时,所有权由寄售人直接转移给买方。

(3)寄售商品的种类和地区。

(4)定价方法。实践中普遍使用的定价方法是在代销商出售货物前征求寄售人的同意确认,也有在寄售协议中规定最低售价,或由代销商自定价格出售的。

(5)寄售佣金。在寄售协议中要对佣金率、佣金的计算方法、佣金的支付时间和支付方法等做出规定。

(6)交付货款。寄售货物的货款一般由代销商扣除佣金及代垫费用后付给寄售人,为保证及时收汇,以利资金周转,在寄售协议中应规定支付货款的方式和时间。

(7)双方当事人的义务。代销商的主要义务有:提供储存寄售商品的仓库,雇佣工作人员,取得进口商品许可证,努力保证货物在仓库存放期间品质和数量完好无损,代垫寄售商品在经营、仓储期间所产生的有关费用,代垫寄售商品保险费,宣传展示商品或提供售后服务,及时向寄售人做市场报告等。寄售人的义务主要有:按质、按量、按期提供寄售商品,支付佣金及偿付代销商在寄售过程中所代垫的费用等。

(四)寄售方式的优缺点

寄售方式下,代销商仅需垫付少量资金,甚至不需垫付资金,也不承担货物灭失、不能报关、市场行情下跌等风险,有利于调动那些有销售渠道、资信好但资金不足的代销商的积极性,同时寄售方式是货物先出运,便于寄售地买主就地看货成交,对买主较有吸引力,因此有利于开拓新市场,推销新产品。但是寄售人承担的风险较大,费用较高,资金积压时间过长,收汇较慢,不利于资金周转,如果代销商资信不好,还有可能造成货、款两空。

(五)采用寄售方式应注意的问题

虽然寄售人承担着巨大风险,但是只要注意以下问题,还是可以将风险降到最低程度的:

(1)谨慎选择合适的代销商并调查其资信。

(2)在签订寄售协议前,要调查寄售地的市场动态、供求情况、外贸制度和商业习惯等。

(3)要选择适销对路的商品作为寄售商品。

(4)恰当掌握寄售商品的数量。

(5)慎重选择作价方法。

(6)为减少风险,最好要求代销商提供银行保函,当代销商不履行协议规定的义务时,由担保银行承担支付责任。

二、展卖

展卖(Fair and Sales)是利用各种形式的展览会、博览会以及其他交易会形式对商品实行展销结合的一种贸易方式,也是国际贸易中一种行之有效的习惯做法。

(一)展卖的特点和作用

展卖的基本特点是展销结合,以展带销,以销为主。这种方式具有以下作用:

(1)展卖方式有利于扩大出口商品在国际市场上的影响。展览可以宣传商品,刺激参观者购买欲望,展览会评选优秀产品,可以扩大参展商品的国际影响力。

(2)展卖方式有利于出口商收集市场信息。参加展销活动,出口商可以通过货比货和观察消费者的反应,摸清竞争对手的长处和弱点,找到自己的优点及不足。同时也可获取有关市场和商品方面的经济及技术信息,为在竞争中获胜取得珍贵的第一手资料。

(3)展卖有利于出口商疏通贸易渠道,建立和发展客户关系,以扩大销售地区,实现出口市场多元化。

(二)我国开展的展卖方式

1.国际博览会

国际博览会(International Fair)又称国际集市,是指在一定时间地点由一国或多国联合主办,邀请各国商人参加交易的贸易方式。参加者除了同主办国家进行交易外,还可同其他国家的贸易商进行交易。国际博览会分为两种形式,一种是综合性国际博览会,各类商品均可展览和交易,规模较大,产品齐全,会期较长,如智利的圣地亚哥国际博览会。另一种是专业性国际博览会,只限于某类专业性商品,其规模较小,会期较短,如慕尼黑的体育用品及运动时装国际博览会。

2.中国进出口商品交易会

中国进出口商品交易会(China Import and Export Fair)又称广交会,创办于1957年春,每年春秋两季在广州举办,由商务部和广东省人民政府联合主办,中国对外贸易中心承办,是中国目前历史最长、规模最大、商品种类最全、到会采购商最多且分布国别地区最广、成交效果最好、信誉最佳的综合性国际贸易盛会。经过多年发展,广交会已成为中国外贸第一促进平台,被誉为中国外贸的晴雨表和风向标,是中国对外开放的窗口、缩影和标志。在第129届广交会(2021年4月15至24日)上,2.6万家境内外参展企业通过广交会线上平台展示产品、直播营销、在线洽谈,吸引了来自227个国家和地区的采购商注册观展,采购商来源地分布创历史纪录。广交会在网上成功举办,探索了国际贸易发展的新路,奠定了线上线下融合发展的坚实基础,更好地发挥了全方位对外开放平台作用,为稳住外贸外资基本盘做出了积极贡献,也向国际社会彰显了中国扩大开放,努力维护国际产业链、供应链安全的坚定决心。

(三)开展展卖业务应注意的问题

1.选择适宜展卖的商品

在国际贸易中,并非所有的商品都适用于展卖。一般地讲,品种规格复杂,性能多变,用户对造型、设计、图案要求严格的商品采用展卖的方式效果好,如机械设备、电子产品、手工艺品等。在选择展卖商品时,一是要注意选择质量好、在市场上具有竞争力的商品,这一点在参加国际博览会时更为重要;二是要注意展出品种的多样化,以满足不同层次消费者的需求。

2.选择合适的展销地点

展出地点一般应选择交易比较集中、市场潜力较大并有发展前途的集散地或交易中心地带,同时也应考虑展出场地、交通、通信等基本设施状况、服务水平及收费标准。

3.选择适当的展卖时机

一般来说展销季节应是适合该项商品销售的季节,同时每次展销时间不宜过长,否则花费过大,影响效果。

4.选择好合作的客户

这是展卖成功的关键,合作的客户必须资信良好,经营能力强,熟悉市场并具有一定的销售渠道。

5.加强宣传组织工作

成功的展卖离不开宣传和组织工作,要将一般宣传与重点宣传相结合,不仅要通过报纸、杂志、电台、电视等宣传媒介的广告吸引公众的注意,而且应有选择地向一些客户事先发出邀请,做重点宣传,从而吸引更多的客户参加展卖会。为强化宣传效果,应加强展台、展品的布置,说明书等小册子应做到图文并茂。

第三节 招投标与拍卖

一、招投标

招投标最早起源于18世纪后叶英国实行的"公共采购"。第二次世界大战后招投标方式获得了广泛的应用,各国政府、公用事业单位、世界银行、亚洲开发银行等国际金融机构在采购物资、工程承包、进口大宗商品中广泛采用招投标方式。我国20世纪末期开始大量采用招投标方式。1984年12月我国第一家专营国际招标的机构——中国技术进出口总公司国际招标公司成立。《中华人民共和国招标投标法》自2000年1月1日起施行,并于2017年12月27日做出修正。

(一)招标与投标的含义

招标(Invitation to Tender)是指招标人(买方)在规定时间、地点发出招标公告或招标单,提出准备买进商品的品种、数量和有关买卖条件,邀请卖方投标的行为。投标(Submission of Tender)是指投标人(卖方)应招标人的邀请,根据招标公告或招标单所规定的条件,在规定投标的时间内向招标人发盘的行为。招标和投标是一种贸易方式的两个方面。

(二)招标的方式

国际上常用的招标方式主要有以下几种:

1.国际竞争性招标(International Competitive Bidding,ICB)

它是指招标人邀请几个乃至几十个投标人参加投标,通过投标人竞争,选择其中对招标人最有利的投标达成交易。通常又有三种做法:

(1)公开招标(Open Bidding)。一般是在国内外主要报刊上刊登招标广告,邀请对该项目有兴趣的所有公司进行投标。所有的投标人均有同等的机会购买招标资料,准备自己的投标文件。政府采购物资、利用国际金融组织的贷款采购物资等,大部分采用竞争性的公开招标办法。这种招标方式的好处是可以广泛地吸引投标者,便于招标人广泛地对投标进行比较,以获得最优惠的成交条件。

(2)选择招标(Selected Bidding)。又称邀请招标,招标人不在报刊上刊登广告,而是根据自己具体的业务关系和情报资料,对客商进行邀请,通过资格预审后,再由客商进行投标。一般多用于购买技术要求比较高的专业性设备或成套设备,邀请参加投标的企业通常是经验丰富、技术装备精良、在行业中享有盛誉的少数企业。其优点是采购的商品质量更有保障,售后服务较好,同时由于应征的公司少,可以节省审查投标文件的时间。

(3)两段招标(Two-Stage Bidding)。采用此方式时,招标分两个阶段进行,第一阶段采用公开招标方式,经过开标和初步审查评价之后,开始第二阶段的选择性招标,邀请条件优惠、实力较强的少数几家投标人进行第二次投标。其优点是既可以博众家之长,又可以提高效率以最优惠条件成交。

2. 谈判招标(Negotiated Bidding)

谈判招标又叫议标,是非公开的一种非竞争性的招标,通常由招标人物色两三家供应商直接进行合同谈判,谈判成功,交易达成。一般适用于专业技术性很强的商品,国际上仅有两三家供应商可以承担的情况,其优点是成交比较迅速。

(三)招投标方式的特点

(1)投标人应按照招标人的要求,一次性递价,招投标双方无须进行反复磋商。

(2)它是一种竞卖的贸易方式,有利于招标人以最优条件成交。

(3)招标在指定的时间和地点进行,并事先规定了一些具体条件,投标人应按其规定进行投标。

(四)招投标业务的基本程序

1. 招标

(1)招标前的准备。主要工作是确定招标机构对招标的全过程进行全权管理、制定招标规则等。

(2)发布招标公告(Announcement of Tender)。招标机构做好招标的各项准备工作之后,应着手拟订并发出招标公告,招标公告的主要内容是招标项目名称和项目情况介绍,招标开始时间和投标截止时间,招标方式,标书发售方法,招标机构或联系机构的名称、地址等。

(3)对投标人进行资格预审。资格预审是指招标机构对申请参加投标的企业进行基本概况、信誉情况、技术水平、财务状况、经营能力等多方面的审查了解,以确定其是否有资格参加投标。

(4)发售招标文件(标书或标单,Bidding Documents)。

2. 投标

(1)研究招标书。投标人见到招标书后,要仔细研究招标书中所列内容与要求,以确定如何编制投标书。

(2)编制投标书。投标书内容必须符合招标书提出的要求,并须在规定截止期前送交招标人。

(3)提供投标保证金。为了防止投标人在投标后撤销投标或中标后拒不签订合同,招标人通常都要求投标人在投标时提供一定比例或金额的投标保证金(Bid Bond/Tender Bond),金额一般为投标报价的5%左右。投标保证金可以缴纳现金,也可由银行出具保函,有的国家还可使用备用信用证。

(4)递送投标书。投标书应在招标书中规定的截止日期之前送达招标人,逾期无效。

3. 开标、中标

(1)开标(Opening of Tender)。开标是指由招标人按照原定的时间和地点,当众开拆所有的密封投标书,并公开宣读其内容,所有参加投标的人都可派代表监视开标。另有一种不公开的开标方式,需在原发出的招标书中加以明确,这种开标方式由招标人自行选定中标人。

(2)中标。开标后即进行评标,即招标人根据各投标书中所提出的交易条件进行综合比较,选择其中最有利者为中标人。双方签约时,招标人通常要求中标人缴纳履约保证金(Performance Bond),一般为投标金额的10%左右。

如果招标人认为在所有的投标人中不能选定中标人,也可以宣布招标失败,重新进行招标。招标失败的主要原因有所有投标书的标价与国际市场的平均水平有较大差距;所有投标书的内容与招标要求不符;参加投标的企业过少,缺乏竞争性。

(五)招投标应注意的问题

(1)招标人招标时,应严格审查投标人的资格,以防止投标人中标后无力履约而造成不必要的损失,也要防止投标人之间相互串通,联合压价。招标过程中要做好保密工作,防止标底泄露。

(2)投标人投标时,要准确地核算成本,既要保证报价能有所盈利,又要做到报价有竞争力,争取中标。要充分考虑一旦中标后,是否能在规定的期限内按质保量交货。要严格按照招标文件的要求制作投标标书,以防止标书作废。

二、拍卖

早在古罗马奴隶制社会,拍卖财产和奴隶的活动就已盛行一时。随着发达国家市场经济的发展,拍卖已成为一种重要的贸易方式。各国已成立了许多专门从事拍卖业务的拍卖行,拍卖制度也日趋完善。我国于1996年7月5日审议通过了《中华人民共和国拍卖法》,该法于1997年1月1日正式实施,并于2015年4月24日进行了第二次修正。

(一)拍卖的概念

拍卖(Auction)是由经营拍卖业务的拍卖行(Auctioneer)接受货主的委托,在规定的时间和场所,按照一定的章程和规则,由买主(Bidder)以公开叫价竞购的方法,把现货出售给出价最高而又超过内定底价的买主。在国际贸易中,通过拍卖进行交易的商品大多是一些品质不易标准化或不能长期保存或历史上有拍卖习惯的商品,如茶叶、烟草、木材、羊毛、纸张、香料、水果、艺术品等。有时海关没收的走私货物、破产企业的资产处理也采用拍卖方式。拍卖行为交易的达成提供了服务,所以它要收取一定佣金,佣金的多少没有统一的规定,要根据当地的习惯,或按商业机构、经纪人协会的规章加以确定。

(二)拍卖的特点

(1)拍卖是在一定的机构内有组织地进行的。拍卖一般都在拍卖中心或在拍卖行的统一组织下进行。

(2)拍卖具有自己独特的章程。参加买卖的双方不需要事先磋商交易条件,但都需要详细了解和掌握有关拍卖行的章程、规则、当地市场和行业惯例等因素对成交条件的影响。

(3)拍卖是一种公开竞买的现货交易,采用事先看货、当场叫价、落槌成交的做法。拍卖开始前,买主可以查看货物,拍卖开始后,买主当场出价公开竞买,由拍卖主持人代表货主选择交易对象。成交后,买主立即付款提货。至此,无论是拍卖的主持人还是货主均不再对货物的品质缺陷负责。

(三)拍卖的交易程序

1.准备阶段

货主事先把商品运到拍卖人指定的仓库,由拍卖人进行挑选、整理、分类、分批编号,拍卖人根据货物的种类、数量、产地、拍卖时间、地点和交易条件,编印拍卖目录,并刊登广告。

2.查看货物

为做到事先心中有数,欲参加拍卖的买主可以到指定的仓库查看货物,并可要求在现场的技术管理人员介绍商品,必要时可以对其进行批样检验。按照惯例,一经拍卖成交,卖主和拍卖行对售出商品都不负品质保证的责任,因此事先看货是拍卖的重要一环。

3.正式拍卖

正式拍卖必须在预定的时间和地点进行,一般是按照目录排定的次序逐批叫价成交。拍卖叫价的方式有三种:

(1)增价拍卖。也称英国式拍卖(English Auction)、买主叫价拍卖,是最常用的一种拍卖方式。拍卖时,由拍卖人提出一批货物,宣布预定的最低价格,然后由竞买者相继叫价,竞相加价,有时规定每次加价的金额额度,直到拍卖人认为无人再出更高的价格时,则用击槌动作表示竞买结束,将这批商品卖给最后出价最高的人。在拍卖人击槌前,竞买者可以撤销出价。如果竞买者的出价都低于拍卖人宣布的最低价格或者价格极限,卖主有权撤回商品,拒绝出售。

(2)减价拍卖。又称荷兰式拍卖(Dutch Auction),先由拍卖人喊出最高价格,然后逐渐减低叫价,直到有某一竞买者认为价格已经低到可以接受的金额为止。

(3)密封递价拍卖(Sealed Bids)。又称招标式拍卖,先由拍卖人公布某批商品的估价,然后买主在规定时间内用密封信件向拍卖人提出递价,拍卖人一般选择与递价最高的买主达成交易,并公布买主姓名。实际上,这种方式已经失去公开竞买的性质,买主无法了解所有竞买人的出价情况,能否买到货物除了价格因素之外,还要取决于其他种种因素,所以对卖主比较主动。有些国家政府或海关在处理库存物资或没收货物时往往采用这种拍卖方法。

拍卖通过叫价成交后,随即由买主在合同上签字,并预交一部分货款作为保证金。

4.付款、提货

拍卖的商品通常被看作按"仓库交货"价出售货物,购买者必须在规定的期限内付清货款,取得提货单,然后到指定的仓库提取货物。

第四节 商品期货交易

商品期货交易是在现货交易基础之上发展起来的一种高级贸易方式,迄今已有100多年的历史。近几十年来进入期货市场的商品种类越来越多,如谷物、棉花、木材、咖啡、有色金属等,世界上已形成了许多商品期货交易中心,如芝加哥、纽约、伦敦、鹿特丹、汉堡、巴黎、香港、新加坡等。我国的郑州粮食批发市场于1990年10月12日正式开业,标志着我国商品期货市场开始建立,1992年1月18日深圳有色金属交易所开业,标志着我国第一个规范化的商品交易所建成。

一、商品期货交易的概念

商品期货交易(Futures Trading)是一种通过交易所(Commodity Exchange)制定的标准合同,由买卖双方在交易所内达成远期交割的交易方式。买卖双方达成期货合同交易后,并没有买进或卖出现货商品的需求,买方不必到期提货,卖方也不必到期交货,他们可以在交割期届满之前,通过卖出或买进同一交货月份、数额相等的合同,来抵消合同项下的义务,从两次交易价格变化中获取利润或带来亏损。所以,期货合同交易实际上只是期货合同本身的买卖,没有涉及真正的商品,人们也就把它称作"纸面交易"。期货合同交易事先只需交纳少量保证金(一般相当于合同金额的5%~10%)和佣金,无须投入大量资金,有利于资金周转和转移价格风险。

二、商品期货交易的功能

1. 规避风险

这是期货交易最突出的功能,生产经营者通过在期货市场上进行套期保值业务,来规避因价格波动而带来的经济风险。

2. 价格发现

真正的市场价格形成需要一定的市场条件,期货交易市场正是一个能够发现这种价格的市场。因为它集中了大量的不同目的的交易者,从而确保了市场的流动性。同时,有关期货交易的一系列法律、法规,也为发现这种价格创造了良好的条件。

3. 吸引和利用大量资金

一方面,期货交易可以吸引一些投机者投入资金,以获取因商品价格波动而带来的利润,借助这批投机者的参与,生产者、加工者或用户便能将其风险转嫁;另一方面,无论是发达国家还是发展中国家,都存在着一定量的闲置资金,期货市场的存在便可吸引这部分资金用于短期风险投资,以获取风险收益,从而使闲置资金处于灵活运用状态。

4. 促进国民经济国际化

期货交易市场本质上是一种国际性市场,交易者可及时了解世界市场行情。例如,芝加哥商品交易所集中了世界绝大部分的农产品期货贸易,所形成的价格已成为国际农产品市场的基准价格。

三、商品期货交易的种类

根据交易者的目的不同,期货交易可以分为两类不同性质的交易:投机交易和套期保值交易。

1. 投机交易(Speculation)

投机交易是指通过预测未来价格的变化并利用市场价格的变化而牟取利益的行为。投机行为最重要的特征是从期望价格的变化中获取利益,当预测期货价格将上涨,投机者(Speculator)就会买进期货合同(买空、多头,Long),当预测期货价格将下跌,就会卖出期货合同(卖空、空头,Short),待价格与自己预料的方向变化一致时,再抓住机会进行对冲。例如,某商人于6月在交易所出售10月交货的某商品10万磅合同一份,价格为每磅1美元,到10月时,该商品的价格跌至每磅0.9美元,该商人便在交易所买进同为10月交货的10万磅合同一份进行对冲,于是便可获利1万美元。但如果价格上涨至每磅1.1美元,他就亏损1万美元。

2. 套期保值

套期保值又称"海琴"(Hedging),它是利用现货与期货价格的变动趋势基本一致的原理,在卖出(或买入)现货的同时,在商品交易所买入(或卖出)同等数量的期货来转移价格风险的一种做法。

(1)卖期保值(Selling Hedging),指交易者在买进一批现货的同时,在交易所卖出同等数量的期货合同。如到期时现货价格下跌,就可用期货合同的盈利弥补现货交易中的损失。

例如,某公司在8月10日以每蒲式耳4.75美元的价格收购一批小麦,共10万蒲式耳,并已存仓待售。为防小麦价格下跌而蒙受损失,于是该公司在芝加哥商品交易所出售20份小麦期货合同(每份小麦合同为5 000蒲式耳),价格为每蒲式耳4.80美元,交割月份为12月。其后,小麦价格果然下降。10月10日,该公司将10万蒲式耳小麦现货售出,价格为4.65美元/蒲式耳。与此同时,芝加哥商品交易所的小麦期货价格也下降了,该公司又购进20份12月小麦期货合同,价格为4.70美元/蒲式耳。卖期保值盈亏情况见表17-1。

表17-1 卖期保值盈亏情况

日期	现货市场	期货市场
8月10日	收购现货小麦,价格为4.75美元/蒲式耳	出售12月份小麦期货,价格为4.80美元/蒲式耳
10月10日	出售现货小麦,价格为4.65美元/蒲式耳	购入12月小麦期货,价格为4.70美元/蒲式耳
结果	亏损0.10美元/蒲式耳	盈利0.10美元/蒲式耳

由于该公司及时做了卖期保值,期货市场的盈利恰好弥补了现货市场由于价格变动所带来的损失,起到了转移风险的效果。

(2)买期保值(Buying Hedging),指在现货市场卖出现货的同时,在交易所买进同等数量的期货合同,以避免因现货价格上涨而遭受损失。

例如,某加工企业需要在8月购买一批钢材,2月10日现货市场上钢材的价格为每吨2 400元,同时2月10日交易所挂牌的8月钢材期货价格为每吨2 550元,于是该企业决定买入10份8月钢材期货合同。后来钢材价格呈现出不断上涨的趋势,于是该企业决定在7月10日在现货市场上按每吨2 800元的价格购入钢材,并同时在期货市场上以每吨2 950元的价格卖出8月钢材期货合同,将其在手的多头期货合同冲掉,结束套期保值交易。买期保值盈亏情况见表17-2。

表17-2 买期保值盈亏情况

日期	现货市场	期货市场
2月10日	钢材价格为2 400元/吨	买进8月钢材期货,价格为2 550元/吨
7月10日	以2 800元/吨购入钢材	卖出8月钢材期货,价格为2 950元/吨
结果	亏损400元/吨	盈利400元/吨

由于该企业做了买期保值,有效地进行了价格保护。

第五节　对销贸易与加工贸易

一、对销贸易

（一）对销贸易的概念与基本形式

对销贸易(Countertrade)又称对等贸易、反向贸易、互抵贸易，是将进口与出口紧密结合起来的一种贸易方式，买卖双方必须相互购买或交换对方的产品，或者一方提供产品和技术时，另一方必须用另外的产品、劳务等支付，因而无须直接使用外汇。

对销贸易可以运用在各种交易中，其基本形式主要包括易货贸易、互购贸易、抵消贸易、补偿贸易。易货贸易(Barter)是用实物的进口或出口去换取另一国实物的出口或进口，而不用货币作为支付手段的一种古老的贸易方式。互购贸易(Counter Purchase)又称平行贸易，是交易双方采用现汇互相购买对方的产品，涉及两个既独立又相互联系的合同。抵消贸易(Offset Trade)是指一方在进口诸如国防、航空、计算机等设备时，以先期向出口方提供的某种商品、劳务、资金等抵消一定比例进口价款的做法。在对销贸易的四种基本形式中，补偿贸易使用最为广泛，所以本节重点介绍补偿贸易。

（二）补偿贸易的含义

补偿贸易(Compensation Trade)是指机器设备、技术、原材料的进口方不用现汇而是用所进口的机器设备、技术、原材料所生产出的产品（直接产品）或其他产品（间接产品）来偿还进口的价款和利息。补偿贸易是20世纪60年代末发展起来的，当时苏联、东欧国家从西方大规模引进机器设备和技术，但面临着外汇严重不足的问题，于是提出以进口机器设备和技术所生产的产品进行偿还，而西方也由于商品过剩，急于寻找和开拓潜在的市场，因而补偿贸易正好满足了双方的需要。1978年我国把补偿贸易作为利用外资的方式之一，1979年9月颁布了《国务院关于开展对外加工装配和中小型补偿贸易办法》。

（三）补偿贸易的种类

按照用来偿付的标的的不同，补偿贸易可分为三类。

1. 直接产品补偿

即双方在协议中规定，由设备出口方向设备进口方承诺购买一定数量或金额的由该设备直接生产出来的产品。这是补偿贸易最基本的做法，但是这种做法有一定的局限性，它要求生产出来的直接产品及其质量必须是对方需要的，或者在国际市场上适销对路，否则不易为对方所接受。

2. 间接产品补偿

当所交易的设备本身不生产物质产品，或设备所生产的直接产品不是对方所需或在国际市场上不好销售时，可由双方协商，用其他产品来代替。

3. 劳务补偿

即设备进口方用向对方提供劳务所得的报酬，偿还进口的价款，这种做法多见于来料加工或来件装配相结合的小型补偿贸易。

（四）补偿贸易的特点

(1) 补偿贸易并不要求等值商品交换。设备出口方既可以向进口方回购低于合同金额的补偿产品,也可以长期回购更多的产品。

(2) 贸易与信贷相结合,因而设备进口方应向出口方支付利息。

(3) 贸易与生产相结合。设备出口方要回购进口方生产的产品,因而出口方势必会关心进口方的生产情况和产品质量,提供技术援助。

（五）补偿贸易的利弊

补偿贸易对双方的积极作用表现在:

1. 对设备进口方的作用

(1) 补偿贸易是一种较好的利用外资方式。

(2) 通过补偿贸易,可以引进先进的技术和设备,发展和提高本国的生产能力,加快企业的技术改造,使产品不断更新及多样化,增强出口产品的竞争力。

(3) 通过对方回购,还可在扩大出口的同时,得到一个较稳定的销售市场和销售渠道。

2. 对设备出口方的作用

补偿贸易有利于克服进口方支付能力不足的缺陷,扩大设备出口方的出口。在市场竞争日益激烈的条件下,通过承诺回购,设备出口方能够争取贸易伙伴,获得稳定的产品供给,从转售回购产品中获利。

但是补偿贸易也可能带来消极影响,对设备进口方而言,可能得到的不是先进适用的技术设备,而是即将或已经被淘汰的产品,价格也可能偏高。一旦回购产品市场行情不好,设备出口商可能拒绝回购产品或者减少回购量或要求压低回购产品价格。对设备出口方而言,回购产品可能与自己生产经营的产品相竞争,而且一旦进口方经营不善,出口方将难以按期或根本不能收回技术设备款项。

（六）补偿贸易应注意的问题

(1) 要引进先进适用的技术设备。先进性是为了保证产品质量,适用性是为了保证最大限度地利用引进方现有资源。

(2) 要引进环保、节能型技术设备。

(3) 调查设备出口方的资信,选择资信好、有推销补偿产品能力的客户。

(4) 尽量用制成品补偿,避免以原料性产品补偿。

(5) 尽量利用出口国的出口信贷,因其享有政府利息补贴,利率较低。

(6) 补偿产品的出口不能影响正常产品的出口。

(7) 合理确定技术设备价款、利率、偿还期等。

(8) 避免重复引进。

二、加工贸易

（一）加工贸易的含义

加工贸易是指加工方接受委托方的委托,按照委托方的要求进行生产加工,生产加工出的产品由委托方负责包销,加工方收取加工费的一类贸易方式的统称。加工贸易的发展主要是由于发达国家及新兴工业化国家的生产成本提高,劳动密集型产品丧失竞争力,利润低下,而发展中国家劳动力丰富,工资较低,土地便宜,但是缺少技术设备和销售渠道,因而发达国家企业向发展中国家企业转让一定的技术、设备,并提供原材料、零部件,由后者为前者加工产品,这是双方均愿意接受的业务。

(二)加工贸易的种类

加工贸易的种类主要有来料加工、来件装配、来样加工。我国通常所说的"三来一补"业务即是指来料加工、来件装配、来样加工和补偿贸易。

1. 来料加工

来料加工(Processing with Customer's Materials)是指加工方采用委托方提供的原料、辅料、包装材料和必要的机器设备等,按照双方商定的质量、规格、款式,加工为成品并交给委托方,加工方收取加工费。有的来料加工业务由委托方提供全部来料,有的业务由委托方提供部分来料,有的业务由加工方采用本国的原辅料,即带料加工。

2. 来件装配

来件装配(Processing with Customer's Parts)是指委托方提供装配所需的元件、零件、其他中间产品以及必要的工具设备和技术,加工方按照委托方要求的技术标准及商标等组装为成品,并交给委托方。

3. 来样加工

来样加工(Processing with Customer's Samples)是指委托方提供产品设计图样或样品以及必要的工具设备和技术等,加工方加工制造产品,产品返销给委托方。

(三)加工贸易的特点

(1)加工方对来料来件和成品不享有所有权,只有使用权。

(2)加工贸易实质是劳务贸易,加工方取得的加工费就是其劳务收入。而一般贸易的出口方利用自己所有的技术设备、原材料、零部件等,生产产品,获取利润。

(3)加工方不需垫付多少资金,无须承担销售风险。

(4)加工贸易是一种进出结合、两头在外的贸易。

(四)来料加工与进料加工的区别

进料加工(Processing with Imported Materials)在我国也称"以进养出",指国内企业从国际市场进口机器设备、技术、原材料、零部件等,在国内加工成成品或半成品,再出口到国际市场,获取利润。

1. 相同点

加工贸易与进料加工都是利用我国的技术设备和劳动力,对国外提供的原材料、零部件加工装配为成品,再销到国外市场,都属于两头在外的贸易方式。

2. 不同点

(1)进料加工业务中,原料进口和成品出口是两笔不同的交易,均发生了所有权的转移,而且原料供应者和成品购买者之间没有必然的联系。加工贸易业务中,原料运进和成品运出均未发生所有权的转移,它们均属于一笔交易,有关事项在同一合同中加以规定。由于加工贸易属于委托加工,所以原料供应者又是成品接受者。

(2)进料加工业务中,我国企业从国外购进原料,加工成成品,再销往国外市场,赚取由原料到成品的附加价值,并承担市场销售的风险。加工贸易业务中,由于成品交给外商自己销售,我国加工企业无须承担风险,但商品加工的附加价值并未全部由加工方获得,而是相当一部分由外商获得,故加工贸易的利润一般低于进料加工。

(五)加工贸易的作用

加工贸易对加工方的积极作用有:

(1)可以发挥本国的生产潜力,补充国内原材料和生产资金的不足,扩大出口货源。

(2)通过加工贸易业务,引进国外先进技术,有利于提高生产技术和管理水平。

(3)有利于改善出口产品的品质、设计、款式和造型,提高出口产品在国际市场的适销能力和竞争能力。

(4)可以发挥加工国劳动力的优势,创造更多的就业机会,增加收入,发展和繁荣经济。

(六)对外加工装配业务合同的主要内容

1.对来料、来件的质量、数量和到货时间的规定

在来料加工和来件装配业务中,能否按时、按质、按量交付成品,很大程度上取决于委托方能否按时将符合要求的原材料或零部件送到指定地点。因此,在合同中必须就来料、来件的质量要求、具体数量和到达时间做出明确规定。为了明确责任,一般同时规定检验办法及来料、来件的质量、数量、到货时间不符要求的处理办法。

2.对成品质量要求、合格率和消耗定额的规定

在加工贸易中,委托方为了保证成品的适销对路,对成品的质量要求比较严格,因此在磋商和签订合同时,必须从加工方的技术条件和工艺水平出发,并视不同情况,适当留有余地,以免交付成品时发生困难。对于成品的验收办法,既可规定由加工方商品检验机构负责检验,也可规定由委托方派人驻企业验收。对成品合格率的规定既不能偏高,也不宜过低,合格率偏高,加工方难以做到,违约机会增加,合格率偏低,势必造成委托方压低加工费。同样道理,对于原材料消耗定额的规定也应合理。双方开始可以暂定一个临时性的比率,经过一段实践后再进行调整。

3.对成品数量和交货期的规定

来料加工和来件装配业务合同通常既规定合同期间的加工装配总额,又规定每期的加工数量和具体的交货时间,以及发生不能按时交货或交付数量不足时的处理办法。

4.关于工缴费的规定

工缴费是加工贸易中涉及合同双方当事人利益的核心问题。由于加工贸易从本质上看是一种劳务出口方式,工缴费的核定就应该以国际劳务价格作为基准。为了加强竞争力,我国企业在规定工缴费标准时,应以邻近国家和地区的工资水平作为计算基础,略低于它们,但不能国内自相降价竞争。工缴费的计算应包括加工企业工人和管理人员的工资、生活费用、折旧费、管理费、手续费、税费等。

5.来料、来件和加工成品的作价方法和加工费的支付条款

在委托方仅提供部分原材料、辅料情况下,多采用来料、来件和加工成品分别作价的方法,加工方暂不支付来料、来件的价款,待加工的成品出口时,再从成品的货价中扣除来料、来件的价款,所得差额即为加工方的加工费。加工费的支付办法有三种,一是来料、来件的价款由加工方开立远期信用证,成品价款由委托方开立即期信用证(对开信用证 L/C);二是来料、来件的价款由加工方请求银行出具保函(L/G)给对方,成品价款由委托方开立即期信用证(L/G 与 L/C 相结合);三是来料、来件的价款由委托方采取 D/P 远期托收或 D/A 托收,成品价款由加工方采用 D/P 即期托收(D/P 远期或 D/A 与 D/P 即期相结合)。来料、来件的进口一般采用CIF价,成品的出口一般采用FOB价,但都采用同一种货币。在委托方提供全部原料、辅料的情况下,多采用来料、来件和加工的成品均不作价的办法,加工方按约定获取加工费。加工费由委托方以电汇、信汇或票汇的方式支付给加工方,或由加工方出具光票托收。

6. 委托方提供设备的所有权

如因加工需要,委托方提供少量的机器、设备、工具、模具等,其所有权仍属委托方,加工方在合同期间只拥有使用权,但也可作价转让给加工方,加工方拥有所有权,价款由委托方从加工费中分期分批扣除。一般这部分比重不能太大,最多不超过加工费的20%,如果太大就成为补偿贸易。

7. 运输条款

加工贸易业务涉及两段运输,即原料运进与成品运出,运输条款要规定采用的运输方式、启运地、目的地、托运手续及由谁负担费用等内容。

8. 保险条款

从来料、来件到加工直至成品出口,有三个不同阶段的保险。

(1)从国外将原材料、零部件、设备运至加工方的运输保险,由委托方投保。

(2)国内加工期间的财产保险。由于来料、来件和成品的所有权归委托方,所以原则上加工期间的财产保险由委托方投保,也可双方约定由加工方代为投保,保险费由委托方支付。

(3)成品从加工方仓库运往国外的运输保险。原则上由委托方投保,也可由加工方代为投保。

实务中为了方便委托方和降低分阶段投保的费用,常常由中方加工企业向中国人民保险公司投保来料加工一揽子综合险,由中国人民保险公司承保两段运输险和存仓财产险。

(七)开展加工装配业务应注意的问题

(1)加工装配业务应是投资少、见效快的项目,加工方要有足够的加工能力,切忌盲目上马。

(2)加工的成品应是国际上有销路的产品,以防项目上马后因销路不畅,造成加工方停工待料,得不偿失。

(3)成品不应是与我国出口产品争市场、争客户、争配额的同类产品,以防冲击我国原有产品的正常出口。

(4)遵守国家政策,禁止来料、来件和加工成品在国内销售。进口的所有料、件和经加工后待出口的成品都受海关监管,不得在国内出售、转让或挪作他用,否则海关将按走私或违章论处。因此我国加工企业应设立料件、设备和加工成品的专门账册,所有的有关单据和对外的往来函电妥善保管,以备海关随时核查。

(5)加工贸易合同中要订立防止侵权条款,即如果委托加工的产品侵犯了第三方的专利权、商标权或其他权利时,应由委托方负责交涉并承担责任。

(八)开展加工装配业务的程序

1. 来料来件进口前的申报

加工方须向主管部门申报,经批准后才可进口来料来件,其目的在于使进口的来料来件暂免关税。其中具体包括:

(1)加工方向主管部门提交加工装配合同和申报表,办理报批手续。

(2)向海关申办免税手续,经海关审核批准后,由海关核发《加工装配和中小型补偿贸易进出口货物登记手册》，海关凭此手册免税放行进出口料、件和成品。

2. 来料来件进口时的报关

进口料件时，加工方应凭登记手册填写进口报关单，并向海关提交其他必备运输单据，办理进口报关手续。

3. 成品出口

成品出口时应填写出口报关单，并且持登记手册，填写好实际用料情况，到海关办理核销结案手续。

第六节　跨境电子商务

一、跨境电子商务的概念

跨境电子商务（Cross-border E-commerce）简称跨境电商，指分属不同关税区的交易主体，通过互联网信息技术完成在线交易洽谈和下单行为，达成交易合同，通过支付机构进行跨境支付结算，并通过跨境物流将商品送达、完成交易的一种国际商务活动。跨境电子商务融合了国际贸易和电子商务两方面的特征，具有更大的复杂性，一是信息流、资金流、物流等多种要素流动需要紧密结合，任何一方出现不足或者衔接不畅，就会阻碍整体商务活动的完成；二是商务流程繁杂且相关政策不完善，牵涉到税收、检验、海关等多个环节，在通关、支付、税收等领域的法律规范目前尚不完善。

二、跨境电子商务的优势

与传统国际贸易方式相比，跨境电子商务具有一系列优势，得以蓬勃发展。

（一）跨境电子商务降低交易成本

跨境电子商务交易双方通过网络直接进行接触，无须贸易中介的参与，减少交易的中间环节。参与交易的各方只需支付较低的网络通信和管理费用，就可以存储、交换和处理信息，节省资金，降低成本。互联网是全球性开放网络，有利于交易双方获得完整信息，降低市场上的搜寻成本，减少交易的不确定性。在网上直接传递电子单证，既节约纸质单证的制作费用，又可缩短交单结汇时间，加快资金周转，节省利息开支。

（二）跨境电子商务提高工作效率

现有互联网技术可以实现商业用户间标准格式文件（如合同、提单、发票等）的即时传送和交换，买卖双方足不出户就可在网上直接办理订购、谈判、签约、报关、报检、租船订舱、缴税、支付结算等各项外贸业务手续，大大缩短交易时间，使整个交易非常快捷方便，从而带动金融、海关、运输、保险等有关部门工作效率的提高。

（三）跨境电子商务提升企业竞争力

企业可以申请注册域名，在互联网上建立自己的网站，通过网页介绍产品、劳务，宣传企业，扩大企业知名度，开拓海外市场，提高国际竞争力。此外，网络贸易无时间、地域的限制，受自然条件影响小，可以进行全天候交易，把产品推向全球，增加贸易机会，同时又有助于及时、准确地掌握市场动态,密切同客户的业务联系,提高其市场竞争地位。

三、跨境电子商务的分类

(一)按商品流向分类

1.出口跨境电商

出口跨境电商又称出境电商,是指本国生产或加工的商品通过电子商务平台达成交易,进行支付结算,并通过跨境物流送达商品,输往国外市场销售的一种国际商业活动。

2.进口跨境电商

进口跨境电商又称入境电商,是指外国商品通过电子商务平台达成交易,进行支付结算,并通过跨境物流送达商品,输入本国市场销售的一种国际商业活动。

(二)按商业模式分类

1.B2B 跨境电商

即 Business to Business,又称在线批发,指分属不同关税区的企业之间通过互联网进行产品、服务及信息交换的一种商业模式。目前,中国跨境电商市场交易中,B2B 跨境电商市场交易规模占总交易规模的 90% 以上,代表性企业主要有敦煌网、中国制造、阿里巴巴国际站和环球资源网等。

2.B2C 跨境电商

即 Business to Consumer,指跨境电商企业针对个人消费者开展的网上零售活动。目前,B2C 跨境电商在中国跨境电商交易中的占比不断提高,代表性企业主要有速卖通、兰亭集势、米兰网、大龙网等。

3.C2C 跨境电商

即 Consumer to Consumer,指分属不同关税区的个人卖方对个人买方进行的网络零售商业活动。代表性 C2C 跨境电商平台有淘宝全球购、洋码头扫货神器、海蜜等。

(三)按运营方式分类

1.平台运营跨境电商

平台运营跨境电商指从事跨境电商的交易主体在 eBay 等诸多电商平台上开设网店从事外贸业务活动。

2.自建网站运营跨境电商

自建网站运营跨境电商指企业自建网站从事相关外贸业务活动,如兰亭集势、环球易购等。其中,兰亭集势属综合类跨境电商企业,环球易购属垂直类跨境电商企业。

(四)按海关监管方式分类

1.跨境电商直邮出口

跨境电商直邮出口指内企业或个人通过自建平台、第三方跨境电商平台或其他方式向境外购买方进行商品销售,通过跨境快递包裹方式将所销售商品递送至境外购买方的商业活动。

2.跨境电商直邮进口

跨境电商直邮进口指外企业或个人通过自建平台、第三方跨境电商平台或其他方式向境内购买方进行商品销售,通过跨境快递包裹方式将所销售商品递送至境内购买方的商业活动。

3.跨境电商备货出口

跨境电商备货出口指通过自建平台、第三方跨境电商平台或其他方式完成商品销售,商品通过一般贸易方式出口至境外,直接从境外将商品递送至境外购买方的商业活动。

4.跨境电商备货进口

跨境电商备货进口指通过自建平台、第三方跨境电商平台或其他方式完成商品销售,商品通过一般贸易方式进口至境内,直接从境内将商品递送至境内购买方的商业活动。

案例分析 17-1

跨境电商行业受资本热捧

2020年以来,全球新冠肺炎疫情促使人们的消费习惯发生了一定程度的改变,电商渗透率进一步提升,跨境电商蓬勃发展。海关数据显示,2020年中国跨境电商进出口总额1.69万亿元,增长31.1%。跨境电商行业的繁荣离不开政策的支持,税收减免、行业监管、外贸创新发展等一系列政策为跨境电商带来众多利好,也吸引了一众资本纷纷加速布局。网经社"电数宝"电商大数据库显示,2020年1月至2021年4月2日,国内出口电商领域共发生了11起投融资事件,融资总额超过19.6亿元人民币。而仅2021年3月,跨境电商领域就有集海科技、空中云汇、马帮、洋码头、CUPSHE、积加和亿数通等7家平台及服务商获得融资,融资总额超过10.8亿元人民币。

思考:跨境电商有何优势?为何受到资本热捧?

(资料来源:中国商务新闻网.跨境电商行业受资本热捧,2021-04-14)

本章小结

在国际贸易中通常采用的是单边出口或单边进口,即逐笔售定方式,只要买卖双方通过磋商,订立合同,然后按照合同规定,卖方交货、买方收取货物、支付货款,交易就宣告完成,这是实践中最常见也是最简便的方式。这种方式的主要缺点是买卖双方除履行已成立的合同外,不承担任何责任,容易造成多头成交,不利于巩固市场、争取更为有利的贸易条件和扩大销售。有些商品单纯使用逐笔售定方式,甚至还不易销售。为了解决这些问题,各种国际贸易方式便应运而生。本章主要介绍经销、代理、寄售、展卖、招投标、拍卖、商品期货交易、对销贸易、加工贸易、跨境电子商务的含义、种类等内容。

思考题

1.代理方式与包销方式有何区别?
2.采用寄售方式应注意哪些问题?
3.开展展卖业务应注意哪些问题?
4.招投标业务的基本程序是什么?

5.某农场主在5月预计9月至少可收获10 000蒲式耳大豆,5月大豆现货价格为6美元/蒲式耳,11月大豆期货价格为6.25美元/蒲式耳,交易所每份大豆期货合约为5 000蒲式耳。请问该农场主应如何防范9月大豆上市时价格下跌的风险?

6.加工贸易的种类有哪些?其特点是什么?

7.跨境电子商务有哪些类型?

参考文献

[1] 彭红斌,董堁.国际贸易理论与实务[M].6版.北京:北京理工大学出版社,2020.

[2] 王凯,阚宏.新编国际贸易理论与实务[M].4版.北京:对外经济贸易大学出版社,2020.

[3] 苏巧勤,胡云清.国际贸易[M].北京:北京理工大学出版社,2017.

[4] 吴国新,杨勋.国际贸易理论与政策[M].北京:清华大学出版社,2016.

[5] 李贺.国际贸易理论与实务[M].上海:上海财经大学出版社,2016.

[6] 吴国新,杨勋.国际贸易理论与政策[M].北京:清华大学出版社,2016.

[7] 潘素昆.国际贸易理论与政策[M].北京:清华大学出版社 北京交通大学出版社,2013.

[8] 余淼杰.国际贸易学:理论,政策与实证[M].北京:北京大学出版社,2013.

[9] 卓岩,姜鸿.国际贸易理论与实务[M].北京:科学出版社,2013.

[10] 赵静敏,罗吉文.国际贸易实务[M].北京:机械工业出版社,2013.

[11] 张薇.国际贸易实务[M].大连:大连理工大学出版社,2011.

[12] 陈宪,张鸿.国际贸易:理论政策案例[M].上海:上海财经大学出版社,2007.

[13] 薛荣久.国际经贸理论通鉴[M].北京:对外经济贸易大学出版社,2006.

[14] 马祯,毛青.国际贸易实务[M].北京:对外经济贸易大学出版社,2020.

[15] 黎孝先,石玉川,王健.国际贸易实务[M].北京:对外经济贸易大学出版社,2017.

[16] 夏合群,夏菲菲.国际贸易实务模拟操作教程[M].北京:对外经济贸易大学出版社,2020.

[17] 许辉,张军.跨境电子商务实务[M].北京:北京理工大学出版社,2019.

[18] 林悦,徐军.国际贸易实务[M].北京:北京理工大学出版社,2018.

[19] 梁嘉慧,房丽军.国际贸易理论与政策[M].北京:北京理工大学出版社,2016.

[20] 贾金思,郎丽华,姚东旭.国际贸易——理论·政策·实务[M].北京:对外经济贸易大学出版社,2013.

[21] 刘丁有,归秀娥,庞鹤,韩海英.国际贸易[M].北京:对外经济贸易大学出版社,2013.

[22] 傅龙海.国际贸易理论与实务[M].北京:对外经济贸易大学出版社,2012.